PRAGUE
MEDIEVAL
STUDIES ¶ 2

Centre for the Study of
THE MIDDLE AGES

Fasciculus moralitatis: Omelie morales de infantia Saluatoris

Caesarius of Heisterbach

Edited by
Victoria Smirnova

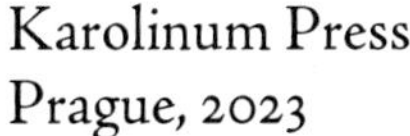

Karolinum Press
Prague, 2023

KAROLINUM PRESS
Karolinum Press is a publishing department of Charles University

First edition
Designed by Filip Blažek, designiq.cz
Set by Marjorie Burghart
Printed by Karolinum Press

Cataloging-in-Publication Data is available from the National Library of the Czech Republic

The book was peer reviewed by Nicole Bériou and Beata Spieralska-Kasprzyk

ISBN 978-80-246-5450-8

Contents

I.
Caesarius of Heisterbach: Cistercian monk, writer and homilist[1]

(A) Biography

Our knowledge of the life of Caesarius (1180–1240), a monk of the Cistercian abbey of Heisterbach near Bonn, consists of what he himself revealed in his works, and especially in his famous *Dialogus miraculorum*.[2] In the 1591 edition of the *Dialogus miraculorum*, published by Jacob Fischer, the scattered biographical details were brought together for the first time in a short biography, entitled *Vita Caesarii ex his Dialogorum libris collecta*.[3] This biography has

1 This edition would not have been possible without the generous support of ÉquipEx Biblissima. Biblissima has benefited from French government funding, managed by the ANR (Agence Nationale de Recherche) under the "Investments for the Future" program, r. ANR-11-EQPX-0007

2 *Caesarii Heisterbacensis Dialogus Miraculorum*, ed. Josephus Strange (Cologne-Bonn-Brussels: J. M. Heberle, 1851). Hereafter *Dialogus* or *DM*. The studies on the *Dialogus miraculorum* being numerous, the reader is referred to the historiographical overview contained in: Victoria Smirnova, Marie Anne Polo de Beaulieu and Jacques Berlioz eds., *The Art of Cistercian Persuasion in the Middle Ages and Beyond*, Studies in Medieval and Reformation Traditions series (Leiden: Brill, 2015), 1-28 (Introduction).

3 *Illustrium miraculorum et historiarum memorabilium lib. XII*, ed. Jacobus Fischerus (Cologne: Mylius, 1591).

since been updated and expanded by scholars with the information provided by Caesarius's other writings.[4] There are no other documents related to Caesarius, with the exception of the charter settling a dispute between two Cistercian nunneries, Walberberg and Hoven.[5] Caesarius is listed there as one of the witnesses, and designated as the master of novices in Heisterbach. The obituary of Heisterbach mentions, under the year 1247, the death of a certain brother Gerhardus, *germanus Domni Cesarii monachi*. Given the fact that, at the time, in the abbey there were at least two other monks named Caesarius, it is not possible to say which one exactly is being referred to.[6] The bio-bibliographical entries in the *Chronicon Cisterciensis ordinis*[7] and the *Menologium Cisterciense*[8] provide some additional details about Caesarius's monastic career (and namely that he became the prior). These assertions are, however, either unverifiable or incorrect.[9]

In the following I am going to present the essential outlines of Caesarius's biography,[10] while also trying to bring into the spotlight the elements relevant

4 The article of Joseph Greven specifies Caesarius's date of birth and offers additional information about his student years in Cologne: "Kleinere Studien zu Cäsarius von Heisterbach," *Annalen des Historischen Vereins für den Niederrhein* 99 (1916): 1-35 (esp. 20-32: Zur Lebensgeschichte des Cäsarius); Brian Patrick McGuire in his seminal article "Friends and Tales in the Cloister: Oral Sources in Caesarius of Heisterbach's *Dialogus miraculorum*" dates the writing of the *Dialogus* and Caesarius's voyages (*Analecta cisterciensia* 36 (1980): 167-247); Anton Schönbach gathers information to determine more accurately the year of his death: Anton Schönbach, *Über Caesarius von Heisterbach*, vol. 4 of *Studien zur Erzählungsliteratur des Mittelalters* (Vienna: Gerold, 1902), 41.

5 Document discovered by Falko Neininger, see "Caesarius von Heisterbach in Walberberg," in *Arbor amoena comis. 25 Jahre Mittellateinisches Seminar in Bonn, 1965-1990*, ed. Ewald Könsgen (Stuttgart: Franz Steiner, 1990), 207-18.

6 Swen H. Brunsch, *Das Zisterzienserkloster Heisterbach von seiner Gründung bis zum Anfang des 16. Jahrhunderts* (Siegberg: Franz Schmitt, 1998), 145 (note 54).

7 Aubert Le Mire, *Chronicon cisterciensis ordinis, a S. Roberto abbate Molismensi primum inchoati, postea a S. Bernardo abbate Clarevallensi mirifice aucti ac propagati* (Cologne: Gualtherus, 1614), 127.

8 Chrisóstomo Enriquez, *Menologium cisterciense notationibus illustratum* (Antwerpen: Moretus, 1930), 1: 324.

9 See McGuire, "Friends and Tales," 173, note 13.

10 See the bio-bibliographical entries on Caesarius in Jacques Berlioz, "Césaire de Heisterbach," in *Dictionnaire encyclopédique du Moyen Âge*, ed. André Vauchez (Paris: Éditions du Cerf, 1997), 289; Karl Langosch, "Caesarius von Heisterbach," in *Die deutsche Literatur des Mittelalters. Verfasserlexikon*, vol. 1 (Berlin: de Gruyter, 1933), cols. 344-70; 2nd edition 1978, cols. 1151-68; Fritz Wagner, "Caesarius von Heisterbach," in *Lexikon des Mittelalters*, (Munich-Zurich: Artemis & Winkler, 1983), 2: col. 1363-1366.

to preaching (be it Caesarius's experiences as an audience member or his contacts with other preachers), in order to better situate the homiletic works in the context of his life.

Caesarius was born in around 1180 in or near Cologne, to a rather rich family (his aunt had a young pagan slave who was later baptized)[11] and spent his childhood there (*DM* IV, 74; X, 45; XI, 55).[12] Among the memorable events of this period was the visit of cardinal Henry, bishop of Albano[13] and his successful preaching of the crusade in the Cologne cathedral in 1188 (*DM* IV, 79). This episode is the first datable memory of Caesarius's, who, as Brian McGuire puts it, was fascinated by oral communication since a very young age.[14]

Caesarius started his studies at the collegiate church of St. Andrew of Cologne,[15] whose dean Ensfrid (*DM* VI, 4) was, to cite Brian McGuire once again: "a happy figure, a Francis of Assisi without any tragic dimension."[16] However, it was, apparently, not Ensfried who taught Caesarius to read and to write. According to surviving documents, the position of *scholasticus* at St. Andrew was held at the time by a certain Dietrich,[17] whom Caesarius never mentions by name.[18]

Having learned the basics, Caesarius continued his studies at the cathedral school of Cologne, under Master Rudolf (*DM* I, 32). It was undoubtedly to him that Caesarius owed his knowledge of liberal arts and scholastic theology, which easily surpassed the elementary level required for priesthood or for ec-

11 DM X, 44. Caesarius, then a little boy, was cured by the slave's baptismal robe. Except for this brief mention of the aunt, nothing is known about his family.

12 References to books (distinctiones) are in Roman numerals and references to chapters in Arabic numerals. For more details, see: McGuire, "Friends and Tales," 185-89.

13 Henri of Marcy, abbot of Hautecombe (1160-1176) and then of Clairvaux (1176-1179). The sermons, mentioned in his letters, did not survive.

14 McGuire, "Friends and Tales," 186.

15 On the St. Andrew collegiate church see: Alfred Wendehorst, Stefan Benz, "Verzeichnis der Säkularkanonikerstifte der Reichskirche," *Jahrbuch für fränkische Landesforschung* 54 (1993): 99.

16 On Ensfried, see Greven, "Kleinere Studien," 23-27. Caesarius, fascinated by Ensfid, included his "vita" in the *Dialogus miraculorum* (VI, 5).

17 Richard Knipping, *Die Regesten der Erzbischöfe von Köln im Mittelalter*, vol. 2, 1100 – 1205 (Bonn: Hanstein, 1901), 292 (Nr. 1450, year 1193).

18 This silence is understandable, if it was the same teacher, whom Ensfried stopped from beating a pupil: "Quid agis, inquit, tyranne? Positus es, ut scholares doceas, non ut occidas" (VI, 5). Caesarius witnessed the event.

clesiastical charges.[19] At the time, it was not rare for Cistercians to acquire substantial theological knowledge before entering the monastery, since the education of novices was primarily their introduction to the monastic life, with the emphasis on the *lectio divina*, Patristic exegesis, the study of the Benedictine rule, liturgy and customs as well as instruction in monastic virtues.[20]

Very little, unfortunately, is known about Rudolf, who was *scholasticus* from between 1157 and 1201,[21] most of this information is provided by Caesarius himself.[22] According to Caesarius, Rudolf once taught in Paris (*DM* I, 38). He is presented as someone who appreciated the value of exemplary stories.[23] Caesarius cites Rudolf's opinions on some topical theological questions, such as the Purgatory. Rudolf namely believed that it was angels, and not demons, who brought the souls to the place of purgation and inflicted the punishment

19 Cf. Gratianus, *Decretum* dist 38, c. 6: "Unde diffinimus omnem, qui ad episcopatus prouehendus est gradum, modis omnibus psalterium nosse, ut ex hoc etiam omnis clerus, qui sub eo fuerit, ita moneatur et inbuatur. Inquiratur autem diligenter a metropolitano, si in promtu habeat legere scrutabiliter et non transitorie tam sacros canones et sanctum euangelium, quam diuini Apostoli librum et omnem diuinam scripturam atque secundum mandata conuersari, et docere populum sibi commissum." As Philippe Delhaye states in his article "L'organisation scolaire au XIIe siècle," *Traditio* 5 (1947): 211-68, the what one calls theology was rather an area for specialists, even at the university (p. 254). The level of education, provided by Rudolf, should not be underestimated.

20 Rozanne E. Elder, "Formation for wisdom, not education for knowledge," in *Religious Education in Pre-Modern Europe*, Numen Book Series 140, ed. Ilinca Tanaseanu-Döbler and Marvin Döbler (Leiden: Brill, 2012), 83-211. The Saint Bernard college in Paris was established in 1237; and the studies of theology in liberal arts in the monasteries became obligatory only in 1281. This being said, the education provided to the novices remained rather traditional, as suggested by the section *Libri noviciatus* in Cîteaux's library catalog, made in 1480–1482 by the abbot Jean de Cirey, published in *Catalogue général des manuscrits des bibliothèques publiques de France*, vol. 5, *Dijon* (Paris: Plon, 1889), 339-452 (here 437-38). On the dynamics between the monastic and scholastic studies in the Cistercian milieu, see Stephen C. Ferruolo, *The Origins of the University. The Schools of Paris and their Critics, 1100-1215* (Stanford: Stanford University Press, 1985), 67-86.

21 Knipping, *Die Regesten*, № 643 for the year 1157 (p. 104) and № 1609 for the year 1201 (p. 329).

22 Goswin Frenken, "Die Kölner Domschule im Mittelalter," in *Der Dom zu Köln. Festschrift zur Feier der 50. Wiederkehr des Tages seiner Vollendung am 15. Oktober 1880*, ed. Egid Beitz and Erich Kuphal (Cologne: Creutzer in Komm., 1930), 235-56, here p. 248

23 To give his students a lesson regarding envy, he told a story about how a monk managed to placate the hatred of an envious brother by showing him constant affection and fraternal charity (IV, 26).

(*DM* I, 32).[24] In the first homily on Transfiguration, Caesarius once again turns to Rudolf's authority[25] in order to answer the question whether Christ would have come if Adam had not sinned. Yes, according to Rudolf: "Putatis, inquit, Christi incarnacionem tantum fuisse necessitatis et non magis caritatis?"[26] This opinion prompted Joseph Greven to suppose that Rudolf had been influenced by Rupert of Deutz, one of the first promoters of the idea that the fall of mankind was not the cause of the Incarnation.[27]

24 It is a story about a student who acquired his knowledge thanks to the magical stone given by the devil. After his death, he suffered infernal torments. Demons played with his soul like with a ball, cutting it with their sharp claws. Finally, God took pity on him and sent him back to Earth. After having listened the story, the Novice asked where the soul had been tormented: in Hell or in Purgatory. The Monk affirmed that it was certainly Hell: "Si eum dixero fuisse in purgatorio, suspecta est mihi absentia sanctorum angelorum, et praesentia daemoniorum, qui animam egressam suscipiebant, susceptam deducebant, deductam tam crudeliter torquebant. Dicebat magister Rudolphus Scholasticus Coloniensis, in cuius scholis et ego frequentius eram, quod daemones animam electam de corporis ergastulo egredientem nunquam tangerent, sed beati angeli ad loca purgatorii, si tamen purgatorio digna esset, deportarent. Tali enim exemplo utebatur: Non decet, ait, ut carbonarius purget aurum, sed aurifex." It is to be noted that Albert the Grand had more or less the same opinion (*Commentarium in quattuor libros Sententiarum* (around 1246-1249), dist. XXI, D, a 9: "In hac questione nescio quid asseri possit: sed pie puto esse credendum, quod anime existentes in purgatorio per demones ministros penarum non puniantur."

25 Extract published by Alfons Hilka: *Die Wundergeschichten des Caesarius von Heisterbach*, vol 1. Einleitung, Exempla und Auszüge aus den Predigten des Caesarius von Heisterbach (Bonn, Hanstein, 1933), 183.

26 Hilka, *Die Wundergeschichten*, 1: 183.

27 Cf. Greven, "Kleinere Studien," 29-32 and Frenken, "Die Kölner Domschule," 249. Rudolf, according to Caesarius, affirmed to have found this opinion in the works of Augustine: "Et hoc inventum fuisse asserebat in scriptis sancti Augustini." Augustine, in fact, says the opposite in one of his sermons: "Si homo non perisset, Filius hominis non venisset" (*Sermones de scripturis*, CLXXIV, ii, 2, in PL 38, col. 940). Rupert of Deutz, however, also cites Augustine to confirm his position, and namely *De civitate Dei* (lib. XIV, 23), where Augustine rebuked the opinion that the original sin was necessary for procreation, and therefore to achieve the perfect number of Saints. Rupert concludes that if the sin was not indispensable for the existence of Saints, this should be all the truer for the Incarnation of Christ, see: Rupertus Tuitiensis, *De gloria et honore filii hominis: Super Mattheum*, ed. Rhaban Haacke, CCCM 29 (Turnhout: Brepols, 1979), 415: "Cum ergo de sanctis et electis omnibus dubium non sit, quod nascituri forent omnes usque ad praefinitum numerum secundum propositum Dei, quo ante peccatum benedicens: 'Crescite, ait, et multiplicamini,' et absurdum sit putare, quod propter eos, ut nascerentur, peccatum necessarium fuerit, quod de isto capite et rege omnium electorum angelorum et hominum sentiendum, nisi quod et ipse maxime necessariam causam non habuerit ipsum peccatum, ut homo fieret ex hominibus delicias suae caritatis habiturus cum filiis hominum."

In October 1198, Caesarius met Gevard, the second abbot of Heisterbach,[28] on the way from Walberberg to Cologne (*DM* I, 17).[29] Gevard tried to persuade him to convert to monastic life. Caesarius was reluctant at first, but the abbot managed to convince him by telling a well-known *exemplum* about the apparition of the Blessed Virgin, accompanied by Saint Anne and Mary Magdalene, to the harvesting monks at Clairvaux.[30] Caesarius was so touched by the story that he promised to the abbot that if he were to become a monk, he would only do so in Heisterbach.[31] As Hermann Höfer points out, this encounter could not be a coincidence.[32] Caesarius was probably a Canon at the Cologne cathedral or at the church Saint-Mary-ad-Gradus,[33] where Gevard had been a secular Canon before his own conversion.

After a pilgrimage to Rocamadour three months later (in January 1199),[34] Caesarius, aged 19, became a novice in Heisterbach. It is not known when exactly he was ordained priest: it could have happened before the conversion or shortly thereafter. In 1218 he said to have celebrated a mass in the convent of Yesse, near Groningen (*DM* VII, 46).[35]

28 On Gevard, see: Brunsch, *Das Zisterzienserkloster Heisterbach*, 360.

29 "Eo tempore quo Rex Philippus primo vastavit Dioecesim Coloniensem, contigit me cum domino Gevardo Abbate de Monte sanctae Walburgis ire Coloniam." Philip of Swabia ravaged the dioceses of Cologne in October 1198. Cf. Bernd Schütte, *König Philipp von Schwaben: Itinerar, Urkundenvergabe, Hof* (Hannover: Hahn, 2002), 328.

30 Herbertus Turritanus, *Liber visionum et miraculorum Clarevallensium*, ed. Giancarlo Zichi, Graziano Fois and Stefano Mula, CCCM 277 (Turnhout: Brepols 2017), 3-5. For more information about this *exemplum*, see Stefano Mula, "Les *exempla* cisterciens du Moyen Âge, entre philologie et histoire," in *L'œuvre littéraire du Moyen Âge aux yeux de l'historien et du philologue*, ed. Ludmilla Evdokimova and Victoria Smirnova (Paris: Classiques Garnier, 2015), 377-92.

31 "Sermone huius visionis in tantum motus fui, ut Abbati promitterem, me non venturum nisi ad eius domum gratia conversionis."

32 Hermann Höfer, "Zur Lebensgeschichte des Caesarius von Heisterbach," *Annalen des Historischen Vereins für den Niederrhein* 65 (1896): 237-240, esp. p. 238

33 On the collegiate church Saint-Mary-ad-Gradus, see Richard Hardegen, *Das Kanonikerstift Maria ad Gradus zu Köln (1056–1802): eine kirchenrechtsgeschichtliche Untersuchung unter besonderer Berücksichtigung seiner inneren Struktur* (Aachen: Shaker, 2008).

34 "Astrictus tunc fueram voto peregrinationis ad sanctam Mariam Rupis Amatoris, quae maxime me retinuit. Qua post menses tres expleta, nullo amicorum meorum sciente, sola Dei misericordia me praeveniente et promovente, ad Vallem sancti Petri veni" (*DM* I, 17).

35 "In introitu Frisiae iuxta civitatem Gruningen coenobium quoddam sanctimonialium ordinis nostri de novo constructum est, vocabulo Yesse. Quae dicturus sum, a Priore loci eiusdem audivi, et circa idem tempus imaginem ipsam vidi, et missam coram illa celebravi." For the date, see McGuire, "Friends and Tales," 199.

Caesarius became master of novices before 1219[36] and probably still held this position till 1222.[37] From 1222/1223, there was another master of novices in the abbey, a certain Gottfried, mentioned in the *Dialogus miraculorum* (*DM* X, 42).[38]

Caesarius's writings provide some information about his many journeys, undertaken in 1218–1233.[39] He often accompanied Henry, the third abbot of Heisterbach (1208–1244):[40] for example, to visit the convent of Yesse (*DM* VII 3, 46) or to assist in the elections of the abbot of Klaarkamp (*DM* XI, 30). With the sub-prior of Heisterbach, Caesarius visited Stuben (Insula sancti Nicolai) in order to collect the tooth of John the Baptist (*De infantia*, homily eighteen); he later went there once more with the prior Isenbard (*DM* V, 14). On 22 September 1226 Caesarius took part, along with prior Henri, in the celebrations accompanying the ordination of the new archbishop of Cologne, Henry of Müllenark.[41] The last attested journey dates from 1233, when Caesarius visited Marburg, probably in the context of writing his *Vita* of Saint Elizabeth of Hungary.[42]

It is unclear how the Caesarius's monastic career developed after he left his role of the master of novices. He most probably remained a simple monk, without advancing in the monastic hierarchy. Aubert Le Mire in his *Chronicon Cisterciensis ordinis* (1614) mentions Caesarius as prior of Villers, which was an error due to confusion with another Caesarius.[43] Chrisóstomo Enriquez, on the other hand, states in the *Menologium Cisterciense* (1630) that Caesarius be-

36 Cf. in the Prologue of the DM: "Cum ex debito iniunctae sollicitudinis aliqua ex his quae in ordine nostro nostris temporibus miraculose gesta sunt et quotidie fiunt, recitarem noviciis…" The first *distinctio* was written in 1219, see McGuire, "Friends and Tales," 197.

37 The date is deduced from the document discovered by Falko Neininger who places its redaction between 25 March 1221 and 24 March 1222: see his article "Caesarius von Heisterbach in Walberberg," 208.

38 "Godefridus magister noviciorum nostrorum, ante conversionem parochiam quandam regebat." Outside of this mention, nothing is known about this person. For the date of the *distinctio* X, see McGuire, "Friends and Tales," 198-199.

39 On Caesarius's voyages see especially: Brunsch, *Das Zisterzienserkloster Heisterbach*, 147-50.

40 On Henri, see: Brunsch, *Das Zisterzienserkloster Heisterbach*, 360-362. Also infra, p. 27

41 Vita Engelberti II, 11: Alfons Hilka: *Die Wundergeschichten des Caesarius von Heisterbach*, vol. 3, *Die beiden ersten Bücher der Libri VIII miraculorum; Leben, Leiden und Wunder des Hl. Engelbert, Erzbischofs von Köln; die Schriften über die Heilige Elisabeth von Thüringen* (Bonn: Hanstein, 1937), 269-70.

42 Hilka, *Die Wundergeschichten*, 3: 384.

43 McGuire, "Friends and Tales," 173 (note 13).

came prior in Heisterbach (in correction of Le Mire's error?). However, no known document confirms this fact.[44]

It is possible that Caesarius may have taught theology in Heisterbach.[45] Indeed, the incipit of *Libellus de laude gloriose Virginis Marie* (number 21 in the in the so-called *Epistola catalogica*, in which he enumerates, in chronological order, his thirty-six literary works[46]), transmitted in a manuscript dating from the 15th century,[47] presents him as "sacre theologie professor": "Incipit epistola Cesarii venerabilis monachi Heysterbachensis et sacre theologie professoris ad Alardum monachum presbiterum de laude gloriose Virginis Marie (19v)."[48] Although originating from a much later period, this mention shows, at least, that readers appreciated Caesarius's theological reflections.

Caesarius supposedly died in about 1240,[49] at the age of sixty, probably on 25 September, as suggested by *Menologium cisterciense*. In volume 56 of his collection of documents, genealogical and historical notes, Johann Gottfried von Redinghoven (1628–1704), counselor and archivist at the court of the Duchy of Jülich-Berg, reports that Caesarius was buried in the Heisterbach church: "Ante altare apostolorum Petri et Pauli ligt begraben Caesarius in medio duorum qui scripta eius calamo exceperunt."[50]

44 It is at least certain that the prior of Heisterbach in 1227 was named Henri: see Brunsch, *Das Zisterzienserkloster Heisterbach*, 380.

45 See: Brunsch, *Das Zisterzienserkloster Heisterbach*, 147.

46 Edited in Hilka, *Die Wundergeschichten*, 1: 2-7.

47 Berlin, Staatsbibliothek-Preußischer Kulturbesitz, ms. theol. lat. quart. 368 (15th c.)

48 Cited in Hilka, *Die Wundergeschichten*, 1: 35.

49 Based on the dating of the *Epistola* to the year 1237 (cf. Langosch "Caesarius von Heisterbach," col. 1154; Fritz Wagner, "Studien zu Caesarius von Heisterbach," *Analecta cisterciensia*, 29 (1973): 79-95 (esp. p. 84). The *Vita* of St. Elizabeth and the sermon on the Translation of her relics (numbers 34 and 35 in the *Epistola* that, it should be reminded, lists only 36 works in chronological order) date between 1236 and 1237 (cf. Hilka, *Die Wundergeschichten*, 3: 336-37). Besides the works mentioned in the *Epistola*, only two can be attributed to Caesarius with certainty. The one, the *Catalogus archiepiscoporum Coloniensium* can be dated around 1238, since it says nothing about the death of Henry de Müllenark in 1238. Henry's successor, Conrad of Hochstaden, is mentioned only by name, probably not by Caesarius himself. The other work – *De sollempnitatibus beate Marie Virginis octo sermones* – is addressed to Ludolf, prior of Heisterbach (attested for the year 1216) and was therefore most probably composed before 1219. Given the lack of evidence concerning Caesarius's writing activities after 1238, it is generally admitted that he died around 1240.

50 *Sammlung Redinghoven*, vol. 56, *Von dem Lande Berg, wann es zur Grafschaft geworden, und von den Insignien des Herzogthums Berg*, ms. Munich, BSB, Cgm 2213, fol. 157r (part *Lapides sepulchrales in templo Heisterbachensi*). Edmund Renard, in his *Die Kunstdenkmäler des*

(B) Caesarius of Heisterbach and preaching

It is not known whether Caesarius preached in the abbey or outside it, since he did not mention this topic at all in his writings. The *Ecclesiastica officia* do not list preaching among the responsibilities of the master of novices, only that he is supposed to bring novices to the Chapter to attend a sermon.[51] Some Caesarius's sermons, were probably read (or at least were destined to being read) during the Chapter meetings, case in point number 11 in the *Epistola catalogica:* the cycle of sermons on the great feasts of the year.[52] These sermons have not yet been identified. In addition Caesarius mentions the eventual public reading of the Lent homilies (number 30 in the *Epistola catologica*).[53] In the dedication letter addressed to Everlingus, a monk-priest in Bloekamp (Frisia), Caesarius reminds that Everlingus had persuaded him to write a collection of homilies *super ferias quadragesime,* because such homilies were rare in the Cistercian milieu and therefore "needed to be read in the refectory."[54]

On the other hand, Caesarius often reports on his experiences as a member of the audience or on his contacts with other preachers. One of the most famous stories in the *Dialogus* is dedicated to monastic preaching (*DM* IV, 36). During a sermon given at the Chapter meeting, at which Caesarius was also present, abbot Gevard woke up the sleepy audience (mainly lay-brothers) by promising them to tell a new and extraordinary story about king Arthur. The listeners were excited, but instead of telling the story, the abbot chastised them

Siegkreises (Düsseldorf: Schwann, 1907), 68, suggests the reading "in medio dominorum." It seems possible that Caesarius's body was at some point transferred from the monastic graveyard to the church.

51 *Les* Ecclesiastica Officia *cisterciens du XII*[ème] *siècle*, ed. Danièle Choisselet and Placide Vernet (Reiningue: Abbaye d'Oelenberg, 1989), 318-19.

52 "Item de precipuis solempnitatibus tocius anni scripsi sermones multiplices in capitulo recitandos": Hilka, *Die Wundergeschichten,* 1: 4. On the great feasts, see *Les Ecclesiastica Officia,* 190-91 (chap. LXVII) where it is discussed "on which days a sermon should be given in the Chapter." On the audience of such sermons, see infra, note 173 p. 48.

53 "Item scripsi omelias ewangelicas super ferias quadragesime numero XXXVI, nam de transfiguracione duas et super passionem Domini VIII dudum conscripseram": Hilka, *Die Wundergeschichten,* 1: 6.

54 "Cum anno preterito venisses ad nos ... suadendo atque rogando institit michi Caritas tua, ut super ferias quadragesime consimiles scriberem, eo quod tales omelie nobis essent rare et ideo ad legendum in mensa necessarie": extract published by Hilka: *Die Wundergeschichten,* 1: 26.

for the eagerness to hear frivolous fables, and not words of spiritual instruction.[55]

Cistercian preaching was not limited to the monastery. At the end of the 12th – beginning of the 13th centuries, the white monks actively participated in the preaching of crusades.[56] I have already mentioned the sermons given by the Cistercian Henry of Albano in the Cologne cathedral, which Caesarius attended. The abbey of Heisterbach also contributed to this movement. In 1214, Henry, along with the infirmarian Winand,[57] joined Oliver of Paderborn's († 1227)[58] preaching campaign in Frisia. In Bedum and Dokkum they saw two crosses appear in the sky (*DM* X, 39).[59] In 1224, Henry was tasked by pope Honorius III to assist Gerung, a *scholasticus* from Bonn, who preached crusade

55 "In sollemnitate quadam cum Abbas Gevardus praedecessor huius, qui nunc est, verbum exhortationis in Capitulo ad nos faceret, et plures, maxime de conversis, dormitare, nonnullos etiam stertere conspiceret, exclamavit: Audite, fratres, audite, rem vobis novam et magnam proponam. Rex quidam fuit, qui Artus vocabatur. Hoc dicto, non processit, sed ait: Videte, fratres, miseriam magnam. Quando locutus sum de Deo, dormitastis; mox ut verba levitatis inserui, evigilantes erectis auribus omnes auscultare coepistis. Ego eidem sermoni interfui."

56 Cf., for example, Nicolas Bourgeois, "Les Cisterciens et la croisade de Livonie," *Revue historique* 635 (2005/3): 521-60, accessible on-line https://www.cairn.info/revue-historique-2005-3-page-521.htm; Monique Zerner-Chardavoine, "L'abbé Gui des Vaux-de-Cernay, prédicateur de croisade," in *Les cisterciens en Languedoc*, Cahiers de Fanjeaux 21 (1986): 183-204; Beverly Kienzle, "Hélinand de Froidmont et la prédication cistercienne dans le Midi (1145-1229)," in *La prédication en pays d'Oc (XIIe-début XVe siècle)*, Cahiers de Fanjeaux 32 (1997): 37-67; Jessalynn Bird, "The Religious's Role in a Post-Fourth-Lateran World: Jacques de Vitry's *Sermones ad status* and *Historia occidentalis*," in *Medieval Monastic Preaching*, ed. Carolyn Muessig (Leiden: Brill, 1998), 209–29, especially pp. 215-18 (The Cistercians: papal workhorses or sublime contemplatives?).

57 On Winand, see Brunsch, *Das Zisterzienserkloster Heisterbach*, 384.

58 *Scholasticus* of the Cologne cathedral (after 1201), Olivier was elected bishop of Paderborn in 1223, then a cardinal (in 1225). In 1213, he was charged by Innocent III to preach the 5th crusade. On Olivier, cf. Wolfgang Giese, "Oliver von Paderborn," *Neue Deutsche Biographie* 19 (1999), 522-23, available on-line: https://www.deutsche-biographie.de/pnd100956149.html#ndbcontent

59 On the celestial apparitions during the preaching campaign of Oliver, see: Jaap van Moolenbroek, "Signs in the heavens in Groningen and Friesland in 1214: Oliver of Cologne and crusading propaganda," *Journal of Medieval History* 13 (1987): 251-72.

in the dioceses of Trier.[60] In his Sunday homilies Caesarius also mentions Henry's preaching in Limbourg.[61]

Among the members of the Heisterbach community involved in preaching, one should mention a monk named Bernard who accompanied Oliver of Paderborn during his missions in the dioceses of Trier, in Flanders and Brabant (*DM* II, 7; III, 6; IV, 10).[62] Caesarius himself personally knew Oliver (*DM* X, 22),[63] as well as Johannes, scholasticus in Xanten and later abbot of St.-Trond and Deutz († 1228),[64] Oliver's companion (VII, 23 *Libri octo*, II, 35).[65] Caesarius's vast network of acquaintances also included Theobald, the chanter of the collegiate church of St. Stephan in Mainz (*Libri octo*, II, 24) who preached the crusade in Remigiberg (near Kusel).[66]

In the *Vita Engelberti* (I, 7), Caesarius relates writes about mendicant friars who arrived in Cologne in 1221.[67] The inhabitants of Cologne did not welcome them at first, afraid that they were those same people whose arrival had been announced in Saint Hildegard's prophecy, who were expected to bring disaster to the clergy and the city. Engelbert resolved the situation in favor of the

60 The letter of Honorius III to Henry and Gerung is published in *Monumenta Germaniae Historica, Epistolae saeculi XIII e regestis pontificum Romanorum selectae* (Berlin: Weidmann, 1883), 1: 172-73. On the preaching of the crusade promoted by Innocent III and Honorius III, see Christian Grasso, "La delega papale alla predicazione crociata al tempo del IV Concilio Lateranense," *Rivista di Storia della Chiesa in Italia* 67/1 (2013), 37-54; Idem, "Onorio III e la crociata," in *Nuovi Studi su Onorio III*, ed. Christian Grasso (Rome, Istituto storico italiano per il Medio Evo, 2017), 105-20

61 *Fasciculus moralitatis venerabilis fr. Caesarii, Heisterbacencis monachi S. Ordinis Cistertiensium*, ed. Joannes A. Coppenstein, (Cologne: P. Henningius, 1615): "Simile [a murder] accidit Limpurg, dyocesis Treverensis oppido, cum abbas noster ibidem predicaret." Extract published by Hilka, *Die Wundergeschichten*, 1: 146.

62 "Sicut mihi retulit supradictus Bernardus, qui tunc temporis collega fuit eiusdem Oliveri et cooperator in praedicatione" (*DM* II, 7).

63 "Cum Scholasticus Coloniensis Oliverus crucem praedicaret in Flandria, sicut ipse nobis retulit, inter reliquos signatus est ibi miles dives et honestus" (*DM* X, 22). On the relationships of Oliver with the Heisterbach's community, see: Brunsh, *Das Zisterzienserkloster Heisterbach*, 58.

64 On Johannes of Xanten, see: Ingo Runde, *Xanten im frühen und hohen Mittelalter. Sagentradition - Stiftsgeschichte – Stadtwerdung* (Cologne-Weimar-Vienne: Böhlau, 2003), 446-47.

65 "Sicut nobis retulit idem Johannes [Scholasticus Xantensis]" (VII, 23).

66 "Cum ante paucos annos magister Theobaldus, cantor sancti Stephani in Maguncia, in loco qui dicitur Mons sancti Remigii crucem predicaret ... Hec michi ab ore ipsius Theobaldi, qui est vir litteratus et religiosus, relata sunt." Hilka, *Die Wundergeschichten*, 3: 105-106.

67 Hilka, *Die Wundergeschichten*, 3: 245-46.

newcomers, by saying that the prophecy – if it had indeed been sent by God – would be fulfilled anyway.

The "new word"[68] – new preaching strategies – employed by the mendicant friars, was so attractive that some monks ended up leaving the Cistercian order and joining the Dominican one. Caesarius relates that a certain Christian, a monk from Heisterbach, very eloquent and talented in preaching, even became the prior of the Dominican house in Cologne. Excommunicated by the abbot of Clairvaux, Christian got an absolution from pope Honorius III who wanted to promote the new Order. Papal pardon notwithstanding, Christian was forced to resume the Cistercian habit.[69]

Despite the incident, Caesarius speaks about mendicant friars with a lot of sympathy. In the sermon on Psalm 118,[70] he even praises them. Many people, he says, become Dominicans out of love for the word of God that should be studied and preached. They abandon the secular life completely and commit themselves to the doctrine, they live as beggars in order to provide others

68 Jacques Le Goff, Jean-Claude Schmitt, "Au XIIIe siècle, une parole nouvelle," in *Histoire vécue du peuple chrétien*, ed. Jean Delumeau (Toulouse: Privat, 1979), 1: 257-79.

69 *Fasciculus moralitatis venerabilis fr. Caesarii*, pars III, p. 24: On Christian and the establishment of the Dominican convent in Cologne, cf. Arnold Kühl, *Die Dominikaner im deutschen Rheingebiet und im Elsaß während des dreizehnten Jahrhunderts* (PhD diss. Albert-Ludwigs-Universität zu Freiburg im Breisgau, 1923), 34-35 (available online: http://eckhart.de/Down/kuehl.pdf). The foundation was formally made by Henry of Cologne, a companion of Jordan of Saxony, in 1221–1222. It is possible that there was a provisional foundation made around 1220. See also Konrad Bund, "Die 'Prophetin', ein Dichter und die Niederlassung der Bettelorden in Köln: Der Brief der Hildegard von Bingen an den Kölner Klerus und das Gedicht 'Prophetia Sancte Hyldegardis de Novis Fratribus' des Magisters Heinrich von Avranches," *Mittellateinisches Jahrbuch* 23 (1991): 171-260 (esp. pp. 206-207).

70 Number 31 in the *Epistola*: "Item scripsi super psalmum 'Beati immaculati' sermones XXII": Hilka, *Die Wundergeschichten*, 1: 6.

with spiritual nourishment.[71] It should be added that Caesarius most probably personally knew Henry, the first Dominican prior of Cologne (*DM* VI, 37).[72]

In the first third of the 13th century, the Cistercian order faced a lot of challenges. Among them was the growing success of the mendicant preaching in the urban milieu, which called into question many aspects of the Cistercian way of life, such as the ideal of desert-dwelling and fleeing from the world. I would argue that the echo of the changes that were happening in the preaching landscape is perceptible in Caesarius's writings.

(C) The place of homilies and sermons in Caesarius's writings

Caesarius is primarily known as the author of the *Dialogus miraculorum*, a collection of about 780 exemplary stories, which earned him the reputation as the champion of Cistercian storytelling. The *Dialogus miraculorum* has been a such success both with medieval readers and modern scholars, obscured other works by this prolific writer of homilies and sermons. In fact, out of thirty-six works by Caesarius, listed in the *Epistola catalogica*, fifteen are designated as "sermones" and six as "omelie".

As a young man, Caesarius had already experimented with sermons,[73] before he wrote the first work mentioned in the *Epistola catalogica:* a commentary in two books on the verse from the Book of Revelation: *Signum magnum ap-*

71 Extract published by Anton Schönbach, *Über Caesarius von Heisterbach II*, vol 7 of *Studien zur Erzählungsliteratur des Mittelalters* (Vienna: Gerold, 1908), 28-29: "Si non esset magna dulcedo humano spiritui in divinis eloquiis, id est, sacris scripturis discendis atque docendis, non tantum infiniti hodie in illorum studio laborare possent ... Hinc est, quod in novum ordinem Predicatorum amore divinorum eloquiorum discendorum atque predicandorum cotidie plurimi convertuntur, in tantum illorum dulcedine illecti et attracti, ut omnibus, que mundi hujus sunt, relictis atque post positis soli doctrine vacent, mendicando vivunt, ut alios cibo spirituali reficere valeant. Simile dicimus de Fratribus minoribus, qui et ipsi doctrine inserviunt eloquia divina predicando."

72 "Testis huius visionis est Henricus Prior Praedicatorum in Colonia, qui se eam a praedicti loci Praeposito audivisse commemorat."

73 "Primo omnium in adolescencia mea paucis admodum sermonibus prelibatis ...": Hilka, *Die Wundergeschichten*, 1: 3.

paruit in celo etc, mulier amicta sole et corona duodecim stellarum in capite eius (Rev. 12:1).[74]

When he became a monk in the abbey Heisterbach, Caesarius continued to write sermons on different passages of the Holy Scripture. About a decade later, he started to compose the *Moralitates euangeliorum*, an extensive homiletic work, consisting of three parts. The Homilies on Jesus' childhood (hereafter referred to as the *De infiantia*) – the object of the present edition[75] – were finished before 1219. Caesarius then interrupted the work on the *Moralitates* and dedicated himself to the famous *Dialogus miraculorum*.[76] When the *Dialogus* was finished in 1223, Caesarius resumed the writing of homilies. He finished the second part of the *Moralitates* – the Sunday homilies – before 1224–1225[77] before embarking, at the request of Henry of Müllenark, archbishop of Cologne, on writing the *Vita* of Engelbert of Berg, Henry's predecessor, assassinated on 7 November 1225.[78] The composition of the Homilies on the feasts of the saints,[79] the third part of the *Moralitates*, dates from after 1226.

Despite the undeniable success of the *Dialogus*, after completing this work, Caesarius wrote only one *exemplum* collection, the *Libri VIII miraculorum*,

74 Hilka, *Die Wundergeschichten*, 1: 3.

75 Number 16 in the *Epistola catalogica*: "Item ab illo loco ewangelii ubi 'Angelus Gabriel missus est' ad Mariam, usque ad eum locum ubi Saluator aquam uertit in uinum, seruato ordine historie, edidi omelias morales XVIII. Huius operis prologus est: Fasciculus myrre dilectus meus michi": Hilka, *Die Wundergeschichten*, 1: 5. Johannes Baptist Schneyer, *Repertorium der lateinischen Sermones des Mittelalters: für die Zeit von 1150-1350* (Münster, Westfalen: 1969), 1: 705-706, num. 1-19.

76 "Cum Caritas vestra michi iniunxisset, domine karissime, dominicalia exponere ewangelia, vix XVIII omeliis expletis, quas fasciculum vocavi moralitatis, abbate meo precipiente et fratrum importuna peticione urgente compulsus sum ut nostis opus interrumpere et Dyalogum scribere miraculorum": Hilka, *Die Wundergeschichten*, 1: 19.

77 *Epistola catalogica*, number 18: "Item ab eo loco, ubi Dominus ad nupcias ueniens aquas conuertit in vinum, usque ad ultimam dominicam Adventus, super omnes lecciones ewangelii dominicales scripsi omelias morales numero LXIIII. Huius operis prologus sic incipit: Botrus Cipri dilectus meus michi." Hilka, *Die Wundergeschichten*, 1: 5. Schneyer, *Repertorium*, 1: 706-11, num. 20-83.

78 *Actus, passio et miracula beati Engelberti*, ed. Fritz Zschaeck, published in Hilka, *Die Wundergeschichten*, 3: 234-328.

79 *Epistola catalogica*, number 19: "Item super lecciones ewangelii que leguntur per circulum anni, in festivitatibus sanctorum, in quibus XII lecciones habentur in ordine nostro, scripsi omelias morales XXXIII. Huius operis prologus sic incipit: Jacob diligebat Joseph super omnes filios suos." Hilka, *Die Wundergeschichten*, 1: 5. Schneyer, *Repertorium*, 1: 711-15, num. 84-116.

which remained unfinished.[80] His hagiographical work consists of two texts: the *Vita* of Saint Engelbert and the *Vita* of Saint Elizabeth of Hungary.[81] Caesarius's strong predilection seems to have been for the writing of sermons and homilies, where he often reflected on preaching as an ecclesiastical pursuit, on its goals and challenges.

An attentive reading of Caesarius's homiletic works reveals new facets of his authorial persona.[82] In the Prologue to the *Dialogus*, he humbly admits his inferiority to those who "break the whole breads, that is to say, who explain difficult questions in regard to the Holy Scripture"[83] and presents himself as the one who picks up the "crumbs that fall". In the sermons, on the contrary, he dares to approach complex questions and to expose obscure passages. In the *Epistola catalogica*, he often presents his works using terms such as *explicare*, *exponere*, and never fails to stress the difficulty of the chosen subjects. As he mentions in the Prologue to the homilies on the Transfiguration[84]: Hartmann, the prior of Marienstadt,[85] asked him with insistence to expose "eandem lectionem ewangelicam ... et ea precipue replicare, que circa corporum resurrectionem et future vite statum inquiri et per disputaciones ventilari solent."[86] Without pretending to be able to propose a solution "ubi sancti patres tacent,

80 Edited in Hilka, *Die Wundergeschichten*, 3: 15-128.

81 The *Vita sancte Elyzabeth Lantgravie* edited by Albert Huyskens, was published in Hilka, *Die Wundergeschichten*, 3: 344-81. On the place of the *Vita* written by Caesarius in the Saint's hagiography, see Ottó Gecser, "Lives of Saint Elizabeth. Their Rewritings and Diffusion in the Thirteenth Century," *Analecta bollandiana* 127 (2009): 49-107 (esp. p. 62).

82 On Caesarius's authorial image, see: Marie Anne Polo de Beaulieu, "L'émergence de l'auteur et son rapport à l'autorité dans les recueils d'*exempla*," in *Auctor et auctoritas. Invention et conformisme dans l'écriture médiévale, Université de Saint-Quentin-en-Yvelines, 11-13 juin 1999*, ed. Michel Zimmermann (Paris: École nationale des chartes, 2001), 175-200.

83 "Memor etiam praedictae sententiae Salvatoris, aliis panes integros turbis frangentibus, id est, fortes scripturarum quaestiones exponentibus, sive excellentiora moderni temporis acta scribentibus, ego micas decidentes colligens, propter inopes, non gratia, sed literatura, duodecim ex eis sportellas implevi," *Caesarii Heisterbacensis Dialogus Miraculorum*, 1: 2.

84 Number 22 in the *Epistola catalogica*: "Item de transfiguracione Domini scripsi omelias duas, unam sub typo dyalogi allegorice, alteram moraliter." Hilka, *Die Wundergeschichten*, 1: 6.

85 The daughter of Heisterbach, founded in 1215 (or in 1212, according to the manuscript C31b from the Universitäts- und Landesbibliothek Düsseldorf, dating from the 14th century).

86 Hilka, *Die Wundergeschichten*, 1: 23. On the question of the bodily resurrection, see Thomas de Chobham, *Summa de arte praedicandi*, ed. Franco Morenzoni, CCCM 82 (Turnhout: Brepols, 1988), 108-18, where he enumerates all the difficulties that this belief poses for the faithful. For more details, see: Nicole Bériou, *L'avènement des maîtres de la Parole. La prédication à Paris au XIIIe siècle* (Paris, Institut d'études augustiniennes, 1998) 1: 460-65.

ubi doctores inter se non concordant,"[87] Caesarius does not hesitate to offer his own input on the most important theological problems.

This raises the question as to the complex dynamics between his authorial persona of a humble storyteller fascinated by the "monastic folklore"[88] and that of a learned homilist with the deep knowledge of and interest for exegesis and its doctrinal impacts. The *De infantia* and the Sunday homilies, notable for the their extensive use of *exempla*,[89] shows both personas in interaction. According to Jacques Le Goff, Caesarius was the first to not only include *exempla* in his sermons, but also to arrange them in a collection: an exceptional case for the first half of the 13th century.[90] Many stories that appeared for the first time in the *De infantia*, were then revised and reused in the *Dialogus*. Afterwards, Caesarius reused some *exempla* from the *Dialogus* in his Sunday homilies.[91]

Unfortunately, some brothers were unhappy with the extensive presence of *exempla* in Caesarius's homilies. As Caesarius puts it in the afterword to the *Moralitates euangeliorum*: et quia hoc quibusdam minus placuit, in omeliis de sollempnitatibus sanctorum hoc ipsum caui."[92] He therefore abandoned this

87 Hilka, *Die Wundergeschichten*, 1: 23.

88 For the notion of the monastic folklore, see: Brian Patrick McGuire, "La vie et les mentalités des Cisterciens dans les *exempla* du XIIe siècle," in *Les exempla médiévaux: nouvelles perspectives*, ed. Jacques Berlioz and Marie Anne Polo de Beaulieu (Paris: Champion, 1998), 107-45, esp. p. 154.

89 Jacques le Goff defines an *exemplum* as a short story presented as true and destined to be inserted in a speech, generally a sermon, in order to convince the audience with a redemptive moral lesson ("un récit bref donné comme véridique et destiné à être inséré dans un discours, en général un sermon, pour convaincre un auditoire par une leçon salutaire"): Claude Bremond, Jacques Le Goff, Jean-Claude Schmitt, *L'Exemplum*, Typologie des Sources du Moyen Âge Occidental 40 (Tournhout: Brepols, 1982, reed., 1996), 37-38. For other definitions, see the overview by Nicolas Louis in his article "*Exemplum ad usum et abusum: définition d'usages d'un récit qui n'en a que la forme*," in *Le récit exemplaire (1200–1800)*, ed. Madeleine Jeay and Véronique Duché (Paris: Classiques Garnier, 2011), 17–36. See also *Le Tonnerre des exemples. Exempla et médiation culturelle dans l'Occident médiéval*, ed. Jacques Berlioz, Pascal Collomb, and Marie Anne Polo de Beaulieu (Rennes: PUR, 2010), 11-15 (Introduction); Fritz Kemmler, *'Exempla' in Context: A Historical and Critical Study of Robert Mannyng of Brunne's Handlyng Synne* (Tübingen: Narr, 1984); *Exempel und Exempelsammlungen*, ed. Walter Haug and Burghart Wachinger (Tübingen: Niemeyer, 1991).

90 Bremond, Le Goff, Schmitt, *L'Exemplum*, 59.

91 "Cui etiam plurima exempla ex eodem Dyalogo sumpta inserere studui, verbis aliquando mutatis gracia compendii": Hilka, *Die Wundergeschichten*, 1: 19.

92 The afterword is placed by Coppenstein, the editor of the edition of 1615, before the *De infantia* under the title *Altera epistola monitoria Venerabilis Caesarij in Homilias suas Dominicales ac Festiuales Ad lectorem*. Hilka, *Die Wundergeschichten*, 1: 21.

practice, and not only in the final part of the *Moralitates* – the Homilies on feasts of the saints – but also in all his later homiletic works. This sudden change invites a question about the place held by exemplary stories in the Cistercian religious persuasion and identity construction.[93] While the collections such as the *Dialogus* were welcomed by readers, Cistercian preaching in general was not very accommodating to *exempla*. This particular context highlights the often experimental and unique character of Caesarius's homiletic work.

The interest in Caesarius's homilies lies not only in the extensive use of exemplary stories. The *De infantia* reveals the complex dynamics between the monastic and scholarly milieus. To convey the message, Caesarius resorts to an impressive array of persuasion tools: quotations from classical and scholastic texts, interpretations of the Hebrew names and letters, etymologies and arithmology. In addition his pastoral teachings often result from an original mixture of monastic[94] and early scholastic theology.

The only edition of the *Moralitates euangeliorum*, based on a now lost (or not yet identified) manuscript, was published in 1615 by a Dominican from Koblenz, Johann Andreas Coppenstein.[95] There were no further editions. Out of all of Caesarius's homiletic works, only the commentary on the sequence *Ave*

93 On Cistercian *exempla* see, among others, McGuire, "La vie et les mentalités des Cisterciens"; Stefano Mula, "Herbert de Torrès et l'autoreprésentation de l'ordre cistercien dans les recueils d'*exempla*," in *Le Tonnerre des exemples*, 187-99; Michaela Pfeifer, "Quand les moines racontent des histoires... Spiritualité cistercienne dans l'*Exordium magnum cisterciense*," *Collectanea cisterciensia* 65 (2003): 34-47; Victoria Smirnova, "De l'histoire à la rhétorique. Les recueils d'*exempla* cisterciens du Moyen Âge tardif," in *L'Œuvre littéraire du Moyen Âge*, 393-408.

94 Jean Leclercq, "Saint Bernard et la théologie monastique du XIIe siècle," *Analecta Sacri Ordinis Cisterciensis* 9 (1953), 7-23. As Leclercq repeatedly stresses, monastic theology is a practical theology that should be lived through the experience of praying and contemplation, the speculative theology becoming therefore inseparable from the religious sentiment and devotional practices. See also: *L'exégèse monastique au Moyen Âge (XIe-XIVe siècle)*, ed. Gilbert Dahan and Anie Noblesse-Rocher (Paris: Institut d'Etudes Augustiniennes, 2014).

95 *Fasciculus moralitatis venerabilis fr. Caesarii, Heisterbacencis monachi,... homilias de infantia Servatoris Jesu Christi complectens. Pars prima, in Evangelia a Nativitate usque ad octavam Epiphaniae... - Homiliae dominicales venerabilis fr. Caesarii, Heisterbacensis monachi,... Pars secunda, in Evangelia post octavas Epiphaniae ad usque Pentecosten... - Homiliae venerabilis fr. Caesarii, Heisterbacensis monachi,... Pars tertia, in dominicas Pentecostes et deinceps usque ad Nativitatem Christi... - Homiliae festivae venerabilis fr. Caesarii Heisterbacensis monachi,... super festis anni totius...*, ed. Joannes Andreas Coppenstein (Cologne: P. Henningius, 1615).

preclara maris stella,[96] five Marian sermons *De laude gloriose Virgnis Marie*[97] and the *Sermo de Translacione beate Elyzabeth*[98] have been the object of modern scientific editions.[99] As for other sermons and homilies, only extracts, mainly *exempla*, were published at the beginning of the 20th century, according to the common editorial practice to separate *exempla* from their original context. In 1902, Anton Schönbach published 58 exempla from the *Moralitates*, not present in the *Dialogus miraculorum*, along with some prologues to sermons.[100] In 1933, all *exempla* from Caesarius's homilies and sermons (along with some other extracts) were published by Alfons Hilka.[101] The latter publication is especially valuable since it contains elements of textual criticism. For the *exempla* extracted from the *De infantia*, Hilka used four manuscripts, one of which has since been destroyed and one lost (see *infra*). His edition, therefore, offers invaluable information about the work's textual tradition.

In the absence of a modern scientific edition, Caesarius's homilies are not well known to scholars, and the number of studies dedicated to them is small. The majority date from the first third of the 20th century. Schönbach identified many works mentioned in the *Epistola catalogica*, among them, for example, the Marian sermons *De laude gloriose Virgnis Marie* in the ms. 206 of the Cologne Gymnasialbibliothek.[102] He also compared the *exempla* featuring both in the homilies and the *Dialogus*, highlighting the differences between the two versions of the same story, and, therefore, showed how Caesarius reshaped his

96 Number 9 in the *Epistola catalogica*: "Item super sequenciam illam sollempnem: 'Ave, preclara maris Stella' scripsi exposiciunculam unam": Hilka, *Die Wundergeschichten*, 1: 4.

97 Ibid, number 21: "Item super verba Salomonis in Canticis canticorum ubi dicit: 'Que est ista que progreditur sicut aurora consurgens' etc.? scripsi ad honorem Dei Genitricis libellum unum": Hilka, *Die Wundergeschichten*, 1: 6.

98 Ibid, number 35: "Item scripsi sermonem de translacione eiusdem qui sic incipit: 'Non potest civitas abscondi super montem posita": Hilka, *Die Wundergeschichten*, 1: 7.

99 Respectively: *Ave, praeclara maris stella*, in *Serta mediaevalia. Textus varii saeculorum X-XIII. Tractatus et epistulae*, ed. Robert B. C. Huygens, CCCM 171 (Turnhout: Brepols, 2000), 425-36; Jakob Huber Schutz, *Summa Mariana: allgemeines Handbuch der Marienverehrung für Priester, Theologie-Studierende und gebildete Laien* (Paderborn: Junfermann, 1908), 2: 687-716; Hilka, *Die Wundergeschichten*, 3: 381-90.

100 Schönbach, *Über Caesarius von Heisterbach*, 69-92.

101 Hilka, *Die Wundergeschichten*, 1: 63-188.

102 Schönbach, *Über Caesarius von Heisterbach II*, 13-18.

own stories.[103] Albert Koeniger, one other hand, used the homilies in his study dedicated to the theological concept of confession in Caesarius's works.[104]

The number of recent works is even more limited. The article by Fritz Wagner "Der rheinische Zisterzienser und Predigtschriftsteller Caesarius von Heisterbach,"[105] despite a very promising title and the affirmation of the importance of Caesarius's sermons, mentions them only in passing, its main focus being the *Dialogus*. To conclude this very short historiographical overview, it remains to mention the article by Nicole Bériou on the prologues to Latin homiletic collections. Bériou demonstrates that Caesarius's *De infantia* and Sunday homilies offer the earliest examples of the prologue constructed as an elaborate term-by-term commentary on the opening biblical verse, which at the same time presents the important elements of the following exegesis.[106]

103 Anton Schönbach, *Über Caesarius von Heisterbach III*, vol. 8 of *Studien zur Erzählungsliteratur des Mittelalters* (Vienna: Gerold, 1909), 1-33.

104 Albert Koeniger, *Die Beicht nach Cäsarius von Heisterbach* (München: Lentner, 1906).

105 Fritz Wagner, "Der rheinische Zisterzienser und Predigtschriftsteller Caesarius von Heisterbach," *Cistercienser Chronik* 101 (1994): 93-112.

106 Nicole Bériou, "Les prologues de recueils de sermons latins du XIIe au XVe siècle," in *Les prologues médiévaux*, ed. Jacqueline Hamesse (Turnhout: Brepols 2000), 395-426, esp. p. 405.

II. *De infantia Salvatoris*: presentation of the cycle

(A) Title

The homilies on Jesus' Childhood are introduced by a complex Prologue, where Caesarius exposes the circumstances of the work's composition as well as his exegetical method. However, it is only in the Prologue to the Sunday homilies (the second part of the *Moralitates euangeliorum*), that Caesarius explicitly reveals the title of the first part: "Cum Caritas vestra michi iniunxisset, domine karissime, dominicalia exponere ewangelia, uix XVIII omeliis expletis, quas fasciculum vocavi moralitatis … compulsus sum ut nostis opus interrumpere et Dyalogum scribere miraculorum." The word "fasciculus" is from the biblical verse that opens the Prologue to the homilies on Jesus' Childhood: *Fasciculus mirre dilectus meus michi, inter ubera mea commorabitur* (Ct. 1:12). In the following commentary, Caesarius explains that his method of work resembles, in fact, a little bundle. Like in a bundle of myrrh different stems are tied together, so the meaning of one homily is related to the meaning of another: "Bene autem comparatur fasciculo tractatus iste, quia sicut in fasciculo coherent ramusculi, ita sensus omelie unius pendet ex sensu alterius."

In the *Dialogus miraculorum* Caesarius refers to the Homilies on Jesus' Childhood as "Homelie morales de infantia Saluatoris." I will use this phrase as a subtitle for the present edition, instead of the one given in the base manuscript: "De pueritia Ihesu."

(B) Circumstances of the composition

The *De infantia,* as Caesarius states in the Prologue, was composed at the request of Henry, the abbot of Heisterbach from 1208 to 1244. Henry played an important role in Caesarius's writing activities. It should be mentioned that, according to the statute promulgated by the General Chapter in 1134, monks were forbidden from writing books without permission of the General Chapter.[107] Henry was therefore supposed to support Caesarius's work and obtain such an authorization. The abbot was also one of Caesarius's major informants, as he often shared stories heard during the General Chapter, or on his many journeys, or else received in confession.[108]

(C) Date of composition

The date of composition of the *De infantia* has already been established by Joseph Greven.[109] In homily eighteen, the last in the cycle, Caesarius says that the conquest of Alcácer do Sal (1217) took place in the previous year: "Vnde tanta uictoria anno preterito cruce signatis ante castrum Alcar...?" (p. 316) This homily was therefore written before 25 March 1219 (the beginning of the year was set on 25 March according to the Annunciation style, used by the Cistercian order). Another clue is found in homily seventeen, where Caesarius tells a story that took place "two years ago": "Qui huiusmodi sunt, audiant rem illam terribilem que ante annos decem in prouincia nostra contigit." (p. 298) This *exemplum* (the punishment of the ungrateful son) was then reused in the *Dialogus* (VI, 22) with the following detail: "Jam tredecim anni sunt elapsi, plus minus, ex quo ista contigerunt." *Distinctio* VI of the *Dialogus* was most probably composed in 1221[110], which corroborates the aforementioned terminus *ante quem* (1219).

107 Joseph-Marie Canivez, *Statuta capitulorum generalium Ordinis Cisterciensis* (Louvain: Bureaux de la Revue d'histoire ecclésiastique, 1933), 1: 26 (N° 58): "Nulli liceat abbati, nec monacho, nec novicio, libros facere, nisi forte cuiquam in generali capitulo concessum fuerit."

108 For more details on the role played by Henry, see McGuire, "Friends and Tales," 183-85.

109 Greven, "Kleinere Studien," 4.

110 McGuire, "Friends and Tales," 199.

(D) Name of the author

Caesarius of Heisterbach is known for his self-assured authorial personality.[111] Even though, given his position and status, Caesarius was expected to cultivate monastic humility, as a writer, he never hesitated to claim the authorship of his works. In the *Dialogus* he reveals his name in an acrostic, built from the first letter of each *distinctio*: "Cesarii munus."[112] Additionally, the *Dialogus* ends with four hexameters,[113] in which the first letters of each word create the phrase: "Cesarii munus sumat amica manus."

This being said, Caesarius had already used this technique in the *De infantia*. At the end of the Prologue, there are eight Leonine hexameters: "Cum meritum crescat sponse, si corde quiescat" etc. The first letters of each line form the name *Cesarius*. At the end of the *De infantia*, there is another poem in Leonine hexameters. This one has an acrostic revealing the name of the abbot: *Henricus*.

In all known manuscripts (both surviving and lost) the *De infantia* is preceded by the dedication letter to the abbot Henry of Heisterbach (*Epistola Cesarii in moralitates euangeliorum*).[114] The name of the abbot is given as H. Caesarius's name, by contrast, is always written in full (another confirmation of the fact that his readers and copyists of his works recognized and valued his authorship?): "Dilecto Patri et Domino H, uenerabili abbati in Valle sancti Petri. Frater Cesarius, monachorum eius nouissimus cum obedientia filialem in Christo caritatem." (p. 70)

111 Marie Anne Polo de Beaulieu, "L'émergence de l'auteur."

112 Cf. the Prologue, *Caesarii Heisterbacensis Dialogus Miraculorum*, 1:2: "Quia dum dictantis nomen pagina supprimit, detrahentis lingua citius deficit et arescit. Attamen qui nomen eius scire desiderat, prima distinctionum elementa compingat."

113 Cf. *DM* XII, 59: "Codicis exigui stilus auctorem reticescens, / ingeror in medium, veluti nova verbula spargens. / Sic ut mitis amor terat aspera, mitius illa / corrigat, ac mores addat nota vera salubres."

114 Hilka, *Die Wundergeschichten*, 1: 16.

(E) **Structure of the cycle**

The *De infantia* consists of eighteen homilies, each offering a commentary on short pericopes relating to Jesus' childhood. Despite the liturgical context evoked in the Prologue ("Sepe a uobis admonitus ... quatenus super lectiones euangelicas aliquid moralitatis scriberem" [p. 71]), the cycle is organized historically, and namely from the Annunciation to the Baptism of Christ,[115] and not according to the order of liturgical readings: "Omnia siquidem que in quatuor euangelistarum scriptis de Christi incarnatione siue pueritia sparsim posita reperi, eo ordine quo gesta sunt in unum collegi." (p. 71) It seems as if Caesarius himself perceived the historical order as rather exceptional. Already in the Prologue, he announces that the next cycle will be organized liturgically: "Si qua forte alia scripturus sum deinceps super euangelia, eo ordine disponam quo leguntur in ecclesia." (p. 71)

There was, it seems, a certain tension between the historical and the liturgical arrangements of homilies. The base manuscript of the present edition (see *infra*) has rubrics indicating the liturgical context of each homily. On the contrary, the other manuscript used in the present edition gives only the numbers. Despite the intention to offer to the readers an "authentic Caesarius" ("ipsum tibi dem Caesarium, ac suis totidem verbis ipsum")[116], Johannes Coppenstein decided to reorganize the homilies in his *editio princeps* ("adieci nihil, nihil detraxi, mutavi, praeter homiliarum ordinem, nihil")[117] and adopted the liturgical order:

115 In the foreword to the *Moralitates* Caesarius says that the *De infantia* ends with a homily on the Wedding at Cana (the same is stated in *Epistola catalogica*). This is incorrect: the homily in question opens the cycle of Sunday homilies.

116 *Ad lectorem benevolem* (not paginated).

117 Ibid.

Tab. 1 **Arrangement of the homilies**

manuscripts	Coppenstein's edition
1 to 7	I to VII
8	IX
9	X
10	XIII
11	XVIII
12	XI
13	VIII
14	XII
15 to 17	XV to XVII
18	XIV

Schneyer's *Repertorium* follows the order of Coppenstein's edition.

(F) **Principal subject**

The devotion to the Childhood of Jesus was not "invented" in the 12th century, but had its roots in christian Antiquity.[118] A remarkable example can be found in the writings of Origen, who contemplates the mystery of the Presentation of Jesus at the Temple, and the possibility – for each Christian leading a saintly life – to recreate the sweet gesture of Simeon and to share his joy of being set free in light.[119] In the later period, Caesarius of Arles invites the faithful to prepare a hospice in their hearts, where Jesus would be born, to feed him there, to watch him grow and perform his miracles.[120]

118 Cf. Frédéric Bertrand, *Mystique de Jésus chez Origène* (Paris: Montaigne 1951), especially the introduction pp. 5-11. Cf. also Irénée Noye, "Enfance de Jésus (dévotion à l')," in *Dictionnaire de Spiritualité ascétique et mystique, Doctrine et histoire*, 4: cols. 652-682 (esp. cols 652-662).

119 Origenus, *Homiliae in Lucam*, XV, PG 13, col. 1838.

120 Caesarius Arelatensis, *Sermones II*, De Nativitate Domini CXC, ed. Germain Morin CCSL 104 (Turnhout: Brepols, 1953), 775.

The spiritual turn of the 12th century promoted the increasing attachment to the personas of Christ and the Virgin Mary, which resulted in passionate and tender meditations not on the signs of Jesus' divinity, but on his humanity. Cistercians are known to be the ardent promoters of this affectionate devotion,[121] and, indeed, one finds in the writings of Cistercian fathers many topics discussed in *De infantia*, such as, for example, the birth and growth of Jesus in the heart of a faithful Christian;[122] or else the affinity (assimilation) of the spiritual progress of the faithful and the physical growth of the Child Jesus.[123]

The *De infantia* follows in the wake of this rich tradition. However, despite the common themes, the writings of Cistercian Fathers do not seem to have influenced it directly. Caesarius presents the *De infantia* as the result of his own initiative to gather, in one volume, the information on the Childhood of Jesus, scattered through the Gospels: "Omnia siquidem que in quatuor Euangelistarum scriptis de Christi Incarnatione siue pueritia sparsim posita reperi, eo ordine quo gesta sunt in unum collegi." (p. 71) Then in homily four, he admits to being anxious that his reflections on the conception, bearing and delivery of the Divine word in the soul of a believer would appear as a novelty diverging from the teachings of the Fathers. To corroborate his exegesis, Caesarius cites the homily of Caesarius of Arles, mentioned supra, attributing it to Saint Augustine.[124] The question of whether Caesarius was aware of other Cistercian writings on Jesus' Childhood remains open.

121 Jean-Charles Didier, "La dévotion à l'humanité du Christ dans la spiritualité de saint Bernard," *La Vie spirituelle*, 24 Suppl. (1930): 1-19. See also Jean Leclercq (for some caveats), "Du cœur sensible au corps glorifié selon Bernard de Clairvaux," in *Recueil d'études sur saint Bernard et ses écrits* (Rome: Ed. di Storia e Letteratura, 1992), 5: 267-75 (esp. p. 270).

122 See, for example, Guerricus Igniacensis, *Sermones per annum*, *In Nativitate Domini sermo III*, in Guerric d'Igny, *Sermons*, ed. John Morson and Hilary Costello, Sources chrétiennes 166 (Paris: Les éditions du Cerf, 1970), 1: 186-203, and especially pp. 198-203. Isaac de Stella, *Sermones*, In Dominica infra octavas Epiphaniae sermo VII, in Isaac de l'Étoile, *Sermons*, ed. Anselm Hoste, Sources chrétiennes 130 (Paris: Les éditions du Cerf, 1967), 1: 178-91, and especially pp. 190-91.

123 Aelred de Rievaulx, *Expositio de evangelica lectione cum factus esset Jesus annorum duodecim*, Introd. and edition by Anselme Hoste, transl. Joseph Dubois, Sources chrétiennes 60 (Paris: Les éditions du Cerf, 1958); Adamus Perseniae, *Epistolae*, *Ep XVI ad abbatem de Turpiniaco*, PL 211, col. 631C-641C (especially col. 636).

124 "Ne autem uidear inuentor esse nouorum in huiusmodi expositionibus et recedere a uestigiis Patrum, proponendus est beatus Augustinus qui in quodam sermone de Christi natiuitate sic dicit ..." (p. 137-38)

III. Originality of Caesarius's exegetical methods

(A) Predilection for moral exegesis

In the *De infantia*, Caesarius gives a moral (tropological) exegesis of the events of Jesus' Childhood. It was, apparently, his method of choice. Besides the three big cycles forming the *Moralitates evangeliorum*, one can mention the moral homilies on the Passion of Christ (number 23 in the *Epistola*),[125] several pairs of moral and allegorical homilies (numbers 3, 5, 15 and 22), as well as two cycles of homilies, where each piece contains a tropological part (numbers 12 and 13).[126]

The choice to use moral exegesis is explained in the Prologue. Since the Fathers of the Church had already expounded the incarnation of Jesus "partim historice, partim allegorice," Caesarius prefers moral exegesis, which he presents using the humility topos. While the great Doctors – he says – instruct the

125 "Item scripsi super passionem Domini secundum omnes ewangelistas omelias morales VIII." Hilka, *Die Wundergeschichten*, 1: 6.

126 See for example, the Prologue to the work number 12 (*Ad honorem Dei Genitricis sermones XXII*): "Singulos sermones ita in duas particulas studui dividere, ut in prima totum thema exponerem partim historice, partim mistice, in secunda parte totum tropologice." Hilka, *Die Wundergeschichten*, 1: 11.

faith of the whole Church with their writings, he personally would be content to instruct the morals of a single soul.[127]

As Henri de Lubac points out, Cistercian exegesis was predominantly tropological. Following the advice of St. Benedict to search in the Scripture for the "rectissima norma vitae humanae," the Cistercians relentlessly internalized and moralized it,[128] so that their approach to the exegesis can be summarized by using the words of William of St. Thierry: "agatur in nobis quod legitur a nobis."[129]

Despite the importance attached to the moral exegesis in the Cistercian milieu, the demand was apparently greater than the supply. Caesarius presents tropological exegesis of the census ordered by Augustus (Luc 2, 1-2) as uncommon: "Nota sunt ista secundum historiam, sufficienter exposita secundum allegoriam, sed minus usitata secundum intellectum moralem" (p. 139), same goes to the moral homilies on the Lent: "eo quod tales omelie nobis essent rare." (note 54)

Being introduced in the Prologue as a collection of the moral homilies, the *De infantia*, however, contains two allegorical homilies: one on the mystery of the Incarnate Word, and the other on the name Jesus (numbers seven and eight respectively). There is also an allegorical exposition on Mary the *Stella maris* (homily two *De nomine Maria*). Caesarius differentiates between the two methods, comparing them to wine and water: one is more intense, the other sweeter:[130] "Sensus allegoricus uinum est, quia acutior, moralis aqua, quia suauior. Ille fidem roborat, iste mores informat." (p. 171)

127 "Illi tamquam magni doctores imbuerunt fidem totius Ecclesie, mecum bene agitur, si datum fuerit informare mores uel unius anime." (p. 74)

128 Henri de Lubac, *Exégèse médiévale: Les quatre sens de l'Écriture* (Paris: Aubier, 1959), 1: 584. In his article on the Cistercian preaching, Chrysogonus Waddell also speaks about the internalizing of the moral sense: "The Liturgical Dimension of Twelfth-Century Cistercian Preaching," in *Medieval Monastic Preaching*, ed. Carolyn Muessig (Leiden: Brill, 1998), 335-49, esp. pp. 346-47. On the growing interest to the tropological interpretation and internalization of the Christian mysteries, characteristic of the monastic exegesis of the 12th century, see Ambrogio M. Piazzoni, "Exégèse vétéro-monastique et néo-monastique," in *L'exégèse monastique*, 143-156.

129 Guillelmus a Sancto Theodorico, *Expositio super Cantica Canticorum*, ed. Paul Verdeyen, CCCM 87 (Turnhout: Brepols, 1997), 21.

130 One finds such an opposition, for example, in the *Speculum ecclesiae* (school of Hugh of St. Victor: "Significatio tamen rerum dignior est, quia allegoricus sensus acutior, tropologicus suavior est" (PL 177, col. 375C. On sweetness of the tropological interpretation see Henri de Lubac, *Exégèse médiévale*, 1: 618-20.

Through the allegory Caesarius understands both the mystical sense relevant to the mysteries of the faith and the allegory *stricto sensu* (interpretation of the Old Testament as prefiguration of the New Testament). For example, in homily seven he touches upon the mystery of the Word Incarnate.[131] In the allegorical part of homily two, Caesarius explains the concepts of mobility and immobility of God,[132] drawing almost verbatim upon Boethius and John Scotus Eriugena (*De motu et statu Dei*). As for the allegory in a strict sense, there is a telling example in homily eight, where Caesarius explains how Jesus Christ was prefigured in the omer (measure of manna)[133] and the persons named Jesus from the Old Testament: Joshua, son of Nun, Joshua the High Priest and Jesus ben Sira.

(B) **Elements of the exegesis**

In the *De infantia*, the moral interpretation of the events of Jesus' childhood concentrates on the figures of the Virgin Mary (reason, superior part of the soul, that receives illumination), Joseph (virtue of justice) and Jesus (salvation of the soul / work of charity / grace). The major theme is the progress of the soul/reason through different stages of charity,[134] leading to perfection.[135]

According to what he announced in the Prologue,[136] Caesarius spins his exegesis from one homily to another. Sometimes he continues to explore the themes discussed previously, sometimes his argument takes new directions. The depiction of the progress of reason is therefore not strictly linear. Each

131 "Et uideamus uerbum quod factum est. (Luc. 2, 15) Verba ista pastorum ualde sunt mistica et fidei nostre plurimum necessaria, unde dignum iudicaui sequenti sermoni ea esse reseruanda et sensu allegorico latius discutienda." (p. 165)

132 "Nunc uero accedendum est ad allegoriam. Mistice polum septentrionalem intelligimus Saluatorem, poli terreque satorem." (p. 102)

133 "Videamus ergo nunc quam perspicue nomen Ihesu per gomor sit prefiguratum." (p. 185)

134 "Profectus iste specialiter caritati asscribitur que tante glorie, tante uirtutis et excellentie a theologis predicatur, ut opus cuiuslibet uirtutis eius opus esse concedatur." (p. 113)

135 An important element of the concept of charity at that time, cf. *Les sermons et la visite pastorale de Federico Visconti archevêque de Pise, 1253–1277*, ed. Nicole Bériou (Rome: École française de Rome, 2001), 1045 (and note 2).

136 "Bene autem comparatur fasciculo tractatus iste, quia sicut in fasciculo coherent ramusculi, ita sensus omelie unius pendet ex sensu alterius." (p. 71)

homily does not necessarily represent the next stage of this progress, but rather some reflections on its different aspects. Caesarius often proceeds by association of ideas and interprets the same elements of the Bible differently, according to his own needs.[137]

It became clear from the very beginning that spiritual progress, as presented by Caesarius, is never purely interior. Reason conceives Jesus from the Holy Spirit by fear of God, bears him by love and bring him into the world by action. Good deeds born in this way are seven corporal works of mercy (the first six are mentioned in the Gospel of Matthew, chapter 25, and the seventh – to bury the dead – comes from the Book of Tobit, 1:20): "Talis debet esse primogenitus Marie, ut cibum det esurienti, potum sitienti, ut nudum uestiat et hospitem colligat, ut infirmum uisitet, incarceratum liberet et mortuum sepeliat." (p. 92) The faithful Christian, whose reason thus becomes mother to Christ, can also become mother to their neighbor, by showing them a good example of a saintly life and offering words of spiritual instruction: "Si spiritualis quisque, ut dictum est, efficitur mater Christi, potest etiam mater effici proximi." (p. 85) It is to be noted that Caesarius's views seem to be closer to the ideals of the Canons regular who made an emphasis on teaching by word and by example, than to those of monks who sought not to teach, but rather to be taught (as Caroline Walker Bynum shows in her seminal study).[138]

The complex dynamics between the interior and the exterior (or between the individual and the collective) is crucial for the exegesis offered in the *De infantia*. While reflecting upon the spiritual progress of the soul, Caesarius stresses the importance of the sacramental practices (especially of the Holy Communion) and the charitable deeds. So, the shepherds who came to adore Christ represent seven gifts/virtues of the Holy Spirit. They watch the herd of our thoughts. The movements of virtues pasture the soul and lead it to the places that are the best for the salvation, and namely to the church, where the faithful can partake in Holy Communion.[139] Without the Eucharist, spiritual progress is impossible. In the same line of interpretation, the Three Wise Men

137 "Nec mireris me in prima omelia Elizabeth dixisse sensualitatem, quia sepe locus et tempus in Scripturis mutant intellectum spiritualem." (p. 123)

138 Carolyn Walker Bynum, *Docere verbo et exemplo: An Aspect of Twelfth-Century Spirituality* (Missoula, MT: Scholars Press, 1979), further developed in Eadem, *Jesus as Mother: Studies in the Spirituality of the Middle Ages* (Berkeley: University of California Press, 1982), 22-58 (chap. 1: The Spirituality of Regular Canons in the Twelfth Century).

139 "Pastores, id est uirtutes que suis motibus animam pascunt, illuc precipue transeunt, id est animam transire faciunt, ubi illius salutem maxime attendunt." (p. 164)

represent the three theological virtues that came to adore Christ, when they have purchased, by their movements, the salvation for the soul.[140] In the same way as the Magi bring Jesus gold, myrrh and incense, the faithful must give alms to the poor, pray for them and serve them.[141]

Even if the ecstasy of contemplation is presented as the pinnacle of spiritual experience, Caesarius stresses that the return to the deeds of active life is inevitable and necessary. In the monastic community of different persons, one must especially search for the balance between the two. Contemplative persons feeling that the flame of their devotion becomes weaker should bring themselves to action. Similarly, if those who work for the community feel they are being cut off from the spiritual joy, they can, with the permission of the abbot, engage in the contemplation.[142] The spiritual progress, described by Caesarius, is therefore defined in terms of going back and forth between the active and contemplative life.

For the soul that has tasted the intoxicating contemplation in Jerusalem,[143] it is often painful to return to action. On the way back, the soul realizes that it has lost Jesus, that is to say, spiritual sweetness. But Jesus, Caesarius underlines, leaves the soul, enraptured in contemplation, not for the sake of punishment, but to make it search for him with even more fervor and perseverance. The faithful Christian, however, does not know whether the loss of divine consolation was caused by their own fault, or serves as a test to further increase their

140 "Virtutes Ihesum adorare ueniunt, cum ei cui collate sunt suis motibus salutem acquirunt ... Virtutes iste maxime: fides uidelicet, spes et caritas, reges sunt, quia uniuersa interiora regunt." (p. 211)

141 "Offerre debemus Ihesu aurum indigentibus pro eius nomine in quantum ualemus necessaria largiendo, thus pro ipsis orando, mirram cum opus fuerit etiam ministrando." (p. 220)

142 "Cum hii qui sine officiis et in amplexibus Rachelis esse consueuerunt, uiderint in se gratiam et dulcedinem contemplationis tepescere, et iam non delectantur orare seu legere; ne sterilitate accidie pereant, debent hoc pastori, id est abbati suo, reuelare. Quod si ille discretus fuerit, minabit eos de rupibus sterilis contemplationis ad campestria, id est officia fecunde actionis. Similiter qui in officiis sunt, si perspexerint se periculose a curis per diuersa distrahi et ab omni dulcedine spirituali prorsus extorres fieri, suggerant et hoc humiliter suo pastori et non nisi per illius uoluntatem ascendant ad quietem Marie et ad montes Armenie (Gen. 8, 4), hoc est ut ab officiorum curis exuti liberius uacare possint uite contemplatiue." (p. 154)

143 "Ascensus ad Iherusalem quidam profectus caritatis est... Ad hanc summi regis ciuitatem, id est celestis Iherusalem contemplationem, tres numerantur diete. Prima est contemptus rerum temporalium, secunda delectatio uirtutum, tertia meditatio sanctarum Scripturarum." (p. 280)

merits.[144] This is why it is necessary to make a general confession with real contrition, to recognize one's own weakness and the power of divine grace. Like the parents of Jesus found him in the Temple, the soul in crisis finds consolation in itself: "Et ubi eum inuenit? In templo, hoc est in seipsa." (p. 287)

For those familiar with the *Dialogus*, so rich in anthropological details, it is not surprising to find a lot of references to monastic life in the *De infantia*. For better efficacy of his preaching, Caesarius explicitly draws parallels between the inner life of the soul and everyday activities of the monastic community: "Possumus adhuc uerba ista moraliter exposita utiliter inflectere ad usum nostre conuersationis," (p. 312) he writes in homily seventeen, after having explained how the soul can be compared to a garden, and then builds the metaphor of a monastery as a garden of delight.[145] Caesarius's exposition often takes a practical turn. For example, as he reflects upon how a spiritual person should react to praise,[146] Caesarius also offers his thoughts on how one can praise God, and adds a series of *exempla* related to the practice of psalmody.

The style of the *De infantia* may seem more reserved, or, to put it another way, less charged with emotions than other Cistercian sermons on the Childhood of Jesus. With all its pragmatical scope, Caesarius's exegesis also tends to resort to scholastic concepts and to sophisticated exegetical tools, such as the interpretation of Hebrew letters. In his moral exegesis, Caesarius relies on heady argumentation rather than on passionate meditation, which confers the *De infantia* its unique tone, both rational and inventive.

(C) Exegetical tools

To build the argumentation, Caesarius uses a remarkable variety of exegetical tools. One of the most prominent among them is the interpretation of Hebrew names. According to the method inherited from St. Jerome, the moral meaning of biblical events is constructed around the meaning of a particular name. For example, *Egyptus* means darkness, and therefore the flight into Egypt is

144 "Quia nescit utrum illa subtractio diuine consolationis fiat ob meritum culpe seu propter augmentum gratie." (p. 289)

145 "Hortus deliciarum in quo propter Christum degimus est monasterium multis Christi donis irriguum." (p. 312)

146 Cf. the fourteenth homily on the return of the Holy Family to Israel.

interpreted as the necessity to fly from praises and to hide in the darkness of humility, in order to avoid vainglory.[147]

Caesarius's source was, most probably, one of the lists with the interpretations of the Hebrew names, largely circulating in the 13th century. The seminal work of Jerome, the *De interpretatione nominum hebraicorum*, progressively enriched with new interpretations like those by Ambrosiaster, was later completed and reorganized by Stephen Langton.[148] There are three lists resulting from Langton's work, usually designated according to their incipits, "Adam interpretatur homo uel terrenus," "Aaron mons fortitudinis" and "Aaz apprehendens uel apprehensio." The *Aaz* list, that follows the alphabetical order, was usually attached to the so-called Paris bible in one volume and in small format (handy and answering the purpose of "statim invenire" – to find immediately – largely appreciated by preachers of the time).[149] Langton's exegetical work was very well received by the Cistercians,[150] as attested by the presence of numerous manuscripts of the Bible with the attached *Aaz* list in their libraries.

147 Cf. thirteenth homily.

148 Amaury d'Esneval, "Le perfectionnement d'un instrument de travail au début du XIIIe siècle: les trois glossaires bibliques d'Étienne Langton," in *Culture et travail intellectuel dans l'Occident médiéval*, ed. Geneviève Hasenohr-Esnos and Philippe-Martin Hubert (Paris: CNRS, 1981), 163-75. See also: Eyal Poleg, "Interpretations of Hebrew Names in Theory and Practice," in *Form and Function in the Late Medieval Bible*, ed. Eyal Poleg and Laura Light (Leiden: Brill, 2013), 217-36: Gilbert Dahan, "Lexiques hébreu/latin? Les recueils d'interprétations des noms hébraïques," in *Les manuscrits des lexiques et glossaires de l'Antiquité tardive à la fin du Moyen Âge*, ed. Jacqueline Hamesse (Louvain-la-Neuve: FIDEM-Brepols, 1996), 481-526; Giovanna Murano, "Chi ha scritto le *Interpretationes hebraicorum nominum* ?" in *Étienne Langton, prédicateur, bibliste, théologien*. ed. Louis-Jacques Bataillon†, Nicole Bériou, Gilbert Dahan and Riccardo Quinto (Turnhout: Brepols, 2010), 353-71.

149 See Richard and Mary Rouse, "*Statim invenire*: Schools, Preachers and the New Attitude to the Page," in *Renaissance and Renewal in the Twelfth Century*, ed. Robert L. Benson and Giles Constable (Cambridge, Mass.: Harvard University Press, 1982), 218-21; Bériou, *L'avènement des maîtres de la Parole*, 1:150.

150 Thomas Falmagne, "Les instruments de travail d'un prédicateur cistercien. A propos de Jean de Villers (mort en 1336 ou 1346)," in *De l'homélie au sermon. Histoire de la prédication médiévale*, ed. Jacqueline Hamesse (Louvain-la-Neuve: Institut d'Études Médiévales, 1993), 183-236, esp. pp. 205-209. See also: d'Esneval, "Le perfectionnement d'un instrument de travail," who specifies that Stephen Langton worked in Pontigny (p. 170) and that the scriptorium of Clairvaux played an important role in transmission of Jerome's *Interpretationes* (p. 175, n. 40).

Caesarius most probably used the *Aaz* list. In the *De infantia* one finds two interpretations ("Anna respondens" et "Phanuel contemplans deum") absent in the *De interpretatione* by Jerome, but present in the *Aaz*.[151] This being said, the interpretation of "David amicus" is not in the *Aaz* lists that I have consulted, which may suggest that Caesarius used its variant or made recourse to other sources.

Besides the interpretations of Hebrew names, Caesarius often used etymologies, mostly those provided by Isidore of Seville ("vir dicitur a virtute," "mulier – a mollitie," "casus – a cadendo" etc.).

The interpretation of names can also take the form of acrostic – poetic composition very appreciated by Caesarius. In homily two, dedicated to the name Maria, Caesarius offers many acrostics that he calls "compositiones" or "ethymologie." For example: "Maledictionem Ade Remouens Ihesu Auctore" or "Mater Auxiliatrix, Reconciliatrix, Imitatrix Auctoris." The name of Mary reveals, as well, her genealogy: "Matre Anna Radice Yesse Adorta"; or else the names of the Patriarchs: "Moysi scilicet et Aaron, Ysaac et Abraham." (p. 101) The name of Mary, often described by Caesarius as sweet and melodious, thus becomes the object of almost poetic meditations.

Another exegetical tool used by Caesarius is arithmology. One can recall the Prologue to the *Dialogus*, where the symbolism of numbers is used to present the structure of the work.[152] In the *De infantia*, arithmology serves mainly to explain the meaning of the numbers in the commented biblical passages, for example, of the number fifteen in Luke 3, 1: "Anno quintodecimo imperii Tyberii Cesaris procurante Pontio Pylato Iudeam" etc. Caesarius's interpretations mostly derive from the Church Fathers: Jerome, Augustine, Gregory the Great and especially Bede, but it is also quite possible that he knew the works of Geoffrey of Auxerre and Theobald of Langres.[153]

151 It is to be mentioned, that the so-called Heisterbach bible – Ms. theol. lat. fol. 379 de Staatsbibliothek zu Berlin – Preußischer Kulturbesitz, middle of the 13th century – contains the Aaz list: ff. 518r-544r, though it is unclear whether the book was present in the abbey already at that time (the provenance mark dates from the year 1552).

152 "Ut autem sic ordinentur, etiam ratio numeri requirit. Sicut unitas radix est omnium numerorum, ita et conversio signum est omnium iustificationum" etc. *Caesarii Heisterbacensis Dialogus miraculorum*, 1: 3.

153 On medieval arithmology (as a tool of biblical exegesis), see, for example, Gilbert Dahan, *Lire la Bible au Moyen-Age: Essais d'herméneutique médiévale* (Geneva: Droz, 2009), 123-60. Or else, *Traités du XIIe siècle sur la symbolique des nombres, Geoffroy d'Auxerre et Thibault*

Caesarius also uses arithmolgy to provide an even more profound interpretation of the names Mary and Jesus, according to the number of letters and syllables, or, which is quite remarkable, according to the numerical values of Hebrew or Greek letters. The name Maria consists of three syllables and five letters, so Caesarius first explains the symbolic meaning of the numbers three and five,[154] then the meaning of eight (the sum of three and five) and finally of fifteen (the sum of the consecutive numbers 1+2+3+4+5 = 15). The interpretation of the name of Mary can also be drawn from Roman numerals I (=1) and M (=1000) and Greek numerals M (=40), A (=1), P (=100), I (=10).

In homily eight (section *De figuris nominis Ihesu*), Caesarius interprets the name Jesus using the numerical values of Hebrew letters in order to show that he was prefigured by the omer measure ("gomor"). The name Jesus consists of the letters yodh (=10), shin (=300) and vav (=6). The number ten refers to God the Father (because of the ten Commandments), the number three hundred to God the Son (hundred, the perfect number, multiplied by three, because of the triple substance of Christ: flesh, soul and divinity) and the number six to God the Holy Spirit (the perfect number representing the perfection of the gifts). Added together, these numbers amount to three hundred sixteen. The word "gomor" consists of the letters ayin (=70), mem (=40), vav (=6), resh (=200). Caesarius specifies that the vowel points have no numerical value. Being added together, these numbers also amount to three hundred sixteen. Caesarius concludes this would be an indisputable argument for a Jew.

de Langres, ed. Hanne Lange, Cahiers de l'Institut du Moyen-Âge grec et latin 29, (Copenhagen: University of Copenhagen, 1978).

154 The number five, multiplied by another odd number, always appear in the product. Caesarius evokes this fact both in the *De infantia* and the *Dialogus*. In the *De infantia*, five is the number of the Virgin Mary: "Quinarius quippe in hoc priuilegiatus est, quod si aliis imparibus numeris sociatus fuerit, semper seipsum ostendit... Unde et Beata uero Maria, si uirginibus ceteris — quibus tamen omnino impar est meritis — aliquomodo comparata fuerit per corporis integritatem, semper seipsam ostendit per fecunditatem." (p. 97) In the *Dialogus*, however, it is the number of the Devil: "Bene autem in quinta distinctione loquendum arbitror de daemonibus, quia quinarius a philosopho apostaticus vocatur, eo quod ceteris numeris imparibus coniunctus, et per se ipsum multiplicatus, semper se ipsum vel in capite vel in fine ostendit. Sic diabolus a quaternario perpetuae firmitatis recedens, primus cum hominibus malis, quasi numeris inaequalibus, sociatur, semper in principio vel in fine operis vel sermonis, illius nequitia demonstratur." *Caesarii Heisterbacensis Dialogus miraculorum*, 1: 276. The observation concerning the multiplication of the number five refers back to Martianus Capella's *De nuptiis Philologiae et Mercurii* where it is called "apocatastaticus" (returning to the previous position). In the works of Theobald of Langres, the word "apocatastaticus" transforms into "apostaticus."

Caesarius also interprets the shapes of the Hebrew letters, written – it should be added – rather correctly in both manuscripts used for the present edition. The letter shin that comprises three vertical branches reaching high, symbolizes Christ. The right branch is his divinity, the left branch is his human flesh. The middle branch represents his rational soul that is united with the body by the mediation of the deity in the bottom part of the letter, that is to say, on the Earth, in the womb of the Virgin Mary.

Caesarius also mentions the symbolic meaning of the letters shin and vav ("dentes," "emplaustrum super vulnus" and "hec uel ipsa, ille uel ipse" respectively), according to the interpretation referring back to St. Ambrose's *Expositio psalmi CXVIII*.

To sum it up, Caesarius's knowledge was remarkable, and he seemed to be quite aware of it. In the conclusion of the exposition on the name of Christ, he says with prudent humility that his reader would definitely find more "figures" like this and even better ones "si tamen aliquam artis hebraice scientiam habuerit." (p. 188)

As an alumnus of the Cologne Cathedral school, Caesarius uses his theoretical knowledge to build the learned exegesis of the terms "verbum Dei" and "nomen Dei" in homily seven. He explores the mysteries of the life and nature of Christ with the help of grammatical notions relative to the verb ("conjugatio" and "modus") and to the noun ("qualitas," "comparatio," "genus," "numerus," "figura," "casus"). Jesus, being the "verbum" Dei, was in the indicative mood in the Incarnation; in the imperative during the Passion; in the optative in the Resurrection; in the subjunctive by the mission of the Holy Spirit and the Communion of the Saints, and in the infinitive in the eternal glory. Being a "nomen," he was in the nominative during the Circumcision (when he was named Jesus); in the genitive during the Epiphany (when he was adored by gentiles); in the dative during the Purification (then his parents gave "a pair of turtledoves, or two young pigeons" for him); in the accusative during the Passion (when the chief priests and the teachers of the law accused him relentlessly); in the vocative in the Resurrection (when his was called back from Hell by the voice of God the Father), in the ablative during the Ascension (when he was taken away under the eyes of the apostles).

Caesarius was well aware about potentially scandalous character of such an interpretation: "Potest scandalizari quis et dicere: Non decet ut sacramenta Verbi incarnati explificentur sub regula Donati." (p. 173) He therefore presents himself as someone who is ready to push his exegesis to the limits of what is acceptable, but is careful not to overstep those limits. He defends his work by evoking the authority of the Church Fathers. To his detractors, he says, he would respond that it is acceptable to spoil the Egyptians to enrich the Hebrews ("quia licet nobis spoliare Egyptios et ditare Hebreos" [p. 173]),[155] and that Saint Jerome used almost as many quotes from philosophers as from the Holy Scripture in his writings. To cite Jacques Berlioz, Caesarius, while always being within the norm, still often nears its margins.[156]

(D) Exempla

In the eighteen homilies of the *De infantia* cycle, Caesarius inserts about ninety exemplary stories. *Exempla* are usually placed at the end of the homily (often in blocks, one following another by association). Take, for example the fourteenth homily where one finds a series of seven exempla, that are the visions of Hermann, abbot of Heisterbach.

Caesarius explains the rhetoric value of the *exempla* in the Prologue to the cycle: "Quedam inserui aliquantulum subtilius ad exercitium legentium, quedam de Vitaspatrum propter utilitatem simplicium, nonnulla etiam que nostris temporibus sunt gesta et a uiris religiosis michi recitata. Hoc pene in omnibus omeliis obseruare studui, ut quod probare poteram ex diuine Scripture sententiis, hoc etiam firmarem exemplis." (p. 72) The *exempla* represent therefore an additional argumentative tool, complimentary to the exegesis of the Scriptures, and help to build a more varying and more efficacious discourse in terms of religious persuasion.

Forty-eight *exempla* from the *De infantia* (more than a half) were later reused, partially rewritten, in the *Dialogus*. The study of how Caesarius reworked his exempla was initiated by Schönbach.[157] It certainly merits to be continued and deepened. Here I will limit myself to the observation that some *exempla*

155 On this expression, see: Zacharias P. Thundy, "Sources of *Spoliatio Aegyptiorum*, " *Annuale Mediaevale* 21 (1981): 77-90 and Georges Folliet, "La *spoliatio Aegyptiorum* (Exodus 3:21-23, 11, 2-3; 12: 35-36). Les interprétations de cette image chez les Pères et autres écrivains ecclésiastiques," *Traditio* 57 (2002), 1-48.

156 Introduction to the conference *La persuasion cistercienne. Le Dialogue des miracles de Césaire de Heisterbach et sa réception (XIIIe-XVIe siècle)*, 25 June 2013 at the Institut national d'histoire de l'art (INHA, Paris).

157 Schönbach, *Über Caesarius von Heisterbach* III, 1-33.

rewritten for the *Dialogus* contain more historical details (names of persons and places, indications of the time, etc.), than their original versions in the *De infantia*. This can be explained by the strong historical propensity of the *Dialogus*, where Caesarius endeavors to preserve in writing the miraculous events that happened in the Cistercian order.[158]

The comparison between the *exempla* in the *De infantia* and their versions in the *Dialogus*, suggests that some changes introduced by Caesarius could have been made in order to make the story more efficient and persuasive. For example, he omits the name of the abbot Hermann in the series of visions inserted in the *De infantia*, but mentions it explicitly in the *Dialogus* (V, 5 – *De Hermanno Abbate Loci sanctae Mariae, qui in diversis formis daemones vidit*). As he himself explains, Hermann initially prohibited the publication of his name, but then assented to the requests of Caesarius who knew that the abbot's name and prestige would lend more authority to his writings.[159]

Caesarius also explains why he rewrote exemplum #70, reused in the *Dialogus* VI, 32. It is a story about a Cistercian nun who lost the image of the Savior (crucifix) in her cell. In the homily, Caesarius says that one night, the nun heard the voice of Christ saying: "I am in the bag under your mattress, at the head of the bed." In the version from the *Dialogus*, the circumstances are different. It happened in the daytime, when the nun was praying before the altar. Caesarius himself draws attention to the change: "Putabam mihi relatum fuisse a priore loci illius, quod in somnis vocem percepisset, sicuti posuisse me recolo in Homeliis moralibus de Infantia Salvatoris; sed sic esse postea veraciter intellexi." It is remarkable that Caesarius not only reworked some *exempla* in order to improve them, but also expected that the reader of the *Dialogus* would know his homilies and have a reflective attitude towards both texts.[160]

158 "Cum ex debito iniunctae sollicitudinis aliqua ex his quae in ordine nostro nostris temporibus miraculose gesta sunt et quotidie fiunt, recitarem noviciis, rogatus sum a quibusdam cum instantia multa, eadem scripto perpetuare. Dicebant enim irrecuperabile fore damnum, si ea perirent per oblivionem, quae posteris esse poterant ad aedificationem." *Caesarii Heisterbacensis Dialogus miraculorum*, 1: 1.

159 "Sciebam enim personae illius gravitatem posse non modicam scribendis praebere auctoritatem." *Caesarii Heisterbacensis Dialogus miraculorum*, 1: 285.

160 Cf., for example, *DM* I, 13: "Hoc exemplum et alia quaedam, quae hic aedificationis causa scripturus sum, in Homeliis Moralibus de Infantia Salvatoris posuisse me memini." *Caesarii Heisterbacensis Dialogus miraculorum*, 1: 20.

The readers of the *De infantia*, as shown by the layouts of the studied manuscripts, seemed to give due importance to Caesarius's *exempla*.[161] The exemplary stories are emphasized by means of interlinear rubrics or marginal annotations ("exemplum" or "visio"). They are easy to find and offer themselves as material for an individual meditation, or group teaching, as well as for a sermon, or a salutary conversation between brothers.

(E) **Sources**

The sources that Caesarius mentions explicitly are almost exclusively the Fathers of the Church: Origen, Chrysostom, Jerome, Augustine, Boethius, and Gregory the Great. The liturgical quotes are often introduced with the formula: "sancta canit Ecclesia." It is to be noted that Caesarius also declares the use of Glosses, with which he most probably became acquainted at the Cathedral school.[162] Interestingly, Bernard of Clairvaux appears in the *De infantia* as a character in the *exempla*, but not as an authority to be explicitly cited.

As in many other medieval texts, a lot of sources are cited implicitly. By identifying such sources, one immediately notices that Caesarius draws not from the works of Cistercian authors, but from those of the masters of scholasticism, namely Peter Lombard and Peter of Poitiers, whom Caesarius sometimes quotes verbatim or quasi-verbatim, for example, to give definitions of imagination, free will, sensuality, perfection of charity or justification of the soul. The same scholastic imprint is also characteristic of the *Dialogus*, where one finds quotes from Peter Lombard and Peter of Poitiers in the dialogical frame of the *exempla*.[163] To sum it up, despite a certain criticism of the schools that can be

161 On the layouts of the medieval *exemplum* collections, see: Victoria Smirnova, "L'*exemplum* médiéval dans une perspective codicologique (XIIe-XVe siècle)," *Revue Mabillon*, n.s. 24 (85) (2013): 27-59.

162 Cf. Louis Jacques Bataillon, "De la lectio à la praedicatio. Commentaires bibliques et sermons au XIIIe siècle," *Revue des sciences philosophiques et théologiques* 70 (1986): 559–75 (esp. p. 572). It is, however, to be noted that Cistercian manuscripts of the *Glossa ordinaria* are quite numerous, as Thomas Falmagne remarks, "Les instruments de travail," 212.

163 Victoria Smirnova, "Narrative Theology in Caesarius of Heisterbach's *Dialogus miraculorum*" in *The Art of Cistercian Persuasion*, 121-42.

discerned in the *Dialogus*,[164] Caesarius himself is far from renouncing speculative theology, as some scholars believe;[165] instead, he puts it at the service of monastic theology.

Since no medieval catalogue from the Heisterbach library has come down to us, it is impossible to say whether the *Sententiae* and other scholastic works were among the books accessible to monks. The surviving catalogues of other German Cistercian libraries do not reveal any particular interest in the works of the early scholasticism, and yet the *De infantia* suggests that scholastic views were accepted in the Cistercian milieu long before the intellectual turn of the second half of the 13th century, marked by the creation of numerous Cistercian colleges and the establishment of philosophy and theology courses in each monastery.[166]

Among other authors implicitly cited by Caesarius, one should mention John Scott Eriugena, Hugh of St. Victor and Peter the Chanter. Caesarius also draws upon bestiaries (*De bestiis et aliis rebus* and *Aviarium* by Hugh of Fouilloy),[167] medical treatises (Hugh of Fouilloy's *De medicina animae* and, probably, the *Isagogus*), treatises on astrology (*Introductorium maius in astronomiam* by Abû Ma'shar al-Balkhî, in the translation by Hermann the Dalmatian and John of Seville)[168] and the works of authors of classical and late antiquity, such as Cicero, Lactantius or Prudentius.

To show to what extent the *De infantia* is permeated by scholarly culture, I have tried to identify, as far as possible, not only the explicit and implicit quotes, but also parallel places, suggesting their belonging to the same intellectual milieu, even if there was no direct influence.

164 Reinhard Schneider, "Rheinische Zisterzienser im mittelalterlichen Studienbetrieb," in *Die niederrheinischen Zisterzienser im späten Mittelalter*, ed. Raymund Kottje (Cologne: Rheinland, 1992), 121-36

165 Fritz Wagner, "Der rheinische Zisterzienser und Predigtschriftsteller Caesarius von Heisterbach," *Cistercienser Chronik* 101 (1994): 93-112 (here p. 95).

166 On Cistercians and their interest in the university studies, see, for example, Louis J. Lekai, *Les Moines blancs. Histoire de l'ordre cistercien* (Paris: Seuil, 1957), 202-205.

167 Cf. Rémy Cordonnier, "Des oiseaux pour les moines blancs: réflexions sur la réception de l'Aviaire d'Hugues de Fouilloy chez les cisterciens," *La Vie en Champagne*, n. s. 38 (2004): 3-12.

168 Marie-Dominique Chenu, "Astrologia praedicabilis," *Archives d'Histoire Doctrinale et Littéraire du Moyen Âge* 31 (1964): 61-65.

(F) The language of the homilies

Caesarius's Latin is polished, even refined, and is neither simple nor close to the "spoken Latin."[169] He applies the rule of the sequence of tenses with regularity; avoids repetition of coordinating conjunctions and varies 'et', 'atque'; amply uses the enclitic "-que" (and sometimes "-ue" and "-ne"). Caesarius also employs the grammatical construction that replaces gerund with an object in the accusative, with the gerundive (e.g., "Quidam nimis sunt simplices per naturam et tamen satis astuti ad perpetrandam culpam" [p. 228]). He often uses – and correctly – the accusative and infinitive – a feature characteristic, as Pascale Bourgain points out, of the authors who consciously practiced a refined style of writing,[170] or else the ablativus absolutus (both with present participle and past participle). One finds in the *De infantia* the Ciceronian dativus iudicantis ("Consideranti michi hunc locum nunquam legerim uel audierim, inueni secundum tabulam Dyonisii …" [p. 277]) and even the supine: "dormitum irent." (p. 110)

The frequent use of the ablativus absolutus is characteristic especially of the rewriting of *exempla* from other sources. The story from Rufinus's *Historia monachorum* (exemplum # 40) can be cited as an example, where a devil, in the form of a monk, invites Saint Macarius to see the brothers sing psalms. The *Historia monachorum* has: "Et conversus ad orationem, petiit a Domino ut sibi ostenderet si hoc verum esset, quod gloriatus est daemon. Abiit ergo ad collectam." (PL 73, col. 765) Caesarius rewrites it as follows: "Premissa oratione, sanctus abiit ad collectam." (p. 255) Or, instead of: "Item post psalmum, cum ad orandum se proiecissent fratres" (*Historia monachorum* [PL 73, col. 766]), one finds in the *De infantia*: "Completa psalmodia, cum se fratres proiecissent in orationem." (p. 255)

169 Cf. the opinion of Lore Wirth Poelchau, "Caesarius von Heisterbach über Livland," *Zeitschrift für Ostforschung: Länder und Völker im östlichen Mitteleuropa* 31 (1982): 481-98 (esp. p. 485).

170 Pascale Bourgain and Marie-Clotilde Hubert, *Le latin médiéval*, L'atelier du médiéviste 10 (Turnhout: Brepols, 2005), 94: "La proposition infinitive … marque un style intentionnellement tendu, l'imitation des formes antiques; fréquente chez les auteurs recherchés comme Guillaume de Poitiers, elle se rencontre peu, en France du moins, dans le latin courant, les sermons, les contes, les chartes …"

IV.
The audience of the *De infantia*

In the Prologue of the *De infantia* Caesarius says that his main aim was to educate lay brothers – an extremely rare, if not exceptional, occurrence in medieval monastic preaching: "Maxime propter conuersos quibus ex consuetudine Ordinis singulis diebus Dominicis uerbum proponitur exhortationis." (p. 71) The *Usus conversorum* published by Chrysogonus Waddell, stipulates, in fact, that the abbot or his delegate is to give a sermon at the chapter of lay brothers every ordinary Sunday.[171] Abbot Henry who encouraged and perhaps even requested the composition of *De infantia*, could therefore insist on the orientation of the text towards lay brothers. This being said, in the afterword to the *Moralitates euangeliorum*, Caesarius nevertheless presents this work as his individual and somewhat secret project: "Secrete quidem ea scripsi et secrete legi volui, ipsam exposicionem ita ordinans, ut conversis quibus singulis diebus dominicis aliquid de divinis scriptum et maxime de ewangeliis exponi solet congrueret."[172] Could Caesarius himself have been in charge of preaching to the lay brothers as a delegate of the abbot? Due to lack of information, this question remains unanswered to this day.

171 Chap. XI: "Omnibus dominicis diebus preter eos quibus generalis sermo fiet in capitulo monachorum, in quibus tantum fratres ingrediuntur capitulum eorum. in illis inquam diebus ... tenatur et capitulum ipsorum, uel ab abbate uel ab aliquo cui illud iniunxerit; qui ... dicto *Benedicite*, et responso *dominus*, faciat sermonem." (Chrysogonus Waddell, *Cistercian Lay Brothers: Twelfth-century Usages with Related Texts* [Brecht: Citeaux, 2000], 69.)

172 Hilka, *Die Wundergeschichten*, 1: 21.

The indication of lay brothers as the target audience for the *De infantia* is nonetheless problematic and difficult to situate in the context of monastic preaching.

First of all, the liturgical context of the cycle does not correspond entirely to ordinary Sundays. The *De infantia* contains both homilies corresponding to the great feasts (when the lay brothers attended the sermons given by the abbot at the monks' chapter)[173] and homilies for fixed feasts, for example, the Circumcision on January 1 (homilies eight and nine) or the feast of the Holy Innocents on December 28 (homily thirteen).

Second, the homilies of the *De infantia* are far too long and complex to be pronounced as such in front of the lay brothers who were for the most part illiterate.[174] As already mentioned above, Caesarius's Latin was not at all close to the spoken one, and his arguments were arguably difficult to comprehend while listening.[175] Sermons preserved in Latin could be translated into the vernacular and simplified according to the audience, as evidenced by some occasional mentions in the sermons of Isaac of Stella.[176] However, other than what he says

173 For example, homily ten corresponds to the feast of the Epiphany, homily eleven to the feast of the Purification of the Virgin Mary. There are also homilies five, six and seven for Christmas. According to the *Usus* published by Waddell, lay brothers were allowed to attend the monks' chapter on the major feasts that always fall on Sunday (the first Sunday of Advent, Palm Sunday, Easter Sunday and Pentecost). There are also movable feasts which sometimes fall on Sundays (eleven solemnities). Waddell supposes that the lay brothers could also attend the chapter on Christmas Day (otherwise would have been surprising). Waddell, *Cistercian Lay Brothers*, 67 (end note). Cf. also *Les Ecclesiastica Officia*, 190-91 (chap. LXVII), where it is specified on which days there must be a sermon in the chapter, and namely: the first Sunday of Advent, Christmas, Epiphany, Palm Sunday, Easter, Ascension, Pentecost, on the feasts of the Nativity of John the Baptist, of the apostles Peter and Paul, of St. Benedict, of All Saints, at the feast of dedication of the abbey church, as well as on the Marian feasts.

174 Cf. *Usus conversorum*, chap IX: "Nullus habeat librum nec discat aliquid nisi tantum 'Pater noster' et 'Credo in Deum', 'Miserere mei Deus', et hoc non littera sed cordetenus." (Waddell, *Cistercian Lay Brothers*, 68).

175 In the Prologue to the Sunday homilies, Caesarius admits that some brothers had criticized *De infantia* for the complexity and length of the homilies, which compelled him to write, from now on, in a simpler and shorter manner: "Et quia nonnuli fratrum causati sunt precedentes omelias nimis esse prolixas nimisque infirmis intellectibus subtiles, utrumque cauere curaui, stilo utens breuiori atque planiori." (Hilka, *Die Wundergeschichten*, 1:19.) As Caesarius says just "fratres" (and not "fratres conversi"), it is impossible to affirm with certainty that he meant specifically lay brothers. Those "fratres" were most probably monks.

176 For example, in the sermon forty eight on the Nativity of Saint John the Baptist: "Praeterea cum simplicibus sermocinatio nostra, et maxime in his diebus solemnibus, cum laicorum

in the Prologue, Caesarius does not refer to lay brothers as recipients of the *De infantia*. The only other element that can be interpreted in terms of possible adaptation of the sermons for the benefit of illiterate or poorly literate listeners is also from the Prologue: "Quedam inserui aliquantulum subtilius ad exercitium legentium, quedam de Vitaspatrum propter utilitatem simplicium, nonnulla etiam que nostris temporibus sunt gesta et a uiris religiosis michi recitata." (p. 72)

An attentive reading reveals that the intended audience of the *De infantia* included erudite readers (that is to say, the monks),[177] and not only those who could use these homilies, *mutatis mutandis*, as models for preaching to lay brothers, but also those who were supposed to appreciate the cycle for itself, most likely in the context of private reading, as was customary for monastic sermons: "Vt autem que dicta sunt tenacius inhereant legentis memorie, libet adhuc singula recapitulando perstringere." (p. 191) Or elsewhere: "Non enim ambigo quin diligens lector et curiosus inuestigator hiis figuris similes et forte excellentiores elicere poterit, si tamen aliquam artis hebraice scientiam habuerit." (p. 188)

Finally, it should be observed that the homilies of *De infantia* do not deal with subjects related to the life of the lay brothers. From this point of view, Humbert of Romans' model sermon intended for Cistercian lay brothers seems to be timelier (he notes, for example, that their conversion can be caused by hunger),[178] than the *De infantia* where lay brothers appear exclusively as infor-

turba undique cogitur (Isaac de l'Etoile, *Sermons*, 3: 166); or the sermon forty-five on the Pentecost: "Dicamus simpliciter, fratres, maxime propter simplices et illiteratos fratres qui supra sermonem trivii loquentes non intelligunt" (ibid, 102). On the use of vernacular in monastic preaching, see. Beverly M. Kienzle, "Twelfth-Century Monastic Sermon," in *The Sermon*, ed. Beverly M. Kienzle, Typologie des Sources du Moyen Âge Occidental 81-83 (Turnhout: Brepols, 2000): 287-88.

177 In the Prologue to the Sunday homilies, Caesarius specifies that he is addressing both monks and lay brothers: "... rursum ad omelias recurro et, quia monachis atque conversis scribo, eorum ordini exposicionem adapto." (Hilka, *Die Wundergeschichten*, 1: 19). This remark can no doubt be applied to the *De infantia*. It should be noted, however, that the homilies of the *De infantia* (but also the Sunday homilies) only partially correspond to the occasions when the whole community was supposed to attend the sermon.

178 Sermo XXX, *Ad conversos Cisterciensis*, in Marguerin de la Bigne, *Maxima Biblioteca Veterum Patrum* 25 (Lyon: Jean et Jacques Anisson, 1677), 470. Caesarius touched upon this subject in the *Dialogus* I, 28: "Sicut multos trahit ad ordinem medicina infirmitatis, ita plurimos intrare compellit caminus paupertatis... Non est necesse de talibus exempla quaerere, cum videamus tali occasione plures, maxime conversos, ad ordinem venire." *Caesarii Heisterbacensis Dialogus miraculorum*, 1: 34

mants or protagonists of certain *exempla* (# 47; # 54 and # 92, three stories in total, which is definitely not much). Their profession is only mentioned once with a little more emphasis: in the allegorical development where the monastic community is compared to a herd of cattle ("grex")[179]. Caesarius compares the lay brothers to castrated oxen that are neither bulls nor cows. Likewise, lay brothers are neither monks nor laymen; they castrate themselves for the celestial kingdom; their task is to work in the fields and provide what is necessary for the monastery. This is how one recognizes their strength and probity, according to Solomon (Prov. 14, 4): "When there are no oxen the manger is empty, but an abundance of crops comes by the strength of an ox." By contrast, the elements relating to the life of choir monks are mentioned quite frequently (and especially in the *exempla*): for example, the psalmody, which is discussed a lot in homily fourteen.

It is possible that Caesarius followed the advice of the *artes praedicandi* to mix, in the same sermon, the "simple"[180] and the "sublime." Indeed, already Guibert of Nogent in his *Liber quo ordine sermo fieri debeat* (c. 1084) remarks that even if, in general, one should offer to the people a simple teaching, something must be added in the same sermon for more educated listeners, so that they could exercise their intelligence.[181] It is also not excluded that the mention of the lay brothers could have been used to justify the presence of *exempla* in the homilies, which apparently was quite problematic, judging by the negative reaction of "certain brothers" (see above).

A close reading of the sermons also reveals that the implied audience of the *De infantia* could have been larger than just the monastic community. In fact, Caesarius often tackles subjects that concern the laity rather than the monks.[182]

179 Homily five.

180 On the 'simplicity' of the *exempla*, see Victoria Smirnova, "Flatter les érudits et instruire les simples: le rôle de l'*exemplum* dans le système des styles de la prédication médiévale," in *Théorie des trois styles et les littératures européennes du Moyen Âge: les arts poétiques et la pratique littéraire*, ed. Ludmilla Evdokimova and Victoria Smirnova, Centaurus 7 (Moscow: RGGU, 2010), 98-108.

181 "Sic plerumque cum vulgo simplex doctrina proponitur, et aliquid tamen propter intelligibiliores, ubi eorum exerceantur ingenia, ibidem interseritur, ita pascere consuevit hebetes, ut etiam solidioris additamento victus, id est interjecta ponderosiori sententia delectare soleat sapientes." (PL 156, col. 25C.)

182 Comments on life outside the cloister are very rare in Cistercian sermons, as Beverly Mayne Kienzle remarks in her article "Cistercian preaching," in *The Cambridge Companion to the Cistercian Order*, ed. Mette Birkedal Bruun (Cambridge: Cambridge University Press, 2013), 245-57, here p. 250

For example, when he emphasizes that one should not leave the church immediately after the reading of the Gospel (such a situation was unimaginable in the monastery);[183] or when he encourages the faithful to give alms to the poor and the sick lying, he adds, "in the streets that lead to the church or on the very threshold of the church" introducing a telling detail that refers to daily life outside the cloister.[184]

The question of popular preaching occupies a significant place in the *De infantia*. Caesarius's reflections on the mission of the preacher[185] revolve around preaching to the masses (and especially the preaching of the crusade) and not around monastic preaching, as shown by the interpretation of the verse: Vidit Iohannes Ihesum uenientem ad se (Joan. 1, 29): "Quando predicator stans in loco eminentiori attendit turbas populorum desiderio audiendi Dei uerbum confluentes, Ihesum per gratiam cum illis et in illis uidet ad se uenientem." (p. 314) Another example: "Et ego nesciebam eum (Joan. 1, 31). Nescit is qui predicat in quo Ihesus per gratiam sit uel cui peccatum tulerit, nisi quantum exterioribus signis cognoscit. Si uiderit quempiam signum crucis propter Ihesum suscipientem, peccata cum lacrimis confitentem, tunc quasi scit Ihesum ibi esse, ubi prius nesciebat." (p. 316)

Caesarius was apparently fascinated by the extent of the preaching of the crusade, in which his fellow Cistercians participated. It does not seem exaggerated to assume that, in the *De infantia*, Caesarius shows a certain desire to address a wider audience, as well as the aspiration for a pastoral vocation which is not limited to the monastery.

The discrepancy between the audience specified in the prologue (lay brothers) and the implied audience (learned monks, but also, it seems, people from outside the cloister) is revealing, though not of the actual preaching to the lay brothers in Heisterbach, but rather of Caesarius's authorial stance, of his concerns and aspirations, expressed both in the desire to meet the needs of the monastic community by sharing knowledge with his fellow monks, and in the fascination with "new" effective preaching to the masses.

183 "Quidam ascendunt cum festinatione et statim, perlecto euangelio, redeunt. Isti similes sunt inuitatis ad prandium alicuius diuitis qui, omnibus preparatis et mensa posita, ieiuni recedunt." (p. 118)

184 "In uiis que ducunt ad ecclesiam et in foribus eius infirmi iacere solent et debiles, ut ab introeuntibus elemosinam accipiant. Quorum qui misertus fuerit et elemosinam ex caritate dederit, de domo et familia Dauid se esse ostendit." (p. 145)

185 See homilies 16 and 18, dedicated to John the Baptist, the ideal preacher.

V.
Textual tradition

In his seminal study *Die Wundergeschichten des Caesarius von Heisterbach*, Alfons Hilka gives a list of five surviving manuscripts, all from the 15th century:[186]

1. Cologne, Historisches Archiv, W 228. Paper, 15th c. (1479). A very abridged version of the *De Infantia* occupies the folios 3r-89r.

2. Mainz, Wissenschaftliche Stadtbibliothek, Hs. I 400a. Vellum, 15th c. (1434). The *De Infantia* occupies the folios 20v – 88v. In the present edition, the manuscript is designated by the siglum M.

3. Münster, Universitäts- und Landesbibliothek, 83 (206). Paper, 15th c. The manuscript was destroyed in World War II.

4. Trier, Stadtbibliothek, Hs. 610/2032 2°. Paper, 15th c. The *De Infantia* occupies the folios 1r – 79r. In the present edition, the manuscript is designated by the siglum T1.

5. Trier, Stadtbibliothek, Hs. 272/1654 4°. Paper, 15th c. The *De Infantia* occupies folios 35v – 141v. The manuscript is now lost.

This present edition is therefore based on the two complete surviving manuscripts of the *De Infantia: M* and *T1*, as well as on the *editio princeps* by Coppenstein (siglum *c*). *T1* is close to the manuscript used by Coppenstein (not identified/lost) and, according to the partial edition by Hilka, to the Münster manuscript, whereas *M* can be grouped together with the manuscript Trier, 272.[187] I have chosen *T1* as the base manuscript. While containing a complete and reliable text, it also has fewer individual readings. The text was corrected, when necessary, from *M*.

186 Hilka, *Die Wundergeschichten*, 1:16.

187 Hilka, *Die Wundergeschichten*, 1: 63 and 59.

T1

Trier, Stadtbibliothek, Hs. 610/2032 2°. 15th c.[188]

Paper, 38 x 38,5, II+302 fol., two columns.

Provenance: ownership entries on fol. Ir: "Codex domus beate Marie Virginis in Cluso Euerhardi ordinis canonicorum regularium Treuerensis diocesis (Eberhardsklausen)";[189] on IIv: "Biblioth. public. civ. Trev. 1803."

Date: ca. 1478/79 (according to the watermarks).

Content:[190]

1r-79r: Caesarius Heisterbacensis: *Homiliae XVIII de Infantia Salvatoris*.

79r-221v: Caesarius Heisterbacensis: *Homiliae LXIV dominicales* (nr. 18 in the *Epistola catalogica*).

224r-247v: Caesarius Heisterbacensis: *Homiliae II de transfiguratione Domini* (nr. 22 in the *Epistola catalogica*).

248r-301v: Caesarius Heisterbacensis: *Homiliae VIII de passione Christi*. (nr. 23 in the *Epistola catalogica*).

302r – *Commentarius in Sententias Petri Lombardi* (on book II. dist. 24, cap. 3 *De libero arbitrio*).

188 See the detailed description in Max Keuffer, *Beschreibendes Verzeichnis der Handschriften der Stadtbibliothek zu Trier. Fünftes Heft. Ascetische Schriften. 1. Abteilung* (Trier: Kommissionsverlag der Fr. Lintz´schen Buchhandlung, 1900), 64-65 and Kurt Heydeck and Giuliano Staccioli, *Die lateinischen Handschriften aus dem Augustiner-Chorherrenstift Eberhardsklausen in der Stadtbibliothek Trier* (Wiesbaden: Harrassowitz, 2007), 1: 146-49.

189 On the library of Eberhardsklausen, cf. Marco Brösch, *Die Klosterbibliothek von Eberhardsklausen und ihre Bestände. Von den Anfängen bis ins 16. Jahrhundert* (PhD diss., Trirer Universuty, 2010) available on-line. http://ubt.opus.hbz-nrw.de/volltexte/2015/921/pdf/Dissertation_BrAsch_Gesamt.pdf

190 The pastedowns with Hebrew texts have been removed and are kept separately (Hebr. Fragm. 27).

M

Mainz, Wissenschaftliche Stadtbibliothek, Hs. I 400a. 15th c. (1434).[191]

Vellum, 39 x 27, III + 258 + II fol., two columns.

Provenance: The charterhouse of Mainz. The manuscript is mentioned in Catalogue I of the monastery, dating from 1470 (ms. Mainz I 577) with the shelf mark D VII Qr and in Catalogue II dating from 1520 (ms. Mainz I 576) with the shelf mark D VIII T. Inscription form the 18th c. on the f.1r: "Carthusiae Moguntinae."

Datation (of the folios 1r – 138v): 23 December 1434, according to the colophon on f.138v.

Content:

On the unnumbered folio: Table of contents.

1r–20v: Caesarius Heisterbacensis: *Homiliae II de transfiguratione Domini* (nr. 22 in the *Epistola catalogica*).

20v–88v: Caesarius Heisterbacensis: *Homiliae XVIII de Infantia Salvatoris.*

88v–138v: Caesarius Heisterbacensis: *Homiliae VIII de passione Domini* (nr. 23 in the *Epistola catalogica*).

138v–145r: Tractatus *Iunior fui et senui ...* (Ps. 36, 25). *Imitatores paupertatis estote ut sequamini vestigia eius ...*

146r–258v: *Libellus de christianissimo documento.* This text was attributed to Caesarius by the scribe of the ms. Trier 272/1654): "nota quod hic incipitur octavus gradus mansuetudinis sed non finitur, quia presumitur quod auctor huius libri scilicet Cesarius monachus per mortem sit perventus" (f. 392 r.). The attribution is erroneous, as was shown already by Schönbach.[192]

191 See the detailed description by Gerhard List in *Mainz, Wissenschaftliche Stadtbibliothek, Bestandsliste ab Hs I 351,* available on-line http://bilder.manuscripta-mediaevalia.de/hs//projekt-Mainz-pdfs/Hs%20I%20400a.pdf

192 Schönbach, *Über Caesarius von Heisterbach I*, 59-69. On the author of this text, see Hilka, *Die Wundergeschichten*, 1: 45.

c

Editio princeps par Johannes Andreas Coppenstein (OP), Coloniae Aggripinae sumptibus Petri Henningij sub signo Cuniculi, Anno 1615

Part I:

Fasciculus moralitatis venerabilis Fr. Caesarii Heisterbacensis monachi S. Ordinis Cistertiensium: Homilias de infantia Seruatoris Jesu Christi complectens.

On eight unnumbered folios:

a) *Nuncupatoria dedicationis d. Ioanni Buschman sacri ordinis Cistertiensium abbati Heisterbacensi.*

b) *Ad lectorem benevolum.*

c) *Approbatio* (Fr. Gaspar Lasselin sacrae Theologiae Professor).

d) *Epistola catalogica Caesarii ad dominum Petrum priorem de Loco s. Mariae, in diuersa eius opuscula.*

e) *Altera epistola monitoria V(enerabilis) Caesarij in Homilias suas Dominical(es) ac Festiual(es). Ad lectorem.*

pp. 1 – 158: *Homiliae morales de Infantia Christi Iesu.*

On the unnumbered folio: *Subscriptio r. dom. Henrici abbatis Heisterbacensis.*

Part II:

Homiliae dominicales venerabilis fr. Caesarii Heisterbacensis monachi s. Ordinis Cistertiensium.

On four unnumbered folios:

a) *Nuncupatoria dedicationis domino Matthiae Nisaeo sacri ordinis Cistertiensium abbati Himmenrodensis claustri.*

b) *Lector benevole.*

c) *Praefatio venerabilis Caesarij Monachi in Homilias Dominicales.*

d) *Tabula homiliarum* (I—XXV).

pp. 1-123: *Homiliae dominicales* (= num. 18 in the *Epistola catalogica*).

Part III:

Homiliae venerabilis fr. Caesarii Heisterbacensis monachi sacri ordinis Cistertiensium (... Pars Tertia. In dominicas Pentecostes et deinceps, usque ad Natiuitatem Christi.

On two non-numbered folios: *Nuncupatoria dedicationis d. Valentino sacri ordinis Cistertiensium abbati Eberbacensis clavstri.*

pp. 1-190: *Caesarii homiliae aestivales* (= num. 18 in the *Epistola catalogica*).

Part IV:

Homiliae festivae venerabilis fr. Caesarii Heisterbacensis monachi super festis anni totius.

On a unnumbered folio: *Nuncupatoria dedicationis domino Matthiae Nisaeo sacri ordinis Cistertiensium abbati Himmenrodensis claustri.*

p. 1: *Homiliae Caesarii quondam monachi Heisterbacensis de sanctis Prologus.*

p. 2: *Index et designatio homiliarum.*

pp. 4-261: *Homiliae Morales de solennitatibus totius anni* (= num. 20 in the *Epistola catalogica*).

VI. Principles of the edition

(A) **Orthography**

The lowercase letters u and v are transcribed as u, the uppercase U and V as V; the lowercase letters i and j are transcribed as i, the uppercase I and J as I.

While generally following the orthography of T1 (michi, sompn-, Ihesus, omeli-, presbiter-, quotiens, ymn- etc.) I decided to use -tia and -tio, an not -cia and -cio (scientia and not sciencia, actio and not accio); appodia- and not apodia-; exercere and not excercere; marsupia and not marsubia; xenodochia and not cenodochia; repere- and not reppere-.

To facilitate the search within the text, the spelling of certain words have been unified (adopting the form most often used by the copyist of T1): antidot-/antydot- → antidot-; apud/aput → apud; column-/columpn- → columpn-; cotidie/quotidie → quotidie; dyabol-/diabol- → dyabol-; Egipt-/Egypt-→ Egypt-; gir-/gyr- → gyr-; Gloss-/Glos- → Glos-; hactenus/attenus → hactenus; hiis/his → hiis; imbr-/ymbr- → ymbr-; immo/ymmo → immo, imag-/ymag- → imag-; sillab-/syllab- → sillab-; supp-/subp- → supp-; taur-/thaur- → taur; admira-/ammira- → admira-.

I differentiate between *ostium* and *hostium*, *ortus* and *hortus*.

The spelling of proper names has been respected, except for some unifications: Pilatus/Pylatus → Pylatus.

In order not to clutter up the critical apparatus, I have not retained the variants of the *editio princeps* c, that are obvious lapsus or misreading of abbreviations (e.g., apostolus → amplius; patrum → primum, etc.).

(B) Biblical quotations

In the afterword to the *Moralitates euangeliorum*, Caesarius admits that he quoted the Bible from memory; it was too tedious for him to check the citations against the manuscripts: "Sententias et auctoritates tam Veteris quam Noui Testamenti, cum a me expositionibus inserende essent, ipsaque uerba aliquando nescirem, et nimis esset tediosum libros reuoluere, posui illas ut sciui, non ex industria, sed ex ignorantia quandoque uerba ipsa uel sensum uerborum mutando".[193] I have therefore decided not to indicate the discrepancies between the Vulgate and the quotes used by Caesarius, except in cases where they are paraphrases or reminiscences; or in cases where Caesarius quotes translation of the Bible different from that of the Vulgate.

(C) Fontes exemplorum

The *exempla* used by Caesarius have been identified and listed in the appendix (*Fontes exemplorum*). For each *exemplum*, there is an English summary, an indication of the source (if known) and related texts (primarily the *Dialogus* and, when appropriate, other Cistercian collections; for other texts, posterior to the *Dialogus*, see the database ThEMA[194]), references to Frederic C. Tubach's *Index exemplorum* and to other specialized repertories, as well as references to Hilka's partial edition.

(D) Marginal annotations

To shed light on the attitudes of medieval copyists and readers towards the passages deemed useful (mainly *exempla*), the marginal and interlinear annotations as well as the readers' notes, which appear in *T1* and *M*, are listed in the apparatus.

193 *Die Wundergeschichten*, 1: 21-22.

194 http://thema.huma-num.fr/collections/TC0143

Indices

The edition has three *indices: index nominum, index locorum* et *interpretationes nominum.* The index *Interpretationes nominum* contains interpretations of Hebrew names and letters with references to Mathias Thiel, *Grundlagen und Gestalt der Hebräisch-Kenntnisse des frühen Mittelalters* (1973). As for the *index nominum,* biblical names are not included therein, except in cases where biblical characters appear in accounts which are akin to *exempla* (both biblical and medieval)[195] or where they are mentioned in relation to their cults. I also decided to index as proper names the appellations associated with the names of Jesus (e.g., Savior) and Mary (e.g., Mother of God).[196] The names of biblical places (in the geographical sense) are included in the *index locorum.* I have not indexed the proper names and the names of places in the biblical or liturgical quotations, or in the interpretations of these names. However, the distinction between the exemplary and exegetical use of biblical names is not always easy to make: I am aware of the ambiguity of certain cases.

List of Abbreviations

AASS – *Acta Sanctorum quotquot toto orbe coluntur vel a catholicis scriptoribus celebrantur,* 69 vols., Antwerpen-Brussels-Tongeren, 1643-1940.

AH – *Analecta hymnica medii aevi,* 55 vols., ed. Guido Maria Dreves et al. Leipzig, 1886-1992

CCCM – *Corpus Christianorum. Continuatio Mediaevalis.* Turnhout,1966-.

CCSL – *Corpus Christianorum. Series Latina,* Turnhout, 1951-.

CSEL – *Corpus Scriptorum Ecclesiasticorum Latinorum,* Vienna, 1866-.

Herbert – John Alexander Herbert and Harry L. Ward eds., *Catalogue of romances in the Department of Manuscripts in the British Museum,* vol. 3, London, 1910.

Hilka – Alfons Hilka, ed., *Die Wundergeschichten des Caesarius von Heister-*

195 On the biblical exempla, see the part "Les exempla bibliques" in *Le Tonnerre des exemples,* 19-98.

196 Cf., for example, "Ex magna pietate dignati sunt ei tam Saluator quam gloriosa eius genitrix apparere in eo habitu quem pro ipsis susceperat." (p. 181)

bach, vol. 1. *Einleitung, Exempla und Auszüge aus den Predigten des Caesarius von Heisterbach*, Bonn, 1933.

MGH – *Monumenta Germaniae Historica.*

MGH, SS. – *Monumenta Germaniae Historica, Scriptores (in folio)*, Hannover, 1826-.

MGH, SS. rer. germ. – *Monumenta Germaniae Historica, Scriptores rerum Germanicarum in usum scholarum separatim editi*, Hannover-Leipzig, 1871-.

MGH, SS. rer. merov. – *Monumenta Germaniae Historica, Scriptores rerum Merovingicarum*, 7 vols., Hannover, 1884-1920.

PL – *Patrologiae cursus completus. Series Latina (…) accurante J.-P. Migne.* 221 vols. Paris, 1844-64.

Thiel – Matthias Thiel, *Grundlagen und Gestalt der Hebräischkenntnisse des frühen Mittelalters*, Spoleto, 1973.

Thompson, *Motif-index* – Stith Thompson, *Motif-index of Folk-literature*, 6 vols., Copenhagen, 1955-58.

Tubach – Frederic C. Tubach, *Index exemplorum: a Handbook of Medieval Religious Tales*, Fellow Folklore Communications 204, Helsinki, 1969.

Walther, Proverbia – *Proverbia sententiaeque latinitatis medii ac recentioris aevi: Lateinische Sprichwörter und Sentenzen des Mittelalters und der frühen Neuzeit in alphabetischer Anordnung*, 6 vols., ed. Hans Walther, Carmina medii aevi posterioris Latina II, Göttingen, 1982-86.

Bibliography

Selected Primary Sources

Abû Ma'shar al-Balkhî. *Introductorium maius in astronomiam*. Cited in: Marie-Thérèse d'Alverny. "Humbertus de Balesma." *Archives d'Histoire doctrinale et littéraire du Moyen Âge* 51 (1985): 127-91.

Athanasius Alexandrinus. *Vita beati Antonii abbatis interprete Evagrio*. PL 73, cols. 127-168.

Augustinus Hipponensis. *Enarrationes in Psalmos*. Edited by Eligius Dekkers and Johannes Fraipon. CCSL 38-40. Turnhout: Brepols, 1956.

Augustinus Hipponensis. *De civitate Dei*. Edited by Bernard Dombart and Alphonsus Kalb. CCSL 47-48. Turnhout: Brepols, 1955.

Augustinus Hipponensis. *De Genesi ad litteram*. Edited by Joseph Zycha. CSEL 28. Vienna: F. Tempsky, 189).

Augustinus Hipponensis. *De libero arbitrio*. Edited by William M. Green. CCSL 29. Turnhout: Brepols, 1970.

Augustinus Hipponensis, *De vera religione*. Edited by Joseph Martin. CCSL 32. Turnholt: Brepols, 1962.

Augustinus Hipponensis. *De sancta virginitate*. Edited by ed. Joseph Zycha. CSEL 41. Vienna: F. Tempsky, 1900.

Augustinus Hipponensis. *De Trinitate. Libri XV*. Edided by William J. Mountain. CCSL 50-50A. Turnhout: Brepols, 1968.

Augustinus Hipponensis, *Epistulae CXXIV-CLXXXIVA*. Edited by Aloys Goldbacher. CSEL 44. Vienna: F. Tempsky, 1904.

Augustinus Hipponensis, *In Iohannis evangelium tractatus CXXIV*. Edited by Radbodus Willems. CCSL 36. Turnhout: Brepols, 1954.

Beda Venerabilis. *In Lucae evangelium expositio*. Edited David Hurst. CCSL 120. Turnhout: Brepols, 1960.

Bernardus Claraevallensis. *Sancti Bernardi opera*. Edited by Jean Leclercq, Charles H. Talbot, Henri-Marie Rochais et al. 9 vols. Rome: Ed. Cistercienses, 1957-1998.

Benedictus Nursiae. *Regula*. Edited by Rudolph Hanslik. CSEL 75. Vienna: F. Tempsky, 1960.

Biblia Latina cum Glossa Ordinaria. Edited by Adolf Rusch. 4 vols. Strassbourg 1480/81. Turnhout: Brepols, 1992.

Boethius. *Philosophiae consolatio*. Edited by Ludovicus Bieler, CCSL 94. Turnhout: Brepols, 1957.

Caesarius Heisterbacensis. *Caesarii Heisterbacensis Monachi ordinis Cisterciensis Dialogus Miraculorum*. Edited by Josephus Strange. 2 vols. Cologne-Bonn-Brussels: J. M. Heberle, 1851.

Caesarius Heisterbacensis. *Epistola catalogica*. In *Die Wundergeschichten des Caesarius von Heisterbach*. Vol. 1. Edited by Alfons Hilka. Publikationen der Gesellschaft für Rheinische Geschichtskunde, 43.1. Bonn: Hanstein, 1933.

Caesarius Heisterbacensis. *Fasciculus moralitatis venerabilis fr. Caesarii, Heisterbacencis monachi S. Ordinis Cistertiensium... Nunc primum ex pervetusto M. S. Cod. ad typos elaborata: additis ad marginem lemmatis & citationibus adnotatis. Quibuscunque concionationibus: Religiosis vero imprimis utiles in spiritualibus exhortationibus instituendis*. Edited by Joannes A. Coppenstein. Cologne: P. Henningius, 1615.

Concilium Toletanum. In *Enchiridion symbolorum definitionum et declarationum de rebus fidei et morum*. Edited by Heinrich Denzinger, Helmut Hoping and Peter Hünermann. Freiburg: Herder, 2015.

Conradus Eberbacensis, *Magnum exordium cisterciense sive Narratio de initio cisterciensis ordinis*. Edited by Bruno Griesser. CCCM 138. Turnhout: Brepols, 1994.

Gaufridus Autissiodorensis. *Vita prima S. Bernardi.* Edited by Paul Verdeyen and Christine Vande Veire. CCCM 89B. Turnhout: Brepols, 2011.

Gregorius Magnus. *Dialogi.* Vols. 2-3. Edited by Adalbert de Vogüé. Sources chrétiennes 260, 265. Paris: Cerf, 1979-1980.

Gregorius Magnus. *Homiliae in Evangelia.* Edited by Raymond Étaix, CCSL 141. Turnhout: Brepols, 1999.

Gregorius Magnus. *Homiliae in Hiezechielem prophetam.* Edited by Marcus Adriaen. CCSL 142. Turnhout: Brepols, 1971.

Gregorius Magnus. *Moralia in Iob.* Edited by Marcus Adriaen. CCSL 143, 143A, 143B. Turnhout: Brepols, 1979-85.

Guillelmus Altissiodorensis. *Magistri Guillelmi Altissiodorensis Summa aurea.* 5 vols. Edited by Jean Ribaillier. Paris: CNRS, 1980-87.

Guillelmus de Conchis. *Dragmaticon philosophiae.* Edited by Italo Ronca, CCCM 152, Turnhout: Brepols, 1997.

Flavius Josephus. *Antiquitates Judaicae.* Vol.1 of *Flavii Josephi Opera, graece et latine.* Edited by Guillaume Dindorf. Paris: F. Didot, 1845.

Hieronymus Stridonensis. *Commentariorum in Hiezechielem libri XIV.* Edited by François Glorie. CCSL 75. Turnhout: Brepols, 1964.

Hieronymus Stridonensis. *Commentariorum in Matheum libri IV.* Edited by David Hurst and Marcus Adriaen. CCSL 77. Turnhout: Brepols, 1969.

Hieronymus Stridonensis. *Epistulae I-LXX.* Edited by Isidor Hilberg. CSEL 54. Vienna: F. Tempsky, 1910.

Hieronymus Stridonensis. *Psalterium iuxta Hebraeos.* Edited by Henri de Sainte-Marie, Collectanea biblica latina 11. Rome: Abbaye Saint-Jérôme, 1954.

Hugo de Folieto. *Aviarium.* Edided by Willene B. Clark. In *The Medieval book of birds: Hugh of Fouilloy's Aviarium.* Binghamton N.Y.: Medieval and Renaissance Texts and Studies, 1992.

Hugo de Folieto (Ps.). *De bestiis et aliis rebus.* PL 177, cols. 1-164.

Hugo de Folieto. *De medicina animae.* PL 176, cols. 1183–1202.

Isidorus Hispalensis. *Etymologiarum sive Originvm libri XX.* Edited by Wallace Martin Lindsay. 2 vols. Oxford: Clarendon Press, 1911.

Johannitius. *Isagoge ad Techne Galieni.* Edited by Gregor Maurach. Sudhoffs Archiv 62/2(1978): 148-74.

Lactantius. *Divinarum institutionum libri septem.* Edited by Eberhard Heck and Antonie Wlosok. 4 vols. Berlin: Walter de Gruyter, 2005-11.

Pelagius Diaconus. *Verba seniorum.* PL 73, col. 855-988.

Petrus Cantor. *Verbum abbreviatum (Textus prior).* Edited by Monique Boutry. CCCM 196A. Turnhout: Brepols, 2012.

Petrus Comestor. *Historia scholastica. Liber Genesis.* Edited by Agneta Sylwan. CCCM 191. Turnhout: Brepols, 2005.

Petrus Lombardus. *Sententiae in IV libris distinctae.* 2 vols. Edited by Ignatius Brady. Grottaferrata: Collegii S. Bonaventurae ad Claras Aquas, 1971-81.

Petrus Lombardus. *Collectanea in epistolas Pauli.* PL 191, cols. 1298-1696.

Petrus Pictaviensis, *Sententiarum libri quinque.* Vols. 3–5. Edited by Jacques-Paul Migne, PL 211. Paris, 1855, cols. 1039-1280.

Petrus Pictaviensis. *Sententiarum libri quinque.* Vols. 1–2. Edited by Philip S. Moore and Marthe Dulong. Notre Dame, IN: University of Notre Dame, 1943.

Prudentius. *Psychomachia.* In *Aurelii Prudenti Clementis Carmina.* Edited by Maurice Cunningham. CCSL 126. Turnhout: Brepols, 1966.

Pseudo-Matthaei Evangelium. In *Evangelia Apocrypha.* Edited by Constantin von Tischendorf. Leipzig: Mendelssohn, 1876. Hildesheim: Olms, 1987.

Rufinus Aquileiensis, *Historia monachorum sive de vita sanctorum patrum.* Edited by Eva Schulz-Flügel. Berlin-New York: Walter de Gruyter, 1990.

Rufinus Aquileiensis (Ps.). *Verba seniorum.* PL 73, cols. 739—810.

Theobaldus Lingonensis. *De quatuor modis quibus significationes numerorum aperiuntur.* In *Traités du XIIe siècle sur la symbolique des nombres, Geoffroy d'Auxerre et Thibault de Langres.* Edited by Hanne Lange, Cahiers de l'Institut du Moyen-Âge grec et latin 29. Copenhagen: University of Copenhagen, 1978, 29–108.

Vergilius. *Bucolica.* Edited by Silvia Ottaviano and Gian Biagio Conte. Berlin-Boston: Walter de Gruyter, 2013.

Vetus Latina: Aus der Geschichte der lateinischen Bibel. Freiburg im Breisgau: Herder, 1957-.

Waddell, Chrysogonus, ed. *Cistercian Lay Brothers: Twelfth-century Usages with Related Texts.* Brecht: Citeaux, 2000.

Selected secondary literature

Bériou, Nicole. "Les prologues de recueils de sermons latins du XIIe au XVe siècle." In *Les prologues médiévaux. Actes du colloque international organisé par l'Academia Belgica et l'Ecole Française de Rome avec le concours de la FIDEM (Rome, 26 - 28 mars 1998)*, edited by Jacqueline Hamesse. Turnhout: Brepols 2000, 395-426.

Brunsch, Swen H. *Das Zisterzienserkloster Heisterbach von seiner Gründung bis zum Anfang des 16. Jahrhunderts.* Siegberg: Franz Schmitt, 1998.

Cantus: A Database for Latin Ecclesiastical Chant – Inventories of Chant Sources. Directed by Debra Lacoste (2011-), Terence Bailey (1997-2010), and Ruth Steiner (1987-1996). Web developer, Jan Koláček (2011-). Available from <https://cantus.uwaterloo.ca/> [accessed 16 January 2023].

Greven, Joseph. "Kleinere Studien zu Cäsarius von Heisterbach." *Annalen des Historischen Vereins für den Niederrhein* 99 (1916): 1–35.

Hilka, Alfons. *Die Wundergeschichten des Caesarius von Heisterbach*, vol 1. *Einleitung, Exempla und Auszüge aus den Predigten des Caesarius von Heisterbach.* Bonn, Hanstein, 1933.

Kienzle, Beverly Mayne. "Cistercian Preaching." In *The Cambridge Companion to the Cistercian Order*, edited by Mette Birkedal Bruun. Cambridge: Cambridge University Press, 2013, 245–57.

Leclercq, Jean. "Saint Bernard et la théologie monastique du XIIe siècle." *Analecta Sacri Ordinis Cisterciensis* 9/3–4 (1953): 7–23.

McGuire, Brian Patrick. "Friends and Tales in the Cloister: Oral Sources in Caesarius of Heisterbach's *Dialogus miraculorum.* " *Analecta cisterciensia* 36 (1980): 167–247.

Polo de Beaulieu, Marie Anne."L'émergence de l'auteur et son rapport à l'autorité dans les recueils d'*exempla*." In *Auctor et auctoritas. Invention et conformisme dans l'écriture médiévale, Université de Saint-Quentin-en-Yvelines, 11 – 13 juin 1999*, edited by Michel Zimmermann, Paris: École nationale des chartes, 2001, 175–200.

Rydstrøm-Poulsen, Aage. *The Gracious God: Gratia in Augustine and the Twelfth Century*. Copenhagen: Akademisk, 2002.

Schönbach, Anton. *Über Caesarius von Heisterbach I-III*. Vols. 4, 6 and 7 of *Studien zur Erzählungsliteratur des Mittelalters*. Vienna: Gerold, 1902–1909.

Smirnova, Victoria, Marie Anne Polo de Beaulieu and Jacques Berlioz eds. *The Art of Cistercian Persuasion in the Middle Ages and Beyond: Caesarius of Heisterbach's "Dialogue on miracles" and its reception*. Studies in medieval and reformation traditions 196. Leiden-Boston: Brill, 2015.

Smirnova, Victoria. "Flatter les érudits et instruire les simples: le rôle de l'exemplum dans le système des styles de la prédication médiévale." In *Théorie des trois styles et les littératures européennes du Moyen Âge: les arts poétiques et la pratique littéraire*, edited by Ludmilla Evdokimova and Victoria Smirnova. Centaurus 7. Moscow: RGGU, 2010), 98-108.

Thiel, Matthias. *Grundlagen und Gestalt der Hebräischkenntnisse des frühen Mittelalters*. Spoleto: Centro Italiano di Studi sull' Alto Medioevo, 1973.

Wagner, Fritz. "Studien zu Caesarius von Heisterbach," *Analecta cisterciensia* 29 (1973): 79–95.

Wicki, Nikolaus. *Die Lehre von der himmlischen Seligkeit in der mittelalterlichen Scholastik von Petrus Lombardus bis Thomas von Aquin*. Fribourg: Presses Universitaires de Fribourg, 1954.

EDITION

|| Incipit epistola uenerabilis Cesarii monachi in moralitates euangeliorum.

T1: M:

Dilecto Patri et Domino H, uenerabili abbati in Valle sancti Petri. Frater Cesarius, monachorum eius nouissimus cum obedientia filialem in Christo caritatem.

Que hortatu uestro et prioris mei nec non et aliorum quorundam fratrum instantia super lectiones euangelicas, Christi gratia inspirante, per ministerium meum sunt conscripta, caritati uestre deuotus offero corrigenda. Quod si forte aliquid ibi occurrerit quod merito legentes offendere poterit, ut emendetis suppliciter exoro. Omne siquidem opus in tres partes distinxi. Prima incipit ab eo loco, ubi angelus mittitur ad Mariam, et in nuptiis, ubi aquam in uinum Saluator mutauit, terminatur, continens omelias decem et octo. Secunda pars omelias continet dominicales numero sexaginta quatuor. Tertia uero de solempnitatibus sanctorum in quibus duodecim lectiones habentur in Ordine nostro tractat, omelias habens triginta tres.

Explicit epistola.

1 incipit] *om. M c* **1–2** epistola uenerabilis cesarii monachi in moralitates euangeliorum] epistola in moralitates totius anni *M* **3** h] henrico *c* **12** saluator mutauit] mutauit saluator *M* **16** explicit epistola] *om. M c*

Incipit prefatio eiusdem de eodem. De pueritia Ihesu.

Fasciculus mirre dilectus meus michi, inter ubera mea commorabitur. Sepe a uobis admonitus, immo cum multa instantia rogatus sum, domine unice michi dilecte, quatenus super lectiones euangelicas aliquid moralitatis scriberem quod et religioni nostre congrueret et mores auditorum instrueret; maxime propter conuersos quibus ex consuetudine Ordinis singulis diebus dominicis uerbum proponitur exhortationis. Considerans me prorsus ad hoc insufficientem tum scientia tum etate, satius duxi postulata dissimulare, quam indigne scribendo legentes scandalizare. Non enim decet ut etate iunior seniores doceat, et minus doctus sapientibus scribat. Sed quia semper monendo non destitistis, cum uestrum esset precipere, meum obedire, malo ab hiis qui tamen proni sunt ad uituperandum in occulto sustinere detractionem, quam non obediendo offendere uestram dilectionem. Spero quia boni, si in aliquibus excessi, equanimiter tolerabunt, quia *caritas patiens est, benigna est.* Omnia siquidem que in quatuor euangelistarum scriptis de Christi incarnatione siue pueritia sparsim posita reperi, eo ordine quo gesta sunt in unum collegi, paruum ex eis ligans fasciculum, tractatum uidelicet decem et octo sermonum. Et quia in incarnatione Saluatoris exordium est nostre redemptionis, ibi scribendi sumpsi initium et in eius baptismo posui terminum. Si qua forte alia scripturus sum deinceps super
21r euangelia, eo ordine disponam, quo leguntur in Ecclesia. ||

Bene autem comparatur fasciculo tractatus iste, quia sicut in fasciculo coherent ramusculi, ita sensus omelie unius pendet ex sensu alterius. Vox Christi est: *Quasi mirra electa dedi suauitatem odoris.* Mirra uero gustu amara est, odore suauis. Natus Dominus mox gustauit amaritudinem herodiane persecutionis, simul ex se mittens suauitatem odoris. Hunc odorem magi senserunt in Chaldea, in templo Simeon et Anna.[1]

2 Cant. 1, 12 **14** I Cor. 13, 4 **23** Eccli. 24, 20

1 incipit prefatio eiusdem de eodem de pueritia ihesu] *om. M*, prefatio eiusdem in homilias suas morales de infantia christi iesu. *c* **2** inter ubera mea commorabitur] *om. M* mea] *om. T1* **12–13** offendere uestram] uestram offendere *M* **13** in aliquibus] mali quid *T1* **17** in] *om. c* **19** posui terminum] terminans *T1*, terminans feci finem *c* forte alia] alia forte *M* **25** mittens] mittebat *c* **25–26** hunc odorem magi senserunt in chaldea in templo simeon et anna] *om. M*

[1] Cf. II Cor, 2 14-15 (the good odour of Christ unto God).

Quedam inserui aliquantulum subtilius ad exercitium || legentium, quedam de Vitaspatrum propter utilitatem simplicium, nonnulla etiam que nostris temporibus sunt gesta et a uiris religiosis michi recitata. Hoc pene in omnibus omeliis obseruare studui, ut quod probare poteram ex diuine Scripture sententiis, hoc etiam firmarem exemplis. Explicit prefatio. T1:

Cum meritum crescat sponse, si corde quiescat
Eius dilectus; huic fiat in ubere lectus
Sponse dilecte. Quod sic fieri lego recte:
Altius attendat sponsi cruciamina, prendat
Ramos uitalis mirre quinquicubitalis,
In fascem stringat super ubera quinaque lingat
Vulnera. Nonnullos sic dicit lambere pullos
Sanctus Iob aquile. Sic fit tibi, Christe, cubile.

13 Cf. Job. 39, 30

2 vitaspatrum] vitis patrum *c* **5** explicit prefatio] *om. M c* prefatio] eiusdem hexametron *add. c* **6** cum] tunc *c*

Incipiunt capitula prime partis.
1. *Missus est angelus Gabriel a Deo.*
2. De hoc nomine Maria.
3. *In diebus illis exurgens.*
4. *Cum esset desponsata mater eius Maria.*
5. *Factum est in diebus illis, exiit edictum.*
6. *Pastores loquebantur ad inuicem.*
7. *Videamus uerbum quod factum est.*
8. De nomine Ihesu.
9. *Postquam consummati sunt dies octo.*
10. *Cum natus esset Ihesus in Bethlehem.*
11. *Postquam impleti sunt dies purgationis.*
12. *Erant pater eius et mater mirantes.*
13. *Surge et accipe puerum et matrem.*
14. *Defuncto Herode, apparuit angelus.*
15. *Cum factus esset Ihesus duodecim annorum*
16. *Anno quintodecimo Tiberii Cesaris*
17. Moraliter de eodem.
18. *Vidit Iohannes Ihesum ad se uenientem.*

2 Luc. 1, 26 **4** Luc. 1, 39 **5** Matth. 1, 18 **6** Luc. 2, 1 **7** Luc. 2, 15 **8** Luc. 2, 15 **10** Luc. 2, 21 **11** Matth. 2, 1 **12** Luc. 2, 22 **13** Luc. 2, 33 **14** Matth. 2, 13 **15** Matth. 2, 19 **16** Luc. 2, 42 **17** Luc. 3, 1 **19** Joan. 1, 29

1 incipiunt capitula prime partis] *om. M c* **2** 1] super *add. c* a deo] *om. c* **3** hoc nomine] nomine hoc *c* **4** in diebus illis exurgens] de visitatione b.v. mariae *c* exurgens] maria *add. M* **5** 4] in uigilia natiuitatis domini *add. c* maria] *om. c* **6** 5] in nocte natiuitatis domini *add. c* **7** 6] in die natiuitatis domini. *add. c* **8** 7] item in eodem die. *add. c* **9** de nomine ihesu] in circumcisione.*postquam consummati sunt dies octo.* luc. 2. de ss. nomine iesu *c* **10** postquam consummati sunt dies octo] in eodem super euangelium *c* **11** 10] in epiphania domini *add. c* bethlehem] iude *add. M* **12** 11] de purificatione b. v. m. *add. c* purgationis] marie *add. M* **13** 12] dominica infra octauas natiuitatis *add. c* **14** 13] in die innocentum *add. c* et matrem] et matrem eius et fuge in egiptum *M*, *om. c* **15** 14] in vigilia epiphanie *add. c* angelus] *om. c* **16** 15] in octaua epiphanie *add. c* duodecim annorum] annorum duodecim *M* **17** 16] sabbato quatuor temporum *add. c* tiberii cesaris] imperii tyberii *M*, tyberii *c* **18** moraliter de eodem] de eodem homilia moralis *c* **19** 18] dominica infra octauas epipha. *add. c* ad se uenientem] *om. c*

Incipit omelia prima moralis uenerabilis Cesarii de sacramento Dominice incarnationis. Secundum Lucam.

Missus est angelus Gabriel a Deo in ciuitatem Galilee cui nomen Nazareth ad uirginem desponsatam uiro cui nomen erat Ioseph de domo Dauid, et nomen uirginis Maria. Et reliqua.

Omelia de eadem lectione.

Redemptionis nostre primordia que in hac sacratissima lectione sumpserunt exordia, sepe uiri illustres illustri stilo illustrarunt et fidei sue monumenta in suis nobis scriptis reliquerunt, alii in sermonibus et omeliis, alii in glosulis et commentis, partim lectionis huius seriem exponentes historice, partim allegorice. Illi tamquam magni doctores imbuerunt fidem totius Ecclesie, mecum bene agitur, si datum fuerit informare mores uel unius anime. Inuoco igitur Spiritum sanctum cuius uirtute Dei Filius conceptus est, ut tam presentis lectionis seriem, quam subsequentium morali intellectu — quia sic iniunctum est — merear taliter disserere, ut labor meus non uacuetur a mercede.

Ait itaque beatus euangelista Lucas: *Missus est angelus Gabriel a Deo et cetera.* Duo in hac clausula posita sunt uocabula: angelus scilicet et Gabriel, ex quibus primum est grecum, secundum uero hebraicum. Angelus grece, nuncius dicitur latine. Gabriel interpretatur fortitudo Dei, signatque uirtutem animi que a Deo tunc mitti dicitur, cum diuinitus infunditur. Nec predicatur hic, cum dicitur fortitudo Dei, diuina essentia, sed qualitas in mente creata de qua per Dauid dicitur: *Fortitudinem meam || ad te || custodiam, quia Deus susceptor meus es.* Audi quid Gabriel alibi dicat Zacharie: *Ego sum Gabriel qui asto ante Dominum et missus sum loqui ad te et hec tibi euangelizare.* Et in Tobia legitur alius quidam angelus dixisse: *Ego sum Raphael, unus de septem qui stamus ante Dominum.* De hiis septem primoribus fuisse creditur et Gabriel qui interpretatur fortitudo Dei.

3–5 Luc. 1, 26-27 **16–17** Luc. 1, 26 **22–23** Ps. 58, 10 **23–24** Luc. 1, 19 **25–26** Tob. 12, 15

19 Thiel, 310. **26–27** Thiel, 310.

1–2 incipit omelia prima moralis uenerabilis cesarii de sacramento dominice incarnationis secundum lucam] incipit omelia prima secundum lucam *M*, homilia prima. secundum lucam. cap. 1. uer. 26. *c* **6** omelia de eadem lectione] *om. M c* **14** sic] ita *M* **15** disserere] deserere *T1* **18** uero] *om. M* **19** signatque] significatque *M*

Fortitudo, ut notum est, sexta uirtus est inter septem uirtutes, ipsa est et quartum donum inter septem dona Spiritus sancti. Vterque numerus perfectus est: senarius propter sex opera dierum, quaternarius propter quadrigam quatuor euangeliorum. Vnde et in utroque numero ostenditur quedam fortitudinis perfectio. Ipsa est columpna aliarum uirtutum, sicut Iohanni dicitur a Domino: *Qui uicerit, faciam eum columpnam in templo meo.* Dicit etiam Apostolus de martiribus: *Quia fortes facti sunt in bello.* Virtus hec missa est a Deo, *quia omne datum optimum et omne donum perfectum desursum est descendens a Patre luminum.* Vbi ergo Deus? In celo. Vbi celum? In corde humano. Deus in corde tuo ens, o homo, per essentiam non aliunde, sed a seipso mittit tibi gratiam. *Prope est,* inquit Moyses, *in ore tuo et in corde tuo.* Vnde ne dixeris: ubi est Deus? Audi quid dicat: *Celum et terram ego adimpleo.*

Quo ergo missus est Gabriel? *In ciuitatem Galilee cui nomen Nazareth.* Videamus *si a Nazareth possit aliquid boni esse.* Nazareth nomen est ciuitatis, Galilea nomen regionis. Ciuitas in Galilea anima est electa in uita spirituali posita. Sicque Nazareth signat personam religiosam, Galilea uero ipsam religionem. Nazareth interpretatur flos uel uirgultum eius. Cuius eius? Christi qui ait: *Ego flos campi.* Qui enim Patris eius fecerit uoluntatem, ipse Christi est frater, soror et mater. Nam sicut uirgultum portat florem, ita ille portat et gignit suum saluatorem. Vnde Apostolus: *Glorificate et portate Deum in corpore uestro.* Portat per timorem et gignit per amorem. Sepe etiam in Scripturis pro disciplina uirgula ponitur, quia dum peccatrix anima per illam corrigitur, gratia illi infunditur. Virgula timor est puerorum et correctio uitiorum. Vnde Salomon: *Qui parcit uirge, odit filium.* Item: *Percute filium tuum uirga et liberabis a morte animam eius.*

Intelligamus etiam uirgultum animam, florem Christum uel gratiam, fructum uitam eternam. Interpretatur, ut dictum est, Nazareth non solum uirgultum, sed etiam flos. Triplici flore nonnunquam Christus uirgultum suum

6 Apoc. 3, 12 **7** Hebr. 11, 34 **8–9** Jac. 1, 17 **11** Deut. 30, 14 **12** Jer. 23, 24 **13** Luc. 1, 26 **14** Joan. 1, 46 **18** Cant. 2, 1 **18–19** Cf. Matth. 12, 50 **20–21** I Cor. 6, 20 **24** Prov. 13, 24 **24–25** Prov. 23, 14

17 Thiel, 366 **23** Virgula … uitiorum. Expression attested in: Honorius Augustodunensis, *Expositio in Cantica canticorum*, II, 3, 6, PL 172, col. 402D. **27–28** Thiel, 366.

1 septem] *om. M* uirtutes] principales *add. M* **7** virtus] *om. M* **10** ens] existens *post corr. in ras. M* **12** adimpleo] impleo *M* **16** signat] significat *M* uero ipsam] ipsamque *M*, uero propriam *c* **21** et] *om. M* **22** illam] illum *T1 c* **23** illi] ei *M*

fecundat et exornat: flore etatis, flore carnis et flore mentis. Flos etatis iuuenilitas, flos carnis uirginitas, flos mentis caritas. Primus flos gramineus, secundus niueus, tertius rubicundus. Primus imitatur feni uirorem, secundus lilii candorem, tertius rose fulgorem. De primo flore habes in libro Sapientie: *Non nos pretereat flos temporis,* id est etatis. Et in psalmo: *Mane sicut herba transeat, mane floreat et transeat, uespere decidat, induret et arescat.* Clamat et Ysaias: *Omnis caro fenum, et omnis gloria eius tamquam flos* || *feni.* Item Iob de homine: *Qui quasi flos egreditur et conteritur et fugit uelut umbra.* De secundo et tertio flore canitur in laude Ecclesie: Floribus eius nec rose nec lilia desunt. In rosis caritas, in liliis exprimitur uirginitas. Virginitas sine caritate meritoria non est. Hoc sapiens considerans aiebat: *O quam pulchra casta generatio cum caritate.* De hiis floribus etiam sponsus dicit in Canticis Canticorum: *Flores apparuerunt in terra nostra.* || Hee due uirtutes: uirginitas scilicet et caritas alibi exprimuntur per bissum et coccum, per argentum et aurum.

Iuuentutem dicere possumus florem campi, uirginitatem florem horti, caritatem florem thalami. Flos campi despectus est, cito cadit et sine labore crescit. Flos iste iuuentus est que omnibus naturalis est et communis atque sine merito. Flos horti, ut lilium, preciosus est. Naturaliter quidem crescit, sed custodiam adminiculumque requirit. Flos thalami, rosa, in lecto quidem sternitur, sed aliunde tollitur. Flos iste caritas est que cum anima non nascitur, sed diuinitus infunditur. Debet autem hortus corporis esse conclusus, ne quis in eo precidat lilium integritatis, thalamus cordis signatus, ne quis de eo tollat rosam caritatis. Paruipendat religiosus, si in eo transeat et effloreat flos etatis, sciens scriptum: *Homo sicut fenum, dies eius tamquam flos agri, sic efflorebit.* Flos dicitur a fluore, quia cito fluit. Vnde in libro Sapientie: *Transiet uita nostra tanquam uestigium nubis et tanquam nebula dissoluetur.* Et Iacobus apostolus: *Que est enim uita nostra? Vapor ad modicum parens.* Cuius corpus in seruitio Dei emarcuit et etas

4–5 Sap. 2, 7 **5–6** Ps. 89, 6 **6–7** Is. 40, 6 **7–8** Job. 14, 2 **11** Sap. 4, 1 **12–13** Cant. 2, 12 **14** Cf. Ex. 25, 4 **24** Ps. 102, 15 **25–26** Sap. 2, 3 **26–27** Jac. 4, 15

9 Floribus … desunt. René-Jean Hesbert, *Corpus antiphonalium Officii,* (Rome: Herder, 1970), 4: 44 (nr. 6170). Cantus ID 006170a: Catalogue of Chant Texts and Melodies **24** Flos … fluore. Cf. Isidorus Hispalensis, *Etymologiae*, ed. Wallace Martin Lindsay (Oxford: Clarendon Press, 1911), vol. 2 (not paginated), Lib. XVII, vi, 21: "Flores nominati quod cito defluant de arboribus, quasi fluores, quod cito solvantur."

11 pulchra] est *add. M c* **19** thalami] ut *add. c M* **23** paruipendat] paruipendit *M* **27** seruitio dei] dei seruitio *M c*

effloruit, gaudeat. Quanto enim citius propter Dominum aret et transit flos etatis, tanto amplius uiret et crescit flos caritatis.

Ait enim: *Missus est angelus Gabriel a Deo in ciuitatem Galilee.* Persona religiosa ciuitas est, quia muris claustralis reclusionis uallata, uirgultum est, quia disciplinis informata, flos est, quia uariis uirtutibus decorata. Et bene additum est: *cui nomen Nazareth,* quia sepe locus nomen trahit a re. Et est ciuitas talis posita in Galilea cuius interpretatio est transmigratio sancta, optime claustrali cuilibet conueniens, qui iam transmigrauit de loco in locum, de Egypto scilicet ad eremum, id est de seculo ad monasterium, de terra pharaonis ad terram ueri Salomonis, hoc est de tumultu et seruitute uite secularis ad quietem et libertatem uite spiritualis. Hec transmigratio iam a claustralibus facta est qui reliquerunt transitoria et transmigrauerunt ad eterna. Hoc interim restat, ut quotidie transmigrare non desinant de uitiis ad uirtutes, de culpa ad gratiam, ut tandem transmigrare mereantur de gratia ad gloriam, de fide ad speciem, de uia ad patriam.

Ecce ad tam pulchram et munitam ciuitatem, ad tam uberem regionem missus est non quilibet angelorum, sed archangelus Gabriel, et hoc a Deo. Ad
3r qualem personam? Ad || uirginem. Quid competentius hanc dixerim uirginem, nisi ipsam mentem, superiorem anime partem? Que licet non habeat partes, sicut corpus, constitutiuas, habet tamen partes potentiales.[2] Igitur mens ratio-

3 Luc. 1, 26 **6** Luc. 1, 26

7 Thiel, 312. **8–9** de Egypto ... ad monasterium. Metaphor going back to: Iohannes Cassianus, *Conlationes*, XXI, 28, 3, ed. Michael Petschenig, CSEL 13,2 (Vienna: F. Tempsky, 1886), 604: "... tunc Aegyptii filios Israhel uiolentis adflictionibus opprimebant, nunc quoque uerum Israhel, id est monachorum plebem, intellectuales Aegyptii duris ac lutulentis operibus incuruare conentur, ne per amicam deo quietem terram Aegyptiam deserentes ad heremum uirtutum salubriter transeamus ..." **14–15** de fide ... ad patriam. The Augustinian theme of faith as preparation for a clear vision and understanding of God in the afterlife is recurrent in medieval theological writings. (Cf. Augustinus Hipponensis, *Sermones de Scripturis*, CLIX, 1, 1, PL 38, col. 868: "Incipitur ergo a fide, ut perveniatur ad speciem: via curritur, patria quaeritur.") **19** mentem ... partem. Definition of *mens* going back to: Augustinus Hipponensis, *De civitate Dei. Libri I-X*, IX, 6, ed. Bernard Dombart and Alphonsus Kalb, CCSL 47 (Turnhout: Brepols, 1955), 255: "Ipsa igitur mens eorum, id est pars animi superior, qua rationales sunt, in qua uirtus et sapientia ..."

1 citius propter dominum] propter dominum citius *M c* **10** secularis] spiritualis *c* **11** qui] quia *M* **17** hoc] hic *M* **19** licet] si *M*

[2] Aristotelian division of the soul into its different faculties, taken up and popularized by Boethius, see: *Anicii Manlii Severini Boethii De divisione liber*, ed. John Magee (Leiden: Brill, 1998), 40 (l. 24-

nalis uirgo est, quamdiu per mortale polluta non est. Et si forte aliquando per culpam corrupta, per gratiam tamen ad priorem statum reducta. Ipsa gratia *uinum est germinans uirgines,* id est de pollutis faciens innocentes. Virginitas mentis recuperari potest, uirginitas carnis irrecuperabilis est. Et notandum quod non est missus Gabriel ad uirginem simplicem, sed desponsatam. Cui? Viro. Non dicit puero, non adolescenti, sed uiro. Vir in Scripturis quatuor notat: etatem, sexum, sponsum, probitatem. Vir dicitur a uirtute, non tam corporis, quam animi. Sicut uirgo uiro desponsatur, ut a carne caro fecundetur, ita mens uirtuti, ut ab ea iustificetur. Virum mentis nullam melius accipimus uirtutem, quam iustitiam que animam ad perfectam ducit mensuram.

Viro, inquit, *cui nomen erat Ioseph.* || Ioseph interpretatur augmentum, et, ut dixi, iustitia mentem perducit ad perfectum. Vnde Sapientia nos admonet dicens: *Diligite iustitiam.* Huic aliquando mens per habitum est desponsata, sed non per usum traducta.[3] Erat autem idem Ioseph de domo Dauid qui interpretatur desiderabilis aspectu. De Ioseph eius equiuoco Iacob pater eius dicit: *Filius accrescens Ioseph, filius accrescens et decorus aspectu.* Iustitia crescit et est decora multum. Crescit per motum, decoratur per actum. Vnde de ea per Salomonem dicitur: *Iustitia eleuat gentem.* Quod pulchrius hac specie, quam M:

3 Zach. 9, 17 11 Luc. 1, 27 13 Sap. 1, 1 16 Gen. 49, 22 18 Prov. 14, 34

7 Vir … uirtute. Cf. Isidorus Hispalensis, *Etymologiae*, ed. Wallace Martin Lindsay (Oxford: Clarendon Press, 1911), vol. 1 (not paginated), Lib. X, litt. V, 274. **11** Thiel, 334. **14–15** Thiel, 286.

8 a carne caro] caro a carne *M* **12** perducit] ducit *M* **15** iacob] ioseph *T1 c*

27). Cf. "Der Boethius-Kommentar in der Handschrift St. Florian XI 282," ed. Alexander Rausch, in *Studien zur Musikwissenschaft*, 48 (2002): 7-83, here p. 27: "Partes autem, ut prenotavimus, non proprie signantur in anima, sed tantum per similitudinem, et dicuntur partes potentiales sive virtuales, quae et naturam partium virtualium et naturam servant partium integralium."

[3] The distinction between *habitus* (a "disposition" of the soul) and *usus* of the infused virtues is found in the work of Peter of Poitiers, cf.: Petrus Pictaviensis, *Sententiarum libri quinque*, III, 29, PL 211, col. 1133B: "In primaria enim infusione omnes habentur in habitu, non tamen in usu vel actu. Inclinant enim et disponunt animum ad actus suos pro loco et tempore exsequendos." For more details, see: Artur Michael Landgraf, *Dogmengeschichte der Frühscholastik* (Regensburg: Pustet, 1952) 1, 1: 169-70.

reddere unicuique quod suum est? Interpretatur etiam Dauid manu fortis, et ad executionem iustitie exigitur fortitudo cordis. Multi habent zelum iustitie, nec tamen ab ea concipiunt, prepediente animi pusillanimitate, propter quod confortari indigent ab archangelo Gabriele. Erant autem ambo de domo Dauid, tam Ioseph, quam Maria, quia omnia a Christo sunt, tam naturalia, quam gratuita.[4] Vnde Apostolus dicit: *Per ipsum et cum ipso et in ipso sunt omnia.* Profitebantur pariter in Bethlehem, eo quod essent de domo et familia, id est stirpe, Dauid. *Ipsius enim genus sumus,* ut quidam ait. Est et magna quedam affinitas inter imaginem et similitudinem, inter naturam et gratiam, inter mentem et iustitiam. Ipsa est sponsus Marie, de quo in sequentibus scriptum est: *Ioseph uir eius cum esset iustus.*

Sequitur: *Et nomen uirginis Maria.* Gloria huius nominis breui sermone nequit explicari, idcirco ad honorem Genitricis Dei et ad laudem nominis eius sequens omelia totaliter disserenda est. Maria interpretatur stella maris, et congruit tale nomen menti uirginee que desponsata legitur Ioseph, id est iustitie. In mente que est superior pars rationis, sinderesis semper ut stella scintillat.[5] Est autem sinderesis uel, ut alii dicunt, scinderesis, quidam naturalis igniculus amoris qui naturaliter illuminat omnes sensus interiores. Hec stella semper in
3v mente stat et nunquam || mergitur, id est extinguitur. Mare signat sensuali-

6 Rom. 11, 36 8 Act. 17, 28 10–11 Matth. 1, 19 12 Luc. 1, 27

1 reddere ... est. The Ciceronian definition (De inventione, II, 53, 160) often cited, among others by saint Bernard: Bernardus Claraevallensis, *In octava Epiphaniae*, in *Sancti Bernardi opera*, vol. 4, *Sermones I*, ed. Jean Leclercq and Henri-Marie Rochais (Rome: Editiones Cistercienses, 1966), 312. Thiel, 286 14 Thiel, 351.

18 qui] que *T1 c* sensus] hominis *add. M* 19 mergitur id est] *om. M*

[4] For the distinction between *dona naturalia*, such as reason, memory, intelligence, and *dona gratuita* added by God's grace, such as bodily immortality, see: Petrus Lombardus, *Sententiae in IV libris distinctae*, II, xxv, 7 (159), vol. 1, ed. Ignatius Brady (Grottaferrata: Collegii S. Bonaventurae ad Claras Aquas, 1971), 465: "Haec sunt data optima, et dona perfecta, quorum alia sunt corrupta per peccatum, id est naturalia, ut ingenium, memoria, intellectus; alia subtracta, id est, gratuita."

[5] The notion of the spark of consciousness goes back to Saint Jerome: cf. Hieronymus Stridonensis, *Commentariorum in Hiezechielem libri XIV*, I, i, 6/8, ed. François Glorie, CCSL 75 (Turnhout: Brepols, 1964), 12. For more details, see: Odon Lottin, "Les premiers linéaments du traité de la syndérèse au moyen âge," *Revue néo-scolastique de philosophie* 28 (1926): 422-54. William of Auxerre identifies synderesis namely with the superior reason ("ratio superior sive synderesis"): *Magistri Guillelmi Altissiodorensis Summa aurea*, II, x, 6, 1-3, vol. 2/1, ed. Jean Ribaillier (Paris: CNRS, 1982), 297-308.

tatem que sepe turbat et amaricat rationem. Fluctus maris sunt motus sensualitatis que *ascendunt ad celos*, dum mouentur licite, *et descendunt usque ad abissos*, dum mouentur illicite. Naues sunt cogitationes que in hoc mari magno et spatioso nauigant. Que facillime naufragantur, nisi stellam maris, id est lumen rationis, sequantur. Sepe propter curam carnis scopulis illiduntur delectationis, et cum rationis ducatum negligunt, per consensum confracte pereunt.

Et ingressus angelus ad eam dicit: Aue, gratia plena, Dominus tecum. Duobus modis uirtus fortitudinis ingreditur ad mentem. Prius secundum affectum, deinde secundum effectum.[6] Prius anime inspiratur, postea in ea operatur. Tali modo ingressus angelus Gabriel ad Mariam, id est donum fortitudinis ad mentem, dixit: *Aue, gratia plena.* Qui habet caritatem, habet omnes uirtutes. Qui omnes habet uirtutes, plenus est, quia de plenitudine eius accepit qui ait: *Plenus sum.* Illuminatus mox plenus est uirtutibus quantum ad habitum, non quantum ad usum.[7] Multi sunt qui in usu habent amplius uirtutem misericordie, minus uirtutem iustitie. Ad hos necesse est, ut ingrediatur angelus Gabriel, id est fortitudo Dei, scilicet ut hoc quod iam habent || M: in affectu, perducere ualeant ad effectum.

Aue, inquit, *gratia plena, Dominus tecum.* Dominus tecum non solum per essentiam deitatis, sed etiam per *uinculum caritatis*. Et quia prius tecum fuit per misericordiam preuenientem, nunc tecum est per gratiam operantem et plenius

2 Ps. 106, 26 Ps. 106, 26 **3–4** Cf. Ps. 103, 25 **7** Luc. 1, 28 **11** Luc. 1, 28 **13** Is. 1, 11 **18** Luc. 1, 28 **19** Os. 11, 4

11–12 Qui ... uirtutes. Cf. Augustinus Hipponensis, *Epistulae*, CLXVII, iii, 11, ed. Aloys Goldbacher, CSEL 44 (Vienna: F. Tempsky, 1904), 599: "Cur ergo non dicimus, qui hanc uirtutem habet, habere omnes, cum plenitudo legis sit caritas?"

1 turbat] turpat *c* **8** uirtus] spiritus *M* **11** habet omnes] omnes habet *M* **16** in affectu] per affectum *M* **19** etiam] *om. M*

[6] The play on words affectus / effectus (sometimes with the third element: profectus) is recurrent in the work of Bernard of Clairvaux and William of St-Thierry, see: Wolfgang Zwingmann, "Ex affectu mentis: Über die Vollkommenheit menschlichen Handelns un menschlicher Hingabe nach Wilhelm von St. Thierry," *Cîteaux* 18 (1967): 5–37, esp. 30-32. This opposition can also be found in the writings of Peter of Poitiers, cf. *Sententiarum libri quinque*, III, 23 (de Charitate), PL 211, col. 1095A-1110C: "Solet autem quaeri utrum magis debeamus diligere unum proximum quam alium? Ad quod quidam dicuntur quod non maiori affectu, sed maiori effectu debemus unum diligere quam alium, ut proximis cognatione magis tenemur providere."

[7] For the distinction between *habitus* and *usus/effectus* of the infused virtues, see note 3, p. 78.

erit per gratiam cooperantem.[8] Tribuit tibi uelle, tribuit posse, tribuet et opere concessa perficere.

Benedicta tu in mulieribus. Non ait: benedicta tu in uirginibus, sed in mulieribus. Virginitas nomen est honoris, mulier corruptionis. Designat tamen aliquando sexum, ut ibi: *Quid michi et tibi, mulier?* In nomine uirginis predicatur quedam nature dignitas, in nomine mulieris infirmitas. Hinc est quod per Sapientem dicitur: *Melior est iniquitas uiri, quam benefaciens mulier.* Quasi dicat: utilius est manere in caritate et uenialiter peccare, quam sine caritate opera uirtutum, id est de genere bonorum, actitare. Qui mollis est ad bene agendum, mulier est. Virgo deriuatur a uiro. Vnde Adam ait de Eua: *Hec uocabitur uirago, quia de uiro sumpta est.* Et est uirgo nomen sincopatum. Vir autem dicitur a uirtute. Qui strenuus in bonis actibus inuenitur, merito uir dicitur. Mulier descendit a mollitie, eo quod uirum soleat mollire. Mens, quamdiu caritatem habet, uirgo est, sed mox ut per mortale frangitur, mulier est. Potest et littera sic construi: *Benedicta tu,* id est bene sis dicta tu, subaudi: Maria que interpretatur stella maris uel secundum aliam interpretationem illuminatrix. Mens etenim quam radius illustrat caritatis, regit et illuminat omnes motus sensualitatis.

Sequitur: *Que cum audisset, turbata est in sermone angeli.* Habet anima aures suas, secundum quod || 4r Saluator ait: *Qui habet aures audiendi, audiat.* Habet et uirtus quelibet linguam suam. Prudentia in anima loquitur mentem ipsam bo-

1–2 Cf. Phil. 2, 13 **3** Luc. 1, 28 **5** Joan. 2, 4 **7** Eccli. 42, 14 **10–11** Gen. 2, 23 **15** Luc. 1, 28 **19** Luc. 1, 29 **20** Marc. 4, 9

11–12 Vir ... uirtute. Isidorus, *Etymologiae,* vol. 1 (Lib. X, litt. V, 274). **12–13** Mulier ... mollitie. Isidorus, *Etymologiae,* vol. 2 (Lib. XI, ii, 18). **15–16** Thiel, 351.

5 tibi] est *add. M* **10** ait] *om. M* **15** id est bene sis dicta tu] idem, unde sic dicta tu *c* **21** ipsam] propriam *c*

[8]Cf. the distinction between the operative / prevenient and the cooperating / subsequent grace developed by Peter Lombard on the base laid by Augustine: Petrus Lombardus, *Sententiae,* 1: 470 (lib. II, xxvi, 1 (162)): "Haec est gratia operans et cooperans. Operans enim gratia praeparat hominis voluntatem ut velit bonum; gratia cooperans adiuvat ne frustra velit"; and further: "Unde Apostolus, gratiam praevenientem et subsequentem commendans, id est operantem et cooperantem, vigilanter dixit: 'Non est volentis neque currentis, sed miserentis Dei' (Rom 9, 16), et non e converso..." (Ibid., 472). Lombard quite often uses the term *misericordia* to denote *gratia,* see: Johann Schupp, *Die Gnadenlehre des Petrus Lombardus* (Freiburg im Breisgau: Herder, 1932), 40. For more details on these concepts see: Aage Rydstrøm-Poulsen, *The Gracious God: Gratia in Augustine and the Twelfth Century* (Copenhagen: Akademisk, 2002), 368-72.

nis consiliis informando, iustitia uirtutum actibus consummando, temperantia ne mensuram excedat et ipso excessu nomen uirtutis amittat, moderando, fortitudo contra prospera et aduersa roborando. *Spiritus*, inquit, *ubi uult spirat, et uocem eius audis.* Audiens igitur mens fortitudinis uocem turbatur, intelligens se hortari ad actionem. Et surgit talis turbatio magis ex pauore, quam ex commotione, tuncque est propassio, non passio.[9] Mens siquidem post talem turbationem in se reuertens per considerationem — que quasi extra se fuerat per pauorem siue, quod maius est, per admirationem — cogitat: *Qualis sit ista salutatio?* Salutatio dicitur quasi salutis optio. Qui alium salutat, salutem ei optat. Nonne menti fortitudo salutem optat, cum illam ad opus meritorium confortat? Ita sane. Competentius tamen hoc loco salutatio potest dici salutis oratio. Videtur enim angelus in sua salutatione magis salutem Virginis perorare, quam optare, dicens: *Aue, gratia plena, Dominus tecum.* Aue componitur ab a quod est sine, et ue, quasi sine ue, uel adimens ue.[10] Mens que lucet caritate, caret ue culpe, licet in presenti prorsus non careat ue pene. In futuro autem liberabitur ab utroque ue.

Et cogitabat qualis esset ista salutatio. Considerare debet mens duce ratione ordinem salutationis, considerare et difficultatem actionis. Quod si fecerit, sine timore non erit. Quod si idem timor fuerit propassionis et non passionis,[11] non

3–4 Joan. 3, 8 **8–9** Luc. 1, 29 **13** Luc. 1, 28 **17** Luc. 1, 29 **82.19–83.1** Cf. Luc. 1, 18-20

9 Salutatio ... optio. Expression widespread in the artes dictandi, cf., for example, *Repertorium der Artes dictandi des Mittelalters*, ed. Franz Josef Worstbrock and Monika Klaes (München: Fink, 1992), 88. It is also found in: *Glossa Ordinaria super Epistolam ad Hebraeos* 13, 14, in *Biblia Latina cum Glossa Ordinaria*, ed. Adolf Rusch (Strassbourg 1480/81. Turnhout: Brepols, 1992), 4: f. 1145ra (glossa marginalia): "Sicut generaliter omnibus scribit, ita generaliter omnibus prelatis et subditis salutem optat. Salutare enim est salutem optare."

2 ipso excessu nomen uirtutis] ipso uirtutis excessu nomen *T1*, proprio excessu uirtutis nomen *c*
9 optio] optatio *c* 14 est] *om. c*

[9]The distinction between *passio* et *propassio* (temptation without consent) goes back to Saint Jerome: Hieronymus Stridonensis, *Commentariorum in Matthaeum libri IV*, I, 5, 28, ed. David Hurst and Marcus Adriaen, CCSL 77 (Turnhout: Brepols, 1969), 30-31.
[10]This etymology is found in Marian sermons and treatises that are contemporary or slightly later than the *De Infantia*. Cf. Conradus de Saxonia, *Speculum seu salutatio Beatae Mariae Virginis ac sermones Mariani*, ed. Petrus de Alcantara Martinez (Grottaferrata: Collegium S. Bonaventurae ad Claras Aquas, 1975), 151. For more details, see: Henri Barré, "La nouvelle Ève dans la pensée médiévale, d'Ambroise Autpert au pseudo-Albert," *Études Mariales* 14 (1956): 1-16, esp. p. 8.
[11]See the note 9, p. 82.

incurret culpam cum Zacharia, nec digna erit pena plecti, sed consolari. *Et ait* 23v *angelus illi: Ne timeas, Maria.* Quasi dicat: Non est missus ad te Ra||phael qui interpretatur medicina Dei ut sanet infirmam, sed ego Gabriel ut confortem pauidam. Fortis quidem es in fide et amore, sed timida in sola actione. Noli ergo timere. *Inuenisti enim gratiam apud Deum.* Que sit hec gratia, mox exponit, cum subiungit: *Ecce concipies et paries in utero filium et uocabis nomen eius Ihesum. Hic erit magnus et cetera.* Quinque hic commemorat angelus: conceptionem et partum, filii nomen, meritum et premium. Conceptionem, ut ibi: *Ecce concipies.* Partum, cum dicit: *Et paries filium.* Nomen, cum dicit: *Et uocabis nomen eius Ihesum.* Meritum, cum dicit: *Hic erit magnus et filius Altissimi uocabitur.* Premium, cum concludit: *Et dabit illi Dominus Deus sedem Dauid patris eius.*

Ecce quanta beatitudo concessa est Marie Virgini, ut in eius utero conciperetur Filius Dei. Beatior tamen, ut dicit auctoritas, Maria fuit in Christum credendo, quam Christum corpore concipiendo. In quem et si tu credideris, tali ordine mater illius eris. In generatione carnali prima est conceptio, secunda parturitio, tertia partus, id est filii editio. Conceptio fit in seminum commixtione, parturitio in corporis formatione, partus in filii generatione. Ordo iste seruatur et in generatione spirituali. Mens Christum concipit de Spiritu sancto per 4v timorem, parturit per amorem, parit per ope||rationem. Quid aliud signat carnalis illa cognitio, nisi quod infuse gratie cooperatur liberi arbitrii appositio?

1–2 Luc. 1,30 **5** Luc. 1, 30 **6–7** Luc. 1, 31-32 **9** Luc. 1, 31 Luc. 1, 31 **9–10** Luc. 1, 31 **10–11** Luc. 1, 32 **11–12** Luc. 1, 32

2–3 Thiel, 391. **14–15** Beatior … concipiendo. Cf. Augustinus Hipponensis, *Liber de sancta virginitate*, III, 3, CSEL 41, ed. Iosephus Zycha (Vienna: F. Tempsky, 1900), 237: "Beatior ergo Maria percipiendo fidem Christi quam concipiendo carnem Christi." **16–18** In generatione … filii generatione. Cf. Ricahrdus de S. Victore, *Sermones diversi*, XVIII, in *Liber exceptionum*, ed. Jean Châtillon (Paris: J. Vrin, 1958), 409: "In generatione carnali prima est conceptio, secunda parturitio, tertia partus, quarta nati possessio in qua est gaudium, quia natus est homo in mundum, nec meminit pressurae mater transactae… In carnali generatione prima est conceptio in commixtione maris et feminae quando femina retento semine fecundatur. Deinde parturitio, id est partus paratio, fetus videlicet concepti augmentatio, vegetatio, membrorum formatio et dispositio, sensificatio hominis atque perfectio. Deinde sequitur partus, id est fetus editio, in qua est maximus matri dolor, angustia, labor et clamor."

6 concipies et paries in utero] concipies in utero et paries *M c* **20** parturit per amorem] *om. c* parit] parturit *c* **21** cognitio] conceptio *M*

De hac conceptione per Ysaiam dicitur: *A timore tuo, Domine, concepimus.*[12] De parturitione mox subiungitur: *Et parturiuimus spiritum salutis.*[13] Ihesus interpretatur salus. *Spiritus ante faciem nostram Christus Dominus.*[14] Ipse spiritus, ipse salus. Quia spiritus, spiritualiter concipitur, quia salus, sine dolore gignitur. De hac parturitione spirituali etiam Apostolus dicit: *Filioli mei quos iterum parturio, donec formetur Christus in uobis.* Christum etiam in nobis fides concipit, spes parturit, caritas gignit. Opus caritatis quandoque pro caritate ponitur, ut: ille uel ille fecit caritatem. De hoc partu etiam mistice intelligi potest illud Ysaie: *Aperiatur terra,* id est mens humana, per amorem, *et germinet* per opus bonum *Saluatorem.* Opus quod non informat caritas, salutare non est. In parturitione sunt tria: humani corporis formatio, sensificatio, hominis perfectio. Voluntas bona Christum in utero, id est in secreto mentis, format, affectio formatum sensificat, actio exterior ex utero generat. Christi possessio eterna erit retributio.

Et bene angelus, cum Christi conceptionem seu natiuitatem annuntiasset, de nomine subiunxit dicens: *Et uocabis nomen eius Ihesum.* Ihesus interpretatur Saluator. Opus quandoque nomen imponit persone. Verbi gratia. Ab opere iustitie dicitur iustus, ab opere misericordie pius, a saluatione saluator. Similiter et affectus nomen imponit operi. *Melius est nomen bonum super unguenta pretiosa.* Opus bonum saluat, magnificat, filios Altissimi discernit a filiis dyaboli. Sedem preparat in iudicio, conregnare facit cum Deo. Quod

1 Is. 26, 18 **2** Is. 26, 18 **3** Thren. 4, 20 **5–6** Gal. 4, 19 **9–10** Is. 45, 8 **16** Luc. 1, 31 **19–20** Eccle. 7, 2

2–3 Thiel, 328-29. **16–17** Thiel, 328-29.

8 ut] dicimus *add. c* ille] iste *M* ille] hodie *add. M* **10** bonum] *om. M* **12** id est] idem *c* **15** bene] unde *c* **21** cum] *om. M*

[12] Cf. Expression attested in: *Vetus Latina,* current in Latin patristic writings: *Vetus Latina: Aus der Geschichte der lateinischen Bibel,* ed. Roger Gryson (Freiburg im Breisgau: Herder, 1991), 12/7: 553. In the context close to *De infantia,* cf. Guerric of Igny, *In annuntiatione Beatae Mariae sermo secundus,* in Guerric d'Igny, *Sermons II,* ed. John Morson and Hilary Costello, Sources chrétiennes 202 (Paris: Cerf, 1973), 140.

[13] Cf. *Vetus Latina,* 12/7: 553.

[14] Since the critical edition of the book of Lamentations has not yet appeared in the series *Vetus Latina. Aus der Geschichte der lateinischen Bibel* (Freiburg im Breisgau: Herder), I refer here to *Bibliorum Sacrorum Latinae versiones antiquae seu Vetus Italica,* ed. Pierre Sabatier (Reims: Florentain, 1743), 2: 731.

dicitur: *concipes in utero,* de secreto mentis intelligendum est. De quo secreto quidam parturiens clamabat: *Secretum meum michi, secretum meum michi.*

Possumus ista que dicta sunt de Christi conceptione, adhuc aliter intelligere. *Ecce,* inquit, *concipies et paries filium.* Non sine admiratione premisit: *Ecce.* Si spiritualis quisque, ut dictum est, efficitur mater Christi, potest etiam mater effici proximi. Quisquis ergo peccatorem et male uiuentem uerbo illuminat, ex-
24r emplo infor||mat, oratione roborat, profecto hunc concipit, hunc parturit, hunc gignit. Concipit uerbo predicationis, parturit exemplo conuersationis, gignit suffragio orationis. Talis mater erat apostolus Paulus qui dicebat: *Filioli mei quos iterum parturio.* Item: *In Christo Ihesu per euangelium ego uos genui.* Audi parturientem, audi generantem. Sunt et plurimi qui Christo prolem concipiunt, sed non parturiunt, quia quantum prosunt uerbo, tantum nocent exemplo. Talis erat de quo Dominus per Ysaiam dicit: *Antequam parturiret, peperit.* Et quia sepe malus predicator solo uerbo peccatorem conuertit, mox Dominus subiungit: *Antequam ueniret partus eius, peperit masculum,* id est faciens de peccatore iustum. *Quis audiuit unquam tale et quis uidit huic simile?*

Et uocabis nomen eius Ihesum. Ac si dicat: non uocabis eum nomine matris, sed patris. Quibusdam sibi imponentibus nomen matris resistit Apostolus di-
25r cens: *Quid igitur || est Apollo? Quid uero Paulus? Ego plantaui, Apollo rigauit, sed Deus incrementum dedit.* Paulus superius dixerat: *Cum quis dicat: Ego quidem sum Pauli, alius uero: ego Apollo, nonne homines estis?* Quasi dicat: Non uocabimini a Paulo paulini uel a Petro petrini, sed a Christo christiani. Hoc est *nomen in quo qui benedictus est super terram benedicetur in Domino, amen.* Audi quid talis pater dicat: *Nunquid ego qui alios parturire facio, ipse non pariam? — dicit Dominus. Si ego qui generationem cunctis tribuo, sterilis ero? — ait Dominus Deus tuus.* Beatus cui hoc congruit.

Hic erit magnus. Contingit frequenter, ut male uiuentes aliorum uerbo seu exemplo conuersi magni fiant non solum merito, sed et officio. Est autem

1 Luc. 1, 31 **2** Is. 24, 16 **4** Luc. 1, 31 **9–10** Gal. 4, 19 **10** I Cor. 4, 15 **13** Is. 66, 7 **15** Is. 66, 7 **16** Is. 66, 8 **17** Luc. 1, 31 **19–20** I Cor. 3, 4-6 **20–21** I Cor. 3, 4 **23** Is. 65, 16 **24–26** Is. 66, 9 **27** Luc. 1, 32

4–6 Si … proximi. Cf. Gregorius Magnus, *Homiliae in Evangelia,* III, 2, ed. Raymond Etaix, CCSL 141 (Turnhout: Brepols, 1999), 21: "Quasi enim parit Dominum, quem cordi audientis infuderit. Et mater eius efficitur, si per eius uocem amor Domini in proximi mente generatur."

4 et paries filium] et cetera. *M* **5–6** mater effici] effici mater *M c* **18** sibi imponentibus] imponentibus sibi *M* resistit] restitit *M*

triplex magnitudo: elationis, prelationis, perfectionis. Prima uitiosa, secunda periculosa, tertia gloriosa. Prima deicit, secunda prouehit, tertia perducit. Quo? De magnitudine meriti ad magnitudinem premii. Quidam magni sunt officio, ut episcopi et abbates, sed parui merito. Econtra sunt alii quibus deest prelationis dignitas, sed prefulget in eis uite sanctitas. Et hii superioribus preferendi sunt. Sunt etiam nonnulli subditi in quibus forma lucet religionis, sed cum ascenderint ad magnitudinem prelationis, offendunt in magnitudinem elationis, sicque perdunt magnitudinem perfectionis.

Et filius Altissimi uocabitur. Omnes enim tam boni, quam mali, tam prelati, quam subiecti uocantur filii Dei. Sed mali tantum per nature conditionem, boni uero per gratie collationem. Duobus adhuc modis dicuntur filii Dei: imitatione et adoptione. Quidam Dei filii uocantur et non sunt, ut mali christiani sacramentorum participatione. Alii uocantur et sunt, ut re christiani. Per quid uocantur? Per imitationem. Per quid sunt? Per adoptionem. Imitatio pertinet ad conuersationem, adoptio ad predestinationem. Hec soli Deo cognita est, conuersatio sancta et Deo et hominibus. Propter quod signanter dixit: *et filius Altissimi uocabitur.*

Sequitur: *Et dabit illi Dominus Deus sedem Dauid patris eius.* Sedem Dauid quid melius hoc loco accipimus, nisi sessionem in iudicio que mundi huius contemtoribus promissa est a Christo? Hec dignitas non debetur prelationi, sed perfectioni. Nemo cum Domino iudicabit auctoritate officii, sed meriti. Quinam sunt qui omnia reliquerunt? Hii qui propter Christum non solum nichil proprie facultatis, sed nec proprie uoluntatis retinuerunt. || Tales perfecti sunt et cum Domino iudicabunt. *Et regnabit in domo Iacob in eternum.* Merito semper regnabunt cum Domino, quia semper propter Dominum alieno parebant imperio. Quanto quisque hic Christo seruit humilius, tanto illic cum Christo regnabit gloriosius. *Et regni eius non erit finis.* Quomodo ibi futurus esset finis, ubi omnis consummationis est finis? Si in hac uia, ubi multe sunt mis- M:

9 Luc. 1, 32 **16–17** Luc. 1, 32 **18** Luc. 1, 32 **24** Luc. 1, 32 **27** Luc. 1, 33 **28** Cf. Ps. 118, 96

11–12 Cf. Isidorus, *Etymologiae*, vol. 1 (Lib. IX, v, 15-16): "Quatuor etiam modis filii appellantur, natura, imitatione, adoptione, doctrina."

2 gloriosa] secura *M* perducit] producit *c* **4** parui] sunt *add. M* **12** christiani] sola *add. M* **13** alii] et *add. M* **15** deo] *om. M* **16** conuersatio] autem *add. c* **22** qui] nichil *add. M c* qui] sibi *add. M* **23** nichil] *om. M c* **24** regnabit] regnabunt *M* regnabit] cum christo *add. M* **25** semper regnabunt] regnabunt semper *M* **26** quisque hic] hic quisque *M* **27** christo] ipso *M* **28** ubi] in qua *M c*

erie, Christo seruire regnare est, quale erit regnum futurum, ubi electi omnes dominantur et nullus famulatur, ubi omnes letantur et nemo contristatur, ubi Deus diligitur sine timore, laudatur sine labore et uidetur sine defectione?

Dixit autem Maria ad angelum: Quomodo fiet istud, quoniam uirum non : 5v *cog||nosco?* Fortitudo mentem hortatur ad actionem, sed illa semper recurrit ad nature sue conditionem. *Quomodo,* inquit, *fiet istud,* scilicet ut concipiam et pariam, *cum uirum non cognoscam?* Quasi dicat: Ioseph, id est iustitia que me desponsauit, nondum opere iustificauit. Dei filium concipere et parere desidero, sed corrumpi timeo. In executione iustitie persecutiones sunt plurime, quia dum mens odiis emulorum impellitur, facile per iram frangitur et per impatientiam labitur. *Multe tribulationes iustorum,* et *beati sunt qui persecutionem patiuntur propter iustitiam.* Vera iustitia est reddere unicuique quod suum est: *Deo que sunt Dei,* homini que sunt hominis, spiritui que sunt spiritus, carni que sunt carnis. Forte hec et hiis similia sunt, quare Maria nostra eligat in sua uirginitate perseuerare. Vnde et ait: *Quomodo fiet istud?* Ac si dicat: Non diffido de potentia Creatoris, sed modum inuestigo conceptionis. Ille michi donare poterit conceptum cum integritate, partum permanente integritate. Desponsata quidem sum uiro, sed eundem non cognosco. Mens uirtuti, utputa iustitie, desponsatur per habitum, de qua concipit per motum et parit per actum. Ibi clamor et dolor matris, quia ut dictum est, sepe caro spiritum aggrauat propter molestias quas propter opera [15] uirtutis tolerat. Et ideo spiritus fortitudini respondet: *Quomodo fiet istud, quoniam uirum non cognosco?*

Spiritui humano duplex quedam uis indita est a Deo: ratio scilicet et affectio. Ratione discernit, affectione diligit. Ex illa procedunt scientia rectaque consilia, ex ista sancta desideria. Secundum hec duo factus est homo ad imaginem et

4–5 Luc. 1, 34 **6** Luc. 1, 34 **7** Luc. 1, 34 **11** Ps. 33, 20 **11–12** Matth. 5, 10 **13** Matth. 22, 21 **15** Luc. 1, 34 **22** Luc. 1, 34 **87.25–88.1** Cf. Gen. 1, 27

1 seruire … est. Expression often used by medieval authors. See, for example, Gregorius Magnus, *Liber sacramentorum*, PL 78, cols. 206A and 238C; or *Postcommunio de Missa pro pace*, in *Missale Romanum mediolani 1474*, ed. Robert Lippe, (London: Harrison and Sons, 1899), 1: 461. **12–13** Vera … est. See supra, p. 79.

3 labore] cognoscitur sine errore *add. M* uidetur] speculatur *M* **15** in sua uirginitate perseuerare] preseruare in sua uirginitate *M* **21** propter opera] ex opere *M c*

[15] The ms. T1 adds above the line: *uel ex opere*.

similitudinem Dei. Ad imaginem secundum rationem, ad similitudinem secundum affectionem. Ad imaginem, ut ratione cognosceret, ad similitudinem, ut affectione cognitum diligeret. Secundum hec, cognitio uidetur naturaliter precedere dilectionem et longe esse supra affectionem. Cuius naturam et bonitatem mens agnoscit, hoc plenius affectat et diligit. Est autem affectio ordinata animi uoluptas ex qua procedunt septem principales affectus: spes, timor, gaudium, dolor, odium, amor, pudor.[16] Quodlibet horum mentem afficit. Et est affectus spiritualis officiose caritatis studium uel merito uel nature penso conductum. Sic enim describitur. Sunt affectus spirituales, sunt naturales, sunt carnales. Primis affectibus mens meretur, sequentibus nichil meretur, nouissimis demeretur. Quibusdam uidetur quod affectio precedat cognitionem, sic dicentibus: Duo sunt in mente, affectio et cognitio. In corpore duo instrumenta: aures et oculi. In uocibus etiam duo sunt: melodia et significatio, et in rebus duo: forma et essentia. Per aures ingrediuntur uoces, ut per melodiam generent affectum, et || per significationem cognitionem. Res uero per oculos M: ingrediuntur, ut per formam similiter generent affectum. Sed affectio cum precedere dicitur cognitionem, respiciendum est in illa ad ipsam qualitatem, cum sequitur ad motum || siue actionem. T1:

Quomodo, inquit, *fiet istud*, scilicet ut affectu concipiam, *cum uirum* effectu *non cognoscam?* Cognitio sepe ponitur pro commixtione, sicut legitur de Rebecca quod fuerit *uirgo pulcherrima et incognita uiro.* Ve anime que uirum suum

19–20 Luc. 1, 34 **21** Gen. 24, 16

1–3 Ad imaginem ... diligeret. Cf. Hugo de S. Victore, *De sacramentis*, I, vi, 2, PL 176, cols. 264C-D: "Imago secundum rationem, similitudo secundum dilectionem, imago secundum cognitionem veritatis, similitudo secundum amorem virtutis." **7–9** Et est ... conductum. Quote almost verbatim from *Speculum uirginum*, 4, ed. Jutta Seyfarth, CCCM 5 (Turnhout: Brepols, 1990), 91. On the *Speculum uirginum* and its reception among Cistercians see Introduction, pp. 43-44. The manuscript Baltimore, Walters Art Gallery, W. 72 comes from Himmerod, the mother-abbey of Heisterbach (p.70). **12–16** Duo ... affectum. Quote, somewhat altered, from Hugo de S. Victore, *De instrumentis cognitionis (Sententiae breviores)*, PL 177, col. 490B.

4 supra] super *T1* **5** plenius] amplius *M* **12** dicentibus] dicentes *T1 c* **17** in] *om. M* **19** effectu] affectu *T1*

[16] Definition not found elsewhere. Cf. Richardus de S. Victore, *Beniamin minor*, 7, ed. Jean Châtillon, Sources chrétiennes 419 (Paris: Éd. du Cerf, 1997), 108: "... nichil aliud est uirtus quam animi affectus ordinatus et moderatus. Ordinatus, quando ad illud est ad quod esse debet; moderatus, quando tantus est quantus esse debet. Principales ergo affectus septem sunt, qui ab una animi affectione alternatim surgunt. Spes uidelicet et timor, gaudium et dolor, odium, amor et pudor."

non cognoscit. Vir anime Deus est, de cuius cognitione Dei filius dicit: *Hec est uita eterna, ut cognoscant te Deum uerum et quem misisti Ihesum Christum.* Vir iste duplici scientia cognoscitur a sponsa sua: scientia naturali et scientia spirituali. Primam scientiam habet ex creatione, secundam ex recreatione. Prima infunditur ei cum ceteris donis naturalibus, secunda cum donis gratuitis.[17] Hec inesse non potest sine caritate. De hac Ysaias dicit: *Spiritus scientie et pietatis.* De hac etiam dicit auctoritas: Qui plus agnoscit, plus diligit. Scientia naturalis consistit in ingenii subtilitate et scitorum pluralitate. Hanc multi habent qui tamen Deum non habent. Deum cognoscunt in lectione et ignorant in operatione. Talis cognitio est moneta sine argento, palea sine grano, amurca sine oleo.[18] Habent quidem scientiam Scripturarum, sciunt discernere inter sanctum et prophanum, non tamen retrahunt a peccato cor suum. Quare hoc? Quia ueram scientiam non habent, que dicit ad mentem: *Declina a malo et fac bonum.* Qui hanc habet, omni mortali caret.

Et respondens angelus dixit ei: Spiritus sanctus superueniet in te, et uirtus Altissimi obumbrabit tibi. Superueniet in te, id est maiori gratia ueniet in te. Venit iam dudum in te per gratiam illuminantem, modo superueniet in te per gratiam

1–2 Joan. 17, 3 **6** Is. 11, 2 **13** Ps. 36, 27 **15–16** Luc. 1, 35

7 Qui ... diligit. Caesarius seems to quote Petrus Pictaviensis, *Sententiarum libri quinque*, II, 5, iii, see *Sententiae Petri Pictaviensis*, vol. 2, ed. Philip S. Moore and Marthe Dulong (Notre Dame, IN: University of Notre Dame, 1950), 23: "Sed qui magis cognoscit plus diligit, ut dicit auctoritas"; who referred probably to Augustine. Cf. Augustinus Hipponensis, *De spiritu et littera*, 36, 64, ed. Karl Franz Urba and Joseph Zycha, CSEL 60 (Vienna: Tempsky, 1913), 224: "Porro si quanto maior notitia tanto erit maior dilectio". For the medieval discussion of intelligence and love, see: Robert Javelet, "Intelligence et amour chez les auteurs spirituels du XIIe siècle," *Revue d'ascétique et de mystique* 37 (1961): 273-90.

2 deum uerum] uerum deum *M* **11** quidem] quidam *c* **15** dixit] dicit *c*

[17] For the distinction between *dona naturalia* and *dona gratuita*, see note 4, p. 79.
[18] This expression is found in the manuscript Berlin, Staatsbibliothek – Preußischer Kulturbesitz, theol. lat. fol. 699 (12th c.) containing Bernardian texts: "Fides sine opere, corpus sine anima, aqua sine sapore, acinum sine vino, amurca sine oleo, manipilus sine grano, moneta sine argento" (f. 97). For more details, see: Henri Rochais, "Textes Bernardins dans un manuscrit de Berlin," *Analecta Cisterciensia* 23 (1967):153-78, and esp. p. 164.

iustificantem.[19] *Et uirtus Altissimi obumbrabit tibi.* Christus scilicet qui nascetur ex te. Ipse est cui sponsa dicit in Canticis Canticorum: *Sub umbra illius quem desiderabam sedi.* Ipse enim umbraculum contra estus uitiorum. Vnde Iheremias: *In umbra tua uiuemus in gentibus.* Vmbraculum fit propter duo: hoc est propter splendorem et propter calorem. Splendor, quia illuminat, pertinet ad cognitionem; calor, quia corpus afficit, ad dilectionem. Primum est ex ratione, secundum ex affectione. Mens quando de spiritu sancto concipit, illuminatur et accenditur, sed uirtus concepti obumbrat ei. Vnde sancta anima: *Sub umbra manus sue protexit me.* Manus Patris Christus est. De cuius caritate scriptum est: *Deus noster ignis consumens est.* Accendit naturam, consumit culpam.

In igne sunt duo: splendor et calor. Ecce cherubin et seraphin. Cherubin interpretatur plenitudo scientie, seraphin incendentes. Eandem quippe scientiam et idem incendium caritatis quod est in cherubin et seraphin, Spiritus sanctus cum in nos superuenerit, infundit, et uirtus Altissimi umbraculum interponit, sensualitatem uidelicet illuminatam que spiritui nostro eandem temperat caritatem. Mox uero ut anima sancta libera fuerit ab impedimento carnis, similis erit angelis tam in plenitudine cognitionis, quam in ardore || dilectionis. T1: Caritas uie ad caritatem patrie quasi scintilla est ad caminum ignis ardentis. Vnde Ysaias dicit: *Viuit Dominus cuius ignis in Syon et caminus in Iherusalem.*

1 Luc. 1, 35 **2–3** Cant. 2, 3 **4** Thren. 4, 20 **9** Is. 49, 2 **10** Hebr. 12, 29 **20** Is. 31, 9

12–13 Thiel, 277-78. **13** Thiel, 417.

1–2 nascetur] nascitur *c* **2** ipse] ipsa *T1 c* **4** tua] illius *M* **6** cognitionem] agnitionem *M* **15** superuenerit] superuenit *M* **20** ignis] est *add. M*

[19] The notions of *gratia iustificans* and *gratia illuminans* usually denote the various effects of operative grace, see note 8, p. 81. On the doctrine of justifying grace, according to which no one is justified except by Christ, cf. Augustinus Hipponensis, *Epistulae*, CXCVI, i, 3, ed. Aloys Goldbacher, CSEL 57 (Vienna: F. Tempsky, 1911), 217: "Non iustificat hominem nisi per fidem Iesu Christi et gratiam dei per Christum dominum nostrum." The role of the illuminating grace is discussed by William of St-Thierry, cf.: Guillelmus a Sancto Theodorico, *Speculum fidei*, 180, col. 380A: "Saepe enim adest fidei laboranti illuminans gratia; et sic quasi in transpuncto infert ei invisibilium cognitionem et spem, et in cognitione et spe amorem." Together, these two types of grace are evoked by Richard of St. Victor: Richardus de S. Victore, *De eruditione hominis interioris*, I, 23 (PL 196, cols. 1267-1269) et III, 31 (PL 196, cols. 1138-1139).

Per ignem caritas uie, per caminum caritas patrie intelligit. Vmbra formatur ex corpore et lumine, et spirituale umbraculum ex caritate et carne. Sicque anima electa efficitur cherubin per scientiam qua Deum agnoscimus, et seraphin per
25v amorem quo || agnitum diligimus.

Sequitur: *Ideoque et quod nascetur ex te sanctum uocabitur Filius Dei.* Quasi dicat: Quia Spiritus sanctus superueniet in te in conceptione et uirtus Altissimi obumbrabit tibi in parturitione, ideoque et *quod nascetur ex te sanctum uocabitur Filius Dei* in generatione. Non ait: qui nascetur in genere masculino, sed neutraliter: *quod nascetur,* ut intellectus noster in hoc morali sensu non ad Christi respiciat personam, sed ad opus bonum. Omne opus bonum et meritorium sanctum est. Christus in nobis non nascitur personaliter, sed spiritualiter. Nam sicut in pauperum consolatione dicitur Christus pasci, ita et in opere piorum dicitur nasci. Hinc est quod in sequentibus etiam angelus loquitur ad Ioseph in neutro genere dicens: *Quod in ea natum est, de Spiritu sancto est.*

Si ergo pater Spiritus sanctus, quod nomen filii eius, si nosti? Ecce si patrem mentis mee Spiritum sanctum considero, non aliud nomen filii nisi pietatem intelligo. Sicut Deo Patri potentia et Filio sapientia, ita Spiritui sancto appropriatur misericordia. De iustitia nascitur opus equitatis, de misericordia uero opus pietatis. Ecce primogenitus Marie quem *pannis inuolutum reclinauit in presepio.* In presepio animalia reficiuntur, pannis nudi uestiuntur, per que duo uniuersa opera misericordie intelliguntur. *Habentes,* inquit Apostolus, *uictum et uestitum, hiis contenti simus.* In inuolutione seu reclinatione exprimuntur opera

5 Luc. 1, 35 **7–8** Luc. 1, 35 **9** Luc. 1, 35 **14** Matth. 1, 20 **19–20** Luc. 2, 7 **21–22** I Tim. 6, 8

1–2 Vmbra ... corpore. Cf. Gregorius Magnus, *Moralia in Iob. Libri XI-XXII,* XVIII, xx, 33, ed. Marcus Adriaen, CCSL 143A (Turnhout: Brepols, 1979), 907: "Propter hoc quoque mentis refrigerium caelitus datum Mariae dicitur: *Virtus Altissimi obumbrabit tibi.* Quamuis hac in re per obumbrationis uocabulum incarnandi Dei utraque potuit natura signari. Umbra enim a lumine formatur et corpore. Dominus autem per diuinitatem lumen est, qui mediante anima, in eius utero fieri dignatus est per humanitatem corpus." **12** in pauperum ... pasci. Cf. Augustinus Hipponensis, *Sermones de tempore,* CCVI, In Quadragesima, II, 2, PL 38, col. 1040: "In paupere pascitur Deus." **17–18** Sicut ... misericordia. *Sententiae Petri Pictaviensis,* I, 36, ed. Philip S. Moore and Marthe Dulong, vol. 1 (Notre Dame, IN: University of Notre Dame, 1943), 302-303: "... Patri potentia, Filio sapientia, Spiritui sancto bonitas attribuitur."

1 caritas patrie intelligit] intellegitur caritas patrie *M* **2** corpore et lumine] lumine et corpore *M c* **12** ita] itaque *c*

operantia, in pannis et presepio opera operata.[20] Talis debet esse primogenitus Marie, ut cibum det esurienti, potum sitienti, ut nudum uestiat et hospitem colligat, ut infirmum uisitet, incarceratum liberet et mortuum sepeliat. Quod si matrem habuerit pauperem, neque ista complere potuerit corporaliter, exhibeat ea spiritualiter. Quod si nec ad illa suffecerit, quod non potest effectu, suppleat affectu. Nato tali filio, cognoscatur Ioseph. Ita enim scriptum est: *Et accepit coniugem suam et non cognoscebat eam, donec peperit filium suum primogenitum.* Tunc primum cognouit eam, non tamen cognitione corrumpente, sed cognitione discernente. Non plene ante partum Ioseph Marie faciem cognouit, sicut quedam Glosa exponit. Mens uirginea postquam genuerit opus misericordie, cognoscat uirum suum Ioseph et de eo concipiat opus iustitie. Sicut enim iustitia sine misericordia asscribitur crudelitati, ita misericordia sine iustitia leuitati.

Quid autem sequitur: *Et ecce Elizabeth cognata tua, et ipsa concepit filium in senectute sua.* Ne uerbis angeli minus credat || uirgo et iuuencula, exemplum T1:
proponit de sterili et uetula. Ecce, inquit. Vox demonstratiua ad oculum. Si Maria designat mentem rationalem, non incongrue significare uidetur Elizabeth sensualitatem. Hee due sunt cognate, quasi simul nate uel quasi de eadem

7–8 Matth. 1, 24-25 14–15 Luc. 1, 36

9–10 *Glossa Ordinaria super Matthaeum*, 1, 25, in *Biblia Latina cum Glossa Ordinaria*, 4: f. 922rb: "Dicitur quod Ioseph Mariam facie ad faciem videre non poterat quam Spiritus sanctus a conceptione impleverat penitus. Et ideo non cognoscebat facie ad faciem quam desponsaverat, donec uterus evacuaretur, de quo hic non agitur."

4 complere] implere *M* 6 cognoscatur] et *add. M* 16 vox] est *add. c* 18 due sunt] sunt due *M*

[20] For the distinction between *opus operans* (action insofar as carried out by the agent) and *opus operatum* (act in its effective reality), introduced by Peter of Poitiers, see: *Sententiae Petri Pictaviensis*, 1:156 (lib I, 16): "... approbavit Deus passionem Christi a iudaeis illatam et quod fuit opus iudeorum operatum, sed non approbavit opera iudeorum operantia, et actiones quibus operati sunt illam passionem," and Ibid., V, 6, in PL 211, col. 1235C: "Similiter meretur baptizatione, ut baptizatio dicitur actio illius qua baptizat, quae est aliud opus quam baptismus, quia est opus operans, sed baptismus est opus operatum, ut ita liceat loqui." For more details, see: Landgraf, *Dogmengeschichte*, 3, 1: 147-58.

cognatione nate, quia mox ut spiritus carni infunditur, in eadem carne simul sensualitas oritur.

Beata Dei Genitrix, cum cuidam monacho per uisum noctis in forma uirginea apparuisset, illeque eam intuitus cum magno cordis dulcedine exclamaret: Dulcis Maria, quam pulchra es! Illa ei arridendo respondit: Ego uocor Elisabeth. Ille eam intelligens huiusmodi uerbum quasi iocose protulisse et, accepto responso, hilarior adiecit: Certe, Domina, nomen tuum est Maria. Cui illa quasi affirmando tale responsum dedit: Veraciter ego dicor Maria. Tunc
26r monachus, quasi uirtutem || nominis intelligens: Quia, inquit, uocaris Maria, ideo orare debes pro Ecclesia Dei et pro me. Sic, ait, facio semper.

Ecce non superuacue uidetur sibi Maria imposuisse nomen cognate. Maria, ut supra diximus, uirgo est et iuuencula, quia mens quam caritatis radius perfundit, quotidie per uirtutes iuuenescit. Elizabeth uero, id est sensualitas, uetula est et sterilis, quia dum caro per mortem tabescit, et ipsa simul deficit. In senibus sanctis licet marcescant et consenescant sensus exteriores, florent tamen et renouantur sensus interiores. Elizabeth concipit filium, quando sensualitas mouetur ad opus meritorium. Duplex est motus sensualitatis. Vnus surgit ex culpa, alter ex pena. Primus dicitur fecundari quando a malo retrahitur, secundus cum ad bonum conuertitur. Vt uerbi gratia, si caro uelit dormire et uigilet, comedere et ieiunet. Filius iste uocatur Iohannes qui interpretatur gratia Dei uel in quo est gratia, quia talis motus meritorius et est ex gratia Dei. Concipit autem de Zacharia qui interpretatur memoria Domini. Monachus uero, cum ea intentione plus sompni capit in lecto, ut melius possit uigilare in choro uel cum magis reficitur in refectorio, ut tanto fortius laborare ualeat in agro. Iohannes nascitur de Zacharia, id est memoria Domini, ita ut mater eius dicere possit cum Propheta: *Et senectus mea in misericordia uberi.*

26 Ps. 91, 11

3–10 Exemplum 1. 17–18 Duplex … pena. Cf. *Sententiae Petri Pictaviensis*, 2: 163 (lib. II, 21): "Sunt autem sensualitatis duae partes, una inferior, altera superior… Iste autem motus aliquando est moderatus, aliquando immoderatus. Si moderatus est, nec est culpa nec est pena; si vero immoderatus, pena est, sed non culpa, ut immoderatus appetitus comedendi, vel bibendi." 20–21 Thiel, 331. 22 Thiel, 445.

3 oritur] exemplum *add. in marg. M*, exemplum *add. rubricam T1* 5 respondit] exclamavit *T1*, ait *c* 6 huiusmodi] hec *M* uerbum] uerba *M* et] *om. c* 18 quando] cum *M c* 21 meritorius] est *add. M c* 23 possit uigilare] uigilare possit *M c* 24 magis] *om. c* 26 in] summa *add. c*

In hoc quod subditur: *Et hic mensis sextus est illi que uocatur sterilis,* predicatur quedam perfectio mentis et imperfectio carnis. Senarius in quo Maria concipit, eo quod sit naturaliter perfectus,[21] ostendit mentem in spirituali conceptione Christi tunc non fuisse illuminatam primum per dilectionem, sed iustificatam per actionem. Et est idem mensis sextus illi que uocatur sterilis, id est sensualitati, quia dum mens per superuenientem Spiritum sanctum iustificatur, caro illi consentiendo, ut supradictum est, fecundatur, secundum illud Y||saie: *Lauda,* inquit, *sterilis que non paris, decanta laudem et hinni que non* T1: *pariebas.* Quidam dicunt sensualitatem esse sterilem et sine meritis, eo quod solus spiritus rationalis uirtuti subiectus sit.

Et quid sequitur? *Quia non erit impossibile apud Deum omne uerbum.* Ac si menti dicatur: Si Deus sensus carnis in quibus tantum est per essentiam, per meritum fecundat, quanto magis te quam tota Trinitas per gratiam inhabitat! Notate quod non ait singulariter uerbum, sed omne uerbum. Est enim uerbum ore prolatum, est uerbum incarnatum, est uerbum in pelle exaratum, et est uerbum operatum. Primum uerbum appellare possumus uerbum uocale, secundum corporale, tertium litterale, quartum actuale. Primum aure percipitur, secundum in altari sumitur, tertium in libro legitur, quartum opere perficitur. De primo dicit Dauid fratri suo: *Nunquid non uerbum est?* De secundo Iohannes: *Verbum caro factum est.* De tertio non est necesse, ut testimonium

1 Luc. 1, 36 **8–9** Is. 54, 1 **11** Luc. 1, 37 **19** I Reg. 17, 29 **20** Joan. 1, 14

9–10 Quidam ... sit. Source not identified. The closest parallel I have found is: Hugo de Sancto Caro, *Postillae in totam Bibliam* (Venice: apud Nicolaum Pezzana, 1703), 1: 255 (IIReg, 18): "Per mulum significatur sensualitas. Mulus enim sterilis est, et sensualitas sterilis est." **14–16** Est enim ... operatum. Cf. Innocentius III, *Sermones per festivitates sanctorum,* I, PL 217, col. 451C: "Est autem hoc Verbum conceptum, prolatum, et scriptum. Conceptum, secundum nativitatem divinam; prolatum, secundum nativitatem humanam; scriptum, secundum nativitatem gratuitam."

1 sextus est] est sextus *M* **8** hinni] letare *c* **12** tantum] tamen *c* **14** singulariter] simpliciter *post corr. in ras. M* **15** in pelle] *om. M* et] *om. M* **16** primum uerbum] verbum primum *M*

[21]Among many earlier examples of the interpretation of the number six as a perfect number, see: Augustinus Hipponensis, *De Trinitate* IV, iv, 7, ed. William J. Mountain, CCSL 50 (Turnhout: Brepols, 1968), 169; Idem, *De Genesi ad Litteram,* IV, 1, ed. Joseph Zycha, CSEL 28 (Vienna: F. Tempsky, 1894), 94; Macrobius, *Commentarii in somnium Scipionis,* I, 6, 12, ed. Mario Regali (Pisa: Giardini, 1983), 66.

queratur, cum quotidie in codice legatur. De quarto dicit Ecclesiasticus: *Ne iteres uerbum in oratione*, id est factum oratione deletum.

Dixit autem Maria: Ecce ancilla Domini. Hoc est signum uere gratie, quando mens se humiliat pro uirtute. *Fiat michi secundum uerbum tuum.* Fiat michi, ut secundum uerbum tue exhortationis concipiam filium bone actionis, ut sic tandem post florem meriti percipiam fructum eterni premii. Ad cuius gustum nos perducat Ihesus Christus filius Dei, cui cum Patre et Spiritu sancto honor et imperium per infinita secula seculorum. Amen. Explicit omelia prima.

1–2 Eccli. 7, 15 3 Luc. 1, 38 4 Luc. 1, 38

2 factum] in *add. c* 6 eterni] celestis *M c* premii] meriti *T1 c* 8 explicit omelia prima] *om. c*

Incipit secunda omelia de nomine Maria.

|| *Nomen uirginis Maria.* In precedenti omelia singularem sermonem de hoc nomine me scripturum promisi. Quod ut implere ualeam et scribere digna, ipsum inuoco Dei Verbum in utero eiusdem sacre Virginis incarnatum, ut calamum scribentis regat et radios tanti nominis corde meo reuelet. Cum beatus Euangelista Lucas in initio prelibate clausule premisisset Dei mittentis maiestatem, angeli missi dignitatem, ciuitatem et prouinciam Virginis, genus et nomen sponsi, nouissime sic conclusit: *Et nomen uirginis Maria.* Magna est gloria huius nominis, sed multo maiora merita Virginis. Perpenditur tamen ex nomine, quanta sit dignitas in Virgine. Igitur considerans penuriam mentis mee, nichil aliud in eius laude proposui scribere, nisi quod ex ipso nomine potero elicere. Tanto siquidem prefulget lumine spiritualis intelligentie, quod ad hoc ipsum uideo me nullatenus posse sufficere.

Legimus in sacra Scriptura aliis a Deo, aliis ab angelis, nonnullis ab hominibus imposita uocabula. Sed ea que a Deo prenunciata sunt siue ab angelis, in suis ethimologiis mox ostendunt in suis initiis, quales nominati postea futuri sint in gestis uel meritis, sicut legitur de Ysmahele, || Ysaac, Sampsone, Iohanne Baptista, Saluatore. Cum uero non legamus in autentico nomen Virginis gloriose Deum uel angelum prenunciasse, credimus tamen Deum Patrem Filii sui matrem tali nomine honorasse. Tria siquidem consideranda sunt in hoc nomine Maria: compositio, interpretatio, uocalis prolatio. Non enim nimis est breue uel longum, est et significatiuum, nullumque faciens in sono barbarismum. De hac trimembri diuisione, id est compositione, interpretatione, prolatione dicendum est per ordinem, sed prius de compositione.

De compositione.

Componitur autem hoc nomen Maria ex tribus syllabis et quinque litteris. Secundum misticam intelligentiam ternarius syllabarum ostendit eam fidem habuisse sancte Trinitatis, quinarius litterarum obseruationem Mosaice legis. Si enim quinarium ternario socies, octo beatitudines in ea reperies. Quinar-

2 Luc. 1, 27   8 Luc. 1, 27

1 incipit secunda omelia de nomine maria] incipit secunda de nomine maria. *T1*, homilia secunda de nomine maria. luce 1. u. 28. *c*   6 in] *om. c*   9 merita] ipsius *add. M*   10 igitur considerans] considerans igitur *M*   12 quod] ut *M c*   13 uideo] iudico *M*, uideam *c*   15 ea] illa *M c*   16 ostendunt] preostendunt *M*   18 baptista] et *ex corr. add. M*   21 prolatio] probatio *c*   22 faciens in sono] in sono faciens *M c*   25 compositione] nominis *add. T1*, nominis marie *add. c*   27–28 fidem habuisse] habuisse fidem *M c*

ius quippe in hoc priuilegiatus est, quod si aliis imparibus numeris sociatus fuerit, semper seipsum ostendit. Verbi gratia. Quinquies quinque faciunt uiginti quinque et quinquies septem triginta quinque, sicque semper reditur ad quinarium. Unde et Beata uero Maria, si uirginibus ceteris — quibus tamen omnino impar est meritis — aliquomodo comparata fuerit per corporis integritatem, semper seipsam ostendit per fecunditatem. Atque in hoc speciali quodam prefulget priuilegio, quod mater est et uirgo. Ternarius autem ex hoc recipit sacramentum, quod omnis numerus in eius resoluitur triangulum. Mater uero Domini singulariter sancti Spiritus meruit uocari et esse sacrarium, eo quod Christus qui est *primus et nouissimus* tanquam omnium numerorum limes perfectissimus, per eius fusus sit uterum in illud nobile sancte Trinitatis triclinium.

Coniungatur ergo quinario ternarius, et occurret octonarius. Qui numerus ob triplicem sui dimensionem sanctam designat Trinitatem. Nam bis bini bis faciunt octo. Equalitas enim dimensionum significat equalitatem personarum. Multiplicatus autem ternarius syllabarum per quinarium litterarum, surgit in

10 Is. 41, 4

1–4 si … quinarium. Cf. Martianus Capella, *De nuptiis Philologiae et Mercurii*, VII, 735, ed. Adolf Dick (Leipzig: Teubner, 1925, revised and corrected by Jean Preaux, Stuttgart: Teubner, 1978), 370: "Apocatastaticus etiam dicitur et siue cum aliis imparibus siue cum suo genere sociatus se semper ostendit. Nam quinque per quinque habes uiginti quinque, et quinquies terni quindecim, et quinquies septeni triginta quinque, et quinquies noueni quadraginta quinque." The 'apocatastaticus' became 'apostaticus' in the writings of Theobald of Langres: Theobaldus Lingonensis, *De quatuor modis quibus significationes numerorum aperiuntur*, pars II, iii, in *Traités du XII*[e] *siècle sur la symbolique des nombres, Geoffroy d'Auxerre et Thibault de Langres*, ed. Hanne Lange, Cahiers de l'Institut du Moyen-Âge grec et latin 29 (Copenhagen: University of Copenhagen, 1978), 75. It is to be noted that in the *Dialogus miraculorum*, V, 1, Caesarius takes up this development to interpret the number five as that of the devil: "Bene autem in quinta distinctione loquendum arbitror de daemonibus, quia quinarius a philosopho apostaticus vocatur …": Caesarius Heisterbacensis, *Dialogus miraculorum*, 1: 276. **7–8** The wording here is very close to: Theobaldus Lingonensis, *De quatuor modis*, 106 (Epilogus). **9** René-Jean Hesbert, *Corpus antiphonalium Officii*, vol. 3 (Rome: Herder, 1968), 68 (nr. 1563). **11–12** nobile … triclinium. Cf. Adam de St. Victore, *De Beata Maria Virgine*, in *AH* 54:348 (n. 245): "Salve mater pietatis / Et totius trinitatis / Nobile triclinium…" **13–15** Qui … personarum. Cf. Theobaldus Lingonensis, *De quatuor modis*, 91 (pars III, iii): "Quoniam octonatius primus cubus est, tres habet equales dimensiones, unde et personarum significatur equalitas." For more details on the interpretation of the number eight as a 'perfect equality', see note 4 on page 91 of the cited edition.

2 seipsum] supremum *c* **6** seipsam] supremum *c* **14** sanctam] sanctissimam *c*

quindecim Cantica Graduum[22] que beata Maria mistice decantauit, dum *de uirtute in uirtutem* as||cendit. Legitur etiam in quodam libello de natiuitate ipsius conscripto quod cum esset trium annorum positaque ante templum Salomonicum, quindecim gradus templi[23] ita cursim ascendisse, ut penitus non respiceret neque, ut solitum est infantie, parentes requireret, sicque eam ad litteram etiam per ternarium annorum multiplicasse quindenarium ascensionum. Quinarius uero cum omnibus partibus suis aggregatus, id est unitate, binario, ternario, quaternario, quinario, excrescit in quindenarium annorum Ezechie regis Iude, qui ei a Domino adiectus creditur, ut Dei mater de illius semine nasceretur. Quinarius iste litterarum pertinet ad quinque panes illos quibus eius Filius, *panis uerus et uiuus*, quinque milia || hominum satiauit in heremo. Signat et illa quinque uerba quibus Apostolus se loqui gloriatur in Ecclesia.

Quod in prima et in media syllaba predicti nominis Maria due littere combinantur et in tertia littera una singulariter ponitur, signat beatam Mariam ante legem a iustis et Patriarchis fuisse desideratam atque prefiguratam, sub lege a prophetis et regibus prenunciatam et in tempore gratie ab unica Ecclesia cognitam et approbatam. Et bene sancta Ecclesia ex Iudeis et gentibus collecta per A litteram et syllabam que in quinque litteris ultima est, uidetur designata, quia licet posterior fuerit Synagoga tempore, precellit tamen dignitate. Dum enim Christus in utero uirginali sibi sanctam Ecclesiam desponsauit et Synagogam propter suam perfidiam repudiauit, quasi litterarum ordinem commutauit. Vocalis siquidem A in prima syllaba posita designat Synagogam, eadem in tertia littera signat Ecclesiam que tempore gratie de cauda transiuit ad uer-

1–2 Ps. 83, 8 8–9 Cf. Is. 38, 5 11 Joan. 6, 51 12–13 Cf. I Cor. 14, 19

1–2 quindecim ... ascendit. Cf. *Pseudo-Matthaei Evangelium*, IV, in *Evangelia Apocrypha*, ed. Constantin von Tischendorf (Leipzig: Mendelssohn, 1876; repr. Hildesheim/Zurich/New York: Olms Verlag, 1987), 61 (in the apparatus). 2–7 Exemplum 2. 2–5 *Pseudo-Matthaei Evangelium*, IV, in *Evangelia Apocrypha*, 61.

3 quod] *om. c* 5 eam] etiam *M* 6 etiam] *om. M* multiplicasse] multiplicauit *M* 10 quinarius] etiam *add. M* 12 signat et] significat et *M*, similiter et ad *c* 14 in] *om. M* 15 signat] significat *M c* mariam] virginem *M* 24 signat] significat *c*

[22] Ps. 119-133, the so-called Songs of Ascent.

[23] Cf. the vision of Ezekiel's temple (Ez 40, 26 et 31): "Et in gradibus septem ascendebatur ad eam ... et octo gradus erant quibus ascendebatur per eam."

ticem. Desolationem uero Synagoge, assumpta et premissa eadem littera, A scilicet, deplangit Iheremias dicens: *Aleph. Quomodo sedet sola ciuitas plena populo* et cetera.

Ex quinque litteris sepe dicti nominis due tantum apud usum latinorum numeros faciunt: prima uidelicet et quarta, hoc est I et M, sed M representat numerum ultimum, id est millenarium, I uero primum, id est unitatem. Et sicut infra millenarium qui plenus est numerus et perfectus omnes alii continentur,[24] ita unitatem cuncti sequuntur.[25] Beata igitur Virgo Maria, sicut omnes precedentes se tempore meritorum plenitudine precellit, ita et sequentes singulari prerogatiua antecedit. De cuius plenitudine loquitur sponsus in Canticis Canticorum: *Multe filie congregauerunt diuitias, tu sola supergressa es uniuersas.* De cuius singularitate etiam scriptum est in Epythalamio amoris: *Offerentur regi uirgines post eam.* Ipsa est alpha et Ω, prima et nouissima. Hinc est quod in laude eius sancta canit Ecclesia: Nec primam similem uisa est, nec habere sequentem. Millenarium in ea esse sponsus conspexit, cum ait: *Mille clipei pendent ex ea, omnis armatura fortium,* hoc est uniuersitas uirtutum quibus expugnatur exercitus uitiorum. Vnitatem in ea minime dubitauit, cum eius excellentiam considerans ait: *Vna est columba mea, una est perfecta mea.*

Expressius tamen hos duos misticos numeros: millenarium uidelicet et unitatem, in eius uirtutibus fuisse ex uerbis angeli salutantis intelligimus. Ait enim: *Aue, gratia plena, Dominus tecum.* Ecce millenarius. *Benedicta tu in mulieribus.* Ecce unitas. Nec uacat a misterio quod in Virginis uocabulo unitas succedit millenario. Leguntur autem Salomoni fuisse quasi septingente regine et tre-

2–3 Thren. 1, 1 **11** Prov. 31, 29 **12–13** Ps. 44,15 **13** Cf. Apoc. 22, 13 **15–16** Cant. 4, 4 **18** Cant. 6, 8 **21** Luc. 1, 28 Luc. 1, 28 **99.23–100.1** Cf. III Reg. 11, 3

14–15 Nec ... sequentem. Hesbert, *Corpus antiphonalium Officii*, 3: 378 (nr. 4091).

4 usum latinorum] latinos *M* **5** numeros faciunt] faciunt numeros *M* **6** id est] scilicet *M* est] millenarium *add. T1* **12** cuius singularitate] singularitate illius *M* etiam] *om. M* **13** Ω] o *M*, omega *c*

[24] The interpretation of a thousand as the number that contains all numbers, is found, for example, in: Beda Venerabilis, *Opera Homiletica*, Homelia II, 9 (in Quadragesima), ed. David Hurst and Jean Fraipont, CCSL 122 (Turnhout: Brepols, 1955), 197; Richardus de S. Victore, *De exterminatione mali et promotione boni*, II, 9, PL 196, col. 1095D.

[25] On the one as the first of the numbers and their origin, see: Hugo de Sancto Victore, *De scripturis et scriptoribus sacris*, VX, PL 175, col. 22AB; Theobaldus Lingonensis, *De quatuor modis*, 76-77 (pars II, iii).

cente concubine. In hoc millena||rio non est inuenta beata Virgo Maria, quia T1:
non concubi||na uel quasi regina, sed ueraciter fuit regina tanquam unitas mil- M:
lenario superposita et quadam singulari prerogatiua uniuersas supergressa.

Ipsa est enim Sunamitis illa speciosa in uniuersis finibus Israel diu quesita, que, ceteris postpositis, Dauid regem in suo sinu dormientem calefecit ac ministrauit, nec tamen uirginitatis flore se priuauit. Hinc est quod per Ecclesiasten dicitur: *Virum ex mille unum reperi, mulierem autem ex omnibus non inueni.* Quis est uir iste, aut que mulier ista? Illi uidelicet de quibus propheta Iheremias dicit: *Nouum faciet Dominus super terram, mulier circumdabit uirum,* id est Maria Christum. Virum hunc bene Salomon appellat unum, quia unus est et secundum non habet. Quem tamen ex mille reperit, quia *candidus et rubicundus, electus ex milibus.* Ipse est *uerbum quod mandauit Deus Pater in mille generationes, quod missum in Iacob cecidit in Israel.* Ibi repertum est, quando idem *uerbum caro factum* in presepio positum est. Mulierem uero ex omnibus non inuenit, quia hoc omnino sicut primum sine exemplo fuit, scilicet quod uirgo concepit, quod uirgo peperit et quod uirgo post partum permansit. Aristoteles dicit: Nil magis contrarium nature, quam uirginem concipere.[26]

Apud grecos omnes littere sepedicti nominis quod talibus figuris MAPIA scribitur, numeros efficiunt. Prima que grece dicitur Mia representat quadraginta, Alpha unum, Ro centum, Iotha decem, item Alpha unum.[27] Qui numeri simul collecti surgunt in centum quinquaginta duo. Centenarius uero designat in Matre Domini corporis integritatem,[28] quinquagenarius mentis puritatem

4–6 Cf. III Reg. 1, 3 **7–8** Eccle. 7, 29 **9** Jer. 31, 22 **11–12** Cant. 5, 10 **12–13** Ps. 104, 8 **14** Joan. 1, 14

8–9 propheta iheremias] iheremias propheta *M* **14** presepio] scilicet *add. c* **16** et] *om. M* **17** dicit nil] nichil dicit *M* **18** MAPIA] maria *c* **19** efficiunt] faciunt *M* mia] mi *c*

[26] Source not identified.

[27] The numerical value of the Greek letters was given by Bede the Venerable in *De temporum ratione*, cap. XLVII De annis dominicae Incarnationis, ed. Charles W. Jones, CCSL 123B (Turnhout: Brepols, 1997), 273.

[28] The interpretation of the number one hundred as the number of virginity comes from the verse Lc 8, 8 (Mt 13, 8 and 23; Mc 4, 8 and 20): "Et aliud cecidit in terram bonam: et ortum fecit fructum centuplum." The interpretation of the "hundredfold fruit" as the one given to virgins, is found, for example, in: Augustinus Hipponensis, *Liber de sancta virginitate*, 239 (cap. XLV, 46) and in: Hieronymus Stridonensis, *Expositio in Matthaeum*, 106 (II, 13, 20). As the number of virginity, the number one hundred is explicitly mentioned by Saint Jerome in: *Adversus Iovinianum*, I, 3 PL 23, col. 214A.

et gratiarum ubertatem,[29] binarius geminam caritatem.[30] Centenario etenim Dominus uirginitatem comparat, quinquagesima die Spiritus sanctus apostolos repleuit, caritas in duobus preceptis consistit.

Littere ex quibus hoc sacrum nomen componitur, plurimum fecunde sunt, sicut exempla subiecta declarabunt. Aduertite qualem gignant orationem, quam gloriosam compositionem: Mater Alma Redemptoris, Incentiuum Amoris. Item alia: Maria Aduocata Renatorum, Imperatrix Angelorum. Vel sic: Mater Altissimi Regis, Integritatis Auctrix. Item aliter: Multum Amabilis Regi Ihesu Altissimo. Consideratis capitalibus litteris singularum dictionum, in singulis compositionibus siue ethimologiis semper inuenitur Maria. Nomen Marie nomen esse reale ostenditur et in ista compositione: Maledictionem Ade Remouens Ihesu Auctore. Similis est hec: Magnum Ade Remedium, Instaurationis Antidotum. Ipsa reuera Mater Auxiliatrix, Reconciliatrix, Imitatrix Auctoris. In hiis singulis orationibus siue ethimologiis nomen inuenitur Marie. Quod si eius requirimus genealogiam, respiciamus et istam ethimologiam: Ma-
9v tre || Anna Radice Yesse Adorta. Sunt et in eodem glorioso nomine expressa nomina patrum maximorum: Moysi scilicet et Aaron, Ysaac et Abraham se inuicem respicientium atque oculum intellectualem ad Christum fructum uentris eius habentium. Verbi gratia: M designat Moysen, A Aaron, I Ysaac, A Abraham, R que media littera est inter duas primas et duas ultimas, significat respectum ad utrosque, siue utrorumque ad Christum. Continet etiam nomen Marie primam et ultimam litteram nominis Ade qui radix est generationis humane. Possent adhuc plurima dici de compositione seu syllabarum et litterarum imparitate, quia numero Deus impare gaudet, si tedium prolixitatis inde non surgeret.

1–2 Cf. Luc. 8, 8 **2–3** Cf. Act. 2, 1 **3** Cf. Matth. 22, 37-40.

24 numero … gaudet. Implied quote from Publius Vergilius Maro, *Bucolica* 8,75, ed. Silvia Ottaviano and Gian Biagio Conte (Berlin-Boston, Mass.: Walter de Gruyter, 2013), 75.

2 comparat] comparauit *M c* **7** item] idem *c* **8–9** item aliter multum amabilis regi ihesu altissimo] *om. M* **17** patrum maximorum] maximorum patrum *M* **19** a] *om. c* i] *om. c* a] *om. c*

[29] The number fifty (the fifty years of the Jubilee: Lev 25: 8–13) as the number of the tranquility of the conscience free from sin is evoked by Gregory the Great: Gregorius Magnus, *Moralia in Iob. Libri XI-XXII*, 838 (lib. XVI, 55).

[30] There are two precepts of charity, see Mt. 22, 37-40. The number two as the number of double charity appears, for example, in: Hrabanus Maurus, *De Universo*, XVIII, 1, PL 111, col. 489 D.

De interpretatione nominis Marie.

Nunc igitur post compositionem ueniendum est ad nominis interpreta||tionem. Maria siquidem interpretatur stella maris, et congruit talis interpretatio beate Virgini plurimis ex causis. Prius tamen quam explicetur intellectus spiritualis, considerari oportet quid sit stella maris, cur ita appelletur uel ob quam proprietatem Dei Genitrici assimiletur. Quedam uero constellatio in septentrione posita est quam philosophi uocant Arcturum seu Vrsam Minorem. Hec ex septem stellis componitur, a quibus et ipsum clima septentrionis nomen sortitur, nec non et a simili sidere quod Maior Vrsa dicitur. Circa polum semper uoluitur et nunquam mergitur. Et est polus stella modica et obscura et centrum firmamenti. M: ;

Anterior uero stella dicti sideris dicitur stella maris, eo quod in mari frequentius intueatur a nautis, et ad illius ducatum dirigatur nauis. Est siquidem ceteris clarior et polo uicinior, circa quem etiam tam breui circulo uoluitur, ut a plurimis immobilis uideatur. Quantum apparitio huius stelle in mari desideretur, nouerunt hii qui *descendunt mare in nauibus, facientes operationem in aquis multis*. Dum enim aer nubibus inuoluitur, dum nauis procellis quatitur et uentis contrariis impellitur, uia maris multotiens ignoratur, sicque nauis facillime periclitatur. Sed mox ut, serenato aere, stella predicta poterit decerni, statim agnoscitur plaga celi, et quasi stellam ducem sequuntur leti qui prius fuerant desperati. Hec dicta sufficiant de stella maris ad litteram. Nunc uero accedendum est ad allegoriam.

Allegorice.

Mistice[31] per polum septentrionalem intelligimus Saluatorem, poli terreque satorem. Qui prorsus credendus est immobilis per naturam diuinitatis, licet obscurus apparuerit in forma humanitatis, modicusque per quantitatem corporis atque uirtutem nimie humilitatis. De immobilitate illius Boetius dicit:

16–17 Ps. 106, 23

3 Thiel, 351. **24–25** poli ... satorem. Cf. Boethius, *Philosophiae consolatio*, III, 9, m. IX, 1-2, ed. Ludovicus Bieler, CCSL 94 (Turnhout: Brepols, 1957), 51: "O qui perpetua mundum ratione gubernas, / terrarum caelique sator ..."

1 nominis marie] *om. M* **12** dicti] predicti *M c* **13** intueatur a nautis] intueantur eam naute *c* **15** uideatur] estimetur *M* **24** polum] *om. M c* saluatorem] et *add. c* **26** humanitatis] humilitatis *T1*

[31] In the ms. M this word is stricken out.

O qui perpetua mundum ratione gubernas, terrarum celique sator qui tempus 10r ab euo ire iubes, stabilisque manens das cuncta moueri. De Deo || tamen uerissime predicatur motus stabilis et status mobilis. Stat enim in seipso incommutabiliter, nunquam naturalem suam stationem deserens. Mouet autem seipsum per omnia, ut sint ea que a se essentialiter subsistunt. Deus enim moueri non extra se credendus est, sed a seipso, in seipso, ad seipsum. Vnde et Deus uidetur descendere a greco uerbo φεω quod interpretatur curro. Ipse enim in omnia currit et nullo modo stat, sed omnia currendo implet, sicut scriptum est: *Velociter currit sermo eius.* Hinc est quod sacrum eloquium appellat eum stabilem et mobilem. Stabilem quia ubique est, sine quo nichil esse potest, et extra quem nichil extenditur. De obscuritate huius poli, Christi scilicet, loquitur Ysaias: *Vidimus eum, et non erat ei species neque decor.* De modicitate autem illius dixerat: *Paruulus natus est nobis, filius datus est nobis.* De humilitate autem in persona clamat Patris: *Super quem requiescet spiritus meus, nisi super humilem et quietum,* id est Christum de quo per Zachariam dicitur: *Dicite filie Syon: Ecce rex tuus uenit tibi humilis et mansuetus.*[32]

Et bene polus iste deificus uocatur septemtrionalis, quia in ipso completus est septenarius gratie spiritualis. *Super ipsum enim sunt septem oculi,* secundum Zachariam, super ipsum requiescunt septem dona Spiritus sancti, quod idem est secundum Ysaiam. De quo alibi dicit: *Suscitaui ab aquilone, et ueniet ab ortu solis.* Aquilo flat a septemtrione. Arcturus qui ex septem stellis componitur, significat sanctam Ecclesiam septiformi gratia sancti Spiritus illuminatam. Hec 28v circa Christum per multas tribulationes in nocte presentis || uite uoluitur, nec tamen per defectum mergitur, quia ipse dixit: *Ecce ego uobiscum sum omnibus*

9 Ps. 147, 4 **10** Cf. Sap. 7, 23-24. **12** Is. 53, 2 **13** Is. 9, 6 **14–15** Is. 66, 2 Cf. *Vetus Latina* 12.2, fasc. 11: 1610-11. **15–16** Zach. 9, 9 **18** Zach. 3, 9 **19** Cf. Is. 11, 2-3 **20–21** Is. 41, 25 **103.24–104.1** Matth. 28, 20

1–2 O qui … moueri. Boethius, *Philosophiae consolatio*, 51 (lib. III, 9, m. IX, 1-3). **2–11** Stabilem … extenditur. The wording here is very close to: Ioannes Scotus Erigena, *Periphyseon*, Liber primus (De motu est statu Dei), ed. Édouard Jeauneau, CCCM 161 (Turnhout: Brepols, 1996), 18-19.

2 euo] eo *c* **4** stationem] stabilitatem *M* **7** φεω] δέα *c* **9** appellat eum] eum appellat *c* **12** ei] *om. M* species neque decor] decor neque species. *M c* **12–13** autem illius] illius autem *M c* **15** dicitur] dicit *c* **16** humilis et mansuetus] mansuetus et humilis *c* **17** bene] *om. M* **22** sancti] *om. c* **24** ipse] ipsa *M*

[32] Cf. Matth. 21, 5.

diebus usque ad consummationem seculi. Ipsa etiam sancta Ecclesia designata est per septem candelabra aurea in quorum medio Iohannes uidit Filium hominis ambulantem, nec non et per septem stellas quas eundem conspexit in dextera tenentem. De hac gloriosa constellatione dicit Dominus ad Iob: *Nunquid coniungere ualebis micantes stellas Pliades aut gyrum Arcturi poteris dissipare*.

Stella maris que polo uicinior est et plus ceteris rutilat, uenerabilem Dei Genitricem designat que, ut pie creditur, etiam in carne glorificata iam Christo conregnat. Que quanto uicinius circa Christum mouetur, tanto limpidius eius gloriam contemplatur tantaque plenius illius maiestate illustratur. Mouetur quidem propter nos uisceribus misericordie que nunquam sensit motum carnalis concupiscentie, propter quod et immobilis creditur fuisse totius peccati immunitate. Et quia motum huius stelle Dominus stabiliuit in patria, attendamus motum quem nobis ostendit in uia. Legimus quia filium suum primogenitum *pannis inuolutum reclinauerit in presepio*, circa quem mouebatur circulo breuissimo, *quia non erat ei locus in diuersorio*.

Considera, o homo, poli immobilitatem, obscuritatem, modicitatem. Nunquid non tibi || T1: immobilis uidetur, cum panniculis inuoluitur et fascia stringitur? Nunquid non obscurus, cum in presepio occultatur? Nonne modicus, cum in brevi locello artatur? Mouebatur adhuc alio motu circa ipsum in passione, quando ipsum celi centrum immobiliter fixum in cruce, etiam secundum quosdam in umbilico habitabilis terre nostre, quando, amicis et notis stantibus a longe, ipsa Virgo Beata mouebatur circa crucem totam ex compassione effundens animam. Secundum hunc motum Maria Multum Amaritudine Repleta Ihesu Agonizante dicitur.

Vocatur etiam stella maris Virgo beata ob quandam similitudinem sue glorie satis conuenientem. Mare siquidem significat presens seculum multis amar-

2–4 Cf. Apoc. 1, 13 et 16 **4–5** Job. 38, 1 **14** Luc. 2, 7 **15** Luc. 2, 7

21 in umbilico ... nostre. Cf. Ez. 5, 5: "Haec dicit Dominus Deus: Ista est Jerusalem: in medio gentium posui eam, et in circuitu ejus terras." Cf. interpretation by saint Jerome: Hieronymus Stridonensis, *Commentariorum in Hiezechielem libri XIV*, 56 (lib. II, v, 5/6): "Hierusalem in medio mundi sitam, hic idem propheta testatur, umbilicum terrae eam esse demonstrans."

4 ad] per *T1 c* **12–13** attendamus] ostendamus *T1 c* **18–19** nonne modicus cum in brevi locello artatur] *om. T1 c* **19** adhuc] et *add. M c* **22–23** effundens] fundens *M* **23** motum] modum *M* **23–24** maria multum amaritudine repleta ihesu agonizante dicitur] dicitur maria multum amaritudine repleta ihesu agonizante. *M* **24** dicitur] in initiis dictionum huius ethymologie nomen lege marie. *add. M* **25** vocatur etiam] dicitur enim *M*

itudinibus repletum. Mare amarum est, turbidum est, semper fluctuat et nunquam stabile. In hiis seculum designat de quo Propheta dicit: *Hoc mare magnum et spatiosum manibus, illic reptilia quorum non est numerus.* Si enim in hoc mari magno et spatioso in quo piscis minor a maiore deuoratur, amaricatus fuerit quis dampno rei familiaris, si turbatur iniuria potentie secularis, si etiam fluctuauerit impulsatione dyabolice malignitatis, uel forte instabilis effectus mobilitate proprie infirmitatis, suspiciat sursum oculis mentis ad hanc spiritualem stellam, inuocet Mariam, et *statuet Dominus procellam* tribulationis illius *in auram.* Imperabit enim uentis turbationum, sedabit procellas tentationum et, pacato periculo maris intercessione sue splendide matris, *perducet tribulatum in portum uoluptatis.* Vnde quidam ait:

Seuit mare, fremunt uenti,
Fluctus surgunt turbulenti.
Nauis currit, sed currenti,
Tot occurrunt obuia.

Hic syrene uoluptatis,
Draco, canes cum piratis.
Mortem pene desperatis
Hec intentant omnia.

Post abyssos nunc ad celum
Furens aqua fert phaselum.
Nutat malus, fluit uelum,
Naute cessant opera.

Contabescit in hiis malis
Homo noster animalis.
Tu nos, Mater spiritalis,
Pereuntes libera.

Ihesu, sacer uentris fructus,
Nobis inter mundi fluctus
Sis uia, dux et conductus
Liber ad celestia.

2–3 Ps. 103, 25   8–9 Ps. 106, 26   10–11 Ps. 106, 30

14 currenti] ocurrenti *T1 c*   28 sacer] sacri *M*

Tene clauum, re||ge nauem, M: 2
Tu procellam sedans grauem
Portum nobis da suauem
Pro tua potentia.

Hanc stellam Maria Egyptiaca respexit, et ad portum salutis ducitur Theophilus[33] et de profundo maris extrahitur. Ipsa est stella illa de qua scriptum est: *Orietur stella ex Iacob.* Vnde etiam Maria interpretatur illuminatrix, Magis Astris Refulgens Iubare Admirabili. Et cum sit tam splendida, tam gloriosa, noueris tamen nomen eius, id est Mariam, descendere a uerbo hebraico, id est marath quod sonat amarum, quia existens in uia multas amaritudines pertulit in filii passione, et adhuc nostris amaritudinibus compatitur ex sua nimia miseratione.

Secundum tropologiam, id est moralem intelligentiam, predictum sidus specialiter beatam designat Mariam. Septenarius stellarum designat septenarium uirtutum principalium quibus Christus matris sue decorauit thalamum. Ex quibus || quatuor a theologis dicuntur pedestres et tres capitales.[34] Per quatuor T1: siquidem electa anima quasi in terra currit et per tres in ethera se sustollit. Quatuor pertinent ad actionem, tres uero ad contemplationem. Ecce currus igneus et equi ignei quibus Helias, id est sancta anima, in celum rapitur, ecce quadriga qua uerus Aminadab in corde uirginis uehitur. Prima eius rota iustitia, secunda prudentia, tertia fortitudo, quarta temperantia. Primus equus fides, secundus spes, tertius caritas. Equus iste precedit, quia caritas omnes

7 Num. 24, 17 **18–19** Cf. IV Reg. 2, 11 **20** Cf. Cant. 6, 11

105.12–106.4 Hymn attributed to Adam of St. Victor: *In assumptione Beatae Mariae Virginis*, in *AH* 54:323 (nr. 204). Caesarius quotes it only partially: strophes 3-6 and 17-18. Roughly the same choice is made in a sermon attributed to Hugh of St. Victor: *Sermo IV in Nativitate beatae Mariae*, PL 177, col. 910D. **7** Thiel, 351 **9–10** Thiel, 351.

5 stellam] *om. M* **9** id est] *om. c* **14** beatam designat] designat beatam *M* designat] significat *M*, *om. c* **16** theologis] theologicis *T1 c* **17** sustollit] suspendit *T1 c*

[33] Among the many works on the legend of Theophilus, let me mention the recent work of Jerry Root, *The Legend of Theophilus in Medieval Text and Image* (Cambridge: Brewer, 2017).

[34] Concerning the notions of *virtutes pedestres* and *capitales*, cf. Petrus Lombardus, *Sermo communis*, in Barthélemy Hauréau, *Notices et extraits de quelques manuscrits latins de la Bibliothèque Nationale*, vol. 3 (Paris: Klincksieck, 1891), 45-49, here p. 47: "Congrue igitur per sex alas omnium virtutum perfectio designantur, ut duae virtutes sunt laterales, duae pedestres, duae capitales..."

uirtutes precellit. Est enim splendidior, quia ceteras illuminat, feruentior, quia motus eius omnes uirtutum motus superat. Formatur et aliud plaustrum quod multo hoc maius est in celo et generaliter sanctam designat Ecclesiam, sicut minus electam animam seu, ut dictum est, beatam Dei genitricem Mariam. Has quadrigas Abacuc considerauit, cum ait: *Ascendens super equos tuos et quadrige tue saluatio.*

Quatuor stelle Minoris Vrse quatuor designant complexiones in humano corpore, tres anteriores tres uires anime. Quatuor complexiones sunt sanguis, colera, melancolia, flegma. Tres uires anime: rationalitas, irascibilitas, concupiscibilitas. Quem septenarium Christus qui est media, ut sic dixerim, persona in Trinitate, sibi uniuit in beata Virgine. Sicque in officina uteri uirginalis per manum Patris argento nostre humanitatis impressa est imago deitatis et similitudo totius Trinitatis. Ecce iste est felix ille denarius quem electi pro suo labore recipient in resurrectione, scilicet ut uideant Christi glorificatam humanitatem et, quod multo excellentius est, ipsam sanctam et indiuiduam Trinitatem.[35]

Polus uero designat humilitatem que est centrum omnium uirtutum. Qui sine humilitate uirtutes congregat, quasi puluerem in uentum portat. Hec uirtus in beata Virgine non est mota, quia cum ab angelo fuisset salutata Deique mater appellata, humiliter respondit: *Ecce ancilla Domini.* Hanc uirtutem solam gloriatur, Dominum in se respexisse dicens: *Respexit humilitatem ancille sue.*

Mare secundum moralem intellectum significat corda peccatorum propter prospera et aduersa, dulcia et amara. De hoc mari scriptum est in Iob: *Mare dicit: Non est mecum,* sapientia uidelicet. Huius maris fluctus sunt motus elationis qui per prospera *ascendunt usque ad celos* et per aduersa *descendunt usque ad*

5–6 Hab. 3, 8 **19** Luc. 1, 38 **20–21** Luc. 1, 48 **23–24** Job. 28, 14 **107.25–108.1** Ps. 106, 26

9–10 Tres ... concupiscibilitas. Caesarius's source is probably [Ps.] Augustinus, *De spiritu et anima*, cap. XIII, PL 40, Col. 789. On the Platonic doctrine of the triplicity of the soul, taken up in the Middle Ages, see: David N. Bell, "The Tripartite Soul and the Image of God in the Latin Tradition," *Recherches de Théologie ancienne et médiévale* 47 (1980): 16-52. **16–17** Qui ... portat. Expression going back to: Gregorius Magnus, *Homiliae in Evangelia*, VII, 4, ed. Raymond Etaix, CCSL 141 (Turnhout: Brepols, 1999), 52.

10 ut sic dixerim] *om. M* **12** et] *om. M* **15** est] et *c* **20** dicens] quia *add. M* **21** sue] et cetera *add. M* **22** intellectum] intellectus *c*

[35] Cf. the parable of the workers of the eleventh hour (Matth 2, 1-16). See note 57, p. 145.

abyssos. Ascendendo dulcescunt et descendendo amarescunt. Positi tamen in tantis periculis respiciant ad stellam maris, considerent circa peccatores caritatem Virginis, clament ad eam de profun||dis et perducentur ad portum salutis. Attendant stellam ducem caritatem: quam breui circulo, quam modico interuallo moueatur circa polum, id est humilitatem! Reuera motus iste tutissimus est, quia sicut cinis ignem, ita humilitas custodit et nutrit caritatem. Nam gyrum huius || Arcturi quem caritas informando illuminat, humilitas conseruat. Nec poterit aliqua aduersitas illum dissipare, quamdiu polus humilitatis in sua perseuerauerit immobilitate. Facile enim circulus dissipatur, dum per pedem circini a centro deuiatur.

Interpretatur etiam Maria syriace domina. Et merito. Dignum est enim, ut sit domina angelorum et hominum, que genuit Creatorem omnium. Ecce tot interpretationibus Maria insignitur, quot litteris componitur.

De prolatione.

Sequitur de uocali prolatione cuius iudicium pendet ex soni qualitate. Quedam enim uocabula ita sunt aspera, adeo ignota et barbara, ut non queant sine difficultate concipi neque sine barbarismo proferri et uix absque labore prolata retineri. Econtra hoc nomen Maria in tantum est suaue itaque alienum ab omni barbarie, ut non solum ab hebreo et syriaco ydiomate, sed etiam a latino uideatur descendere. Vngit compositum, illuminat interpretatum, exhilarat prolatum. Vngentum in corde, fauus in ore, musica in aure. Memoria eius in compositione odoris facta opus pigmentarii, quasi mel indulcabitur eius memoria, et ut musica in conuiuio uini. In conuiuio uinum corporale inebriat, musica letificat. Sic etiam in spirituali conuiuio laudis Dei, cum Maria in oratorio resonat, omnes quos Spiritus sanctus inebriat, ita auditus et sonus ipsius dulcissimi nominis exhilarat, ita per deuotionem excitat, ut non absque quadam tumultuosa musitatione ipsam uocem possint audire, ac si nouum tonum eos contingat percipere.

Tria hec, id est compositio unguentaria, dulcedo melliflua, melodia dulcisona, in salutatione expressa sunt angelica. *Aue*, inquit, *gratia plena*. Ecce unguentum ex diuersis aromatibus uirtutum compositum. *Dominus tecum*.

3 Cf. Ps. 129, 1 21–23 Cf. Eccli. 49, 1-2 30 Luc. 1, 28 31 Luc. 1, 28

11 Thiel, 351.

7 humilitas] caritas *T1 c* 21 memoria] inquit *add. M* 23 uinum corporale] corporali uinum *M* 29–30 dulcisona] *om. M* 30 in salutatione expressa sunt] expressa sunt in salutatione *M*

Ecce fauus, Christus uidelicet qui mel habet in diuinitate et ceram in humanitate. *Benedicta tu in mulieribus.* Ecce melos musicum quod quotidie debemus replicare, die noctuque eius beatitudinem psalmis, ymnis et canticis spiritualibus predicare. Quod autem sequitur: *Et benedictus fructus uentris tui,* uerba sunt Elizabeth, non Gabrielis. Quod Marie memoria unguentum sit et ungat, testatur Sponsus in eius laude dicens: *Odor unguentorum tuorum super omnia aromata.* Et in eius persona Spiritus sanctus: *Sicut cinamomum et balsamum aromatizans odorem dedi, quasi mirra electa dedi suauitatem odoris et quasi storax et galbanus et ungula et gutta, et quasi libanus non incisus uaporaui habitationem meam, et quasi balsamum non mixtum odor meus.* Secundum hoc, dici potest Maria quasi Multum Aromatizans Regalium Instar Aromatum. De melliflua sua dulcedine etiam dicit: *Spiritus meus super mel dulcis, et hereditas mea super mel et fauum.* Et in uoce sponsi: *Fauus distillans labia tua, mel et lac sub lingua tua.* Et bene sub lingua, quia uerbo uerbum concepit. Nam sicut apis
12r sine commixtione mellis fundit liquorem,[36] ita beata || Virgo sine corruptione nobis peperit Saluatorem, totius dulcedinis auctorem. Vnde merito uocata est Maria, id est Mel Apis Refundens Ihesum Adorantibus.

Quod uero idem nomen auribus nostris sit melodia, non est necesse firmare
30r per testimonia, cum quotidie sonis mu||sicis resonet in ecclesia. Secundum hec talis elicitur ethimologia: More Armonie Recreans Intentas Aures. Tam in ista quam in duabus precedentibus ethimologiis principia dictionum respice et nomen inuenies Marie. Igitur Mariam unguentum esse in corde et, quod mirabilius est, in corpore, mel in ore, melos musicum in aure, ueracibus exemplis poterimus demonstrare.

Contigit nuper in quodam cenobio ordinis Cisterciensis satis michi noto res ualde delectabilis. Est ibi quedam sanctimonialis uite probabilis, multumque

2 Luc. 1, 28 4 Luc. 1, 42 **6–7** Cant. 4, 10 **7–10** Eccli. 24, 20-21 **12–13** Eccli. 24, 27 **13–14** Cant. 4, 11

1–2 mel ... humanitate. Gregorius Magnus, *Homiliae in Evangelia*, 201 (Hom. XXIV, 5): "Fauum quippe mel in cera est, mel uero in cera est diuinitas in humanitate." **109.25–110.15** Exemplum 3.

1 mel habet] habet mel *M* et] *om. M* **2** melos musicum quod] melodya musica quam *M* **3** psalmis ymnis] ymnis psalmis *M* **10** hoc] hec *M* **14** bene] unde *c* **19** resonet] resonat *M* **20** hec] hoc *M* **25** demonstrare] exemplum *add. in marg. M*, exemplum *add. rubricam T1*

[36]The bee is a common symbol of virginity, since Saint Ambrose, cf.: Ambrosius Mediolanensis, *De virginibus*, I, 8, 40, ed. Peter Dückers, Fontes Christiani 81 (Turnhout: Brepols, 2009), 166.

feruens in obsequio beate Virginis. Hec cum in genuflexione, nimio impellente feruore, tempore quodam genu uel tibiam uulnerasset atque meridie in infirmitorio dormiret, uisa est in sompnis eidem astare beata Virgo Maria pixidem unguenti portans in manu sua. Immissisque digitis, de eodem unguento liniuit uulneratam tibiam uirginis. Statim tanta fragrantia affuit, ut iuxta dormientes uirgines odore excitate surgerent et ad lectum illius uenientes, quia maior ibi erat uirtus odoris, eam excitarent et quis uel unde esset signarent. Illa bene sibi conscia ac per hoc iam de uisione certificata nichil eis indicauit, innuens ut dormitum irent. Que cum rursum obdormiret, rursum affuit Mater Domini et ducens eam secum in pomerium ponensque manum sub mento illius ait: Modo dimitte te super genua tua. Et fecit sic. Et adiecit: Sic de cetero disciplinate debes petere ueniam, instruens illam, monens etiam, ut singulis diebus sequentiam illam: Aue, Dei genitrix, sibi diceret et ad singulos uersus ueniam peteret, dicens se multum in ea delectari. Illa uero euigilans cum sompnii effectum probaret, inuenit tibiam lesam totam sanatam. Ecce hoc probatur exemplo nomen Marie unguentum esse et ungere. Quod idem nomen mel sit in ore, hoc exemplo poteris scire.

Retulit michi quidam sacerdos heremita habitum habens cisterciensem sibi dictum fuisse a quibusdam matronis religiosis, quod ex angelica salutatione, id est *Aue, Maria, gratia plena,* tantam dulcedinem concepissent, ac si fauum mellis in ore tenerent. Habebant enim in consuetudine quinquaginta uicibus singulis diebus, flexis genibus, eandem dicere salutationem. Ipse uero prouocatus exemplo earum cum pene per sex ebdomadas eandem salutationem simili modo et numero frequentasset, tantam ex ea sensit dulcedinem, ut totam saliuam putaret in mel conuersam. Eandem gratiam intellexi et nonnullis aliis concessam. Idem nomen beate scilicet Marie quod melos musicum sit in aure, subiuncto probatur exemplo.

Fuit quidam sacerdos in ecclesia Bunnensi, nomine || Petrus. Iste nescio T1
quo Dei iudicio seipsum dicitur suspendisse. Habebat enim concubinam que

20 Luc. 1, 28

13 *AH* 53:182 (nr. 105). 18–25 Exemplum 4. 110.28–111.12 Exemplum 5.

5 statim] statimque *M* 6 uirgines] uirginis *T1 c* 7 unde] tantus odor *add. M* signarent] signaret *T1 c* 12 monens] monuit *M* 14 in ea delectari] delectari in ea *M* 18 scire] exemplum *add. in marg. M*, exemplum *add. rubricam T1* 22 ipse] ille *M* 23 earum] illarum *M c* 27 probatur] probabitur *M* 28 exemplo] exemplum *add. in marg. M*, exemplum *add. rubricam T1* bunnensi] bonnensi *c* 29 suspendisse] interfecisse *M* enim] autem *post corr. M*

morte illius territa in cenobio quod Lancroade dicitur sanctimonialis habitum suscepit. Hec cum die quadam in domo superiori staret et de fenestra prospiceret, uidit iuuenem quasi in aere ambulantem et ad se properantem. Expauit illa timens fantasma esse, ut fuit. Ingressus autem cepit eam procari, illa renuente et diuinum auxilium inuocante signoque crucis se muniente. Et cum idem lasciuus demon die ac nocte ei importunus esset requirens eius consensum, cepit eadem femina amplius ieiunare, intentius orare et peccata transacta confiteri. Et cum nullum inueniret remedium liberationis, suasum est ei a quodam, ut cum demonem uideret, mox super genua caderet et angelicam salu-
30v tationem || contra illum proferret. Quod cum fecisset, dyabolus quasi turbine impulsus fugit talem uocem emittens: Dyabolus eius maxillas intret, qui te hoc docuit. Sicque liberata est ab eo. Nonne nomen Marie fuit melos musicum in aure demonis? Etiam. Tradunt mathematici quod multi demones armoniam ferre non possunt, et quandoque nulli. Vnde Boetius refert philosophum quendam tactu cithare demonem ab obsesso corpore repulisse. Ampliorem effectum habet nomen Marie, quia sanctos angelos aduocat et demones fugat. Per sonum armonie excitatus est in Heliseo spiritus propheticus, ad tactum cithare fugatus est a Saule spiritus Domini malus.

Legitur in Candela Gerlandi quod Adam miserit filium suum in paradisum. Quo reuerso, cum interrogasset quid ibi uidisset, respondit pulcherrimam se illic uidisse uirginem. Cui Adam quasi modulando ait: Maria. Hoc primum nomen fuit quod Saluator post triumphum resurrectionis sue nominauit. Odore et uirtute huius nominis peccatores Deo reconciliantur, demones fugantur, pusillanimes roborantur, infirmi sanantur. Ad eius inuocationem mortui suscitantur, captiui liberantur, inimici reconciliantur, humiles sublimantur. Ad hec omnia confirmanda plurima replicarem exempla que in libris miraculorum ipsius gloriose Virginis sunt congesta uel que a ualde religiosis personis michi sunt recitata, si non timerem quod sermonis prolixitas legentibus esset onerosa.

16–17 Cf. IV Reg. 3, 15 17–18 Cf. I Reg. 16, 23 21–22 Cf. Joan. 20, 16

13–15 Exemplum 6. 13–14 Tradunt … nulli. Implied quote from: Petrus Cantor, *Historia scholastica*, Historia libri I Regum, 16, PL 198, col. 1311A. 14–15 Quote not found. 19–21 Exemplum 7.

1 lancroade] lancruade *M* 2 cum] dum *M c* domo superiori] superiori domo *M c* 12 fuit melos musicum] melos musicum fuit *M c* 14 quandoque] quinque *c* 15 repulisse] expulisse *M* 17 propheticus] domini sanctus *M* 20 respondit] uirginem *add. M* 21 uirginem] *om. M* 27 personis] *om. M*

Inuocemus ergo eximiam hanc stellam maris omnes qui adhuc nauigamus in fluctibus alicuius periculose temptationis, ut sicut precessit exemplo, ita subsequatur auxilio, quatenus eius meritis peruenire ualeamus ad portum eternitatis, de periculo deserti maris ad *terram repromissionis.* Quod nobis prestare dignetur Dominus noster Ihesus Christus qui de ea nasci dignatus est, qui cum patre et Spiritu sancto uiuit et regnat per infinita secula seculorum. Amen.

4 Hebr. 11, 9

5 qui] cui *M* 6 uiuit et regnat] honor et imperium *M* amen] explicit omelya secunda. *add. M*

Feria sexta quatuor temporum. Secundum Lucam.

In diebus illis exurgens Maria abiit in montana cum festinatione in ciuitatem Iuda et intrauit domum Zacharie et salutauit Elizabeth. Et reliqua.

Omelia de eadem lectione.

13r || Quante gratie quanteue glorie nomen sit Dei genitricis Marie de qua nobis ortus est sol iustitie,[37] et si non perfecte, tamen ex parte poterit dignosci ex precedenti sermone. Oculos habens infirmos, non diu ualui fulgorem tanti nominis intueri neque illius radios contemplari, unde compulsus sum optutus ocius deflectere et ad interruptam moralitatem redire.

Teste Luca, non prius Maria ascendit in montana, quam angelus discessit ab illa. Ait enim: *Et discessit ab illa angelus.* Statimque subiunxit: *Exurgens autem Maria in diebus illis abiit in montana,* et cetera. Si Mariam intelligimus, ut supra dictum est, mentem uirgineam, Gabrielem animi fortitudinem, uidetur hec eadem uirtus ascendenti in montana, id est ad uirtutum sublimiora, maxime esse necessaria. Ceterarum uirtutum robur et baculus fortitudo est. Quid ergo est eius, id est fortitudinis, discedere? A motu suo quiescere. Non aliter angelus Gabriel a Matre Domini discessit, nisi quod uisibilis illa forma oculis uirgineis obiecta disparuit. Semper eam custodiuit ut matrem Dei sui, sicut templum Domini, sicut sacrarium Spiritus sancti. Sic uirtus fortitudinis ab anima proficiente non discedit, sed, motu digniori superueniente, quandoque eius motus quiescit. Exurgere siue abire Marie profectus est anime. Profectus
31r iste specialiter caritati asscribitur, || que tante glorie, tante uirtutis et excellentie a theologis predicatur, ut opus cuiuslibet uirtutis eius opus esse concedatur.

2–3 Luc. 1, 39-40 **6** Cf. Mal. 4, 2 **11** Luc. 1, 38 **11–12** Luc. 1, 39

19 Cf. Antiphon *Beata dei genetrix Maria virgo perpetua*: Hesbert, *Corpus antiphonalium Officii*, 3:68 (nr. 1563).

1 feria sexta quatuor temporum secundum lucam] incipit omelya tertia. *M* lucam] cap. 1. *add. c* **2** diebus illis] *del. M* **3** iuda et intrauit] iude et intrauit in *add. in marg. M*, iuda, in *c* et reliqua] *om. M* **4** omelia de eadem lectione] *om. M* **9** ad] *om. c* **13** supra] superius *M* **18** uirgineis] uirginis *M*

[37] Cf. also the responsorium *Felix namque es, sacra Virgo Maria*: Hesbert, *Corpus antiphonalium Officii*, 3:226 (nr. 2861).

Verbi gratia. Credere cum procedat, utpote motus eius ex fide, tamen opus eius caritatis conceditur, eo quod informetur caritate.

Sed quid est quod dicit exurgere Mariam? Nunquid dormiebat, nunquid sedebat, nunquid iacebat? Nequaquam. Absit hoc ab anima perfecta a uirtute fortitudinis roborata et uoluntate boni operis fecundata, ut dormiat per negligentiam, ut sedeat per accidiam, ut iaceat per desperationem, uel quod hiis multo minus est, stet per otiositatem. Caritas nunquam otiosa est, aut proficit aut deficit. Non tamen ita deficit, ut perfectus imperfectus fiat, nisi forte a caritate ruat et ita imperfectus resurgat. Nemo, ut dicit auctoritas, repente fit summus. Sed Maria exurgit, cum ex illo statu in quo est ad altiorem surgit. Est caritas perfecta, perfectior, perfectissima.[38] Si homo natus de muliere nunquam in eodem statu permanet, quanto magis homo qui non ex sanguinibus neque ex uoluntate carnis neque ex uoluntate uiri, sed ex Deo natus est? Ascendit homo exterior de etate in etatem, et homo interior de uirtute in uirtutem.[39]

1 Credere ... fide. Cf. Petrus Pictaviensis, *Sententiarum libri quinque*, III, 2, PL 211, col. 1044C: "Credere enim motus est proveniens ex fide et libero arbitrio." 7–10 Caritas ... summus. "Charity is never idle": Expression often used by medieval authors, for example, by Petrus Cantor, *Verbum abbreviatum (Textus prior)*, 85, ed. Monique Boutry, CCCM 196 A (Turnhout: Brepols, 2012), 519: "Caritas nunquam est solitaria, sed modo est in celo, modo in proximo; nunquam est ociosa, in commune bona totius humani generis paedagoga." On the increase and decrease of charity, cf. Petrus Pictaviensis, *Sententiarum libri quinque*, III, 25, PL 211, col. 1119D et 1122A: "Item, necesse est quod charitas meruerit augeri, et impossibile est quod meruerit augeri quin augeatur, ergo necesse est augeri in eo quo est; ergo impossibile est minui, sed omnino tolli; charitas autem proficit aut deficit in isto; non proficit, ergo in eo deficit; et qui nil acquirit nonnil admittit... Item, qui a perfecta charitate cadit, cum resurgere possit (quod constat) aut perfectus aut imperfectus oportet resurgat, quia non est medium; perfectus non potest resurgere, quia nemo repente fit summus." Variants of the proverb "Nemo repente fit summus" are referenced in: Walther, *Proverbia*, nr. 687i1, 687k1. Cf. Juvenal, *Sat.* 2.83.

1 eius] esse *M c* 2 informetur] a *add. M* 3 exurgere] exurrexisse *M* 7 proficit] profuit *c* 9 ruat] corruat *M*

[38] The degrees of perfect charity are mentioned in the ms. British Museum, Harley 3855, containing material from the circle of Peter of Poitiers and Odon of Soissons (or of Ourscamp): "Sunt enim tres status in caritate perfecta: perfecta, perfectior, perfectissima" (cited by Landgraf, *Dogmengeschichte*, 1,2: 169.

[39] Distinction between the *homo interior* and the *homo exterior*, going back to Augustine: Augustinus Hipponensis, *De civitate Dei*, 410 (XIII, 24): "Immo uero illa ita nobis in hoc adtestatur, ut etiam cum duo ista coniuncta sunt et uiuit homo, tamen etiam singula hominis uocabulo appellet, animam scilicet interiorem hominem, corpus autem exteriorem hominem uocans, tamquam duo sint homines, cum simul utrumque sit homo unus."

De hoc electorum profectu per Psalmistam dicitur: *Etenim benedictionem dabit legislator, ibunt de uirtute in uirtutem*, hoc est de usu unius uirtutis ad usum uirtutis alterius. Non ita uirtus sequitur uirtutem, ut una infundatur post alteram. 13v Simul possunt haberi, sed non simul exerceri. Cum omnes corde || cithare ad melodiam operentur, non tamen omnes simul resonant.

Ipse quidem sancte uirtutes sunt illa montana de quibus supra dictum est: *Exurgens Maria in diebus illis abiit in montana* et cetera. Exurgit peccator per antidotum penitentie, exurgit iustus per augmentum gratie. Montes designant uirtutes propter ubertatem, firmitatem, sublimitatem. Pinguedine seu ubertate illarum, uirtutum scilicet, anima incrassatur, fortitudine sustentatur, sublimitate subleuatur. Tolle uirtutes et uidebis mox incrassatam marcescere, sustentatam nutare, subleuatam ruere. Quod per montana significentur uirtutum excelsa, non solum prophetarum probant testimonia, sed mirifica confirmant exempla. Post diluuium archa Noe requieuit in montibus Armenie, in monte iussus est Abraham filium immolare, in monte Synai data est lex Moysi, in monte Aaron moritur, in monte Moyses sepelitur, in monte Salomon templum Domino fundauit, in monte transfiguratur Dominus et gloriam future resurrectionis ostendit, in monte super apostolos Spiritus sanctus descendit. Ecce qualia et quanta uirtutum insignia in montibus sunt ostensa. Dignum erat, ut qui montes se exhibuerant per uite meritum, in montibus honorari mererentur prerogatiua tantorum operum.

Et pulchre positum est *in montana* pluraliter, quia non una, sed multe uirtutes sunt, quas omnes caritas intendit. Simul intenduntur, simul infunduntur, sed non simul, ut dictum est, exercentur. Intendi crescere est. Et non solum per caritatem, immo per quamlibet non singillatim, sed simul crescunt. Verbi gratia. Per solam obedientiam anima efficitur sapientior, iustior, fortior, prudentior, temperatior. Sicut etiam montana equalia et inequalia sunt, ita et uirtutes. Equales sunt habitu, inequales sunt motu. Pares utilitate, impares dignitate. Quod equales sint habitu, ex hoc probatur quod uirtutes simplices sunt quali-

1–2 Ps. 83,8 **7** Luc. 1, 39 **14** Cf. Gen. 8, 4 **14–15** Cf. Gen. 22, 2 **15** Cf. Ex. 31 et 34 **15–16** Cf. Num. 33, 38 **16** Cf. Num. 20, 27-29 **16–17** Cf. II Par. 3, 1 **17–18** Cf. Marc. 9, 1-12 **18** Cf. Act. 2, 1-13 **22** Luc. 1, 39

2 unius uirtutis] uirtutis unius *M* **5** simul] similiter *c* **11** sublimitate] ad celestia *add. M* **19** sunt ostensa] acta sunt *M* **20** montes se] se montes *M* **23** intendit] incendit *c* intenduntur simul infunduntur] infunduntur, simul intenduntur *M*, infunduntur, simul incenduntur *c* **24** intendi] incendi *c* **27** etiam] enim *M* **28** sunt] *om. M c*

tates,[40] et secundum hoc non possunt augeri uel minui. Quod motu inequales sint, certum || est, quia etiam in imperfecta caritate aliquando motus feruentior est, quam sit in caritate perfecta. Plus aliquando animus mouetur motu misericordie, quam motu iustitie, et econuerso. Item quod sint pares utilitate, ex hoc colligimus quia sicut una, ita et quelibet illarum dignos nos facit uita eterna. Sint ergo duo monachi equales in caritate, in uno magis obedientia eminet, in altero amplius uirtus patientie resultat, ille alacrior ad obediendum, iste assuetior ad iniurias sufferendum; non ideo concedendum quod in illo maior sit uirtus obedientie, quam in isto, sed usus, siue in isto sit amplior uirtus patientie, quam in illo, sed usus. Sic in Ysaac magis effloruit usus obedientie, in Iob patientie, neque tamen dicere audemus maiorem fuisse uirtutem obedientie in Ysaac, quam in Iob, et econuerso.[41]

Ait itaque sanctus Euangelista: *Exurgens Maria abiit in montana cum festinatione*. Maria, ut dictum est, mens est sancta, mens religiosa que abire debet proficiendo in montana, hoc est || de uirtute in uirtutem cum festinatione, id est cum magno feruore. Sicque exurgere pertinere uidetur ad primum motum, abire ad delectationem, festinatio ad desiderii feruorem, montana ad uirtutum exhibitionem. In singulis uerbis huius clausule notantur quidam gradus profectionis et manifestus ordo humane iustificationis. Nec erit inutile replicare quod non potest audiri sine utilitate.

13–14 Luc. 1, 39

3 aliquando] interdum *M* **4** sint pares] pares sint *M c* **5** dignos nos] nos dignos *M* **9** sit] *om. M c* **17** delectationem] uolitum *M* **18–19** profectionis] perfectionis *c*

[40] The current definition of virtue as a quality is found for example in the work of Peter Lombard: Petrus Lombardus, *Sententiae*, 1:480 (lib. II, xxvi, 1 (173)): "Virtus est, ut ait Augustinus, bona qualitas mentis, qua recte vivitur et qua nullus male utitur, quam Deus solus in homine operatur." Cf. a parallel in a later source: Thomas Aquinas, *Summa Theologiae*, IIIa q. 90 a. 1 arg. 2: "Sed ei inquantum est virtus, non assignantur partes, cum virtus sit habitus quidam, qui est simplex qualitas mentis." On the notion of *habitus*, cf. note 3, p. 78.

[41] On the comparison of virtues according to their *usus*, cf.: Petrus Pictaviensis, *Sententiarum libri quinque*, III, 20, PL 211, col. 1134B: "Aliis autem verius videtur quod omnes virtutes in quocunque sunt, pares sunt, ut qui in una par alteri exstiterit, in omnibus ei aequalis sit, et in quolibet eas habenti pariter intensae sunt quoad habitum interiorem non quantum ad usum exteriorem, quod auctoritate Augustini ostenditur: 'Si dixeris istos aequales esse fortitudine, sed illam praestare prudentia, sequitur ut huius fortitudo minus sit prudens, ac per hoc, nec fortitudine aequales sunt, quia est illius fortitudo prudentior… Imparitas vero usu facile patet, quia Iob magis usus est patientia, Abraham fide, David humilitate. Hoc enim ad usus exteriores referendum, vel in comparatione aliorum hominum intelligendum."

Notum est septem esse iustificationes anime. Prima est gratie infusio, secunda motus surgens ex eadem gratia et libero arbitrio, tertia dicitur contritio, quarta peccatorum remissio. Quinta, licet intercedat tempus, oris est confessio, sexta exterior satisfactio, septima reconciliatio siue gratiarum actio. Maria hoc loco peccatrix est anima a Deo predestinata et inter stellas matutinas deputata, licet ad tempus caligine peccatorum obnubilata. Hec exurgit per gratie infusionem, abit per liberi arbitrii appositionem, festinat per contritionem, montana conscendit peccatorum remissione uirtutumque infusione, uenit in ciuitatem Iuda oris confessione, intrat in domum Zacharie per penitentie executionem, salutat Elizabeth per gratiarum actionem. Hec est iustificatio septima, et Elizabeth interpretatur Dei mei septima quam nihil sequitur nisi requies et uita eterna. Iuda interpretatur confessio, Zacharias memor Domini. Confitens memoriam Domini negligit, si penitentiam iniunctam non custodit. Hec interscalari modo dicta sint de iustificatione peccatricis anime, nunc reuertamur ad profectum iusti, quia iustum est, ut *iustus iustificetur adhuc, et sanctus sanctificetur adhuc.*

Exurgens, inquit, *Maria abiit in montana cum festinatione.* Volenti diuersos ascendere montes expedit, immo necessitas cogit, ut semper ad interpositas ualles descendat sicque rursus ad montem ascendat. Beata Dei genitrix cum esset in monte per uirtutum sublimitatem, semper in se descendit per cordis humilitatem. Consideremus quid angelo responderit, et patebit quam ualde descenderit. Ait illi Gabriel: *Spiritus sanctus superueniet in te, et uirtus Altissimi obumbrabit tibi. Ideoque et quod nascetur ex te sanctum uocabitur Filius Dei.* Et quid respondit? Nunquid ascendit ut diceret: Meis uirtutibus hoc merui? Non. Sed in tantum descendit ut diceret: *Ecce ancilla Domini,* non mater Do-
32r mini, *fiat michi secundum uerbum tuum.* Et || cum esset in monte glorie, Christum montem montium concipiendo, descendit tamen quasi in uallem mulieri ministrando, unde et non multo post excellentius ascendit Christum pariendo.

15–16 Apoc. 22, 11 **17** Luc. 1, 39 Luc. 1, 39 **22–23** Luc. 1, 35 **25–26** Luc. 1, 38

1–3 Caesarius quotes fairly closely Petrus Pictaviensis, *Sententiarum libri quinque*, III, 2, PL 211, col. 1044A. **11** Thiel, 297. **12** Thiel, 338. Thiel, 445.

1 septem] quatuor *M T1* **8** conscendit] per *add. M* remissione] remissionem *M* infusione] infusionem *M* **9** iuda] per *add. M* confessione] confessionem *M* **13–14** interscalari modo] que intercise *M* **15** iusti] est *add. c* iustus] iniustus *c* **18** cogit] exigit *M c* **21** patebit] parebit *M* **25** ut] non *add. M* diceret] ecce mater domini, sed *add. M* **25–26** non mater domini] *om. M* **28** christum] eundem *M*

Vulgo dicitur: Quanto mons altior, tanto uallis profundior. Quod est dicere: *Qui se exaltat humiliabitur, et qui se humiliat exaltabitur.* Quanto quis plus per humilitatem descendit, tanto sublimius in merito ascendit.

Quo autem ascendit Maria? Audiuimus montana, locum certum non audiuimus. *In ciuitatem,* inquit, *Iuda.* Que est ciuitas Iuda, nisi ecclesia || Deo T1: dicata? Ciuitas est, quia ciues habet celestes, beatos scilicet angelos et sanctos quorum ibi reliquie habentur, qui ibidem circa Christi corpus uersantur. Ipsa materialis ecclesia ciuitas est et uere ciuitas refugii, quia ad eam confugiunt peccatores et iustificantur, iusti et consolantur, rei etiam atque dampnati et liberantur. Et bene dicitur ciuitas Iuda, quia ad eam fideles conueniunt et tam Deo, quam sacerdotibus peccata sua confitentur, quorum corde et ore ibidem laudatur et glorificatur. Vnde et Propheta dicit: *In ecclesiis benedicite Deo Domino.* Item dicit: *Confitebor tibi in ecclesia magna.* Iuda uel Iudea interpretatur confessio uel laudatio uel glorificatio.

Et bene in montanis dicitur posita propter ascendentium merita. *Quis ascendet,* inquit, *in montem Domini aut quis stabit in loco sancto eius?* Ecce ascensioni continuat stationem, id est moram. Quidam ascendunt cum festinatione et statim, perlecto euangelio, redeunt. Isti similes sunt inuitatis ad prandium alicuius diuitis qui, omnibus preparatis et mensa posita, ieiuni recedunt. Lecto euangelio, panis, uinum et aqua primum ponuntur in mensa Domini, deinde circa medium canonem transsubstantiantur in corpus et sanguinem Christi, in fine uero misse celebratur refectio salutaris. Ex qua quidam manducant et bibunt sacramentaliter, alii qui plena fide adstant spiritualiter. Eundo ad ecclesiam et redeundo fideles merentur, et incenditur in eis caritas, maxime tamen per sacramentum altaris. Adiuuant ibi orantes beati angeli et ceteri sancti qui illic uersantur circa corpus et sanguinem Christi.

Vnde religiosis maxime salubrius est orare et psallere in ecclesia, quam extra, nisi necessitas sit in causa. Hinc est quod sanctus Benedictus ait: Fratres qui

2 Luc. 18, 14 **5** Luc. 1, 39 **8** Cf. Num. 35, 11, 25 et 28 **12** Ps. 67, 27 **13** Ps. 34, 18 **15–16** Ps. 23, 3

1 Quanto ... profundior. *Thesaurus proverbiorum Medii Aevi. Lexikon der Sprichwörter des romanisch-germanischen Mittelalters,* ed. Kuratorium Singer der Schweizerischen Akademie der Geistes- und Sozialwissenschaften (Berlin-New York: W. de Gruyter, 1995) 1:Berg, 1.1.2 **13–14** Thiel, 338. **118.28–119.3** Fratres ... genua. Benedictus Nursiae, *Regula,* cap. L, 1-3, ed. Rudolph Hanslik, CSEL 75, (Vienna: F. Tempsky, 1960), 121.

1 altior] sublimior *M* **2** plus] *om. T1 c* **9** atque] et *M* et] atque *M* **12** deo domino] domino deo *M* **18** similes sunt] sunt similes *M*

omnino longe sunt in labore et non possunt occurrere hora competenti ad oratorium — et abbas perpendit quod ita est — agant ibi opus Dei, cum tremore diuino flectentes genua. Non dicit: qui sunt extra ecclesiam uel intra[42] septa monasterii, sed qui omnino longe sunt. Quid beatissima Anna uidua meruerit que *non discedebat de templo*, nouimus omnes. Sed et ipse Saluator legitur frequentasse domum Dei, et apostoli post ascensionem eius semper erant in templo. Et notandum quod sicut signum perfectionis est ire ad ecclesiam libenter, ita et signum perfectionis ire ad ecclesiam festinanter. Vnde supradictus uenerabilis pater precipit dicens: Ad horam diuini officii mox ut auditum fuerit signum, relictis omnibus qualibet fuerint in manibus, summa cum festinatione curratur, cum grauitate tamen, ut scurrilitas non inueniat fomitem. Dicebant et sancti patres nostri in Egypto quod sicut ceruus, hausto ueneno, desiderat ad fontes aquarum, ita monachos sabbato debere festinare ad ecclesiam, ut ibi deponant uenenum peccati per sacram communionem.

Sequitur. *Et intrauit domum Zacharie et salutauit Elizabeth.* Zacharias inter-
15r; pretatur memoria Domini || uel memor Domini uel de mente. || Qui memor
32v est Domini de mente, domum intrat Zacharie. Vnde quibusdam uanis et irreligiosis dicitur: *Preuaricatores redite ad cor.* Quicquid fiat alibi, semper anima sancta in sancta ecclesia memorari debet Domini Dei sui. Omnia que in ecclesia audiuntur uel uidentur: cantus scilicet et psalmodia, picture et altaria, imagines Crucifixi, consecratio corporis et sanguinis Christi — monimenta sunt Domini. In auditorio tractandum est de cura temporali, in capitulo de disciplina regulari, in ecclesia tantum cogitandum est de negotio spirituali. In infirmitorio quiescendum, in refectorio comedendum, in dormitorio dormiendum, in claustro legendum, in oratorio psallendum, orandum et de celestibus meditandum. Reducantur ibi ad memoriam peccata preterita et pro antidoto

5 Luc. 2, 37 6–7 Cf. Act. 2, 46 15 Luc. 1, 40 18 Is. 46,8

9–11 Ad horam ... fomitem. Benedictus Nursiae, *Regula*, 106 (cap. XLIII, 1-2). 12–14 sicut ...communionem. Pelagius, *Verba seniorum*, XVIII, 17, PL 73, col. 983D. 15–16 Thiel, 445.

2 quod] quia *M* tremore] timore *c* 3 extra] iuxta *M* intra] infra *T1 c* 7 templo] nota *add. in marg. M* 15 intrauit] in *add. M* 17 quibusdam] quidam *T1 c* 18 dicitur] dicit *T1* 18–19 anima sancta] sancta anima *M* 22 domini] nota *add. in marg. M*

[42] *Intra* et *infra* were frequently confused in Medieval Latin.

Christi sacramenta, ad terrorem etiam tormenta inferni, et ad consolationem gaudia paradisi.

Prius tamen quam explicemus salutationem Marie et Elizabeth, inuestigare temptabimus etiam secundum naturalia, quomodo domus Zacharie in montanis sit posita. Certum est cor contineri in pectore in quo secundum theologos sedes est anime. Huic loco montis altitudo colli supponitur. Collo superereminet caput, principale corporis membrum, quasi ciuitas, eo quod omnes sensus corporis in se habeat. Porte eius sunt foramina quibus idem sensus sua explent officia. Ex quibus duo sunt in oculis, duo in auribus, duo in naribus, septimum in ore. Per aures intrant que audiuntur, per oculos que uidentur, per nares que odorantur, per os que gustantur. Hec principalis est porta cui maxime Propheta timuit, cum ait: *Pone, Domine, custodiam ori meo et ostium circumstantie labiis meis.* Magna custodia adhibenda est ori, non solum ne ex illo uerba peccati egrediantur, sed ne cibaria concupiscentie ingrediantur. *Adhuc,* inquit, *esce eorum erant in ore ipsorum, et ira Dei ascendit super eos.*

Mens superior pars est anime que, mediante spiritu animali,[43] corpus totum disponit, uiuificat et regit. Mouet inferius pedes ad ambulandum, superius oculos ad uidendum. Vbique tota, ubique integra per singula integraliter discurrens membra. Intus mouens animum ad diuersos affectus, exterius ad diuersos effectus. Operatur in epate instrumento spiritualium naturalium uirtutem appetitiuam, uirtutem retentiuam, uirtutem digestiuam. In corde, mediante spiritu uitali, operatur uirtutes spirituales decoquendo et depurgando sanguinem per uenas et arterias.[44] Maria quasi abit in montana, cum mens per uirtutem

12–13 Ps. 140, 3 **14–15** Ps. 77, 30-31

5–6 cor ... anime. Cf. Anselmus Laudunensis, *Ennarrationes in Matthaeum,* XV, PL 162, col. 1388B: "Notandum est quod principalis sedes animae, non iuxta Platonem in cerebro, sed iuxta Christum in corde est." **16** Mens as the superior part of the reasonable soul: Augustinian theme recurring in the *De infantia,* see supra, p. 77.

1 et] *om. M*

[43] *Spiritus animalis,* one of Galen's three spirits, cf. Johannitius, *Isagoge ad Techne Galieni,* 17 (de Spiritu), ed. Gregor Maurach, *Sudhoffs Archiv* 62/2 (1978): 148-74 (here p. 155): "Spiritus igitur tres sunt: primus, naturalis, sumit principium ab epate; secundus, vitalis, a corde; tertius, i. animalis, a cerebro." Cf. as well the anthropology of William of St. Thierry: Damien Boquet, "Un nouvel ordre anthropologique au XIIe siècle: réflexions autour de la physique du corps de Guillaume de Saint-Thierry," *Cîteaux* 55 (2004): 5-20.

[44] It is difficult to determine the exact source of this passage. The natural virtues that ensure the activity of main organs of the human body are discussed by William of St. Thierry cf.: Guillelmus

operantem ascendit ad superiora. Nichil cerebro sublimius est in homine, in
quo secundum philosophos sedes est anime. Vnde Philosophia Boetio asti-
tisse supra uerticem uisa est nunc pulsare celum summi uerticis cacumine,
15v id est ratione et intellectu, uidebatur. Tres in cerebro distincte sunt || cel-
lule: primam appellant fantasticam, secundam logisticam, tertiam memori-
alem. In cellula fantastica anima, mediante spiritu animali, operatur uirtutem
intellectualem et imaginariam, in logistica rationalem, in memoriali memoriam. Cum autem memoria ipsa de Deo est et non aliunde, tunc cellula memorialis dici potest domus Zacharie. Hinc est quod idem Boetius subsequitur de
Philosophia et dicit: Que cum altius, scilicet ad Creatorem, extulisset caput, id
est rationem et intellectum, ipsum celum penetrabat cognoscendo Deum esse
33r super omnia. ||

Et bene posita est domus Zacharie in ciuitate Iuda cuius interpretatio est
confessio siue laudatio, quia *corde creditur ad iustitiam, ore autem confessio fit
ad salutem.* Et in psalmo: *Confitebor Domino nimis in ore meo et in medio multorum laudabo eum.* Porta capitis os est. Per hanc Maria intrauit et salutauit
Elizabeth. Elizabeth que interpretatur Dei mei saturitas uel Dei mei septima,

14–15 Rom. 10, 10 **15–16** Ps. 108, 30

1–2 Nichil … anime. Cf. Guillelmus de Conchis, *Dragmaticon philosophiae*, II, 3, 4, ed. Italo Ronca, CCCM 152 (Turnhout: Brepols, 1997), 41: "Cum igitur hanc ad uolam manus … si tangit rem calidam, calefit; cum quo calore ad cerebrum, ubi est sedes animae — non quod ibi solum sit, sed quia ibi discernit — reuertitur, sicque in illo instrumento anima calorem percipit." **3** pulsare … cacumine. Boethius, *Philosophiae consolatio*, 2 (lib. I, 1, 2). **4–8** Tres … memoriam. Cf. Guillelmus de Conchis, *Dragmaticon philosophiae*, 240-41 (lib. VI, 18, 4-5): "In capite sunt tres cellulae: una in prora, altera in puppe, tertia in medio. Prima uero cellula dicitur phantastica, id est visualis, in ea enim anima uidet et intelligit… Media cellula dicitur logistica, id est rationalis, in ea enim discernit anima res uisas… Postrema cellula dicitur memorialis dicitur, quia in ea exercet anima memoriam." **10–11** Que … penetrabat. Cf. Boethius, *Philosophiae consolatio*, 2 (lib. I, 1, 2). **13–14** Thiel, 338. **17** Thiel, 297.

3 nunc] nunc vero *M*, ei *c*

a Sancto Theodorico, *De natura corporis et animae*, II, 88-89, ed. Paul Verdeyen, CCCM 88 (Turnhout: Brepols, 2003), 134: "Sicut etiam anima in administrationem uitae materialis quatuor uirtutibus utitur in singulis corporalis organi principalibus partibus appetitiua scilicet et contentiua, digestiua et expulsiua, sic administrationem rationalem quatuor exercet passionibus, spe scilicet et gaudio, timore et tristitia. Et sicut tota corporalis uitae natura tribus se agit uirtutibus, naturali uidelicet in hepate, spirituali in corde, animali in cerebro, sic spiritualis uel rationalis usus in tres se exerit potentias, scilicet rationalitatem, concupiscibilitatem, irascibilitatem."

laus est diuina de qua per Psalmistam dicitur Deo: *Septies in die laudem dixi tibi*, hoc est mane in laudibus, hora prima, tertia, sexta et nona in uesperis et completorio. Habet igitur hec laus septiformis diuersa fercula que dulcissima condit melodia. Senserat illorum dulcedinem qui ait: *Quam dulcia faucibus meis eloquia tua, super mel ori meo.* Et alibi dicit ea *dulcia super mel et fauum.* Diuersitas ista ferculorum: lex Moysi, psalmi, ymni, prophetie, sacre historie, euangelia et sanctorum patrum commenta. Ex hiis omnibus suauissimus cantus colligitur et sonis musicis conditur. Per quem dum Deus septies in die laudatur, laudantis anima mirifice saturatur. Huius celestis conuiuii non sentiunt saturitatem neque sacietatis suauitatem, qui in laude Dei ex consuetudine muti sunt et frequenter dormiunt, quibus psalmus de ore labitur, uel si quid ab aliis psallitur minus aduertitur. Nunquid saturari poterunt uix cibum gustantes, uel gustatum mox per nauseam reicientes? Nequaquam. Qui laborant clamando donec raucescant fauces, dignum est ut saturentur. *Circuibo*, inquit, *et immolabo in tabernaculo eius hostiam uociferationis, cantabo et psalmum dicam Domino.* Quidam sunt qui, aliis psallentibus, memoriam quidem apponunt, sed nimis sibi parcendo non psallunt. Alii sunt frequentius psallentes in ore, sed memoriam occupantes aliunde. In choro corpore, sed foris mente. Vtrique istorum uidentur diuortium facere inter Zachariam et Elizabeth, nec in eis Iohannes qui interpretatur gratia Dei siue in quo est gratia nascitur, quia pene impossibile est ut concipiat Elizabeth, id est laus diuina, nisi eam fecundet Zacharias, id est Dei memoria.

Iohannes significat hoc loco aliquid speciale donum, ut est dulcedo deuotionis uel munus contemplationis, quam contemplationem etiam quidam iustorum uix circa finem uite sue sentiunt. Omni quidem tempore satis feruentes, sed quantum ad hanc gratiam diu steriles. Audi Psalmistam in psalmo in persona ta||lium dicentem: *Memor fui Dei et delectatus sum et exercitatus sum, et* T1 *defecit spiritus meus.* Memoria Dei pertinet ad Zachariam, delectatio ad Elizabeth, exercitatio ad Iohannis, id est gratie, conceptionem, defectus spiritus ad

1–2 Ps. 118, 164 **4–5** Ps. 118, 103 **5** Ps. 18, 11 **13–14** Cf. Ps. 68, 4 **14–15** Ps. 26, 6 **27–28** Ps. 76, 4

18 In … mente. Cf. Hugo de Folieto, *De claustro animae*, II, 22, PL 176, col. 1080C: "In choro sunt corpore, sed in foro mente." **19–20** Thiel, 331.

2 et] *om. M c* **5** dulcia] dulciora *M* **12** minus] auditur *add. T1* **13** reicientes] proicintes *M* **17** in] *om. M* **18** occupantes] occupantes *T1 c* **20** gratia dei] dei gratia *M* **23** significat hoc loco] hoc loco significat *M c* **24** contemplationem] scilicet *add. M* **26** in psalmo] *om. M c* **27** et] *om. c* conteplationem per quam et Iohannes nascitur, quia sine augmento gratie non sentitur. Nec mireris me in prima omelia Elizabeth dixisse sensualitatem, quia sepe locus et tempus in Scripturis mutant intellectum spiritualem.

Et salutauit Elizabeth. Elizabeth salutat qui laude Dei saturari exoptat. Modus salutationis apud nos in nostro ydiomate talis esse solet: Deus te seruet.[45] Est enim sensus. Intrauit domum Zacharie et salutauit Elizabeth, id est memorata est Domini et saturata est suauitate illius, et ait ad illam, perceptam
33v uidelicet suauitatem: Dominus te seruet, subau||dis: in me, ut ueraciter dicere possim illud Prophete: *Benedicam Dominum in omni tempore, semper laus eius in ore meo.* Et pulchre dicitur Elizabeth fuisse *de filiabus Aaron,* quia ad illius familiam pertinebat laudare Dominum. Que et tipum gerebat presbiterorum, dyaconorum, subdyaconorum qui in sacris ordinibus constituti hodie deuote laudant Dominum in ecclesia.

Et factum est ut audiuit uocem salutacionis Marie Elizabeth, exultauit infans in utero eius. Congaudet gratia deuotioni cordis, similiter et angeli sancti. Visi sunt sepius angeli sancti astare et congratulari deuote psallentibus, et, quod gloriosius est, ipsa Regina angelorum. Visa est aliquando et hiis qui deuote cantabant benedictionem dare, alios uero, id est dormientes, quasi ignotos preterire. Angelos astare psallentibus Psalmista probat, cum ait: *In conspectu angelorum psallam tibi.* Item: *Preuenerunt principes,* id est angeli, *coniuncti psallentibus.* Non semper gratiam quam iusti sentiunt, uidere possunt, et hoc quamdiu Iohannes est in utero. Sepius sentitur presentia angelorum, cum tamen ipsi angeli minime uideantur. Vterus Elizabeth occultus et obscurus sensus est sacre Scripture, maxime psalmorum et prophetie. In quibus Iohannes, id est gratia Dei, concipitur, cum bene et plene intelligitur. Psallimus quotidie: *Veritas de*

4 Luc. 1, 40 9–10 Ps. 33, 2 10 Luc. 1, 5 14–15 Luc. 1, 41 19–20 Ps. 137, 1 20 Ps. 67, 26 123.25–124.1 Ps. 84, 12

24–25 Thiel, 331.

1 conteplationem] completionem *T1 c* 2 elizabeth] elizabetham *c* 10 elizabeth fuisse] fuisse elizabeth *c* 11 et] *om. M* 12 dyaconorum] leuitarum *T1 c* subdyaconorum] et ceterorum *add. M* 13 laudant dominum] dominum laudant *M* 16 angeli sancti] sancti angeli *M* 18 dormientes] dormitantes *M* 19 psalmista probat] probat psalmista *M*

[45] In all probability, the greeting formula 'Got beware *sb*' or 'got hüete *sb*'. Cf. Jesko Friedrich, *Phraseologisches Wörterbuch des Mittelhochdeutschen: Redensarten, Sprichwörter und andere feste Wortverbindungen in Texten von 1050-1350* (Tübingen: Niemeyer, 2006), 177-78.

terra orta est, et terra dedit fructum suum. Et in Ysaia: *Egredietur uirga de radice Yesse, et flos de radice eius ascendet.* Sed dum per uirgam intelligimus Mariam, per fructum et florem Saluatorem, Iohannes exultat in utero, id est spiritualis gratia de sensu obscuro, et hoc ad salutationem Marie, id est feruentis anime. Et merito infantis nomine hoc in loco exprimitur gratia que percipitur ex Scripturarum intelligentia, quia semper crescit et crescere potest in uia, donec perficiatur in patria. *Ibi omnes erimus docibiles Dei.*

Et repleta est Spiritu sancto Elizabeth. Quanto amplius mens in laude Dei saturatur et delectatur, tanto amplius ex illa repletur. Nec mirum si Spiritus sanctus qui replet omnia,[46] replet et uerba suo spiramine || prolata. *Et exclamauit uoce magna Elizabeth.* Vox magna uox est deuota et ex deuotionis feruore sonora. Elizabeth uoce magna clamat, cum spiritum laudantis Deum laus ipsa ad deuotionem excitat. Necesse est, ut uox Spiritus sancti per organum uocis erumpat et quasi de repleto uase cordis sursum ascendens per spiraculum oris exeat. Et est euidens signum, quod Spiritu sancto repletus sit qui libenter cantat et psallit.

Quid autem clamauit Elizabeth? *Benedicta tu in mulieribus.* Non ait: inter uirgines, hoc est inter deuotas mentes, sed inter mulieres, id est molles et desides, de qualibus scriptum est: *Melior est iniquitas uiri, quam benefaciens mulier.* Minus displicet Deo excessus feruentium, quam bona actio torpentium. Non quod in accidiosis et torpentibus possit esse actio bona, id est meritoria, et si bona uideatur in apparentia. Vnde Dominus in Apocalipsi uni talium dicit: *Vtinam esses calidus aut frigidus, sed quia tepidus es, incipiam te euomere de ore meo.* Cibus tepidus nauseam generat comedentibus, et monachus accidiosus quasi nausea est prope astantibus, necnon et sanctis angelis qui coniuncti sunt psallentibus. Si *maledictus est qui facit opus Dei fraudulenter,* id est negligenter, indeuote, sompnolenter, constat eum esse benedictum qui Deo seruit fideliter, deuote, uigilanter. Vigilantibus de||betur corona, non dormientibus. Vnde et bene subiungitur: *Et benedictus fructus uentris tui.* Fructum uentris singulariter

1 Ps. 66, 7 1–2 Is. 11, 1 7 Joan. 6, 45 8 Luc. 1, 41 9–10 Cf. Sap. 1, 7 10–11 Luc. 1, 42 17 Luc. 1, 42 19 Eccli. 42, 14 23–24 Apoc. 3, 15-16 26 Jer. 48,10 29 Luc. 1, 42

1 orta] *om. c* 2 per] terram et *add. M* 4 salutationem] saluacionem *c* 14–15 spiraculum oris] oris spiraculum *M* 15 exeat] nota *add. M* 18 inter] *om. M* 20 minus] quandoque *add. T1* displicet deo] deo displicet *M c* 23 euomere] uomere *M* 24 generat] prouocat *M c*

[46] Cf. *Vetus Latina,* 11, 1: 256.

benedicit, quia quodlibet opus uirtutis de corde procedit. *Bonus homo de bono thesauro cordis sui profert bonum,* et *non potest arbor bona facere fructum malum.*

Et unde hoc michi, ut mater Domini mei ueniat ad me? Nichil in creaturis excellentius mente humana. Secundum hanc homo factus est ad imaginem et similitudinem Dei. Hec Christi se ostendit esse matrem, si Patris illius fecerit uoluntatem. *Vnde hoc michi?* inquit. Quasi dicat: Omnia propter te facta sunt, omnia dicta, omnia scripta, tu uero facta es ut Deum cuius imago es cognoscas, laudes et eo fruaris. Tu mater Domini, ego donum Domini. Notandum etiam quod Elizabeth, cum fuerit inferior, non uenit ad Mariam, sed Maria festinasse dicitur ad illam. Quare hoc? Puto quod Deus ingrate menti sua munera non uult largiri neque dulcedine sue laudis satiari. Vult illam uenire per meritum, ut occurrere possit per premium. *Transite,* inquit, *ad me omnes qui concupiscitis me et a generationibus meis adimplemini. Spiritus meus super mel dulcis, et hereditas mea super mel et fauum. Qui edunt me adhuc esurient, et qui bibunt me adhuc sitient.* Vox est Elizabeth que interpretatur Dei mei saturitas. Et quia sapientia que hic loquitur mentem saturat, psallentibus per Prophetam dicitur:
17r *Psallite sapienter.* Sapientia a sapore nomen accepit. Et pulchre || adhuc Elizabeth interpretatur Dei mei septima, quia in donis Spiritus sancti septimum locum tenet sapientia, sursum ascendendo ordine naturali. *Ecce ex quo facta est uox salutationis tue in auribus meis, exultauit infans in gaudio in utero meo.* Sapientia est que dicit: *Delicie sunt michi esse cum filiis hominum.* De aduentu Marie ad Elizabeth et exultacione Iohannis superius dictum est.

Et beata que credidisti, quoniam perficientur ea que dicta sunt tibi a Domino. Sine fide impossibile est placere Deo. Ysaac fide conceptus est, per repromis-

1–2 Luc. 6, 45 **2** Matth. 7, 18 **3** Luc. 1,43 **4–5** Cf. Gen. 1, 27 **5–6** Cf. Matth. 12, 50 **6** Luc. 1,43 **12–15** Eccli. 24, 26-29 **17** Ps. 46, 8 **18–19** Cf. Is. 11, 2-3 **19–20** Luc. 1, 44 **21** Prov. 8, 31 **23** Luc. 1, 45 **24** Hebr. 11, 6 **125.24–126.1** Cf. Hebr. 11, 17

3–4 Nichil ... humana. Peter of Poitiers cites the maxim "Infra Deum nil maius est mente humana" with other auctoritates of Saint Augustine: Petrus Pictaviensis, *Sententiarum libri quinque*, III, 23, PL 211, col. 1102B. Cf. Augustinus Hipponensis, *De libero arbitrio* I, 10, 21, 74, ed. William M. Green, CCSL 29 (Turnhout: Brepols, 1970), 225: "Quare illud restat ut respondeas, si potest, utrum tibi uideatur rationali et sapienti mente quicquam esse praestantius. E(vodius). Nihil praeter deum arbitror." **15** Thiel, 297. **17** Sapientia ... accepit. Cf. Isidorus, *Etymologiae*, vol. 1 (Lib. X, 240). **17–18** Thiel, 297.

2 bonum] bona *M c* **3** mater domini mei ueniat] ueniat mater domini mei *M* **9** fuerit] sit *M* **10** quod] quia *M* **13** spiritus] enim *add. M* **20** infans in gaudio] in gaudio infans *M* **24** fide] per fidem *M*

sionem natus est. Rursum quia *fides sine operibus mortua est,* in hoc beata est anima, quod opere in ea perficitur quod fide concipitur.

Et ait Maria: Magnificat anima mea Dominum. Multum periculosa est ingratitudo, per quam et culpa reuertitur et gratia subtrahitur. Vnde pie mentis est semper Deo pro collatis beneficiis regratiari et dicere cum Maria: *Magnificat anima mea Dominum.* Cum anima sit res simplex et carens partibus, et esse uideatur idem quod mens, quomodo dicit Maria, id est mens, animam suam magnificare dominum? Puto esse aliquam differentiam inter mentem et animam, alioquin Saluator non diceret: *Diliges dominum Deum tuum ex toto corde et ex tota anima.* Hinc est quod animam diuidit quidam in tres partes, non essentialiter, sed propter diuersitatem officiorum, hoc est in mentem, in spiritum et eam que specialiter dicitur anima, scilicet sensualitatem. Propter hanc distinctionem etiam Apostolus dicit: *Psallam spiritu, psallam et mente.* Mens uero omnium que sunt in anima, est et dignitate sublimior et sublimitate integrior, omni affectu et effectu naturaliter capax, habens imaginem ipsius Dei, ut supra dictum est, in potentia cognoscendi et similitudinem in potentia diligendi. Ecce duo oculi quibus mens sancta dilectum contemplatur. Spiritus quasi duo habet brachia: imaginationem scilicet et eius effectum quibus etiam dormiendo dilectum complectitur. Anima quasi duos habet pedes: sensualitatem et sensum, || quibus ad ipsum graditur. Tunc recte graditur, si tantum licita appetit et illicita restringit. Talis incessus et si penam habet, culpa tamen M:

1 Jac. 2, 26 **3** Luc. 1, 46 **5–6** Luc. 1, 46 **9–10** Luc. 10, 27 **13** I Cor. 14, 15

6 anima ... partibus. Implied quote from: *Sententiae Petri Pictaviensis,* 2: 160 (lib. II, 20, ii, 1). The following is mainly based on this chapter (Qualis effectus fuit Adam per peccatum secundum animam; ubi etiam de potentiis animae agitur, prius de naturalibus, post de gratuitis) of the *Sententiae.* **10–13** Hinc ... mente. Cf. *Sententiae Petri Pictaviensis,* 2: 160-61 (lib II, 20, ii, 1): "Quidam ergo distinguunt animam in tres partes, scilicet mentem et spiritum et eam que specialiter dicitur anima, iuxta id quod legitur, Psallam spiritu, psallam et mente (I Cor. XIV)." **13–17** Mens ... diligendi. *Sententiae Petri Pictaviensis,* 2: 162 (almost verbatim). **17–20** Spiritus ... sensum. Cf. *Sententiae Petri Pictaviensis,* 2: 161: "... sicut homo exterior tres habet principales partes: supremam ut caput quod continet in se duos oculos, et mediam scilicet ventrem, et infimam scilicet duos pedes, ita homo interior tres habet principales partes: supremam scilicet mentem, que habet duos oculos, dilectionis et cognitionis; mediam scilicet spiritum, qui similiter in duo dividitur, in imaginationem et eius effectum; et infimam scilicet animam, que quasi duo pedes habet, sensualitatem et sensum."

3 est] *om. M* **8** esse aliquam] aliquam esse *M* **10** anima] tua *add. M* diuidit quidam] quidam diuidunt *M* **15** omni] omnium *T1* **21** culpa tamen] tamen culpa *M* caret. Sensualitas est potentia res corporales in semetipsis percipiendi, ut est aliquod corpus quod uisu percipimus. Sensus uero est potentia afficiendi ex rebus sensualitate perceptis, ut, uiso aliquo corpore, afficimur gaudio uel merore. Anima uero Dominum magnificat, cum motus inordinate surgentes refrenat. Sed Spiritus in Deo salutari exultat, cum sursum spirat celestia imaginando et in eis delectando.

Imaginatio est potentia percipiendi res corporales in imaginibus suis. Effectus eius potentia afficiendi ex rebus imaginatione perceptis. Imaginatio rationi deseruit et inter mentem et animam quasi media discurrit. Imaginari possumus et ea que uidimus et ea que non uidimus. Verbi gratia. Imaginari possumus domum aliquam quam uidimus in terris luteam, imaginari possumus dum || 17v libet domum quam non uidimus in celis auream. In qua, si uolumus, imaginamur diuersos ordines sanctorum et in medio stantem siue sedentem ipsum Sanctum sanctorum. In quibus dum mens gaudio afficitur et delectatur, *exultat spiritus eius in Deo salutari suo.* Causam exultationis exposuit, cum protinus subiunxit: *Quia respexit humilitatem ancille sue. Excelsus Dominus et humilia respicit et alta a longe cognoscit.* Respicit peccatores et illuminantur, iustos et consolantur. Respexit Petrum et lacrimatus est, Zacheum et exhilaratus est. Respicit sublimes et humiliantur, humiles et exaltantur. Occurrit hic quiddam memorie quod huic loco dignum duxi inserere.

Cuidam Saluator in uisu noctis apparere dignatus est sedens quasi in *sede maiestatis.* Cuius cum miraretur pulchritudinem et consideraret magnitudinem, uidit oculos eius moueri et se diligentissime intueri, deinde extensa dextera sibi dare benedictionem. Quam cum inclinato capite acciperet, tantum ex illa imaginatione spiritus eius concepit letitie, ut mirabiliter exultaret etiam uigilans in *Deo salutari suo.* Ecce ex respectu benedictio, ex benedictione exultatio.

Oculi Domini, sicut scriptum est, *multo plussunt lucidiores sole.* In sole splendor et calor. Splendore terra illuminatur, calore fecundatur. In oculis Domini

14–15 Luc. 1, 47 **16** Luc. 1, 48 **16–17** Ps. 137, 6 **17–18** Cf. Luc. 22, 61-62 **18** Cf. Luc. 19, 5-6 **18–19** Cf. Luc. 14, 11 **21–22** Matth. 19, 28 **26** Luc. 1, 47 **27** Eccli. 23, 28 Eccli. 23, 28

1–3 Sensualitas ... merore. Caesarius continues quoting from the same chapter of the *Sententiae Petri Pictaviensis*, 2: 161-62. **7–8** Imaginatio ... perceptis. *Sententiae Petri Pictaviensis*, 2: 162 (verbatim). **21–26** Exemplum 8.

2 afficiendi] *om. T1 c* **3** rebus] ex *add. M* **14** gaudio] *om. M* **21** inserere] exemplum *add. rubricam T1* **22** miraretur] consideraret *M* consideraret] miraretur *M* **27** sunt lucidiores] lucidiores sunt *M c*

splendor quo terra cordis nostri illuminatur per gratie infusionem, calor quo fecundatur per eiusdem gratie augmentationem. Huius uirtutis Anna sterilis non ignara orauit dicens: *Domine exercituum, si respiciens uideris afflictionem famule tue et recordatus fueris mei dederisque serue tue sexum uirilem, dabo eum Domino omnes dies uite eius.* Sperabat se ex respectu diuino fecundari, sicut et factum est. Vnde fecundata orauit dicens: *Exultauit cor meum in Domino* et cetera.

Hinc est quod beata Maria, cum intellexisset respexisse Dominum suam humilitatem, id est diuino partu se fecundatam, de sua beatitudine prophetauit dicens: *Ecce enim ex hoc,* subaudis: respectu uel ex hoc tempore quo me respexit, ut ipsum conciperem, *beatam me dicent omnes generationes.* Omnes generationes diuerse sunt uirtutes que procedunt ex una radice caritatis.[47] De hac numerosa generatione dicit ipsa Caritas que radix est sapientie: *Venite ad me omnes qui concupiscitis me et a generationibus meis ad||implemini.* Virtutes mentem implent et dignam reddunt uita eterna. Et quare te dicent beatam, o mens sancta? *Quia fecit michi magna qui potens est, et sanctum nomen eius.* Magnum est bonum et magnum Dei donum mentem illuminare, maius bonum illuminatam iustificare. Et quia eadem que facit Pater, facit et Filius, apte subiunxit: *et sanctum nomen eius.*

Sequitur: *Et misericordia eius a progenie in progenies.* Duplex est Dei circa nos misericordia: preueniens et subsequens.[48] Prima facit ut uirtutes habeantur, secunda ut perficiantur. Misericordia ista descendit uel potius ascendit a progenie, id est || de caritate, uel de qualibet uirtute in progenies, id est ad motus uirtutum ex quibus habetur meritum. Non ipsis uirtutibus, sed motu uirtutum meremur. Et notandum quod a singulari incipit et in plurali concludit, quia licet omnis uirtus sit qualitas simplex,[49] efficitur tamen in suo motu multiplex. Verbi gratia. Cum sit caritas in se simplex et uirtus una, mouetur tamen ad diuersa: nunc ad Deum, nunc ad proximum, nunc ad amicum, nunc

3–5 I Reg. 1, 11 **6** I Reg. 2, 1 **10–11** Luc. 1, 48 **13–14** Eccli. 24, 26 **16** Luc. 1, 49 **19** Luc. 1, 49 **20** Luc. 1, 50

1 per gratie infusionem] *om. T1 c* **6–7** et cetera] *om. M* **8** dominum] *om. T1* **23** de] uirtute scilicet *add. M* ad] *om. M*

[47] The notion of the root of charity goes back to Saint Augustine, see: Agustinus Hipponensis, *In Epistolam Ioannis ad Parthos tractatus X*, VI, 6, ed. Paul Agaësse, Sources chrétiennes 75 (Paris: Cerf, 1961), 288: "Non erat in Paulo radix illa caritatis, unde omnes boni fructus procedebant?"
[48] On the distinction between various kinds of grace (mercy), see the note 8, p. 81.
[49] Caesarius talks about it above, see note 40, p. 116.

ad inimicum. Et bene additum est: *Timentibus eum*, quia timor caritatem inducit, incendit et perficit. Inductio seruili, incensio timori attribuitur initiali, perfectio filiali. *Radix sapientie timor Domini, rami eius longeui.* Timor Domini sanctus, id est filialis, comitatur per omnes gradus perfecte caritatis[50] et lineas affinitatis. *Rami eius longeui*, quia *permanet in seculum seculi. Timor Domini sicut paradisus benedictionis.*

Sequitur: *Fecit potentiam in brachio suo.* Magna fuit Dei potentia, ut Christus conciperetur in utero uirginis, nec minoris uidetur potentie quod quotidie concipitur in mente peccatoris. Vt dicit auctoritas: Deus potest creare hominem sine se, sed non potest eum iustificare sine se. *Dispersit superbos mente cordis sui.* Non dicit simpliciter superbos, sed superbos corde, id est uoluntate cordis sui. Quidam superbi apparent exterius, qui tamen humiles sunt intus. Alii foris apparent humiles habitu, uerbis et actu, sed superbi sunt mente, quales sunt ypocrite qui sunt *tanquam puluis quem proicit uentus a facie terre.* Puluis siccus est, sterilis est, flante uento mouetur et in aera leuatur, per diuersa loca spargitur donec deficiat. Huic similantur superbi qui sicci sunt ab humore gratie et steriles ab opere iustitie, cito mouentur ad flatum adulationis et sursum leuantur per inania elationis, per diuersa sparguntur loca, ruentes de uitio in uitium, donec *dispereat de terra memoria eorum.*

Sepissime etiam in bonis quandoque adulatio causa est superbie, superbia causa ruine. Deus non est autor uitiorum, sed ultor. Quos superbia spargit per diuersitatem uitiorum, Deus disperget per diuersitatem penarum. Nonnun-

1 Luc. 1, 50 **3** Eccli. 1, 25 **5** Eccli. 1, 25 Ps. 18, 10 **5–6** Eccli. 40, 28 **7** Luc. 1, 51 **10–11** Luc. 1, 51 **14–15** Ps. 1, 4 **19** Ps. 108, 15

2–3 Inductio … filiali. Petrus Pictaviensis, *Sententiarum libri quinque*, III, 19, PL 211, col. 1087 A-B: "Sic igitur habemus quatuor species timoris. Est enim mundanus qui malus est, qui retrahit a charitate. Servilis qui bonus est, non meritorius, sed utilis, quia introducit ad charitatem. Initialis qui habetur cum imperfecta charitate. Filialis qui habetur cum perfecta charitate." **9–10** Deus … se. Augustinus Hipponensis, *Sermones de Scripturis*, CLXIX, cap. XI, 13, PL 38, col. 923: "Qui ergo fecit te sine te, non te iustificat sine te." **21** Deus … ultor. Expression often used by pre-scholastic authors, going back to: Augustinus Hipponensis, *De libero arbitrio*, 281 (lib. III, iv, II, 40): "Quorum autem non est malus auctor, iustus est ultor."

2 timori attribuitur] attribuitur timori *M* **9–10** creare hominem] hominem creare *M* **16** diuersa] diuisa *c* **18** elationis] et *add. M*

[50] On the degrees of perfection of charity, see: Petrus Pictavensis, *Sententiarum libri quinque*, III, 25 (De perfectione et imperfectione charitatis), PL 211, cols. 1115C-1125D.

quam etiam in presenti peccatum peccato punit. Vnde et subditur: *Deposuit potentes de sede. Qui se humiliat exaltabitur, et qui se exaltat humiliabitur.* Vnde rursum scriptum est: *Superbum sequitur humilitas, et humilem spiritum suscipiet gloria.* Potentes: hoc loco designantur superbi. Luciferum de sede celesti superbia deposuit, et ad eandem Mariam humilitas exaltauit. Hinc est quod poeta dicit: Scandunt celsa humiles, traduntur ad ima feroces. Sedes gratie quies est anime. De qua deponuntur qui ad peccandum sunt potentes, et exaltantur humiles, id est peccare timentes, ut sic de sede gratie prouehantur ad *sedem glorie. Esurientes impleuit bonis* || *et diuites dimisit inanes.* Esurientes sunt deuoti in M: uirtutibus feruentes et in eisdem semper augeri desiderantes. Diuites sunt indeuoti in uirtutum operibus tepen||tes et commoda temporalia spiritualibus T1: preferentes. Esuriens fuit publicanus qui ait: *Deus propitius esto michi peccatori.* Diues phariseus qui, enumeratis uirtutibus suis, aiebat: *Gratias tibi ago, Domine, quia non sum sicut ceteri hominum, et cetera.* Hunc Dominus propter superbiam uirtutibus inanem dimisit, illum propter humilitatem bonis impleuit.

Suscepit Israel puerum suum. Israel prius dictus est Iacob, postea Israel. Primum nomen meriti, secundum uidetur esse premii. Vt esse quis ualeat Dei contemplator, prius esse studeat uitiorum supplantator. Iacob interpretatur luctator uel supplantator, Israel uir uidens Deum. Contemplatiuum Deus in amplexus suos suscipit, quia in illius desiderio requiescit. Et pulchre additum est: *puerum suum,* quia gratia contemplationis summam puritatem humilitatemque requirit. *Recordatus,* inquit, *misericordie sue.* Ex misericordia Deus peccatorem illuminat, sed eiusdem misericordie recordatur, dum eum quem congredientem suscipit, sue uisionis participem efficit, ita ut cum eodem Iacob uel potius Israel dicere possit: *Vidi Dominum facie ad faciem, et salua facta est anima mea.*

1–2 Luc. 18, 14 **3–4** Prov. 29, 23 **8** Eccli. 47, 13 **9** Luc. 1, 53 **12–13** Luc. 18, 13 **13–14** Luc. 18, 11 **16** Luc. 1, 54 **21** Luc. 1, 54 **22** Luc. 1, 54 **25** Gen. 32, 30

6 Scandunt … feroces. Prudentius, *Psychomachia*, 290 in *Aurelii Prudentii Clementis Carmina*, ed. Maurice Cunningham, CCSL 126 (Turnhout: Brepols, 1966), 160. **18–19** Thiel, 320-21. **19** Thiel, 336-37.

1 peccatum peccato] peccato peccatum *M* et] bene *M* **2** se humiliat exaltabitur et qui se exaltat humiliabitur] se exaltat humiliabitur, et qui se humiliat, exaltabitur. *M* **4–5** de sede celesti superbia] superbia de sede celesti *M c* **11** uirtutum operibus] operibus uirtutum *M c* **13** diues] erat *add. M* **16** postea] deinde *M c* **17** uidetur esse] esse uidetur *c* esse quis] quis esse *M* **18–19** luctator uel] *om. M* **19–20** amplexus suos] suos amplexus *M* **23** quem] secum *add. M c*

Sequitur: *Sicut locutus est ad patres nostros, Abraham et semini eius in secula.* Patres sanctarum mentium sunt fides, spes et caritas quarum semen innumerabile est, sicut arena maris. Tres iste uirtutes patriarchatum tenent inter ceteras uirtutes. Abraham qui prima uia credentium fuit, fides est, Ysaac qui *contra spem in spe* conceptus est, spes est, Iacob de quo dicitur Iacob dilexi,[51] caritas est. Et sicut de semine illorum trium patrum Christus conceptus est in Virgine corporaliter, ita in istarum trium uirtutum concipitur in mente spiritualiter. Et quia in seculum, id est quam diu stat hoc seculum, durat hec spiritualis conceptio, ideo ad has principales uirtutes Deus loqui, eas scilicet inspirando, dicitur in secula.

Mansit autem Maria cum illa, uidelicet Elizabeth, quasi *mensibus tribus et reuersa est in domum suam.* Elizabeth que interpretatur Dei mei saturitas uel Dei mei septima est laus Dei diurna in septem horas canonicas diuisa, apud quam Maria, id est psallentis mens, tribus mensibus debet habitare, ut perfecte frui debeat illius saturitate. Ternarius perfectus est numerus, quia inter omnes numeros principium, medium et finem habet primus.[52] Mensis etiam significat perfectionem, secundum illud Ysaie: *Et erit mensis ex mense.*

Hoc autem quod sequitur: *Et reuersa est in domum suam,* referendum est ad mortem carnis per quam electa anima reuertitur ad domum eternitatis. De

1 Luc. 1, 55 **2–3** Cf. Hebr. 11, 12 **4–5** Rom. 4, 18 **9–10** Cf. Luc. 1, 55 **11** Luc. 1, 56 **11–12** Luc. 1, 56 **17** Is. 66, 23 **18** Luc. 1, 56

4–6 Abraham ... caritas est. Cf. Petrus Pictaviensis, *Sententiarum libri quinque,* III, 29, PL 211, col. 1133A: "Item super Matthaeum habetur, quod Abraham, Isaac et Iacob, significant fidem, spem et charitatem, et quod fides genuit et spem, et charitatem." Cf. also: *Glossa Ordinaria super Matthaeum,* I, in *Biblia Latina cum Glossa Ordinaria,* 4, f. 920ra (interlinear glosses). The expression *prima via credentium* goes back to: Prudentius, *Psychomachia,* 149 (l.1-2): "Senex fidelis prima credendi uia / Abram ..." **12–13** Thiel, 297.

2 et] *om. M* **4** uia credentium] credentium uia *M* **11–12** et reuersa est in domum suam] *om. c* **15** debeat] ualeat *M*

[51] Sic. There is apparently a confusion with Gen. 37, 3: "Israël (Iacob) autem diligebat Joseph super omnes filios suos." This quote opens in the prologue to the homilies for the feasts of Saints (the third part of the *Moralitates euangeliorum* by Caesarius).

[52] The idea of the perfection of the number three is common in Christian arithmology. Cf., for example, Augustinus Hipponensis, *De musica,* I, xii, 20, PL 32, col. 1095: "Quare in ternario numero quandam esse perfectionem vides, quia totus est: habet enim principium, medium et finem." For more details, see: *Traités du XIIe siècle sur la symbolique des nombres, Geoffroy d'Auxerre et Thibault de Langres,* 50 (note 4).

qua per Salomonem dicitur: *Excelsa quoque timebunt et formidabunt in uia, florebit amigdalus, impinguabitur locusta, et dissipabitur capparis, quando ibit homo in domum eternitatis sue.* Domus electorum celestis est patria uel potius ipsa Ecclesia militans de qua scriptum est: *Domus autem cum edificaretur, de lapidibus dolatis atque perfectis edificata est.* Nullus || ibi imperfectus inuenietur, quia, ut T1: ait Ysaias: *Non erit ibi amplius infans dierum et senex qui non impleat dies suos.* In fine mundi, cum puluis reuertetur ad puluerem *et corruptabile hoc induerit incorruptelam,* tunc anime singulorum reuertentur in domos suas in quibus militauerunt et cum triumpho et gloria *ibunt in domos eternitatis sue,* implebiturque in eis quod scriptum est: *Beati || qui habitant in domo tua, Domine, in secula* M: *seculorum laudabunt te.* Quo nos perducat Ihesus Christus Dominus noster qui cum Patre et Spiritu sancto uiuit et regnat in secula seculorum. Amen.

1–3 Eccle. 12, 5 **4–5** III Reg. 6, 7 **6** Is. 65, 20 **7** Cf. Gen. 3, 19 **7–8** I Cor. 15, 53 **9** Eccle. 12, 5 **10–11** Ps. 83, 5

12 amen] explicit omelia tertia. *add. M*

In uigilia natalis Domini. Secundum Matheum.

Cum esset desponsata mater eius Maria Ioseph, antequam conuenirent, inuenta est in utero habens de Spiritu sancto. Et reliqua.

Omelia de eadem lectione.

Ex antedictis habemus que sit Maria, quis Ioseph, quis modus uel ordo desponsationis. Sicut in omelia prima dictum est, Ioseph iustus desponsatur Marie, cum uirtus iustitie menti infunditur humane. Sed tunc primum mens eidem uirtuti cohabitare dicitur, cum circa illius amorem afficitur. Et fit plerumque ut post desponsationem, id est infusionem, motum iustitie preueniat motus misericordie. Iustitie est culpam punire, misericordie peccanti parcere. Illa dicit: *Recte iudicate, filii hominum.* Ista uero: *Estote misericordes, sicut Pater uester celestis misericors est.* Item: *Beati misericordes, quoniam ipsi misericordiam consequentur.* Et illud: *Iudicium sine misericordia ei qui non fecerit misericordiam.* Quod misericordia iudicium debeat precedere, habemus exemplum satis manifestum in nostro Redemptore. Mulierem in adulterio deprehensam suoque iudicio presentatam non ex iustitia dampnauit, sed ex misericordia liberauit. Vnde subiecti non facile debent iudicare prelatos suos, si uiderint eos quandoque culpis delinquentium parcere et non condigna satisfactione corrigere, maxime cum ignorant Mariam, id est mentem illorum, de Spiritu sancto impregnatam, scilicet motu misericordie fecundatam. Sicuti Patri potentia et Filio sapientia, ita Spiritui sancto attribuitur amor, benignitas, misericordia. Culpam subditorum dissimulare ex timore siue amore uel negligentia graue peccatum est, nec est ille motus de Spiritu sancto, sed magis de adulterio. Dominus dum ex misericordia infirmos sabbato curaret, dicebant scribe et pharisei: *Quia*

2–3 Matth. 1, 18 11 Ps. 57, 2 11–12 Luc. 6, 36 12–13 Matth. 5, 7 13 Jac. 2, 13 15–16 Cf. Joan. 8, 2-11 133.24–134.1 Joan. 9, 16

20–21 Sicuti … misericordia. Cf. *Sententiae Petri Pictaviensis*, 1: 266 (lib. I, 19): "In aliis etiam locutionibus nomina essentiae saepe ad significationes inveniuntur deducta, ut potentia Patri, sapientia Filio, bonitas vel dilectio Spiritui S. attribuitur."

1 in uigilia natalis domini secundum matheum] incipit omelia quarta *M* matheum] iiii *add. in marg. T1*, cap.1 *add. c* 3 et reliqua] *om. M* 4 omelia de eadem lectione] *om. M* 17 debent iudicare] iudicare debent *c*, iudicare *M* 20 et] *om. M* 23 magis] *om. M* 24 dum] cum *M c*

homo hic a Deo non est qui sabbatum non custodit. Putabant adulterinum fuisse illum motum diuine misericordie et omnino contrarium motui iustitie.

Ioseph, inquit, *uir eius cum esset iustus.* Cum innumerabiles uirtutes in anima sint, ad hoc omnes student, ut mentem iustificent. Vnde et ipsa uirtus iustitie que inter uirtutes cardinales primatum tenet, specialiter uir anime dici potest. Vir, quia uirtus. Vir iustitia non immerito dicitur, quia contra uitium uiriliter nititur. Et bene Ioseph nomine honoratur, quia semper crescit et augmentatur. Scriptum est enim: *Filius accrescens Ioseph,* || *filius accrescens.* *Cum* T1: *esset,* inquit, *iustus et nollet eam traducere, uoluit occulte dimittere.* Noluit eam traducere, hoc est in sua ducere ex nimia humilitate, noluit aperte dimittere, ne penis exponeret innoxiam quasi ex crudelitate. Ita a sanctis exponitur. Sic iustitia quandoque non uult mentem traducere, id est differt motum conceptum in actum producere, motu digniori superueniente. Vbique pene in textu sacre Scripture misericordia anteponitur iustitie. Vnde est illud: *Misericordia et ueritas obuiauerunt sibi.* Et ibi: *Misericordiam et iudicium cantabo tibi, Domine.* In alio loco: *Misericordia et ueritas precedent faciem tuam.* Nec mirum, quia *misericordia Domini plena est terra, misericordia eius super omnia opera eius.* Vnde et oleo comparatur quod ceteris liquoribus infusum semper superenatat. Non tamen uult || eam iustitia, id est mentem, aperte dimittere, ne iam ream exponat M: uindicte. Mox enim ut mens a iustitia deseritur, mortali peccato quasi adulterio

3 Matth. 1, 19 **8** Gen. 49, 22 **8–9** Matth. 1, 19 **14–15** Ps. 84, 11 **15** Ps. 100, 1 **16** Ps. 88, 15 **16–17** Ps. 144, 9

6 Vir … uirtus. Isidorus *Etymologiae*, vol. 1 (Lib. X, litt. V, 274). **9–11** Noluit … exponitur. Cf. Bernardus Claraevallensis, *In laudibus Virginis Matris*, Homilia II, 14, in *Sancti Bernardi opera*, 4: 31-32: "Ita ergo et Ioseph indignum et peccatorem se reputans, dicebat intra se a tali et tanta non debere sibi ultra familiare praestari contubernium, cuius supra se mirabilem expavescebat dignitatem…. Merito ergo vir iustus, ne aut mentiri, aut diffamare cogeretur innoxiam, occulte voluit dimittere eam." **18** oleo … superenatat. Fairly common comparison of mercy with the oil rising to the surface of the water, see, for example: Bernardus Claraevallensis, *Sermones in Cantica canticorum*, XVI, 15, in *Sancti Bernardi opera*, vol. 1, *Sermones super cantica canticorum, 1 - 35*, ed. Jean Leclercq, Charles H. Talbot and Henri-Marie Rochais (Rome: Ed. Cistercienses, 1957), 97.

2 illum motum] motum illum *M* **4** hoc] tamen *add. M* **5** inter uirtutes cardinales primatum tenet] primatum tenet inter uirtutes cardinales *M* **15** domine] item *add. M c* **16–17** misericordia domini plena est terra] *om. M* **17** eius] domini *M* **18** semper] *om. M* **19** id est] scilicet *M* **20** adulterio] adultera *M*

subicitur. Vnde uoluit eam occulte dimittere dignum iudicans, superueniente motu misericordie, proprium motum interim debere quiescere.

Hec eo cogitante, scilicet ut a proprio motu prorsus quiesceret et motui misericordie deferret, *ecce angelus Domini in sompnis apparuit ei dicens: Ioseph fili Dauid, noli timere accipere Mariam coniugem tuam.* Angelus iste uidetur esse uirtus temperantie que per Ecclesiasten dicit: *Ne sis iustus multum*, id est nimis. Item in Ecclesiastico: *Est iustus qui nimis se submittit ex nimia humilitate.*[53] Omne quod est nimium, uertitur in uitium. Ideo quidam dixit: Medium tenuere beati. Virtus cum mensuram propriam transcendit, uirtutis nomen amittit. *Noli*, inquit, *dimittere Mariam coniungem tuam.* Vide ne propter misericordiam menti subtrahas iustitiam. Vna uirtus sine altera Deo placere non potest, nec uirtus dicenda est. Sicut sponsus coniungitur sponse, ut eam fecundet et ex illa prolem gignat, ita uirtus coniungitur menti, ut eam iustificet atque ex ea fructum faciat.

Sequitur: *Quod enim in ea natum est, de spiritu sancto est.* Licet Dei filius non solum in Virgine, sed et de Virgine, id est de Virginis carne, natus sit, magis tamen congruit moralitati quod dictum est ab angelo: *Quod enim natum est in ea.* Gratia uel uirtus de mente non nascitur, sed in mente concipitur, alioquin non diceretur gratia, id est gratis data. In mente nascitur simul et concipitur per uoluntatem et prodit in lucem per operationem. De mente nascuntur motus

3–5 Matth. 1, 20 **6** Eccle. 7, 17 **7** Eccli. 19, 24 **10** Matth. 1, 20 **15** Matth. 1, 20 **17–18** Matth. 1, 20

8–9 Medium ... beati. Walther, *Proverbia*, nr. 14571. **19** non ... data. Cf. Augustinus Hipponensis, *Enarrationes in Psalmos LI-C*, LXX, s. ii, 1, CCSL 39, ed. Eligius Dekkers and Johannes Fraipon (Turnhout: Brepols, 1956), 959: "Gratia gratis data est: nam nisi gratis esset, gratia non esset."

7 iustus] quis *add. T1* **11** menti subtrahas] subtrahas menti *M* **18** uirtus] motus *T1 c*

[53] Expression attested in the *Vetus latina*, 11/2:557.

naturales. Sicut due fuerunt Christi natiuitates: una in utero et altera ex utero, ita et gratie. Prima eius natiuitas est in boni deliberatione, secunda in boni operis exhibitione. Prima occulta, secunda manifesta. Et est utraque natiuitas non aliunde nisi a Spiritu sancto, et utrumque donum Dei est: et uelle bonum, et facere bonum. Et notandum quod misereri non est motus Spiritus sancti, sicut idem Spiritus || sanctus non est pater Christi, cum tamen misereri sit a Spiritu sancto. Virtus uel motus uirtutis creatura est, et ideo differt ab illa increata essentia que tam simplicis nature est, ut nichil in ea sit quod ipsa non sit. Et cum uirtus infusa non sit de Spiritus sancti substantia, procedit tamen de illius potentia, quia ipso auctore fiunt omnia.[54] Vnde: Stabilisque manens dat cuncta moueri.

Et beata immo ter beata est anima illa, cui iure dicitur hoc quod sequitur: *Paries quidem filium et uocabis nomen eius Ihesum.* Beata concipiendo, beata par-

4–5 Cf. Phil. 2, 13 13 Luc. 1, 31

1 Sicut ... utero. Cf. Petrus Pictaviensis, *Sententiarum libri quinque*, IV, 4, PL 211, col. 1163B: "Conceptio igitur sive prima nativitas primum est opus nostrae salutis cooperativum. Prima nativitas ideo dico, quia duplex est hominis nativitas corporalis: una est in utero, quando anima infunditur; unde: Quod natum est in te Sanctum vocabitur Filius Dei (Luc. I). Altera ex utero quando in lucem homo editur, de qua dicitur: Puer natus est nobis (Isa. IX), etc." The idea of the the double birth of Christ was expressed, for example, in: Augustinus Hipponensis, *Sermones de tempore*, CXC, In Natali Domini, VII, ii, 2, PL 38, col. 1007; Hugo de Sancto Victore, *Quaestiones in Epistolas Pauli*, In epistolam ad Romanos, qu.8, PL 175, col. 434B; Petrus Lombardus, *Sententiae in IV libris distinctae*, lib. III, viii, 2 (27), vol. 2, ed. Ignatius Brady (Grottaferrata: Collegii S. Bonaventurae ad Claras Aquas, 1981), 67-68. 10–11 Stabilisque ... moueri. Boethius, *Philosophiae consolatio*, 51 (lib. III, 9, m. IX, 3).

4 et] quia *M* 7 differt] differunt *T1 c* 8 ut] quod *M* 11 dat] das *M* 12 immo] et *M*

[54] Probably an echo of the discussion around the identification of the virtue of charity with the Holy Spirit, characteristic of the school of Peter Lombard. Philip the Chancellor, opposing it, said: "... distingui potest caritas increata, que Deus est, et creata, que Deus non est" (cited in Landgraf, *Dogmengeschichte*, 1,1:233. For more details on this discussion, see: Ibid., p. 220-237 (Caritas und Heiliger Geist). The formulation of the doctrine of the perfect simplicity of the divine essence, close to that used by Caesarius, is found in the work of Saint Bernard: Bernardus Claraevallensis, *Sermones in Cantica canticorum*, LXXX, 8, *Santi Bernardi opera*, vol. 2, *Sermones super cantica canticorum, 36 - 86*, ed. Jean Leclercq, Charles H. Talbot and Henri-Marie Rochais (Rome: Editiones Cistercienses, 1958), 282: "(Fulgentius) qui veracissime de veritate loqueretur, qui pie catholiceque sentiret de vera et mera divinae simplicitate substantiae, in qua nihil esse possit quod ipsa non sit, et ipsa Deus."

turiendo, beata generando. Econtra maledicta predicatur sterilis in Israel. Hiis uerbis non maledicitur uirgo, sed uirum habens et fructum ex eo non faciens. Vir anime fidelis predicator est siue auctor ipsius uerbi Spiritus sanctus a quo fecundatur. Quod si uerbum Dei anima audierit aliquidque ex illo retinuerit quod ei predicationis uoce salubriter intimatur, diuinus partus in eius mente animatur. Parit uero, cum quod aure percipit et bene deliberando parturit, foris in opere ostendit. Caueat tamen, ne abortiuum faciat. Quod plerumque fit, si Dei uoluntatem in lectione frequenter audiens nullos ex ea fructus facit. *Terra,*
37r ut dicit Apostolus, *sepe super se uenientem bibit ymbrem et proferens spinas ac* || *tribulos reproba est et maledicto proxima.* Multo tamen melius est et, ut uerius dicam, minus malum abortiri, quam matricidam gignere. Qui elemosinam siue opus quodlibet quod de genere bonorum est, causa inanis glorie actitare dinoscitur, a proprio filio crudeliter interficitur. Talis filius non potest uocari Ihesus qui interpretatur Saluator uel salutare, quia non liberat a peccato, immo peccatum inducit et caritatem, si in mente fuerit, interficit. De hac miserabili natiuitate per Iob dicitur: *Pereat dies in qua natus sum.* Partus huius diei speciem tenet uipere que matrem in egressu occidit. Vnde et subiunxit. *Nec computetur in diebus anni.*

Ne autem uidear inuentor esse nouorum in huiusmodi expositionibus et recedere a uestigiis Patrum, proponendus est beatus Augustinus qui in quodam

8–10 Hebr. 6, 7-8 **16** Job. 3, 3 **17–18** Job. 3, 6

1 Econtra ...Israel. Cf. Ex 23, 26 and Deut 7, 14. The expression *Maledicta sterilis in Israël* is found in: Bernardus Claraevallensis, *In laudibus Virginis Matris*, Homilia III, 7, in *Sancti Bernardi opera* 4: 40: "Benedicta, inquam, tu in mulieribus, quae illam generalem maledictionem evasisti, qua dictum est: In tristitia paries filios, et nihilominus illam, qua secutum est, Maledicta sterilis in Israel." For more details on the origins of this expression see the appendix to the edition of the Homilies on Genesis of Origen: *Homélies sur la Genèse*, ed. Louis Doutreleau, Sources Chrétiennes 7 (Paris: Cerf, 1976), 395-97 (cf. Hom. in Genesim, XI, 1, p. 278: "Secundum hoc puto quod in lege caelebs et sterilis maledicto subiacet; dicit enim: Maledictus qui non reliquerit semen in Israhel"). 13–14 Thiel, 328-29. 17 uipere ... occidit. Cf. Isidorus, *Etymologiae*, vol. 2 (lib. XII, 4, 10-11).

2 et fructum ex eo non] nec ex eo fructum *M*, nec fructum ex eo *c* 4 retinuerit] filium ex auditu concipit. mox autem ut facere deliberauerit *add. M* 5 predicationis] predicatoris *M* 6 parturit] percurrit *M* 8 lectione] siue in predicatione *add. M* 9 bibit] bibens *M* ac] et *M* 10 maledicto] maledictioni *M* et ut] ut et *c* 15 in mente fuerit] fuerit in mente *M*

sermone de Christi natiuitate sic dicit: Ecce, fratres carissimi, adest exoptatissimus dies quo nobis hodie natus est Dominus, et ideo, ipso inspirante et adiuuante, paremus illi in cordibus nostris diuersorium, obsequia meritorum, paremus cunabula morum floribus et perpetua odorum suauitate uernantia. Suscipiamus in pectoribus nostris paruulum Dominum, ibi crescat, ibi fide nutritus ad iuuentutis robur per etatis gradus ascendat, ibi uirtutes que recitantur per euangelium operetur. Inueniat ibi quem illuminet cecum, inueniat claudum cui gressum restituat et sine offensione in uiam ueritatis inducat, inueniat in cubiculo mortuum, inueniat funus elatum, inueniat etiam fetens cadauer quod de sepulchro pius suscitator educat. Facit enim hoc in uiuentibus quod fecit in mortuis et cetera.

|| T1: Et bene angelus cum dixisset: *Pariet autem filium et uocabis nomen eius Ihesum,* uirtutem nominis et causam exposuit, cum protinus subiunxit: *Ipse enim saluum faciet populum suum a peccatis eorum.* Valde signanter posuit nomen collectiuum, id est populum, quia Ihesus per gratiam suam non solum in uno, sed in multis simul nascitur, secundum quod Apostolus dicit: *Filioli mei quos iterum parturio, donec formetur in uobis Christus.* Ipse populum suum saluet a peccatis eorum, quia secundum nomen eius ita et opus eius. Sine cuius gratia nemo liber erit a culpa, secundum quod ipse Iudeis quodam in loco dicit: *Si uos Filius liberauerit, uere liberi eritis.* De cuius spirituali natiuitate plenius tractandum est in sequenti sermone, ipso adiuuante qui cum Patre et Spiritu sancto uiuit et regnat per immortalia secula seculorum. Amen.

12–13 Matth. 1,21 **13–14** Matth. 1, 21 **16–17** Gal. 4, 19 **19–20** Joan. 8, 36

1–11 Ecce … cetera. Caesarius Arelatensis, *Sermones,* De Nativitate Domini CXC, ed. Germain Morin, CCSL 104 (Turnhout: Brepols, 1953), 775. Medieval tradition attributes this sermon to Augustine. On the new attribution to Caesarius of Arles, see commentary on p. 775 of the cited edition. **18** secundum … eius. Cf. Ps 47, 11 et Jer 14, 7. Expression often used by medieval authors, see, for example: Aelredus Rievallensis, *Sermones de tempore,* XII, 16, in *Opera omnia II,* ed. Anselm Hoste, CCCM 2a (Turnhout: Brepols, 1989), 101; or Helinandus Frigidi Montis, *Sermones,* Sermo VII In purificatione B. Mariae, II, PL 212, col. 536B.

4 et] *om. T1 c* **9** inueniat] *om. M* **12** pariet] paries *c* **15** collectiuum] collectionum *M* **19** erit] esse poterit *M* **22** amen] secundum matheum. liber generationis ihesu christi filii dauid filii abraham. secundum iohannem. in principio erat uerbum, et uerbum erat apud deum, et deus erat uerbum. et reliqua. quere cum suis omeliis in de sanctis. *add. T1,* explicit omelia quarta. *add. M*

In prima missa in nocte natalis Domini. Secundum Lucam.

Factum est in diebus illis, exiit edictum ab Augusto Cesare, ut describeretur uniuersus orbis. Hec descriptio prima facta est a preside Syrie Cyrino. Et reliqua.

Omelia de eadem lectione.

Nota sunt ista secundum historiam, sufficienter exposita secundum allegoriam, sed minus usitata secundum intellectum moralem. Augustus Cesar qui monarchiam totius orbis tenebat, Deum patrem designat de cuius potentia Psalmista clamat dicens: *Domini est terra et plenitudo eius, orbis terrarum et uniuersi qui habitant in eo.* Orbis terrarum tropologice designat corpus humanum ad similitudinem orbis creatum. Totidem enim constat humoribus, quot mundus elementis, imitantibus eisdem humoribus modum uel qualitatem tam elementorum, quam temporum. Verbi gratia. Sanguis in homine humidus et calidus in elementis aeri, in temporibus assimilatur ueri. Colera rubea in homine sicca et calida in elementis igni, in temporibus concordat estati. Melan-
37v colia in homine frigi||da et sicca in elementis terre, in temporibus confertur autumno. Flegma in homine humidum et frigidum in elementis aque, in temporibus hyemi consonat. Porro quatuor complexionibus, quatuor elementis, quatuor temporibus concordant quatuor etates uite humane, quinque sensus corporei, quatuor climata mundi. Verbi gratia. Veri cuius est initium octauo kalendas Martii concordant aer, sanguis, pueritia, auditus, odoratus, oriens. Estati cuius initium est kalendas Iunii concordant ignis, colera, adolescentia, uisus, meridies. Autumno qui incipit octauo kalendas Septembris concordant terra, melancolia, iuuentus, tactus, occidens. Hyemi cuius caput est in octauo kalendas Decembris concordant aqua, flegma, senectus, gustus, septen-

2–3 Luc. 2, 1-2 **8–9** Ps. 23, 1

10–17 Totidem ... consonat. Cf. Johannitius, *Isagoge ad Techne Galieni*, 151 (3 De IV elementis), 152 (5 De compositionibus), 157 (28 De quattuor temporibus anni). Cf. also Hugo de Folieto, *De medicina animae*, II, PL 176, cols. 1184C-1185A. On the interest shown by Cistercians in the work of Hugh, see: Rémy Cordonnier, "Des oiseaux pour les moines blancs: réflexions sur la réception de l'Aviaire d'Hugues de Fouilloy chez les cisterciens," in *La Vie en Champagne*, N. S. 28 (2004): 3-12, esp. pp. 3-4.

1 in prima missa in nocte natalis domini secundum lucam] incipit omelia quinta. in natali domini. *M* lucam] cap. 2. *add. c* **2** ab augusto cesare] a cesare augusto *M* **3** et reliqua] *om. M* **4** omelia de eadem lectione] *om. M* **9** eo] ea *c* designat] significat *c*, signat *M* **10** creatum] terrarum *T1 c* **19** gratia] causa *M* est initium] initium est *M c* **21** initium] principium *M c*

trio. Sciendum tamen aerem magis operari in lingua, ignem in oculis, || terram in manibus, aquam in genitalibus. T1:

Ecce propter hanc mirabilem concordiam quam habet homo cum temporibus et elementis, a grecis microcosmos, id est minor mundus, dictus est. Cuius tanta est dignitas, ut a Saluatore nominetur omnis creatura, factus secundum animam ad imaginem et similitudinem Dei, secundum corpus, ut dictum est, ad imaginem et similitudinem mundi. In morte uero, quando spiritus reuertetur ad Dominum qui dedit illum, nichil de natura corporis peribit, sed quod fuit de aere redibit in aerem, quod de igne in ignem, quod de terra in terram, quod de aqua in aquam. In resurrectione uero idem corpus resurget elementatum et quatuor dotibus mirabiliter glorificatum, ita quod naturaliter ei infuit de aere transformetur in dotem subtilitatis, quod de igne in dotem claritatis, quod de terra in dotem impassibilitatis, quod de aqua in dotem agilitatis.[55] Et hec de concordia elementorum dicta sufficiant.

Igitur uniuersus orbis ad edictum Cesaris Augusti describitur, cum ad imperium summi Regis omnis sensus corporeus a culpa restringitur. *Oculi scilicet ne uideant uanitatem, aures ne audiant sanguinem,* olfactus etiam, tactus et gustus ne labantur in culpam. Non uult Christus nasci in corde, nisi in generali descriptione. Particularis descriptio est, cum sensus unus a peccato refrenatur, et alius ad reatum laxatur. Non est magnum, si claudas oculos, ne uideas mulierem ad concupiscendam eam, et aures libenter aperias ad audiendum de-

5 Cf. Marc. 16, 15 **6** Cf. Gen. 1, 27 **16–17** Ps. 118, 37 **17** Is. 33, 15

1–2 Sciendum ... genitalibus. Cf. Bernardus Claraevallensis, *Sermones de diversis,* Sermo LXXIV, in *Sancti Bernardi opera,* vol. 6,1, *Sermones III,* ed. Jean Leclercq and Henri-Marie Rochais (Rome: Ed. Cistercienses, 1970), 312-13: "Sunt autem quattuor partes corporis, in quibus singulis maxime vigent singula elementa. Nam in oculis est ignis; in lingua, quae vocem format, aer; in manibus, quarum proprie tactus est, terra; in genitalibus aqua." 4 a grecis ... est. Cf. Hugo de Folieto, *De medicina animae,* PL 176, col. 1183C: "Homo microcosmus, id est minor mundus, appellari ab antiquis solet, quia per similitudinem maioris mundi figuram tenet."

5 factus] sanctus *c* 11 ita] ut *add. M c* 14 sufficiant] *maniculam add. in marg. M*

[55] On the doctrine of gifts (*dotes*) of a glorified body, developed between 1190–1220, see: Nikolaus Wicki, *Die Lehre von der himmlischen Seligkeit in der mittelalterlichen Scholastik von Petrus Lombardus bis Thomas von Aquin* (Fribourg: Presses Universitaires de Fribourg, 1954), 202-209. In its fully developed form, this doctrine is found, for example, in: *Magistri Guillelmi Altissiodorensis Summa aurea,* IV, xvii, 3, 1-2, vol. 4, ed. Jean Ribaillier (Paris: CNRS, 1985), 490-95. For more details, see: Wicki, *Die Lehre von der himmlischen Seligkeit,* 202.

tractionem. Similiter si nares ab odoribus meretriciis et manus ab eius amplexibus cohibeas, et frena gule laxes. Nunquam iustificaberis, si manus mundas serues a sanguine et uitio subiaceas castrimargie? Non. Christi natiuitas generalem requirit descriptionem. *Dominus apparuit Abrahe sedenti in ostio tabernaculi in feruore diei.* Ostium tabernaculi sunt sensus exteriores in quibus non est ponenda ancilla Ysboseth, nec illa que coegit Petrum negare Dominum. Et quia maxima custodia est sensibus adhibenda, ne uitium aliquod labatur ad interiora, Ioseph Beniamin dedisse legitur quinque stolas, id est moderationem quinque sensuum.

Et quia eadem sensuum moderatio siue descriptio fieri non potest sine gratia, signanter Euangelista subiunxit dicens: *Hec descriptio prima facta est a preside Syrie Cyrino.* Descriptio hec, sub qua Dominus natus est, prima fuit inter generales, quia iam precesserant particulares. Vel ideo prima dicta est, quia tunc primum cepit, quando Cyrinus preses in Syriam missus est. Ita enim ex-
38r ponitur. Syria enim interpretatur || sublimis, Cyrinus uero heres uel hereditarius. Cyrinus hoc in loco signare uidetur caritatem, Syria uero rationem, quia nichil in anima sublimius est preter mentem, partem eius superiorem. Merito Cyrinus qui sonat heres significat caritatem que, sicut dicit Apostolus, *nun-*
21v *quam excidit:* || *siue prophetie euacuabuntur, siue lingue cessabunt, siue scientia destruetur.* Quedam uirtutes omnino destruentur, ut prophetie et lingue, quedam mutabuntur, ut fides in speciem, et spes in rem; caritas uero perficietur, ut que *ignis fuit in Syon,* id est in uia, *caminus efficiatur in Iherusalem,* id est in patria. Ecce quanta eius dignitas. Vbi fides euacuabitur, ibi caritas perpetuabitur.

Cyrinus igitur in Syriam mittitur, cum caritas menti infunditur. A quo autem mittitur? Ab Augusto. Et quis est iste Augustus, nisi is qui tribuit omnia

4–5 Gen. 18, 1 **6** Cf. II Reg. 4, 5 Cf.. 26, 69-71 **8** Cf. Gen. 45, 22 **11–12** Luc. 2, 2 **18–20** I Cor. 13, 8 **22** Is. 31, 9

12–14 Descriptio ... missus est. Cf. *Glossa ordinaria super Lucam* 2, 2, in *Biblia Latina cum Glossa Ordinaria*, 4:f.993ra. The marginal gloss refers to Bede, cf. Beda Venerabilis, *In Lucae evangelium expositio*, I, ii, 2-3, ed. David Hurst, CCSL 120 (Turnhout: Brepols, 1960), 46. **15** Thiel, 424. **15–16** Thiel, 280. **17** nichil ... superiorem. On the sublimity of the *mens*, superior part of the reasonable soul, see supra p. 77. **18** Thiel, 280. **20–21** Quedam ... perficietur. The wording here is very close to: Petrus Pictaviensis, *Sententiarum libri quinque*, III, 20, PL 211, col. 1088D.

7 est sensibus] sensibus est *M c* **17** in anima] *om. T1* **18** apostolus] caritas *add. T1 c* **21** et] *om. M* **25** is] *om. M*

et auget collecta? Ipse est qui *incrementum dat Deus*. Cyrinus, ut ait Iosephus, per singulos gradus ascenderat usque ad consulatum, et caritas gradatim ascendit usque ad perfectum. Ab ipsa enim sunt sancta desideria rectaque consilia. Ex tunc, id est postquam perficitur, plenius et melius consulit rei publice, id est utilitatibus anime. Ipsa reuera presidatum tenet Syrie, quia ceteris uirtutibus cum quibus est in mente, speciali quadam presidet dignitate. Ab ipsa merito generalis descriptio initium accepit, quia caritas uirtutes omnes causaliter precedit. Ipsa est prima gratia, gratiarum moderatrix et causa. Caritas uero prima uirtus est ratione cause, non ratione signi. Fides prima uirtus est ratione signi, quia fides signum est dilectionis. Et quia caritas prima est in causis, dicitur maior fide uel spe tamquam radix earum. Et quia fides prima est in signis, dicitur prima uirtus. Vnde est illud: Prima petit campum dubia sub sorte duelli pugnatura fides.

Et ibant omnes ut profiterentur singuli in ciuitatem suam. Missus est Cyrinus, ut ait Iosephus, dare ius gentibus. Gentes sunt motus inordinati ex carne surgentes qui nobis communes sunt cum pecoribus. Et bene designantur per gentes que pecora adorabant, pecora immolabant et pecorum more uiuebant. Motus sensualitatis qui innumerabiles sunt sepissime euagantes illicite abeunt in regiones dissimilitudinis,[56] illic habitantes per moram male consuetudinis. Sed mox ut Cyrinus mittitur in Syriam, id est caritas in mentem, singuli mo-

1 I Cor. 3, 7 14 Luc. 2, 3

1–2 Cyrinus … consulatum. Flavius Josephus, *Antiquitates Judaicae* XVIII, 1, in *Flavii Josephi Opera, graece et latine*, ed. Guillaume Dindorf (Paris: F. Didot, 1845), 1:692. 8–11 Caritas … earum. Cf. Simon de Tornaco, *Summa*, 2, in *Die Entwicklung der dogmatischen Glauben-Psychologie in der Mittelalterlichen Scholastik: von Abaelardsteit (um 1140) bis zu Philipp dem Kanzler (gest. 1236)*, ed. Georg Engelhardt, Beiträge zur Geschichte der Philosophie und Theologie des Mittelalters 30, (Münster: Verlag der Aschendorffschen Verlagsbuchhandlung, 1933), 406: "Quia ergo caritas prima est in causis, dicitur maior fide et spe tanquam radix eorum, licet aliter maior esse exponatur alibi. Quia vera prima est signum dilectiunis, dicitur: 'Fides prima petit campum', tanquam signum, non tanquam causa." 12–13 Prima … fides. Prudentius, *Psychomachia*, 152 (l. 21-22). 14–15 Missus … gentibus. Flavius Josephus, *Antiquitates Judaicae*, 1:693.

11 uel] *om. M* 14 in ciuitatem suam] in suam ciuitatem *M* 15 dare ius] ius dare *M* 20 cyrinus mittitur] mittitur cyrinus *M*

[56] The notion of the region of dissimilarity enjoyed considerable success among the Cistercians, cf. Bernardus Claraevallensis, *Sermones de diversis*, Sermo XLII, 2, in *Sancti Bernardi opera* 6,1:256-58. For more details, see: Etienne Gilson, "Regio dissimilitudinis de Platon à Saint Bernard de Clairvaux," *Medieval studies*, 9 (1947): 108-30.

tus redeunt in ciuitatem suam, id est ad naturalem innocentiam. Ante caritatis aduentum ratio sensualitatis euagationes uix uel nequaquam potest reprimere et de locis culpe ad ciuitatem necessitatis reducere. Immo, quod miserabilius est, frequenter contingit ut uitio eius consentiat et pondere illius pressa de peccato in peccatum ruat. Presidente uero caritate que ad edictum Augusti, id est summi Dei, destinatur ad mentem, mox inflammatur ratio, illuminatur intellectus fitque generalis descriptio, id est sensuum omnium a uitiis cohibitio, et dicitur eis: *Preuaricatores, redite ad cor.* Sensualitatis due sunt partes: inferior et superior. Inferior pars est motus per quem appetimus illicita, ut irasci,
22r mechari; qui motus habet penam et culpam. Supe||rior pars est motus per quem appetimus licita, carni scilicet necessaria, ut comedere et bibere. Motus iste aliquando est moderatus, aliquando immoderatus. Quando moderatus, non culpa est, sed pena. Si uero immoderatus, pena est et culpa, ut immoderatus appetitus comedendi et bibendi.

38v Sequitur: *Ascendit autem et Ioseph a Galilea de ciuitate || Nazareth in Iudeam ciuitatem Dauid que uocatur Bethlehem, eo quod esset de domo et familia Dauid, ut profiteretur cum Maria desponsata sibi uxore pregnante.* Hii qui ascenderunt de Iudea *in qua notus erat Deus* sunt sensus rationales et dona naturalia de quibus per Augustinum sic dicitur: Nobis autem ascendentibus interius, id est ad animam, quibusdam gradibus considerandis, uel anime partes, ubi incipit aliquid quod non sit nobis commune cum pecore, ibi iam mens atque ratio hominis, ubi homo interior possit agnosci. Ascendit et Ioseph, id est uirtus iustitie, cum Maria, scilicet mente illuminata, uel, ut uno uerbo comprehendam, Ioseph cum Maria, id est mens iusti. Vnde? A Galilea, scilicet rota mundane actionis, de ciuitate Nazareth, id est de flore et iucunditate eiusdem mundane conuersationis, in Bethlehem, uidelicet domum superne refectionis. Galilea interpretatur rota, Nazareth flos, significatque mundanam actionem que cum labore semper circuit et tamquam flos sine fructu citius fluit. De hac rota florida semper iustus

8 Is. 46, 8 **15–17** Luc. 2, 4-5 **18** Ps. 75, 2

8–14 Sensualitatis … bibendi. Caesarius quotes verbatim from: *Sententiae Petri Pictaviensis*, 2: 163 (lib. II, 21). **19–22** Nobis … agnosci. Augustinus Hipponensis, *De Trinitate*, XII, viii, 13, ed. William J. Mountain, CCSL 50 (Turnhout: Brepols, 1968), 368: "Ascendentibus itaque introrsus quibusdam gradibus considerationis per animae partes unde incipit aliquid occurrere quod non sit nobis commune cum bestiis, inde incipit ratio ubi iam homo interior possit agnosci." **26–27** Thiel, 312. **27** Thiel, 366.

4 est] *om. M* **8** ad cor] *om. M* **23** mente illuminata] illuminata mente *M* **25** de] *om. M* **26** uidelicet domum] domum uidelicet *M*

migrare debet cordis auersione et ascendere in domum panis celestium recordatione, ne corpore positus in deserto uite spiritualis, mente cum filiis Israel redeat in Egyptum uite secularis. Si sic iustus ascenderit, uxor eius pregnans erit, quia in quantum uirtus iustitie ascenderit per motum, in tantum mens ascendit per meritum. *Iustum est enim, ut iustitia ante eam ambulet et ponat in uia gressus suos.*

Factum est autem cum essent ibi, impleti sunt dies ut pareret, et peperit Filium suum primogenitum et pannis eum inuoluit et reclinauit eum in presepio, quia non erat ei locus in diuersorio. Quia uersiculus iste in prima omelia expositus est super uerba angeli ad Mariam, ubi et agitur de eiusdem Marie desponsatione, Christi natiuitate, pannorum inuolutione, in presepium reclinatione, superfluum duxi et tediosum que exposita sunt hic stilo consimili replicare. Possumus per Ioseph et Mariam utrumque intelligere hominem: exteriorem et interiorem, hoc est corpus et animam. Prius corpus formatur et per momenta crescendo augmentatur, cui certo tempore anima per infusionem copulatur et copulando desponsatur. Ioseph filius accrescens interpretatur augmentum uel filius adauctus, Maria uero illuminata siue illuminatrix uel exaltata. Et bene congruunt huic loco iste interpretationes. Sicut enim Maria exaltata fuit super Ioseph priuilegio sanctitatis, sic anima corpus precellit et superexaltatur excel||lentia dignitatis. Ipsa siquidem radios excipit deitatis et lumine perfunditur caritatis. Ex cuius etiam coniunctione post infusam gratiam carnis fomes debilitatur, eiusque beneficio quilibet sensus exterior illuminatur. Ioseph quodammodo ascendit, dum per corpus crescit siue per etatem proficit. Non tamen ascendit per meritum, nisi uxor eius Maria, id est mens per gratiam illuminata, pariter ascendat per rationis consensum.

Et unde ascendunt? De ciuitate Nazareth que interpretatur uirgultum eius uel munditia uel separatio eius uel custodia. Diuerse interpretationes diuer-

5–6 Ps. 84, 14 7–9 Luc. 2, 6-7

1 Thiel, 266. 13–14 utrumque … animam. On the distinction between 'homo interior' and 'homo exterior', cf. Augustinus Hipponensis, *De civitate Dei. Libri XI-XXII*, XIII, 24, ed. Bernard Dombart and Alphonsus Kalb, CCSL 48 (Turnhout: Brepols, 1955) 410 (XIII, 24): "Immo uero illa ita nobis in hoc adtestatur, ut etiam cum duo ista coniuncta sunt et uiuit homo, tamen etiam singula hominis uocabulo appellet, animam scilicet interiorem hominem, corpus autem exteriorem hominem uocans, tamquam duo sint homines, cum simul utrumque sit homo unus." 16–17 Thiel, 334. 17 Thiel, 351. 26–27 Thiel, 366.

15 per infusionem] infundendo *M* 16 interpretatur] uel *add. M* 27 uel] siue *M* uel] aut *M*

sas requirunt expositiones. Fidelis quisque, cuiuscunque sit sexus siue ordinis, mane quando surgit de cubili suo per sanctum desiderium, esse debet sicut uirgultum ascendens de terra sitienti, mundus a contagione carnali, separatus a peccato mortali, custodiente se gratia Dei, ut digne ascendere possit ad eccle-
39r siam, tanquam de Nazareth in || Bethlehem. Reuera Bethlehem que interpretatur domus panis, domus est sancte orationis ad quam singulis diebus ascendendum est, tum propter orationem, tum propter confessionem, tum propter Dominici corporis participationem. Qui sic ascendit potest esse Ioseph, id est filius auctus, si tamen uxor eius fuerit pregnans.

In uiis que ducunt ad ecclesiam et in foribus eius infirmi iacere solent et debiles, ut ab introeuntibus elemosinam accipiant. Quorum qui misertus fuerit et elemosinam ex caritate dederit, de domo et familia Dauid se esse ostendit. Dauid quippe interpretatur misericors uel amicus. Neque Dei amicus est neque a Deo misericordiam consequetur qui pauperum infirmorumque non miseretur. *Beati*, inquit, *misericordes, quoniam ipsi misericordiam consequentur.* Alibi dicit: *Vos amici mei eritis, si feceritis que ego precipio uobis.* Audite quid nobis inter cetera precipiat: *Facite uobis*, ait, *amicos de mammona iniquitatis.* Quasi dicat: Non poterit esse amicus meus qui non habuerit pauperes amicos. Nisi pregnans sit uxor tua, o homo, non poteris profiteri in Bethlehem, ita ut Deus tuam exaudiat precem, neque soluere denarium qui similitudinem habet regis.[57] Similitudo in uirtutibus est, quas qui non habuerit in anima, argentum offert sine moneta.

Videtur huic professioni genitricis Dei et beati eius sponsi concordare, immo ab ea descendere, quedam consuetudo saluberrima que est in sancta Ecclesia.

2–3 Cf. Is. 53, 2 **15–16** Matth. 5, 7 **16** Joan. 15, 14 **17** Luc. 16, 9

5–6 Thiel, 266. **8–9** Thiel, 334. **13** Thiel, 286; For a possible source of the interpretation "amicus", see: Hieronymus Stridonensis, *Epistolae*, LXXIX ad Salvinam, 7, PL 22, col. 729.

10 infirmi iacere solent] solent iacere infirmi *M* **16** eritis] estis *M* feceritis] fecitis *M* **20** tuam exaudiat] exaudiat tuam *M*

[57] Cf. The parable of the workers of the eleventh hour (Matth 2, 1-16). The denarius, which bears the image of the king, according to Jerome, symbolizes the image and likeness of God, see: Hieronymus Stridonensis, *Expositio in Matthaeum*, 176 (lib. III, 20, 13): "Denarius figuram regis habet. Recepisti ergo mercedem quam tibi promiseram, hoc est imaginem et similitudinem meam; quid quaeris amplius et non tam ipse plus accipere, quam alium nihil accipere desideras, quasi alterius consortio minuatur praemii meritum."

Pauce sunt ecclesie conuentuales que non habeant homines cerecensuales. Ad quas postquam nupserint singulis annis omnes qui de domo, id est progenie et familia illa sunt, ascendunt, sanctis qui illic patrocinantur censum deferentes ad ceram, id est ad ecclesie luminaria, ut et ipsi illuminari mereantur in anima. Ad hanc saluberrimam seruitutem quidam uenerunt ex necessitate, quidam ex libertate et, quod magis meritorium est, ex libera uoluntate. Gaudere igitur debent tales professores, quia || quibus se fecerunt in hac seruitute debitores, T1: illos in futuro efficacius sentient intercessores. Quantum mereantur apud sanctos qui hunc censum soluerint deuote et cum cordis alacritate, ex subiecto exemplo, licet contrario, poterit probari. Vidi quandam mulierem a demone acerrime torqueri, eo quod se negasset cerecensualem cuiusdam sancti. Si tantam penam merentur huius census transgressores, certum est quod magnum premium mereantur deuoti professores.

Factum est cum essent ibi, impleti sunt dies ut pareret, et peperit filium suum primogenitum. Cum essent, inquit, ibi. Qui in ecclesia sunt corpore et non mente, ibi non sunt. Quod si ibi totus fueris, superest ut tempus impleas pariendi. *Qui habuerit substantiam huius mundi et uiderit fratrem suum necesse habere et clauserit uiscera sua ab eo, quomodo caritas Dei manet in eo?* Christus sine caritate minime concipitur. Non potest parere qui nondum concepit. Maria *peperit filium suum primogenitum*. Sic et christiano faciendum est. Si aliquid ad subsidium pauperum concepit per compassionem in secreto cordis, pariat per exhibitionem operis. Christus uult esse primogenitus. Si proximo compateris, primo paris eum intus, quod si eidem substantiam tuam dederis, secundo paris eum exterius. Sicque paris primogenitum, ut sit primo genitus due dictiones. Quod si exterius defuerit quod tribuatur, sermo bonus porrigatur dicaturque pauperi cum apostolo Petro: *Argentum et aurum non habeo, quod autem habeo hoc* || M: *tibi do*. Quod *si habuerit substantiam huius mundi*, Christum tenetur pannis inuoluere pauperi tribuendo indumentum, et reclinare in presepio adiciendo alimentum.

Sequitur. *Et erant pastores in regione eadem uigilantes et custodientes uigilias noctis super gregem suum*. Numerus pastorum istorum non habetur ex euan-

14–15 Luc. 2, 6-7 **16–18** I Joan. 3, 17 **19–20** Luc. 2, 7 **26–27** Act. 3, 6 **27** I Joan. 3, 17 **27–28** Cf. Luc. 2, 7 **28** Cf. Luc. 2, 7 **30–31** Luc. 2, 8

10–13 Exemplum 9.

14 est] autem *add. M* **21** concepit per compassionem] per compassionem concepit *M c* **24** sit primo genitus] primo genitus sint *c* **26** habeo] non est michi *M* **27** tibi do] do tibi *c* **31** super] supra *M c*

gelio, unde eos comprehendere non incompetenter possumus sub septenario, uniuersitatis numero. Septenarius ita uniuersalis est, ut tam celestia, quam terrestria nec non et hominis natura sub ipso fuit creata, ornata et disposita. In Apocalipsi sua Iohannes uidit *septem candelabra aurea, septem stellas, septem sigilla, septem tonitrua, septem angelos, septem tubas.* Septem planetis Deus firmamentum ornauit, per septem dies omne presens tempus uolui uoluit. Anima humana consistit in tribus uiribus, corpus ex quatuor humoribus.[58] Sed et omne corpus humanum per septenarium dispositum est. In capite septem sunt foramina, per septem iuncturas distincta sunt brachia, per totidem crura.[59] Septenarium etiam Philosophus appellat animam mundi.

Videndum ergo nunc qui sint septem pastores qui, Ihesu nascente, erant in regione Iudee. Ysaias dicit de Christo: *Et requiescet super eum spiritus Domini, spiritus sapientie et intellectus, spiritus consilii et fortitudinis, spiritus scientie et pietatis, spiritus timoris Domini.* Ecce isti sunt septem pastores spirituales de
23v quibus || per Zachariam dicitur: *Suscitabo super eum septem pastores.* Super quem? Super animum rationalem in quo grex Christi pascitur. Et quis est grex iste? Puto quia uniuersitas cogitationum. Sicut in uno grege multa et uaria sunt pecora, ita ex uno et in uno corde multa et diuersa cogitationum

4 Apoc. 1, 12,16 4–5 Apoc. 5, 1 5 Apoc. 10, 3 Apoc. 8, 2 12–14 Is. 11, 2-3 15 Jer. 23, 4

10 Septenarium ... mundi. Macrobius, *Commentarii in somnium Scipionis*, I, 6, 45, ed. Mario Regali (Pisa: Giardini, 1983), 78: "Nam primo omnium hoc numero anima mundana generata est, sicut Timaeus Platonis edocuit." On the notion of the anima mundi, see: Matthaeus Schedler, *Die Philosophie des Macrobius und ihr Einfluß auf die Wissenschaft des christlichen Mittelalters* (Münster: Aschendorff, 1916), 14sqq., and Tullio Gregory, *Platonismo medievale: Studi e ricerche*, (Rome: Istituto Italiano per il Medio Evo, 1958), 122sqq.

1 unde] tamen *M* 3 fuit] sint *M*, fuerit *c* et] *om. M* 4 iohannes uidit] uidit iohannes *M* aurea] *om. M* 10 philosophus appellat] appellat philosophus *M* 14 spirituales] pastores morales *add. M* 15 eum] eos *M* 17 et] ac *M c*

[58]The doctrine of the four humors of Hippocrates, taken up by Galen, cf.: Johannitius, *Isagoge ad Techne Galieni*, 152-153 (5-9: De compositionibus - De colera nigra). Cf. also: Hugo de Folieto, *De medicina animae*, II, PL 176, cols. 1184C-1185A.

[59]The interpretation of the number seven as that of man, is found, for example, in: Beda Venerabilis, *De tabernaculo et vasis eius ac vestibus sacerdotum*, II, ed. David Hurst, CCSL 119A (Turnhout: Brepols, 1969), 61: "Deus namque solet ternario saepe numero propter eam quae ipse est trinitatem figurari homo septinario quia corpus ex quattuor notissimis habet elementis animae uero, hoc est interiorus hominis substantia, triplici solet in scripturis distantia comprehendi."

sunt genera. Cogitamus nunc de Deo et gloria electorum, nunc de dyabolo et pena reproborum, nunc de mundo et de hiis que in mundo propter nos sunt creata, nunc de his que uite nostre sunt necessaria. Cogitationes uane, inutiles et immunde penam habent, neque super illas predicti pastores uigilant.

Quando cogitationes ad Deum ascendunt eiusque omnipotentiam, oues esse debent, quia scriptum est: *Altiora te ne quesieris et fortiora te ne scrutatus fueris.* Statimque subiungitur: *Sed que precepit tibi Deus cogita illa semper, et in plurimis eius operibus ne curiosus fueris.* Multo securius est simpliciter credere quomodo una deitas sit in Trinitate et Trinitas in unitate, quam ratione ea uelle comprehendere. *Qui scrutator fuerit maiestatis, opprimetur ab ea.* Quod si cogitationes occupate fuerint in cursu stellarum, in pulchritudine planetarum et in uarietate elementorum, arietes sunt. Aries in zodiaco caput est signorum. Arietes fecundant oues, et Apostolus dicit: *Inuisibilia Dei a creatura mundi per ea que facta sunt intellectu conspiciuntur, sempiterna quoque eius uirtus et diuinitas.* Conceperunt, ut legitur, oues de arietibus in contemplatione uirgarum decorticatarum, conceperunt et philosophi in pulchritudine et uarietate elementorum. Quia Deus, ut dicit auctoritas, in sua natura uideri non potuit, tale opus fecit quod sui uisibilitate opificem demonstraret. Arietes tamen non fundunt pinguedinem lactis, et cogitationes de astris siue mundi elementis steriles sunt a dulcedine gratie spiritualis.

Cum capris pascuntur uacce, quia fecunditatem uite actiue non excludit sublimitas uite contemplatiue. Capra in summis rupibus pascua querit, uacca ad pingues ualles propter pascua descen||dere consueuit. Cogitatio capra est, M: quando sursum scandit ad contemplationem ciuium supernorum, uacca est, quando descendit ad compassionem proximorum. Vaccas sequuntur tauri, quia sine illis steriles sunt. Tauri terram colunt et triturant et, ut dictum est, uaccas fecundant. Quid igitur tauros dixerim, nisi cogitationes agriculture et cuiuslibet rei domestice? Quis poterit exercere opera misericordie sine ad-

6–7 Eccli. 3, 22 7–8 Eccli. 3, 22 10 Prov. 25, 27 13–14 Rom. 1, 20 15–16 Cf. Gen. 30, 41

17–18 Quia … demonstraret. Caesarius quotes, most probably, from: *Sententiae Petri Pictaviensis*, 1:6 (lib. I, 1): "… ut ait Ambrosius: 'Ut Deus, qui invisibilis erat natura, a visibilibus sciri posset, opus fecit quod sui visibilitate opificem demonstraret'." Cf. [Ps.] Ambrosius, *In epistolam ad Romanos*, 1, 19, PL 17, col. 57A.

7 illa] *om. M* 8 eius operibus] operibus eius *M* 9–10 ea uelle] uelle ea *M* 14 sempiterna quoque] sempiternaque *c* 15–16 decorticatarum] discorticarum *T1 c* 18 uisibilitate] inuisibilitate *T1 c*

miniculo terrene substantie? De hiis cogitare peccatum non est, si tamen debito modo et tempore fiat et ab hiis maxime quibus prouisio exteriorum iniuncta est. Sunt et agni in grege. Agni sunt infirme et tenere cogitationes ad calorem prosperitatis salientes et in frigore aduersitatis tabescentes atque ob hoc lacte multe consolationis egentes.

Habet etiam grex hedos. Hoc pecus et si mundum sit, tamen fetere dic-
24r itur. Hedi sunt cogitationes de peccatis || uenientes, de quibus per Psalmistam dicitur: *Et cogitabo pro peccato meo.* Sciendum tamen hedos esse malos, bonos, optimos. Hedi mali sunt, cum peccata tantum ad memoriam reducuntur propter delectationem, quia nichil tunc habent nisi fetorem. Vnde scriptum est: *Computruerunt ut iumenta in stercore suo.* Hedi boni sunt cogitationes peccatorum que et si carni aliquam generant dulcedinem, cordi tamen ingerunt amaritudinem. Fetent ubi delectatio, munde sunt et mundificant ubi amaritudo. Hoc frequenter contingit ut dum peccata turpia a nobis commissa ad memoriam reuocamus, in ipso planctu et gemitu fetorem ex eis delectationis sentiamus. Attamen tanta est gratia qua delectationi resistitur, ut et peccatum deleat et uirtutem perficiat. Nam et: *Virtus in infirmitate perficitur.* Cum motus sensualitatis concipit illecebram peccati absque omni cogitationis delectatione, culpa leuissima talis motus est, quia primi motus non sunt in nostra potestate, et, ut dicunt magistri nostri, delentur per generalem confessionem. Si autem precessit cogitatio, culpa grauior est, et tutum est ut specialis adhibeatur confessio, maxime si delectatio fuerit morosa. Hedi optimi sunt, cum peccati memoriam nulla se comitatur delectatio, sed dolor cordis atque contritio. Talibus hedis uesci delectatur Ysaac, et pro eis benedictionem consequitur Iacob. Hedi duo sunt propter penitudinem cordis et laborem satisfactionis. Quos etiam Rebecca legitur coxisse, Iacob uero coctos patri optulisse. Rebecca significat Ma-

8 Ps. 37, 19 11 Joel. 1, 17 17 II Cor. 12, 9 23–26 Cf. Gen. 27

19–20 quia … confessionem. *Sententiae Petri Pictaviensis*, 2: 164 (lib II, 21, i): "… quia primi motus non sunt in prima hominis potestate, et per generalem confessionem delentur dicendo Confiteor …"

1 tamen] *om. M* 3 infirme et tenere] tenere et infirme *M c* 11 ut] *om. M* 12 generant dulcedinem] dulcedinem generant *M* cordi tamen] tamen cordi *M* 14 turpia] *om. M*, turperia *c* 19 non sunt in nostra potestate] in nostra potestate non sunt *M* 23 se] *om. M c* 24 hedi] *om. M*

trem gratiarum,[60] sine cuius ministerio omnis penitentia infructuosa est. Ipsa in cordis olla igne caritatis cibos penitentie decoquit, ratio per liberum arbitrium Ysaac, id est Deo, comedendos apponit. Ecce habemus pastores, habemus et gregem.

Sed ubi grex iste pascitur? In eadem regione, scilicet ubi Christus nascitur. Regio hec latitudo cordis est de qua per Prophetam dicitur: *Viam mandatorum tuorum cucurri, cum dilatasti cor meum.* Regio ista regio est Iudee que interpretatur confessio siue laudatio. Scriptum est: *Quoniam cogitatio hominis confitebitur tibi, et reliquie cogitationis diem festum agent tibi.* Eadem regio est communis Christo cum pastoribus, quia ubi ipse per gratiam nascitur, ibi et septiformis eius gratia simul infunditur. Et bene septem sunt pastores, quia tot habentur partes noctis: scilicet uesperum, crepusculum, conticinium, intempestum, gallicantus, antelucanum, aurora. Si *iustus septies cadit in die,* hoc est per cogitationem, per sermonem, per surreptionem, per necessitatem, per uoluntatem, per obliuionem, per ignorantiam; quotiens cadere haberet imperfectus in nocte, si non uigilarent super eum pastores isti et custodirent uigilias noctis super gregem co||gitationum eius. Septem supradictas noctis partes antiqui redigebant in quatuor uigilias quas non solum obseruabant milites in castris, sed et pastores in pascuis. Primam uigiliam appellauerunt conticinium, secundam intempestum, tertiam gallicantum, quartam antelucanum. Ysaias hiis mistice concordans septenarium || donorum restringit in quaternarium spiritualium uigiliarum. Cumque premisisset omnium donorum auctorem Spiritum sanctum dicens: *Et requiescet super eum spiritus Domini,* deinde quasi in prima uigilia posuit spiritum sapientie et intellectus, in secunda uigilia spiritum consilii et fortitudinis, in tertia uigilia spiritum scientie et pietatis, in quarta uero spiritum timoris Domini.

Et sicut non sufficit ut pastores super gregem uigilias noctis custodiant, nisi et illum ad pascua deducant, ita scire debemus quod sancte uirtutes non solum cogitationes cordis nostri a peccatorum morsibus defendunt, immo etiam ubi

6 Cf. III Reg. 4, 29 **6–7** Ps. 118,32 **8–9** Ps. 75, 11 **13** Prov. 24, 16 **23** Is. 11, 2

7–8 Thiel, 338.

5 eadem regione] regione eadem *M* ubi] in qua *M c* 10 communis] scilicet *add. M* 11 bene] unde *c*

[60]Mary Mother of graces, cf. Anselmus Cantuariensis, *Psalterium beatae Mariae* V, Secunda quadragena, *AH* 35:259: "Ave mater gratiarum / Quae peperisti Dominum ..."

pascendo mereantur dirigunt. Spiritus sapientie et intellectus gregem cogitationum cum Moyse minant *ad interiora deserti*, ad secreta celi, ad pascua uirentis paradisi usque *ad montem Dei Oreb*, id est contemplationem Dei. Cui specialiter sapientia dicit: *Que sursum sunt querite, ubi Christus est in dextera Dei sedens, que sursum sunt sapite, non que super terram.* Sapientia a sapore dicta est. Et ne grex cogitationum ad inutilia descendat, accedit intellectus et dicit: *Spiritus sanctus discipline effugiet fictum et aufert se a cogitationibus que sunt sine intellectu.* Consilium et fortitudo gregem minant ad uallem Ennon, ad uallem occisionis, *ad uallem gygantum*, ubi ignis niuem non resoluit, neque nix ignem extinguit. Vbi omne consilium humanum confunditur et fortitudo tota retunditur. Vbi *potentes potenter tormenta patiuntur, et gigas non saluabitur in multitudine uirtutis sue.* Vtrobique grex cogitationum nostrarum pascitur, scilicet in consideratione celestis glorie et gehennalis pene, cogitans quomodo per spiritum scientie ad illam pertingat et per spiritum pietatis istam, id est penam, euadat. Vnde idem spiritus scientie et pietatis gregem cogitationum minant ad uisibilium que in mundo sunt cognitionem, ad prouidam rerum temporalium dispositionem et ad piam operum misericordie exhibitionem. Timor Domini et si singulariter ponatur, non tamen singulariter pascitur, quia per singulos gradus donorum discurrit et quasi uigilias pastorum disponit. Magne in ipso sunt delicie, pascua uberrima, quia scriptum est: *Timor Domini sicut paradisus benedictionis. Timor Domini gloria et gloriatio, letitia et corona exultationis.* Gloria sapientie et intellectui, gloriatio consilio et fortitudini, letitia scientie et pietati, corona exultationis sibimetipsi. Vnde mox subditur: *Timor Domini delectabit cor et dabit letitiam et gaudium in longitudinem dierum.*

2 Ex. 3,1 **3** Ex. 3, 1 **4–5** Col. 3, 1-2 **7–8** Sap. 1, 5 **8–9** Cf. Jer. 19, 6 **9** II Reg. 23, 13 **11–12** Sap. 6, 7 **20–21** Eccli. 40, 28 **21** Eccli. 1, 11 **23–24** Eccli. 1, 12

2–3 ad … paradisi. Cf. Gregorius Magnus, *Homiliae in Evangelia*, 100-101 (Hom. XIV, 5): "Quae autem sunt istarum ouium pascua, nisi aeterna gaudia sempiterne uirentis paradisi? Pascua namque electorum sunt uultus praesens Dei, qui dum sine defectu conspicitur, sine fine mens uitae cibo satiatur." **5–6** Sapientia … est. Isidorus, *Etymologiae*, vol. 1 (lib. X, 240). **9–10** ignis … extinguit. Cf. a parallel in: *Liber scalae Machometi: die lateinische Fassung des Kitāb al mi'rādj*, cap. IX, ed. Edeltraud Werne (Düsseldorf: Droste, 1986), 115. This expression is also found in the exegesis of Muqâtil Ibn Sulaymân († 767) who speaks of an angel, created of fire and snow, see: Paul Nwyia, *Exégèse coranique et langage mystique: nouvel essai sur le lexique technique des mystiques musulmans* (Beyrouth: El-Machreq, 1970), 70.

3 est] usque ad *add. M* **6** descendat] descendit *c* **7** aufert] auferet *c* **20** delicie] et *add. M*

Solent pastores adhibere canes propter impetus ferarum. Ne ergo bestie feroces, id est demones et male immissiones, ouem, arietem, capram, uaccam, taurum, uitulum, agnum uel hedum ex grege cogitationum per consensum alicuius male cogitationis in quibus erit interrogatio, rapiant, distrahant, deuorent; pastoribus, id est supradictis uirtutibus, adhibendi sunt canes latratu morsuque terribiles, scilicet memoria mortis et timor pene gehennalis. Dum recordor scriptum: *Memorare nouissima tua et || in eternum non peccabis,* audio latratum. Item dum cogito alibi scriptum: *Bestiarum dentes et scorpii et serpentes et rumphea uindicans in exter||minium impios,* secundum quid sentio morsum. Latratus terret, morsus torquet. Duo ista, id est mors carnis et pena gehenne, pro peccatis ualde custodiunt mentem, ne aliquid in cogitatione recipiat per consensum delectationis et male immissionis, unde in futuro possit torqueri, quia Salomon dicit: *Abhominatio est Deo cogitationes male.* Item: *Impii secundum que cogitauerunt, correptionem habebunt.*

Vniuersa hec que dicta sunt de actione interiori, exponi possunt de conuersatione exteriori. Sicut enim in uno grege uaria sunt genera pecorum, et in uno corde oriuntur diuerse species cogitationum, ita in una congregatione diuersa sunt genera monachorum, regularium siue canonicorum. Genera dixerim non quantum ad professionem seu habitum religionis, sed quantum ad mores, ad dignitates et, quod maius est, ad religiositatem conuersationis. Conuentus religiosorum esse gregem Domini ipse Dominus per Ezechielem testatur dicens: *Vos greges mei, greges pascue mee omnes estis, et ego Deus uester.* Oues gregis huius sunt uiri simplicis nature, mites, innocentes, *nichil se scire iudicantes, nisi Ihesum Christum et hunc crucifixum,* qui non querunt *plus sapere quam oportet, sed sapere ad sobrietatem.* Talis fuit Paulus simplex qui ab Anthonio querebat ex nimia simplicitate, utrum Christus prius esset an prophete. Arietes sunt magni scientia, duces gregis, super elementis huius mundi spiritualiter philosophantes et simpliciores in amorem diuinitatis suis misticis eloquiis accendentes. Talis erat in congregatione Effrem dyaconus, ante episcopatum Fulgentius, et ante papatum Gregorius. Tales sunt in ordine sermocinatores qui quasi ari-

7 Eccli. 7, 40 **8–9** Eccli. 39, 36 **13** Prov. 15, 26 **13–14** Sap. 3, 10 **22** Ez. 34, 31 **23–24** I Cor. 2, 2 **24–25** Rom. 12, 3

25–26 Exemplum 10.

9 quid] quidem *M* **10** gehenne] gehennalis *M* **14** correptionem] corruptionem *T1 c* habebunt] *maniculam add. in marg. M* **18** siue] *om. M* **22** omnes] homines *M* **22–23** gregis huius] huius gregis *M c* **30** papatum] beatus *add. M*

etes ouibus conceptum tribuunt, cum per ipsorum doctrinam auditores uirtutis prolem gignunt. Ante quorum oculos uirgas decorticatas ponunt in canalibus, dum in precipuis solempnitatibus uarias Scripturarum sententias ingerunt auribus. In quorum contemplatione tunc concipiunt et pariunt, dum ea que ab illis audiunt in opus producunt.

Capre sunt uiri uita et moribus sublimes, conuersationem cum Apostolo in celis habentes, de quibus per Ezechielem dicitur: *In pascuis uberrimis pascam eos, et in montibus excelsis Israel erunt pascua eorum.* Israel interpretatur uir uidens Deum uel mens cum Deo. Montes excelsi Israel sunt sublimes ordines angelorum, patriarcharum, apostolorum, martirum, confessorum, uirginum, qui *uident Deum facie ad faciem, montes coagulati, montes pingues* de quibus per Psalmistam dicitur: *Leuaui oculos meos in montes.* In hiis sunt pascue uberrime, quia semper eos irrigat fons uite. Caprarum sunt montes isti, id est contemplatiuorum, quia in eis mente delectando saliunt, *similes capree hynnuloque ceruorum super montes aromatum.* Capra fuit Anthonius necnon et Iohannes
25v Breuis qui mox ut manus leuabat in oratione, || statim rapiebatur in excessum mentis. Capre sunt monachi quieti qui nullis officiis onerati pascuntur nunc dulcedine lectionis, nunc suauitate orationis, frequenter lustrantes diuersa altaria sanctorum et nonnunquam per excessum mentis ascendentes etiam ad ipsum montem *collium eternorum.*

Vacce sunt actiui, lacte gratie uberrimi, qualis fuit Manoaldus cellerarius sancti Galli abbatis et sanctus Drudo qui fratribus suis ministrabant.[61] Vacce sunt officiales ordinis, ut coquine cellerarius et coquine ebdomodarius, infir-
41v marius, refectorarius, portarius, ca||merarius, hospitalis monachus. Istis uero ualles ac campestria prebent pinguedinem, capris uero, id est contemplatiuis,

2 Cf. Gen. 30, 41   7–8 Ez. 34, 14   11 I Cor. 13, 12   Ps. 67, 16   12 Ps. 120, 1   14–15 Cant. 8, 14   20 Gen. 49, 26

8–9 Thiel, 336-37.   15–17 Exemplum 11.

3 solempnitatibus] festiuitatibus *M*   sententias] eorum *add. M*   12–13 pascue uberrime] pascua uberrima *c*   15 necnon et] *om. M*   22 abbatis] *om. M*   25 uero] *om. M*

[61] Cf. Othlo monachus S. Emmerami, *Vita sancti Magni confessori*, ed. Maurice Coens, in "La Vie de S. Magne de Füssen par Otloh de Saint-Emmeran," *Analecta Bollandiana. Société des Bollandistes,* 81 (1963), 159-27 (esp. cap. 2-4, pp. 189-92). On Saint Trudo dealing with the material needs of the community, see: Stepelinus Trudonensis, *Miracula Trudonis Hasbaniensis,* lib. II, 1, in *AASS,* 6,2: 83-84.

montes stillant dulcedinem. Isti in irriguo pascuntur superiori, illi, id est actiui, in irriguo delectantur inferiori.

Contingit tamen frequenter ut hii qui diuersis officiis occupantur, in gratia contemplationis multo sint sublimiores hiis qui nullis officiis grauantur, quia *qui bene ministrat, bonum sibi gradum acquirit.* Est etiam consuetudo capris, ut dum in rupibus in quibus delectantur pascua non inuenerint, ad inferiora descendant, et nonnunquam uacce de pinguissimis uallibus ad rupes easdem ascendant. Sic monachi facere debent. Cum hii qui sine officiis et in amplexibus Rachelis[62] esse consueuerunt, uiderint in se gratiam et dulcedinem contemplationis tepescere, et iam non delectantur orare seu legere; ne sterilitate accidie pereant, debent hoc pastori, id est abbati suo, reuelare. Quod si ille discretus fuerit, minabit eos de rupibus sterilis contemplationis ad campestria, id est officia fecunde actionis. Similiter qui in officiis sunt, si perspexerint se periculose a curis per diuersa distrahi et ab omni dulcedine spirituali prorsus extorres fieri, suggerant, et hoc humiliter, suo pastori et non nisi per illius uoluntatem ascendant ad quietem Marie et ad *montes Armenie,* hoc est ut ab officiorum curis exuti liberius uacare possint uite contemplatiue.

Tauri qui rura colunt et a quibus uacce concipiunt sunt maiores cellerarii qui de omnibus debent gerere curam et uaccis, id est aliis officialibus, necessaria prouidere, ut et ipsi habeant unde fratribus possint ministrare. Boues qui castrati sunt, ita ut neque inter uaccas neque inter tauros reputentur, conuersi esse uidentur qui licet de grege sint et sub eodem pastore, differunt tamen a monachis, a clericis, a laicis et tonsura et habitu et professione. Non possunt cum monachis monachari, non cum clericis ordinari, non seculari uite denuo mancipari. Seipsos quidem caste uiuendo castrauerunt propter regnum celorum. Conuersorum est more boum agriculture intendere, triturare, uindemiare et monasterii utilitatibus insudare. Et sicut dicit Salomon, *Vbi non sunt boues, ibi presepium est uacuum, ubi autem plurime segetes, ibi manifesta fortitudo*

1 Joel. 3, 18 Cf. Jos. 15, 19 2 Cf. Jos. 15, 19 5 I Tim. 3, 13 16 Gen. 8, 4 154.27–155.1 Prov. 14, 4

4 officiis] foris *add. T1 c* 11 hoc] hec *M* 14 extorres] excordes *T1 c* 18 cellerarii] *om. M* 19 debent gerere] gerere debent *M* 20 fratribus] suis *add. M* 23 et] in *M* 24 uite] uita *T1* 28 presepium] presepio *M*

[62] Rachel, a common symbol of contemplative life, cf., for example: Gregorius Magnus, *Homiliae in Hiezechielem* II, 10, ed. Marcus Adriaen, CCSL 142 (Turnhout: Brepols, 1971), 231-32.

bouis, ita et de conuersis dicere possumus quod in forti labore et in fideli administratione exteriorum dignoscitur fortitudo et probitas eorum.

26r || Hedi qui fetent et tamen mundi sunt uidentur esse hii quorum peccata etiam coram hominibus fetebant in seculo, et post conuersionem in summa munditia degunt in monasterio. Quorum *manus*, id est operum peccata, et *colli nuda*, scilicet elati cordis uitia, *pelliculis hedorum*, id est confessione oris, Rebecca, id est Dei gratia, *protexit*. Tales fuerunt abbas Mucius, Moyses Ethiops et Macharius aliique multi qui etiam ex latrocinio conuersi sunt. Tales quotidie ad ordinem ueniunt et processu temporis in capras proficiunt per sublimem conuersationem scandentes *montes aromatum*, ita ut dicere possint cum Apostolo: *Christi bonus odor sumus Deo*. Et fiunt nonnunquam agnis, id est eis qui nunquam peccauerunt, mundiores et sublimibus sublimiores.

Agni sunt nouitii in ordine de quibus Petrus apostolus dicit: *Quasi modo geniti infantes sine dolo lac concupiscite*. Agni certis temporibus ouibus admittuntur
42r et certis temporibus a lacte || excluduntur. Sic nouitii toto primo anno habent cellam super se deputatam in qua secundum regulam tenentur dormire et meditari. Certis temporibus admittuntur congregationi in choro et in labore pascunturque in ordine suo. Tempus ablactationis tempus est professionis. Agni anniculi sunt nouitii nuper monachi effecti, quasi unius anni. Horum oblatio accepta fuit in lege.

Canes qui lupos arcent a grege uidentur esse confessores in congregatione qui more canum debent habere latratum terribilem, linguam medicinalem, sagacitatem mirabilem, fidelitatem commendabilem. Quos uident a uitiis tanquam a malis bestiis uulneratos terrere debent latratu comminationis, sanare lingua, id est uerbo exhortationis, in confessione peccatum sagaciter inuestigare et pro confitentibus fideliter exorare. Pastores huius gregis sunt abbas, prior, supprior, magister nouitiorum et magister conuersorum, quibus cura animarum commissa est. Ipsorum, et precipue abbatis qui summus pastor et pastorum magister est, officii est uigilare et *custodire uigilias noctis super gregem*,

5–7 Gen. 27, 16 10 Cant. 8, 14 11 II Cor. 2, 15 13–14 I Petr. 2, 2 19–20 Cf. Num. 6, 7, 28, 29 etc. 29 Luc. 2, 8

22–23 more ... commendabilem. Cf. the properties of dogs described in: [Ps.] Hugo de Folieto, *De bestiis et aliis rebus*, IV, 3. PL 177, Col. 140A.

2 exteriorum] exteriori *M* 7 mucius] macius *c* 13 petrus apostolus] apostolus petrus *M* 23 commendabilem] laudabilem *M* uident] uiderint *M* 27–28 cura animarum] animarum cura *M* 29 officii] officium *M*

id est animas sibi commissas. Regio significat latitudinem ordinis, nox angustiam, aduersitatem, temptationem, uigilie sollicitudinem prelatorum.

Sequitur: *Et ecce angelus stetit iuxta illos.* Per hanc demonstratiuam uocem ecce insinuat Euangelista quod uult dicere magnum esse. Et ueraciter magnum fuit et Dei donum hominem ad suam consolationem uidere angelum, corruptibilis incorruptibilem, uisibilis inuisibilem. Angelus iste baiulus Dominice generationis designat gratiam deuotionis qui uirtutibus adesse consueuit. Nam sicut angelus uenit et recedit, ita et deuotio. Non est aliquis, ut opinor, adeo perfectus in uirtutibus qui hanc gratiam semper possit habere. Attamen uirtutum suarum motibus semper meretur, quia qui sine uirtutibus sunt, semper indeuoti sunt et interim nullis lacrimis nullisque singultibus mereri possunt. Sicut illi euangelici pastores uigilando super gregem suum letificari meruerunt angelica uisione, ita || et uirtutes suis motibus uigilando super gregem cogitationum remunerantur sancta deuotione. Angelus iste Domini est, quia a Domino mittitur et in certis horis nos uisitat. Venit quandoque cum minime speratur, et sepe non uenit quando cum maximo desiderio prestolatur. Et proprie dicitur iuxta illos stetisse, quia donum deuotionis facit nos stare in oratione, in temptatione, in ordine, et, quod maius est, in Dei amore.

Angelus iste uidetur fuisse de superioribus, id est de seraphin qui interpretantur accendentes uel incendentes. Ysaias quando uidit *Dominum sedentem super solium excelsum et eleuatum,* uidit ibi seraphin stetisse. Quia in ardore claritas est, non mirum quod in presentia huius splendidissimi angeli *claritas Dei circumfulsit illos,* id est pastores. Deuotio ignea est, luminosa est. Cum uirtutibus assistit et non solum mentem accendit, sed et flammeo quodam rubore foris faciem perfundit. Hec adeo beatum Arsenium tempore quodam accenderat intrinsecus, ut Danieli discipulo eius totus appareret igneus. Si tanta claritas foris demonstrata est in corpore, quantam putamus sancto illi fuisse in

3 Luc. 2, 9 20–21 Is. 6, 1 22–23 Luc. 2, 9

19–20 Thiel, 417. 156.25–157.1 Exemplum 12.

2 sollicitudinem prelatorum] prelatorum sollicitudinem *M* 7 qui] in *add. M* adesse] esse *M* 11 nullisque] nullis *M* 12 sicut] sic *c* euangelici] euangelii *T1 c* 22 claritas] claritatis *T1 c* presentia] potentia *c* 24 et] *om. M*

corde? Recedente deuotione, claritas ignei coloris euanescit, et facies ut prius pallescit.

Et timuerunt timore magno. Legitur resplenduisse *facies Moysi ex consortio*
42v *sermonis Dei*, ita ut terrerentur filii Israel. Sicut beatus Abbas Sy||sois cum agonizaret, propter presentiam Saluatoris et sanctorum angelorum atque apostolorum refulsit facies eius sicut sol, et timuerunt omnes qui aderant. Sicut de igne fulgor, ita de fulgore nascitur terror. Aspectus sanctorum prius incutit timorem, sed mox addit consolationem. Sic Dominus cum uirtuosas mentes gratia deuotionis illustrat, duas in eis uirtutes excitat: timorem scilicet et amorem. Timorem in recordatione peccatorum, amorem in spe celestium bonorum. Vnde Ecclesiasticus dicit: *Qui timetis Deum diligite illum, et illuminabuntur corda uestra.* Quod timor precedens inducat consolationem, alibi ostendit, cum ait: *Timenti Deum bene erit, et in diebus consolationis illius benedicetur.* Item: *Timor Domini scientie religiositas, et sanctificabit cor et iocunditatem atque gaudium dabit.* Quis est ita stolidus qui in hora deuotionis si meminit se peccasse, non deprecetur Deum pro peccatis suis et tanto intentius tantoque propensius, quanto se tunc sperat orare efficacius exaudirique celerius? Quod si sibi conscius non fuerit alicuius mortalis, et celestia tantum sunt in memoria quorum desiderio tunc afficitur, timeat tamen ab eis separari, quia scriptum est: *Qui stat, uideat ne cadat.*

Sed utrum mens timeat pro peccatis futuram dampnationem siue tamen, quod perfectorum est, a Deo separationem, indiget tamen consolari, confortari, letificari. Propter quod subditur: *Et dixit illis angelus: Nolite timere.* Causamque consolationis mox adiecit, cum ait: *Ecce euangelizo uobis: Gaudium magnum*
27r *erit omni populo.* Quale uel quan||tum fuerit illud gaudium, mox exposuit, cum subiunxit: *Quia natus est uobis hodie Saluator qui est Christus Dominus.* Locum etiam demonstrauit, cum dixit: *In ciuitate Dauid.* Angeli huius ministerio deuotionis gratia spiritualiter explet in anima. In qua Christus frequenter nascitur: primo cum per caritatem infunditur, deinde cum eadem caritas per-

3 Luc. 2, 9 **3–4** Ex. 34, 29 **11–12** Eccli. 2, 10 **13–14** Eccli. 1, 13 **14–15** Eccli. 1, 17-18 **20** I Cor. 10, 12 **23** Luc. 2, 10 **24–25** Luc. 2, 10 **26** Luc. 2, 11 **27** Luc. 2, 11

4–6 Exemplum 13.

13 cum ait] dicens *M* **16** intentius] attentius *T1* **17** se] *om. M* **18** sibi] ibi *M* **22** tamen] tam *c* **24** magnum] quod *add. M c* **27–28** ministerio] *conj.* ministeria *T1 M c* **29** per] *om. M*

ficitur. Postea salutaris hec natiuitas totiens repetitur, quotiens caritatis motus in opus extenditur.

Sed sunt multi qui licet caritatem habeant, timent tamen se non habere, memores illius sententie: *Nescit homo an amore an odio dignus sit.* Alii cum non habeant, putant se habere. Istis, ut ita dicam, euangelizat, id est bona nunciat, *angelus Sathane qui se transfigurat in angelum lucis.* Tipum horum tenet angelus Laodicie cui Dominus dicit: *Vtinam esses calidus aut frigidus, sed quia tepidus es, incipiam te euomere de ore meo.* Qui autem frigidus est aut calidus, id est uel in manifestis peccatis positus uel in bona uita feruidus, facile cognoscit qualis sit. Qui uero tepidus est, id est accidiosus, sepe decipitur. Vnde uitium accidie multum fugere debet religiosus et timere. Angelus autem Domini, id est deuotio, pastoribus, id est uirtutibus anime non euangelizat nisi uera et gaudio plena. Quid magis poterit letificare animam, quam ut sciat Christum in se natum esse per gratiam? Ista sciebat Apostolus qui ait: *Scio enim et certus sum, quia neque mors neque uita poterit nos separare a caritate Dei que est in Christo Ihesu.* Deuotio ignea est, luminosa est, ymbrifera est. Vi sui caloris aquas de profundo cordis sursum trahit et per foramina oculorum refundit. Quid aliud sunt singultus et lacrime, nisi indicia deuotionis et gratie?

De fulgore, immo de feruore huius angeli Iheremias propheta dicit: *Factus est quasi ignis flammigerans in ossibus meis, et defeci.* Sicut stille pluuiarum nobis temperant ardorem solis, ita || lacrime deuotionem cordis. Pluuia lacrimarum terram cordis aperit, ut germinet Saluatorem. Ipse est enim Christus Dominus. Christus interpretatur unctus. Secundum nomen eius, ita et opus ei. De quo et Sponsa dicit in Canticis: *Oleum effusum nomen tuum.* Oleum illuminat, oleum exhilarat. Hec duo percipimus in Christi natiuitate: illuminationem in remissione peccatorum, exhilarationem in spe celestium bonorum. Ipse lumen nostrum, ipse gaudium nostrum. Hoc *gaudium,* siue quod oritur de iustificatione siue de futura retributione, est *omni populo,* id est omnibus uirtutibus tam natu-

4 Eccle. 9, 1 **6** II Cor. 11, 14 **7–8** Apoc. 3, 15-16 **14–16** Rom. 8, 38-39 **19–20** Jer. 20, 9 **22** Cf. Is. 45, 8 **24** Cant. 1, 2 **24–25** Cf. Ps. 103, 15 **27–28** Luc. 2, 10

23 Christus ... unctus. Isidorus, *Etymologiae,* vol. 1 (lib. VII, ii, 2). secundum ... ei. On this expression, see supra, p. 138.

4 an] utrum *M c* **5** id est] id *T1* **15** dei] *om. M* **16** est] *om. M* **25–26** remissione] remissionem *M c*

ralibus quam gratuitis.[63] Gaudium istud iam ad populum istius deuenerat qui dicebat: *Benedic, anima mea, Domino et omnia que intra me sunt nomini sancto eius.* Quare? *Quia natus est nobis hodie Christus Dominus.* Hodie: posuit presentis temporis uerbum, quia totiens in nobis Christus nascitur, quotiens eius unctio nobis infunditur siue in opere ostenditur. *Ihesus Christus heri et hodie, ipse et in secula seculorum.* Amen.

27v Tante natiuitatis etiam ostendit signum cum subiunxit: *Inueni||etis infantem pannis inuolutum et positum in presepio.* Signa interioris gratie opera sunt misericordie. *Et subito facta est cum angelo multitudo celestis exercitus laudantium Deum et dicentium: Gloria in altissimis Deo et in terra pax hominibus bone uoluntatis.* Haut dubium quin sancti angeli quibus commissi sumus et qui, nobis orantibus, circa nos sunt, cum angelo deuotionis nostre ascendant in celum, ipsamque deuotionem cum laude et gratiarum actione presentent ipsi Regi angelorum. Si gaudium est angelis Dei super uno peccatore, quantum putamus esse in iustorum deuotione?

Secundum moralitatem, *gloria in altissimis* Deo cantatur, cum in mente per gratiarum actionem laudatur. Nichil excelsius in creaturis mente humana. Multitudo celestis exercitus desideria cordis sunt que cum deuotione ad Deum ascendunt. Terra caro est de terra habens originem, homines sunt humani sensus. In Christi natiuitate, hoc est in ortu gratie, fit pax inter Deum et hominem, inter spiritum et carnem, et fiunt *homines,* scilicet sensus et motus carnales, *bone uoluntatis,* in quibus prius erat uoluntas mala Deo, rationi proprieque saluti contraria. Nec potest sensualitas consentanea esse rationi, nisi ipsa ratio prius obediens fuerit suo superiori. Sic per pacem pectoris, nascente in nobis

2–3 Ps. 102, 1 **3** Luc. 2, 11 **5–6** Hebr. 13, 8 **7–8** Luc. 2, 12 **9–11** Luc. 2, 13-14 **16** Luc. 2, 14 **21–22** Luc. 2, 14

17 Nichil ... humana. On the theme of the excellence of reason, recurring in the *De Infantia* see supra, p. 125. **21** In ... carnem. Cf. Gerhohus Reicherspergensis, *Commentarius aureus in Psalmos et cantica ferialia continuatio,* Ps. LXXI, v. 7, PL 194, col. 325B: "Orietur in diebus eius iustitia, quae per fidem est, quia iustus ex fide vivit per ipsam fidem reconciliatus Deo, ut sit pax inter Deum et hominem, inter spiritum et carnem, inter Ecclesiam in angelis immortalibus atque spiritibus iustorum in Domino, vel, quod plus est, pro Domino mortuorum regnante et Ecclesiam in hominibus mortalibus peregrinantem."

3 nobis] uobis *M* **14** est] in celo *add. M* **16** cantatur] decantatur *M* **17** excelsius in creaturis] in creaturis excelsius *M* **19–20** sensus] census *c* **24** in] *om. c*

[63] On the distinction between the *dona naturalia* and the *dona gratuita,* see note 4, p. 79.

Christo, perueniendum est ad pacem eternitatis.[64] Ad quam nos perducat qui natus est de Virgine, Ihesus Christus Dominus noster, Amen.

2 amen] expicit omelia quinta. *add. M*

[64] Distinction between three species of peace (*pax temporis, pax pectoris* and *pax aeternitatis*) developed by Peter the Chanter: Petrus Cantor, *Verbum abbreviatum (Textus prior)*, 558-563, esp. p. 559 (cap. 100) cf. a parallel in: Alanus de Insulis, *De arte praedicatoria*, 22, PL 210, col. 156A).

In die natalis Domini ad secundam missam in aurora. Secundum Lucam.

Pastores loquebantur ad inuicem: Transeamus usque Bethleem et uideamus hoc uerbum quod factum est, quod Dominus ostendit nobis. Et reliqua.

Omelia de eadem lectione.

Qui Iohanni dedit intelligere *uoces septem tonitruorum*, ipse et nobis reuelare dignetur uoces horum septem pastorum. Qui sint isti pastores, quis grex, quis angelus in superiori sermone expositum est. Dictum est pastores esse septem dona Spiritus sancti, gregem multitudinem bonarum cogitationum, angelum deuotionem. Habent uirtutes uoces suas, habent pedes suos, habent oculos suos. *Pastores loquebantur ad inuicem*, ecce uoces. *Transeamus usque Bethleem*, ecce pedes. *Et uideamus hoc uerbum quod factum est*, ecce oculi. Habet et anima
43v aures suas quibus percipiat uerba uirtutum colloquentium, || habet latitudinem suam qua capiat gressus uirtutum transeuntium, habet faciem suam qua excipiat radios uirtutum se contuentium. Dum colloquuntur, animam instruunt, dum transeunt, instructam compungunt, dum intuentur, compunctam luce sue claritatis perfundunt. *Lucidiores sunt oculi eorum sole* et, ut uerius fatear, ipse sunt septem oculi de quibus per Zachariam dicitur: *Septem oculi in lapide uno*, id est Christo.

Considerare debemus quod tunc primum pastores locuti fuisse referuntur ad inuicem, cum angeli discesserunt ab eis. Ita scriptum est: *Et factum est ut discesserunt angeli in celum, pastores loquebantur ad inuicem.* Deuotio sancta cum in celum ascendit, deuoti mentem non deserit, sed ad eum a quo missa
28r est redit. Sicut sol et stelle || non possunt esse sine splendore, sic caritas cum ceteris uirtutibus esse nequeunt sine deuotione. Qui sine uirtutibus sunt, deuotionem habere non possunt. In hoc tamen deuotio discedit, quod a suo feruore quiescit. Nec tamen aliunde discedit, nisi in celum, quia fructus illius per ministerium sanctorum angelorum defertur ante Deum. Contingit frequentius ut dum angelus deuotionis anime gaudium sue beatitudinis euangelizat, adeo illam spe futurorum inebriet, ut a cogitationibus totius actionis exteri-

3–4 Luc. 2, 15 **6** Apoc. 10, 3-4 **11–12** Luc. 2, 15 **17** Eccli. 23, 28 **18** Zach. 3, 9 **21–22** Luc. 2, 15

1–2 in die natalis domini ad secundam missam in aurora secundum lucam] incipit omelia sexta. *M* **2** lucam] cap. 2. *add. c* **3** usque] in *add. c* **4** quod] et *M* dominus] fecit et *add. M* et reliqua] *om. M* **5** omelia] *om. M* eadem lectione] *om. M T1* **6** et] etiam *M* **22** angeli] ab eis *add. M* sancta] *om. c*

oris, quantumlibet sint bone, hora eadem fiat aliena, ut tantum luce sue illustrationis sit intenta. Quod si interim forte per cogitationem euagata fuerit et pro necessitatibus propriis proximorumque orauerit, mox radius contemplationis rarescit et feruor deuotionis tepescit. Vnde quedam sanctimonialis talibus assuefacta consolationibus consorori familiariter dicere solebat: Quando cogitatio tua in celestibus cum Deo uersatur, nichil interim debes orare, non de amicorum angustiis meditari, ne tibi extinguant *suauitatem unguenti*. Et quia maior aliquando fructus est in proximorum compassione atque in sacramentorum perceptione, quam in contemplatione, angelus ille cum pastoribus illis moram non fecit, sed, letificatis illis, mox cum multitudine angelorum in celum ascendit.

Post cuius abscessum pastores loquebantur ad inuicem. Petrus eductus de carcere, quamdiu angelus fuit cum eo, estimabat se uisum uidere. Quo recedente, mox ait: *Nunc scio uere quia misit Dominus angelum suum* et cetera. Sic deuotio cum spiritum sursum in excessum rapit, ipsam rationem ad defectum trahit. Vnde scriptum est quod, nascente Beniamin, mortua sit Rachel. Beniamin significat gratiam contemplationis, Rachel sensum rationis. Illa dum per excessum nascitur, ista, id est ratio, per defectum moritur. *Ibi*, inquit, *Beniamin adolescentulus in mentis excessu*. Nonne ratio in Apostolo mortua erat, cum raperetur ad tertium celum? Audi super hoc testimonium ipsius Apostoli dicentis: *Siue in corpore siue extra corpus nescio, Deus scit*. Euangelizante angelo, tacebant pastores, et loquente deuotione que mentem extollit in contemplationem, uirtutes silent. Sine ratione uidentur uirtutes animi modicum operari. Vnde contemplatio que fit per mentis excessum magis pertinet ad premium quam ad meritum.

Inde est quod propter augmentum maioris meriti contemplatiui quandoque fiunt actiui. Quod si uerum non esset, membra sua secretiora, monachos scilicet et heremitas, sancta Ecclesia nequaquam de quiete contemplationis mitteret ad laborem predicationis. Sepius monachi eliguntur in episcopos et de

7 Eccle. 10, 1 **14** Act. 12, 11 **16** Cf. Gen. 35, 18-19 **18–19** Ps. 67, 28 **21** II Cor. 12, 2

4–7 Exemplum 14. **16–18** Beniamin … moritur. Cf. Richardus de S. Victore, *Beniamin minor*, LXXIV, ed. Jean Châtillon and Monique Duchet-Suchaut, Sources chrétiennes 419 (Paris: Cerf, 1997), 302: "Beniamin itaque nascente, Rachel moritur, quia mens ad contemplationem rapta, quantus sit humanae rationis defectus experitur."

9 illis] *om. M* **14** angelum suum] *om. M* **15** in excessum rapit] rapit in excessum *M* **20** ad] in *M* **23** uirtutes silent] silent uirtutes *M* **26** maioris meriti] meriti maioris *M*

44r solitariis fiunt predicatores. Quod motus uirtutum aliquando quiescant || in contemplatione: utputa timoris, pietatis, scientie, fortitudinis et consilii; probare possumus ex uerbis Apostoli qui dicit scientia cum ceteris uirtutibus esse destruendam, sola manente caritate. *Siue,* inquit, *prophetie euacuabuntur siue lingue cessabunt siue scientia destruetur.* Contemplatio enigmatica que est in uia
28v multum affinis est contemplationi comprehensiue || que est in patria.[65] Sed et beatus Petrus apostolus, ut supra dictum est, angelo discedente, ait: *Nunc scio uere.* Quasi diceret: Angelo mecum loquente, siluit in me usus scientie. Sic pastores, ut discessit angelus in celum, loquebantur ad inuicem.

Reuiuiscente ratione que quodammodo mortificatur in contemplatione, uirtutes uires suas exercent et propriis uocibus loquuntur. Loquitur sapientia quitquid est sapientie, intellectus quitquid est intelligentie, et sique sunt alie quitquid habent in habitu proferunt in effectu.[66] Et quid loquuntur? *Transeamus usque Bethleem.* Haut dubium quin idem pastores beati ante euangelicam annuntiationem in custodia gregis sui plura singuli ad singulos fuerint locuti, quorum uoces morali expositione, summo adiuuante Pastore, conabor explicare.

Sapientia ad intellectum loquitur: *Intellectum da michi, et uiuam.* Multi celestia sapiunt, sed quia celestia non intelligunt, facile in suis cogitationibus deficiunt. Vnde intellectus respondet sapientie: *Intellectum tibi dabo et instruam te.* Loquitur consilium fortitudini: *Omnia fac cum consilio et post factum non*

4–5 I Cor. 13, 8 **7–8** Act. 12, 11 **13–14** Luc. 2, 15 **18** Ps. 118, 144 **20–21** Ps. 31, 8 **163.21–164.1** Eccli. 32, 24

14 pastores beati] beati pastores *M* euangelicam] angelicam *M* **19** celestia non] minus celestia *M*, celestia minus *c*

[65]Cf. the *Sententiae* of Peter of Poitiers, where he speaks about the enigmatic knowledge and the comprehensive knowledge of God: Petrus Pictaviensis, *Sententiarum libri quinque* III, 20, PL 211, col. 1089A: "... est cognitio aenigmatica, et est cognitio comprehensiva. Deum non possumus cognoscere in via, nisi cognitione aenigmatica, id est quasi aenigmate per speculum; sed in patria cognoscemus eum cognitione comprehensiva, quia tunc videbimus eum facie ad faciem (ICor. XIII), et illa cognitio erit vita aeterna, et de ea loquitur cum dicit: Haec est vita aeterna ut cognoscant te etc. (Ioan. XVII)." In similar terms, Master Martinus describes in his *Summa* three types of intellectual vision: "Hec autem visio, ut dicunt quidam, triplex est: alia est enigmatica, quam habent viatores, alia presentaria, quam habent cives in patria, alia mediastina quam habuerunt Adam et Apostolus" (cited in: Wicki, *Die Lehre von der himmlischen Seligkeit*, 96-97. Throughout *De Infantia*, Caesarius uses the terms *visio / contemplatio presentaria / comprehensiva* as synonymous, without ever mentioning the *visio / contemplatio mediastina*.

[66]On the distinction between *habitus* and *usus/effectus* see note 3, p. 78.

penitebis. Item: *Salus autem ubi consilia multa.* Et illud Sapientis: *Cogitationes consiliis roborantur.* Item alibi: *Consilium custodiet te, et prudentia seruabit te.* Respondet fortitudo consilio: *Fortitudinem meam ad se custodiam.* Fortitudo cum per consilium non regitur, otius grex cogitationum in precipitium labitur. Loquitur etiam scientia ad pietatem: *Exerce te ipsam ad pietatem. Nam corporalis exercitatio ad modicum utilis est, pietas autem ad omnia utilis est.* Respondet pietas scientie: *Bonitatem et disciplinam et scientiam doce me.* Bonitatem in ordinata compassione, disciplinam in operis exhibitione, scientiam in discretione.

Timor singulariter ponitur, quia ad omnes loquitur. Ait itaque sapientie: *Plenitudo sapientie est timere Deum.* Item: *Corona sapientie timor Domini replens pacem et salutis fructum.* Ad intellectum dicit: *Timor Domini ipsa est sapientia et recedere a malo intelligentia.* Consilio quid dicit? *Vir consilii non disperdet intelligentiam, alienus et superbus non pertimescit timorem.* Verba sunt Ecclesiastici. Fortitudini autem quid? *In timore Domini fiducia fortitudinis, et filiis eius erit spes.* Loquitur et ad scientiam: *Timor Domini scientie religiositas.* Ad pietatem etiam dicit: *Per misericordiam et fidem purgantur peccata, per timorem autem Domini ut declinet omnis a malo.*

Ecce tales sunt confabulationes pastorum, id est uirtutum interiorum uigilantium super gregem cogitationum. Et est huiusmodi collocutio singulis necessaria, quia dum uirtus uirtutem non instruit, nomen et opus uirtutis amittit. Verbi gratia. Sapientia sine intellectu mentem eleuat per elationem, intellectus sine sapientia eleuatam mittit in errorem, consilium sine fortitudine erranti ingerit confusionem, fortitudo sine consilio errantem trahit in furorem, scientia sine pietate furentem inflat per iactantie tumorem, pi||etas sine scientia sepe labitur in indiscretionem, timor || sine ceteris uirtutibus labentem necat per desperationem.

Nato igitur Ihesu, id est Saluatore, per boni operis exhibitionem et annuntiato anime per deuotionis feruorem, pastores generaliter loquuntur ad inuicem: *transeamus usque Bethleem.* Pastores, id est uirtutes que suis motibus animam pascunt, illuc precipue transeunt, id est animam transire faciunt, ubi illius salutem maxime attendunt. Inter omnia Ecclesie sacramenta precellunt corporis et sanguinis Christi sacramenta. Virtutes, ut iam dictum est, motibus

1 Prov. 11, 14 1–2 Prov. 20, 18 2 Prov. 2, 11 3 Ps. 58, 10 5–6 I Tim. 4, 8 7 Ps. 118, 66 10 Eccli. 1, 20 10–11 Eccli. 1, 22 11–12 Job. 28, 28 12–13 Eccli. 32, 22 14–15 Prov. 14, 26 15 Eccli. 1, 17 16–17 Prov. 15, 27 29 Luc. 2, 15

1 consilia multa] multa consilia *M*

suis transeunt. Ad quod enim quelibet uirtus mouetur, ad hoc transire dicitur. *Et uideamus uerbum quod factum est.* Verba ista pastorum ualde sunt mistica et fidei nostre plurimum necessaria, unde dignum iudicaui sequenti sermoni ea esse reseruanda et sensu allegorico latius discutienda. Hoc interim sciendum quod sicut semel Dei uerbum inuisibile factum est caro, id est homo carnalis natusque in Bethleem de utero uirginis, sic quotidie idem uerbum in spirituali Bethleem, id est in ecclesia, conficitur ministerio sacerdotis. Sola tamen fide ibi Ihesus uidetur. Cernimus enim oculis corporeis speciem panis et uini, sed sub eisdem speciebus, ut ita dicam, quasi *pannis inuolutum* credimus uerum corpus et sanguinem Christi. Vnde idem pastores signanter dixerunt se uisuros non puerum, sed uerbum. Quorum feruor exprimitur, cum mox subditur: *Et uenerunt festinantes.* Vbi maius est premium, illuc maxime festinandum est.

Quia sacramentum altaris plus ceteris sacramentis uidetur contrarium rationi, idcirco in eius fide amplius dignoscitur christianus mereri. Ipsum est manna celeste, principalis cibus anime, panis uite eterne. De hoc sacramento dixit quidam seniorum: Sicut ceruus, hausto ueneno, festinanter currit ad fontem ut ibi deponat uenenum, ita monachus festinare debet ad ecclesiam sabbato ut, sacra communione percepta, euomat peccatum. Cum ad sacram accedimus communionem, suadet nobis spiritus sapientie *non plus sapere quam oportet, sed sapere ad sobrietatem.* Stultum est de eo diffinire quod sine periculo nescitur. Quia quidam excellentiam tanti sacramenti discutere conati sunt, heretici facti sunt. Vnde spiritus intellectus dicit: *Nisi credideritis, non*

2 Luc. 2, 15 **9** Luc. 2, 12 **11–12** Luc. 2, 16 **19–20** Rom. 12, 3 **165.22–166.1** Is. 7, 9

16–18 Sicut … peccatum. Pelagius, *Verba seniorum*, XVIII, 17, PL 73, col. 983D. **20–21** Stultum … nescitur. Cf. Hieronymus Stridonensis, *Epistulae*, XXII, 29, CSEL 54, ed. Isidor Hilberg (Vienna: F. Tempsky, 1910), 187: "… melius est aliquid nescire securam, quam cum periculo discere", and - closer to the wording used by Caesarius - [Ps.] Hieronymus Stridonensis (Incertus), *Epistolae*, IX Ad Paulam et Eustochium De assumptione beatae Mariae Virginis, PL 30, col. 124B: "… pio magis desiderio opinari oporteat, quam inconsulte definire, quod sine periculo nescitur."

1 suis] huc *add. c* quelibet uirtus] uirtus quelibet *M* **2** ista] hec *M c* **5** carnalis] rationalis *M* **8** enim] ibi *M*, enim ibi *c* **9** quasi] *om. M* **18** ut] ante *add. c* sacra communione percepta] sacram communionem perceptam *c* **19** communionem] eucharistiam *M* **21** sacramenti] ratione *add. M* **22** sunt] et *add. c*

intelligetis.[67] Hinc est quod Egee ab Andrea dicitur. Si credideris ex toto corde, discere poteris quo ordine agnus comestus uiuat. Subsequitur mox spiritus consilii dicens: *Altiora te ne quesieris et fortiora te ne scrutatus fueris, non enim necessarium ea que abscondita sunt oculis tuis uidere.* Quasi absconditus est ibi Ihesus sub specie panis et uini, ut fides accedentium tanto maioris sit meriti. Vnde Ysaias dicit: *Vere Deus absconditus tu es, Deus Israel saluator.* Consilio coniungitur spiritus fortitudinis et dicit: *Viriliter age et confortetur cor tuum, et sustine Dominum.* Quasi dicat: Ne respondeas Deo: *Durus est hic sermo, quis poterit eum audire?* Spiritus scientie quid dicit? *Probet seipsum homo et sic de pane illo edat et de calice bibat.* Spiritus pietatis inspirat || que sunt pietatis et dicit: T1: *Sectare iustitiam, pietatem, fidem, caritatem, patientiam, mansuetudinem.* Quasi dicat: Si habes hec, securius accedes. Spiritus timoris quasi conclusionem facit cum dicit: *Qui indigne manducat et bibit, iudicium sibi manducat et bibit, non diiudicans corpus Domini.*

Et uenerunt festinantes et inuenerunt Ma||riam et Ioseph et infantem positum M: *in presepio.* Tres hic commemorantur persone: primo Maria, secundo Ioseph, nouissime Ihesus. Intelligimus ergo, sicut sepe dictum est, Mariam mentem caritate lucidam, Ioseph iustitiam, Ihesum ut est ipsam eucharistiam. Sicut in aduentu pastorum tres ille persone simul sunt inuente, ita accedenti ad sacram communionem menti iustitia debet adesse. Mens propter intentionem, iustitia propter meritum. Mens communicantis cum in hora illa terribili aliis non intendit, sed oculos intellectuales in Ihesum defigit, Ioseph, id est iustitia, non solum assistit ei, sed et mirabiliter in eo crescit. *Filius accrescens Ioseph, filius accrescens.*

Puto immo credo beatam Mariam nunquam oculos deflexisse ab Ihesu, et si quando propter absentiam seu necessitatem illum minus potuit intueri oculis corporis, semper tamen eum inspexit oculis cordis. Quando communicamus,

3–4 Eccli. 3, 22-23 **6** Is. 45, 15 **7–8** Ps. 26, 14 **8–9** Joan. 6, 61 **9–10** I Cor. 11, 28 **11** I Tim. 6, 11 **13–14** I Cor. 11, 29 **15–16** Luc. 2, 6 **23–24** Gen. 49, 22

1–2 Si … uiuat. *Passio Andreae Apostoli*, 6, in *Acta apostolorum apocrypha*, II, ed. Richard A. Lipsius et Maximilian Bonnet (Leipzig: Mendelssohn, 1898), 15.

6 saluator] *om. M* **10** et dicit] dicens *M* **11** iustitiam] et *add. c* **13** cum] et *M* **21** hora illa] illa hora *M* **23** assistit ei] ei assistit *M* et] *om. M* **27** quando] celebramus siue *add. M*

[67] Cf. *Vetus Latina*, 12,3: 232.

debemus ibi esse totaliter, non diuisi, non accedere corpore et recedere mente, quia ut dicit Seneca: Qui ubique est, nusquam est. Tales euagationes et si forte non tollant caritatem, multum tamen meritum impediunt et quasi Mariam cum Ioseph a presepio et aspectu Ihesu seiungunt. Bene autem post Mariam et ante Ihesum Ioseph ponitur, quia in bonis etiam ante corporis et sanguinis Christi perceptionem caritas ex desiderio Ihesu augetur.

Duo siquidem in hoc sacramento sunt modi manducandi: unus sacramentalis, alter spiritualis. Sacramentaliter edunt boni et mali, spiritualiter tantum boni. Spiritualem commestionem Augustinus distinguens a sacramentali ait: Vt quid paras dentem et uentrem? Crede et manducasti. Qui digne et deuote accedit, meritum in eo iustitie crescit, non solum cum Ihesum in suo sacramento manducat, sed cum ad illius esum festinat. Vnde et merito Ioseph interpretatur augmentum uel filius auctus uel secundum prophetiam Iacob *filius accrescens*. Si uis ut Ioseph, id est iustitia, in te crescat, Maria, scilicet mens tua, a Ihesu non recedat. In presepio, hoc est in loco pascue, tibi collocatur, ut et eo reficiaris membrumque illius efficiaris.[68] *Qui manducat*, inquit, *carnem meam et bibit sanguinem meum in me manet, et ego in eo*. Nec uacat a sacramento quod Euangelista dicit eos hoc loco inuenisse non puerum, non Ihesum, sed infan-

13–14 Gen. 49, 22 **16–17** Joan. 6, 57

2 Qui … est. Seneca, *Epistulae morales* I, 2, 2, ed. Richard M. Gummere, Loeb Classical Library (London: Heinemann, 1917), 6. **10** Vt … manducasti. Cf. Augustinus Hipponensis, *In Iohannis evangelium tractatus CXXIV*, XXV, 12, Radbodus Willems, CCSL 36 (Turnhout: Brepols, 1954), 254. Caesarius quotes it, most likely, via: Petrus Pictaviensis, *Sententiarum libri quinque*, V, 13, PL 211, col. 1252D: "Modus sumendi duplex est, sacramentalis et spiritualis: Sacramentaliter sumunt boni et mali; nam sacramentaliter sumere est ipsam carnem veram Christi sumere, sive inde percipiatur fructus, id est ecclesiastica pax, sive non. Spiritualiter sumunt soli boni; spiritualiter sumere est fructum provenientem ex carne Domini sumere; id est esse de unitate Ecclesiae, sive sumatur corpus Christi sive non. De qua sumptione dicit Augustinus. 'Ut quid paras dentem et ventrem? crede et manducasti. Nam credere est manducare'." **12–14** Thiel, 334. **167.18–168.1** Isidorus, *Etymologiae*, vol. 2 (lib. XI, ii, 9).

5 christi] *om. M* **11** in eo iustitie] iustitie in eo *M* **14** scilicet] id est *M* **16** illius] eius *M*

[68] 'Membrum Christi', Paulin theme (cf: I Cor 6, 15 and Eph 5, 30) current in the theology of the sacraments and in particular in that of the Eucharist, which incorporates the recipient into the Mystical Body of Christ. Cf. Landgraf, *Dogmengeschichte*, 2,2; Henri de Lubac, *Corpus mysticum: L'Eucharistie et l'Église au Moyen âge; étude historique* (Paris: Aubier, 1949), 189-209 ("Unum corpus," "una caro").

tem quasi nondum fantem, quia dum illius sacramento pascimur, non affatur foris sono uocis, sed intus uirtute inspirationis.

Videntes autem cognouerunt de uerbo quod dictum est ad illos de puero hoc. Quando uirtutes quarum beneficio anima uiuit uident mentem circa deifica sacramenta intentam et in actu iustitie feruentem, tunc cognoscunt, id est animam cognoscere faciunt per motum || scilicet sapientie et intellectus, per motum consilii et fortitudinis, per motum scientie et pietatis motumque timoris Domini, de habitu et opere caritatis; hoc est utrum digne accedat ad sacramentum altaris. Ecce, hoc est uerbum quod ab angelo, id est deuotione, nunciatur uirtutibus anime. Multi sunt qui tempore orationis sacreque lectionis deuoti sunt et lacrimis fluunt atque, ipsa euangelizante deuotione, sperant Christum in se manere. Sed contingit frequenter ut dum hora sacre communionis illa gratia carent, timeant se indigne accedere et sine caritate. Quod si communicantes ante se per lacrimas Deo hostiam uiuam mactauerunt et per confessionem a maculis peccatorum mundauerunt, sicque cum attenta mente accedunt et contrito corde plenaque fide || suscipiunt, tunc experimento cognoscunt esse uerum quitquid antea eis per deuotionem nunciatum est. Per ministerium deuotionis ad quam plenam communicantes siue celebrantes Christi prouehantur cognitionem et ad quam perfectam secundum statum uie perueniant uisionem, uero recenterque gesto referam exemplo.

Fuit in monasterio nostro quod dicitur Vallis sancti Petri uir quidam uenerabilis nomine Godescalcus, ortus de castro Volmuntsteine, quondam canonicus Maioris ecclesie in Colonia. Qui factus monachus quam feruens fuerit in ordinis obseruatione, quam frequens in oratione, quam diues in lacrimis, quam obediens, quam patiens, quam humilis, testes sunt omnes fratres illius. Hic promotus in sacerdotem cum tamen pene ydiota esset, quodam tempore, cum in ipsa die natalis Domini missam priuatam diceret solita deuotione, post factam transsubstantiationem optulit se eius optutibus *speciosus forma pre filiis hominum* puer Ihesus in specie pulcherrimi infantis. Quem stringens manibus cum eum osculatus fuisset, nec auderet moram facere, deposuit super altare, et

3 Luc. 2, 17 **28–29** Ps. 44, 3

168.21–169.11 Exemplum 15.

3 est ad illos] erat illis *M* **8** hoc est] id est *M* **15** attenta] intenta *M c* **17** antea] ante *M* nunciatum] iniciatum *M* **18** communicantes siue celebrantes] celebrantes siue communicantes *M c* **20** recenterque] ueraciterque *T1 c* **21** exemplo] exemplum *add. rubricam T1* **24** frequens] frequenter *M* **28** eius optutibus] obtutibus eius *M* **30** eum osculatus] osculatus eum *M*

reuersus est in formam panis. Hanc uisionem cum cuidam sacerdoti sibi familiari dixisset, peruenissetque ipsa relatio ad notitiam infirmarii nostri qui et ipse sacerdos est, posito eodem Godescalco in infirmitorio, dixit ei in hunc modum: Bone domine Godescalce, est uerum uos uidisse Saluatorem in missa? Qui in magna simplicitate respondit: Est. Cui ille: Et quid fecistis cum eo? Ego, inquit, osculatus sum os eius ore meo. Et ille: Quid postea fecistis? Respondit: Ego posui eum super altare et reuersus est in speciem panis quem tempore congruo sumpsi. Vir iste in clericali uita quam fuerit leuis, quam totus deditus uenationi et ludis aliisque uanitatibus, nouerunt concanonici illius. Hec dixi ad consolationem peccatorum. Item retulit michi sanctam Dei Genitricem sibi apparuisse, effigiem eius satis plene michi depingens.

Et omnes qui audierunt admirati sunt et de hiis que dicta erant a pastoribus ad ipsos. Omnes qui hec que iam dicta sunt legerint uel audierint, puto quia admirabuntur. Cum sanctorum uirtutes uel premia uirtutum, id est diuine consolationes, nobis recitantur, admiramur; maxime si ab ipsis audiamus, si tamen 30v illorum || talem perspexerimus esse uitam, ut merito uerbis eorum fides sit adhibenda, sicut exemplum habemus ab Apostolo qui Galatis scripsit se raptum fuisse usque ad tertium celum.

Sequitur: *Maria autem conseruabat omnia uerba hec conferens in corde suo.* Mens que est superior pars anime et uiget ratione habetque potentiam cognoscendi quitquid ei boni deuotio nunciat et uirtutes uirtutumque opera demonstrant, conseruare debet in corde suo, hoc est in secreto memorie, ibi de eo conferre iugiter; ut et ipsa ex eo spem et gaudium mereatur percipere aliisque, si necesse fuerit, ad consolationem referre.

Et reuersi sunt pastores glorificantes et laudantes Deum in omnibus que audierunt et uiderunt, sicut dictum est ad illos. Sancte uirtutes quibus anima pascitur transeunt ad meritum et redeunt ad premium. Hoc de una uirtute col-

12–13 Luc. 2, 18 **17–18** Cf. II Cor. 12, 2 **19** Luc. 2, 19 **25–26** Luc. 2, 20

20 mens ... anime. See supra, p. 77.

5 eo] illo *M* **6** fecistis] egistis *M c* **7** eum] *om. M* **9** dixi] dixit *c* **10** item] idem *M c* **20** et uiget ratione] *om. M* **21** ei] *om. M* boni deuotio] deuotio boni *M c* **22** conseruare debet] debet conseruare *M* ibi] ibique *M* **23** percipere] concipere *M* **24** referre] conferre *M*

laterali manifestius probatur, scilicet de oratione.[69] De hac Psalmista dicit. *Dirigatur, Domine, oratio mea, sicut incensum in conspectu tuo.* Ecce transitus. De qua iterum dicit: *Et oratio mea in sinu meo conuertetur.* Ecce reditus. Sic omnes uirtutes eunt ad gratiam et redeunt ad gloriam. Item quod eis laudetur Deus testis est Propheta qui ait: *Laudate eum* || M: *omnes uirtutes eius.* Pastores Deum laudabant et glorificabant. Laudabant pro auditis, glorificabant pro uisis. Plus est aliquid glorificare, quam laudare, et multo amplius est Christum uidere, quam angelum eius audire. Nos uero cum pastoribus pro collatis donis Deum tenemur per ipsa dona sua ore suo semper laudare et opere glorificare, quia et ipse Dominus dixit: *Sic luceat lux uestra coram hominibus, ut uideant opera uestra bona et glorificent Patrem uestrum qui in celis est.* Cui honor et imperium per infinita secula seculorum. Amen.

2 Ps. 140, 20 **3** Ps. 34, 13 **5** Ps. 148, 2 **10–11** Matth. 5, 16

3 conuertetur] reuertetur *M* **6** laudabant] laudabunt *T1 c* glorificabant] glorificabunt *T1 c* laudabant] laudabunt *T1 c* glorificabant] glorificabunt *T1 c* **12** secula] *om. M* amen] explicit omelia sexta. *add. M*

[69] The doctrine of complementary virtues was developed by Radulfus Ardens in his *Speculum universalis*, see: Stephan Ernst, "Klug wie die Schlangen und ehrlich wie die Tauben. Die Lehre von den Komplementärtugenden als Strukturprinzip der Tugendlehre des Radulfus Ardens," *Münchener Theologische Zeitschrift* 61 (2010): 43–60 (it should be noted that Radulfus does not include the *oratio* in his system of virtues). Cf. also: Petrus Comestor, *Sermones*, XXXVI, PL 198, col. 1808D: "Quatuor enim sunt virtutes, quas cardinales dicimus. [...] Quaelibet harum duas secum habet collaterales virtutes."

Expositio de uerbo incarnato. Secundum Lucam.

Videamus uerbum quod factum est, quod fecit Dominus et ostendit nobis. Et reliqua.

Omelia de eadem lectione.

Vt ait quidam: *Sicut uinum semper bibere aut aquam semper contrarium est, alternis autem uti delectabile, ita legentibus si semper exactus sit sermo, non erit gratus.* Sensus allegoricus uinum est, quia acutior, moralis aqua, quia suauior. Ille fidem roborat, iste mores informat. Hactenus aquam bibi, aquam propinaui. Bibi moralitatem meditando, propinaui aliis legendam scribendo. Vtar et nunc, licet contra propositum, *modico uino* secundum consilium Apostoli cum Thimotheo, quia *uinum letificat cor hominis* et modice sumptum acuit ingenium. Et unde habeo id modicum, nisi forte gratia Verbi introductus fuero in *cellam eius uinariam,* ut ibi hauriam unde et ipse bibam aliisque bibendum propinem? Quod si hoc dono dignus fuero, sufficient michi duo calices, id est due omelie allegorice: una de uerbo facto, altera de nomine uerbi quid est Ihesus.

Transeamus usque in Bethleem et uideamus uerbum quod factum est. Mirum quomodo dicant pastores se uelle uidere quod omnino fuit illis inuisibile. Verbum cum possit || [31r] audiri, non potest tamen uideri. Vnde in hac clausula cuius uerba singula ualde sunt mistica, tria sunt consideranda. Primo, quomodo sit hoc uerbum, secundo, quomodo sit factum, nouissime, que sit uisio uerbi. Verbum hoc Christus est filius Dei uiui, de cuius eternitate, personali proprietate atque diuinitate Iohannes in principio Euangelii sui quasi de celo se demittens ait: *In principio erat uerbum, et uerbum erat apud Deum, et Deus erat uerbum.* Cum dicit: *In principio erat uerbum,* predicat Christi eternitatem, cum subiun-

2 Luc. 2, 15 **5–7** II Macch. 15, 40 **10** I Tim. 5, 23 **11** Eccli. 40, 20 **12–13** Cant. 2, 4 **16** Luc. 2, 15 **23** Joan. 1, 1 **24** Joan. 1, 1

7 Sensus ... suauior. Cf. [Ps.] Hugo de Sancto Victore, *Speculum de mysteriis ecclesiae,* 8 (De occultis scripturarum Veteris et Novi Testamenti), PL 117, col. 375C: "allegoricus sensus acutior, tropologicus suavior est." **11** modice ... ingenium. Walther, *Proverbia,* nr. 33493 This affirmation is found, among others, in the *De disciplina scholarum* of [Ps.] Boethius (cap. II, PL 64, col. 1228A) and in: Richardus de S. Victore, *Sermones centum,* 43, PL 177, col. 1013A.

1 expositio de uerbo incarnato secundum lucam] incipit omelia septima. *M* lucam] cap. 2. *add. c* **2–3** et reliqua] *om. M* **4** omelia] *om. M* eadem lectione] *om. M T1* **6** exactus] exacutus *T1 c* **16** uideamus] hoc *add. M* **17** dicant pastores] pastores dicant *M c* fuit illis] illis fuit *M c* **18** potest tamen] tamen potest *M* **21** uiui] *om. M*

git: *Et uerbum erat apud Deum*, ostendit personalem eius proprietatem, et cum statim addit: *Et Deus erat uerbum*, manifestat eius diuinitatem. De eternitate Christi Psalmista canit dicens: *In eternum, Domine, uerbum tuum permanet in celo*. De proprietate persone eius iterum dicit in persona Patris: *Eructauit cor meum uerbum bonum*, quod sanctus Augustinus exponit de eterna Christi generatione. De diuinitate uero Ecclesiasticus: *Fons sapiente uerbum Dei in excelsis, et ingressus illius mandata eterna*. Verbi huius omnipotentiam idem beatus Euangelista non tacuit, cum diuinitati potentiam mox adiecit dicens: *Omnia per ipsum facta sunt, et sine ipso factum est nichil*. Cui Propheta in psalmo concordat: *Verbo*, inquit, *Domini celi firmati sunt et spiritu oris eius omnis uirtus eorum*.

Et quia differentia est inter uerbum Domini et uerbum Domini, quidam satis eleganter eandem differentiam sub hiis uerbis distinxit dicens: Est uerbum conceptum in secreto mentis, in corde patris per coeternitatem. Est uerbum prolatum in sono uocis, ex utero matris per natiuitatem. Item est uerbum scriptum in corio animalis, in libro Iohannis per calami uelocitatem. Cum uerbum eternitatis descendens de sinu Patris uenit in uterum uirginis Matris, ad hoc descendit || ut aliquid ibi fieret quod prius non erat. Vultis audire quid M: ibi fiebat? Audite Iohannem in fine eiusdem euangelice lectionis dicentem. Et quid dicit? *Verbum caro factum est et habitauit in nobis*. Paulus apostolus etiam predicat *eum factum ex muliere, factum sub lege, ut eos qui sub lege erant redimeret*.

Verbum hoc in eadem beatissima Virgine prime coniugationis fuit, quia ibi humanam naturam assumpsit. Secunde coniugationis in baptismate, ubi unitum est corpori caput, id est Christus Ecclesie. Tertie coniugationis in mensa

1 Joan. 1, 1 **2** Joan. 1, 1 **3–4** Ps. 118, 89 **4–5** Ps. 44, 2 **6–7** Eccli. 1, 5 **8–9** Joan. 1, 3 **10** Ps. 32, 6 **19** Joan. 1, 14 **20** Gal. 4, 4-5 **23** Cf. Eph. 1, 22

5–6 eterna ... generatione. Augustinus Hipponensis, *Enarrationes in Psalmos I-L*, XLIV, 4, ed. Eligius Dekkers and Johannes Fraipon, CCSL 38, (Turnhout: Brepols, 1956), 496-97. **12–15** Est ... uelocitatem. It is difficult to determine the exact source of this passage. Cf. Innocentius III, *Sermones per festivitates sanctorum*, I, PL 217, col. 451C: "Est autem hoc Verbum conceptum, prolatum, et scriptum. Conceptum, secundum nativitatem divinam; prolatum, secundum nativitatem humanam; scriptum, secundum nativitatem gratuitam." **17** aliquid ... erat. Origenes sec. translationem Rufini, *In Epistulam Pauli ad Romanos* I, 7, in *Römerbriefkommentar des Origenes: kritische Ausgabe der Übersetzung Rufins*, ed. Caroline P. Hammond Bammel (Freiburg im Breisgau: Herder, 1990), 1:56: "Factus est autem sine dubio id quod prius non erat secundum carnem." Peter Lombard uses this quote in: Petrus Lombardus, *Sententiae*, 2:59 (lib. III, vii, 1 (23)).

8 potentiam] *om. M* adiecit] addidit *M* **13** coeternitatem] eternitatem *M*

altaris, ubi suam naturam assumimus, qui in prima assumpsit naturam nostre mortalitatis. Quarte coniugationis in anima iusti qui et se et mundum deserit propter nomen Domini. Indicatiui modi fuit per incarnationem, imperatiui per passionem, optatiui per resurrectionem, coniunctiui per Spiritus sancti missionem sanctorumque communionem, infinitiui per gloriam et eternitatem. Indicauit, cum se manifestauit. Imperauit, cum principatum, id est crucem, super humeros ferens potestates aereas debellauit.[70] Optabilis fuit in resurrectione, cum dixit: *Post tres dies resurgam*, similiter et in ascensione angelis. Coniunctiui modi fuit, cum per *unitatem spiritus in uinculo pacis* diuersitatem gentium
31v coniunxit. || Similiter in communione catholica, ubi corpus unitur capiti per sacramenta.[71] Infinitiui, cum *tempus non erit amplius* quod erit in gloria. Potest scandalizari quis et dicere: Non decet ut sacramenta Verbi incarnati explicentur sub regula Donati.[72] Cui respondeo quod quidam ante me responderunt: Quia licet nobis spoliare Egyptios et ditare Hebreos. Et sanctus Iheronimus

8 Matth. 27, 63 9 Eph. 4, 3 11 Apoc. 10, 6

14 Quia ... Hebreos. Cf. Ex. 3, 22. On the history of this expression, see: Zacharias P. Thundy, "Sources of 'Spoliatio Aegyptiorum,'" *Annuale Mediaevale* 21 (1981): 77-90.

1 suam naturam] naturam suam *M* 4 spiritus sancti] sancti spiritus *M* 5 sanctorumque] sanctorum *M* 8 angelis] angelica *M* 10 similiter] et *add. M* 12–13 explicentur] explificentur *T1 c* 13 quidam ante me responderunt] ante me responderunt quidam *M*

[70] Cf. Eph. 2, 2. Expression widely used to denote the fight against diabolical forces, cf. the explanation given by Caesarius in the *Dialogus*, V, 1: "Decima pars angelorum creditur cecidisse. Unde ob multitudinem Apostolus vocat eos aereas potestates. Cadendo enim aerem repleverunt" (Caesarius Heisterbacensis, *Dialogus miraculorum*, 1: 275). See also *Glossa Ordinaria in Isaiam*, in *Biblia Latina cum Glossa Ordinaria*, 3:f. 83ra (Is 9, 6): "Dum duceretur ad patibulum portavit crucem in qua meruit principatum."

[71] Current designation of the Eucharist as *unio corporis in capite*, see: Henri de Lubac, *Corpus mysticum*, 189-209 ("Unum corpus," "una caro"). To give just one example: Chrysostomus, *Homiliae in Iohannem*, XLVI, 3, PG 59, col. 260: "... discendum, quid sit miraculum mysteriorum, cur data sint, quae illorum utilitas. Unum corpus sumus, inquit, et membra ex carne et ossibus eius (Eph. 5, 30). Initiati dictis obsequantur. Ut ergo non solum per dilectionem, sed etiam reipsa, cum illa carne commisceamur: id quod efficitur per cibum quem ille dedit, ut ostendat nobis quanto erga nos ferveat amore. Ideo se nobis commiscuit, et in unum corpus totum constituit, ut unum simus, quasi corpus iunctum capiti."

[72] Let me mention another Cistercian sermon built around grammatical notions, that by Garnier de Rochefort († 1225): *Sermo V de Nativitate Domini*, PL 205, col. 599B-608B.

in tractatibus et epistolis suis pene utitur tantum sententiis philosophorum, quantum utitur testimoniis prophetarum.

Dominum Saluatorem diuina Scriptura sicut appellare consueuit uerbum Dei, ita et nomen Dei. Vnde quotidie dicimus in oratione Dominica: Pater noster qui es in celis, sanctificetur nomen tuum, id est Filius tuus in nobis. Et in psalmo: *Deus, in nomine tuo saluum me fac.* Ac si dicat: Proprium nomen Filii tui Ihesus est qui interpretatur saluator, per quem me saluare debes. Dicitur autem Filius uerbum Dei, quia per ipsum omnia creauit. Nomen Dei, quia per ipsum Pater nobis innotuit. Vnde et ait: *Pater, clarifica nomen tuum.* Duas siquidem in Christo credimus naturas: diuinam et humanam; uideturque specialius in uerbo predicari natura diuinitatis et in nomine natura humanitatis. Verbum inuisibile est, *et Deum nemo uidit umquam.* Nomen uero, id est eius significatum, uisibile, et Christus *in terra uisus est et cum hominibus conuersatus est.* Docent grammatici uerbum esse quitquid non potest uideri, nomen uero quicquid uidetur et tangitur.[73] Christus se esse uerum nomen, id est hominem, ostendit, cum dixit: *Palpate et uidete, quia spiritus carnem et ossa non habet, sicut me uidetis habere.* Et beatus Iohannes in epistola sua prima: *Quod fuit ab initio, quod audiuimus, quod uidimus oculis nostris, et manus nostre contrectauerunt.* Verum nomen quod sic oculis poterat uideri et manibus attrectari.

Nomini transitorio sex accidunt: qualitas, comparatio, genus, numerus, figura, casus. Quia in diuina Christi substantia nulla fuerunt uel esse possunt accidentia, talem substantiam propter nos dignatus est suscipere, que acciden-

6 Ps. 53, 3 **9** Joan. 12, 28 **12** Joan. 1, 18 **13–14** Bar. 3, 38 **16–17** Luc. 24, 39 **17–18** I Joan. 1, 1

7 Thiel, 328-29. **20–21** qualitas … casus. Cf. six accidents for the noun, according to Donatus: Aelius Donatus, *Ars maior*, De nomine, ed. Axel Schönberger (Frankfurt am Main: Valentia, 2009), 40.

1 et epistolis suis] suis et epistolis *M* **2** utitur] *om. M* **7** tui] *om. M* **8** ipsum] pater *add. M* dei] dicitur *M* **9** pater nobis] nobis pater *M* et] ipse *add. M* nomen] filium *T1* **14** docent] dicunt *M* **18** quod] et *M c* **20** transitorio] transitiuo *M* accidunt] secundum quod diffiniunt grammatici *add. M*

[73] Exact source not identified. The closest grammatical concept to that evoked by Caesarius would be the distinction between *nomina corporalia* and *nomina incorporalia*: Servius, *Commentarium in Donati artem minorem*, in *Grammatici latini*, ed. Heinrich Keil (Leipzig: Teubner, 1864), 4:406: "Corporale autem nomen vel incorporale grammatici ita definierunt, ut corporale sit quidquid videtur et tangitur, ut lapis, incorporale quod nec videtur nec tangitur, ut pietas."

tibus posset subiacere.[74] Si queritur: assumpta natura cuius qualitatis, respondetur: 47r appellatiue, quia homo || est nomen multis commune, et uerbum non assumpsit carnem ex nichilo factam, sed multis communem tanquam de lumbis Abrahe descendentem. Hinc est quod Apostolus dicit in epistola ad Hebreos: *Nusquam angelos apprehendit, sed semen Abrahe apprehendit.* Item in epistola ad Timotheum secunda: *Memor esto Christum Ihesum resurrexisse a mortuis ex semine Dauid secundum carnem.* Quod fuerit natura eius nobis communis, etiam Maximus episcopus apertius dicit: Vbi, inquit, portio mea regnat, ibi credo me regnare. Item si queritur cuius comparationis fuerit, respondetur quia omnes comparationis gradus recepit. In positiuo gradu fuit cum omnibus susceptione penalitatum, in comparatiuo cum paucis uirtute miraculorum, in superlatiuo solus immunitate peccatorum. In eodem fuit per hoc quod conceptus est de 32r Spiritu sancto, quod conceptus est in uirgine, quod in ipsa con||ceptione perfectus homo, et quod maius erat, Deus et homo. In hiis quatuor qui *de celo uenit, merito super omnes fuit.*

Item si queritur utrum mobilis fuerit uel fixus, respondetur quia partim mouebatur, partim fixus fuit. Mouebatur secundum corpus: uidelicet de infantia ad pueritiam, de pueritia in adolescentiam, de adolescentia in iuuentutem. De hoc motu Lucas dicit: *Puer autem crescebat et confortabatur.* Item: *Ihesus proficiebat sapientia et etate et gratia apud Deum et homines.* Motus iste siue profectus de solo conceditur corpore, nam secundum animam fixus fuit, tan-

5 Hebr. 2, 16 **6–7** II Tim. 2, 8 **14–15** Joan. 3, 31 **19** Luc. 1, 80 **19–20** Luc. 2, 52

8–9 Vbi ... regnare. Maximus Taurinensis, *Sermones*, Sermo XXIX, In Paschatis solemnitate I, PL 57, col. 593B. **13–14** perfectus ... homo. Cf. Symbolum Athanasianum, in *Venanti Honori Clementiani Fortvnati presbyteri italici opera pedestria*, ed. Bruno Krusch, MGH: Auctores Antiquissimi 4/2 (Berlin: Weidmann, 1885), 109: "Perfectus deus, perfectus homo."

1 assumpta natura] assumptus homo *M* qualitatis] et *add. M* **7** natura] nomen *M* communis] commune *M* **8** portio] caro *M* **10** comparationis gradus] gradus comparationis *M* **13** est] *om. M* in] de *M c* **16** mobilis fuerit] fuerit mobilis *M* **21** nam] cum *M*

[74]Christ assumed the totality of human nature (apart from the sin), making Himself subject to accidents, see the formulation of Peter Lombard: Petrus Lombardus, *Sententiae*, 2:29 (lib. III, ii, 1 (4)): "Totam ergo hominis naturam, id est, animam et carnem, et horum proprietates sive accidentia assumpsit Deus ..."

tum habens sapientie et gratie in conceptione, quantum habuit in predicatione. Mouebatur tamen secundum animam de passibilitate ad impassibilitatem.

Item si queritur cuius generis, respondetur: masculini, secundum quod Euangelista dicit: *Et peperit filium suum primogenitum.* Ait etiam Iohannes in Apocalypsi: *Et peperit filium masculum qui recturus erat omnes gentes in uirga ferrea.* Hiis consentit uaticinium Ysaie dicentis: *Ecce uirgo concipiet et pariet filium et uocabitur nomen eius Emanuel, id est nobiscum Deus.* Item intuens natiuitatem quasi iam completam clamat cum exultatione: *Puer natus est nobis, filius datus est nobis.*

Item si queritur cuius numeri, respondetur: singularis, quia teste Salomone, *Unus est et secundum non habet.* Ipse primogenitus, ipse unigenitus. Et licet predicetur gemine gigas substantie, unius tamen creditur esse persone. Vnde habetur ex Concilio Toletano quod solus filius assumpserit hominem in singularitate persone, non in unitate diuine nature. Nam sicut anima rationalis et caro unus est homo, ita Deus et homo unus est Christus. Ipse est qui de alia quadam singularitate sua conqueritur in psalmo dicens: *Factus sum sicut passer solitarius in tecto.* Et alibi: *Singulariter sum ego donec transeam.* Transiuit, factus est pluralis numeri in augmento corporis sui quod est Ecclesia. Vnde Apostolus in epistola ad Ephesios: *Veritatem,* inquit, *facientes in caritate crescamus in illo per omnia qui est caput Christus. Ex quo totum corpus compactum et connexum per omnem iuncturam subministrationis, secundum operationem in*

4 Luc. 2, 7 **5–6** Apoc. 12, 5 **6–7** Is. 7, 14 **7** Matth. 1, 23 **8–9** Is. 9,6 **11** Eccle. 4, 8 **16–17** Ps. 101, 8 **17** Ps. 140, 10 **176.19–177.2** Eph. 4, 15-16

2 de … impassibilitatem. Cf. Petrus Lombardus, *Sententiae*, 2:112 (lib. III, xviii, 1 (50)): "His testimoniis evidens fit quod Christus per humilitatem et obedientiam passionis meruit clarificationem corporis; nec id solum, sed etiam impassibilitatem animae. Anima enim ipsius ante mortem erat passibilis, sicut caro mortalis; sed post mortem, merito humilitatis, et anima impassibilis facta est et caro immortalis." **12** gemine … substantie. Expression often used to designate the double nature, divine and human, of Christ, coming from the hymn *Veni, redemptor gentium* by Ambrosius of Milan, see *Early latin hymns*, ed. Arthur Sumner Walpole (Cambridge: Cambridge University Press, 1922), 54. It is found, for example, in: Petrus Pictaviensis, *Sententiarum libri quinque*, IV, 7, PL 211, col. 1161C. **13–14** solus … nature. Concilium Toletanum XI, 43, in *Enchiridion symbolorum definitionum et declarationum de rebus fidei et morum*, ed. Heinrich Denzinger, Helmut Hoping and Peter Hünermann (Freiburg im Breisgau: Herder, 2015), 230. **14–15** Symbolum Athanasianum, in *Venanti … opera pedestria*, 106.

2 tamen secundum animam] etiam *M* ad] in *M* **7** intuens] *om. M* **17** transiuit] et *add. M*

mensuram uniuscuiusque membri, augmentum corporis facit in edificatione sui in caritate.

Item si queritur cuius figure, non est absolute respondendum simplicis siue composite, nisi sub bona determinatione. Ait beatus Augustinus: Persona Christi constat atque conficitur ex Deo et homine. Item in libro de Trinitate: Sic Deo potuit coniungi humana natura, ut ex duabus substantiis fieret una persona. Dicit et Iohannes Damascenus: In Christo duas naturas esse 47v cognoscimus, unam autem hypostasin ex utrisque || compositam. Magni hii doctores quod Christum dicunt constare ex Deo et homine uel componi ex duabus substantiis, dixisse creduntur contra hereticos ex quibus quidam dixerunt Christum esse purum Deum et hominem fantasticum, ut Manicheus, quidam 32v || uero purum hominem, ut Arrius. Vnde quidam uiri litterati affirmant Christum tantum compositum esse ex carne et anima, nec diuinitatem esse de compositione ipsius ut partem. Cum enim Christus sit ipsa diuinitas, non est eius pars. Corpus eius esse compositum ex diuersis membris nemo dubitat. Nam caput, manus, pedes et ossa partes sunt corporis constitutiue. Vnde per Iob dicit: *Pelle et carnibus uestisti me, ossibus et neruis compegisti me.*

Item si queritur cuius casus, respondetur quod in omnes casus declinauerit. *Verbum misit Dominus in Iacob, et cecidit in Israel.* Casus dicitur a cadendo. De celo uerbum hoc cecidit in uterum, de utero in mundum, de mundo in

17 Job. 10, 11 **19** Is. 9, 8

4–5 Persona … homine. Peter Lombard quotes this maxim as coming from *Liber sententiarum Augustini* by Prosper of Aquitaine: Petrus Lombardus, *Sententiae*, 2:53 (lib. III, vi, 3 (19)), and 2:292-93 (lib. IV, x, 1 (58)). Quote not found in the work of Augustine. The source of Peter Lombard was, most likely, Lanfrancus Cantuariensis, *De corpore et sanguine Domini*, cap. X, PL 150, col. 421C. **6–7** Augustinus Hipponensis, *De Trinitate*, XIII, xvii, 22, ed. William J. Mountain, CCSL 50A, (Turnhout: Brepols, 1968), 412. **7–8** In … compositam. Ioannes Damascenus, *De fide orthodoxa (versiones Burgundionis et Cerbani)*, cap. 48, n. 2, ed. Eligius M. Buytaert (St. Bonaventure, N.Y: The Franciscan Institute; Louvain: Nauwelaerts; Paderborn: Schöningh, 1955), 181 and 396. Caesarius quotes it (like both auctoritates of Augustine supra), most likely, via: Petrus Lombardus, *Sententiae*, 2:53 (lib. III, vi, 3 (19)). **12–15** Christus … pars. Cf. Hugo de S. Victore, *Quaestiones in Epistolas Pauli* I, Qaestio 7, PL 175, 0434A: "Alii … concedunt plane quod Christus est duae res, quarum una est simplex, et altera composita; una aeterna, et altera temporalis; et quod Christus sit compositum quoddam secundum humanitatem ex carne et anima, et quiddam simplex fit secundum divinitatem, et quod divinitas non sit pars huius personae, sed sit ipsa persona, caro autem et anima tantum sint partes." **19** Casus … cadendo. Isidorus, *Etymologiae*, vol. 1 (lib. I, vii, 31).

4 bona] una *T1* **6** ex] de *M* **8** autem] ante *T1 c* **10** creduntur] dicuntur *M* **13** compositum esse] esse compositum *M* **14** enim] *om. M*

crucem, de cruce in mortem, de morte in infernum. Nominatiui casus factus est in circumcisione, quando *uocatum est nomen eius Ihesus.* Genitiui casus in apparitione, quando a gentibus adoratus est. Gentes dicuntur quasi: sicut geniti ita entes, id est manentes. Nos uero primo nascimur per naturam, secundo renascimur per gratiam. Quasi genitiui casus fuit Christus, cum primitias gentium per fidem uocauit.[75] Datiui casus factus est in purificatione, quando *date sunt pro eo hostie, secundum legem Moysi: duo turtures aut duo pulli columbarum.* Accusatiui casus in passione, quando *stabant principes sacerdotum et scribe illum constanter accusantes,* ita ut ei Pylatus diceret: *Vides in quantis te accusant?* Vocatiui casus in resurrectione, quando uoce Patris reuocatus est ab inferis, dicente Patre per os Psalmiste: *Exurge, gloria mea, exurge, psalterium et cythara,* ipso respondente: *Exurgam diluculo.* Ablatiui casus in ascensione, quando, *uidentibus apostolis, eleuatus est, et nubes suscepit eum ab oculis eorum.* De qua ablatione sua antea predixerat phariseis et scribis, cum discipulis suis improperarent quod non ieiunarent: *Veniet,* inquit, *dies, in quo auferetur ab eis sponsus, et tunc ieiunabunt.*

Ecce talis fuit declinatio Ihesu. Si non fuisset declinabilis, non ei dixisset Iheremias propheta: *Quare quasi colonus futurus es in terra et quasi uiator declinans ad manendum?* Loquitur etiam ipse per Ysaiam: *Ecce ego declino in eos, ut flumen pacis.* Quando Deus factus est homo, quasi uerbum factum est nomen.

2 Luc. 2, 21 **7–8** Luc. 2, 24 **8–9** Luc. 23, 10 **9–10** Marc. 15, 4 **11–12** Ps. 56, 9 **12** Ps. 56, 9 **13** Act. 1, 9 **15–16** Matth. 9, 15 **18–19** Jer. 14, 8 **19–20** Is. 66,12

3 a ... est. Augustinus Hipponensis, *Sermones de tempore,* CXCIX, i, 1, PL 38, col. 1026: "Nuper celebravimus diem quo ex Iudaeis Dominus natus est: hodie celebramus, quo a Gentibus adoratus est." **3–4** Gentes ... manentes. Cf. *The Commentary on Martianus Capella's "De nuptiis Philologiae et Mercurii" Attributed to Bernardus Silvestris,* ed. Haijo Jan Westra (Toronto: Pontifical Institute of Mediaeval Studies, 1986), 180: "Gentes quoque dicuntur, quia male eruditi tales manent, quales geniti sunt." **4–5** Nos ... gratiam. Cf. Joan 3, 4-5. Cf. also: Fulgentius Ruspensis, *Epistulae,* Epistula X, 7 (De incarnatione filii Dei), ed. Johannes Fraipont, CCSL 91 (Turnhout: Brepols, 1968), 318: "Non enim sicut cunctorum est nasci per naturam, sic cunctorum renasci per gratiam."

5 fuit christus] christus fuit *M* **14** suis] *om. M*

[75] These are the biblical Magi, cf. Augustinus Hipponensis, *Sermones de tempore,* Sermo CC (In Epiphania Domini II, i, 1), PL 38, col. 1028: "Ad partum Virginis adorandum Magi ab Oriente venerunt ... Illis dies iste primus illuxit, anniversaria nobis festivitate rediit. Illi erant primitiae Gentium, nos populus Gentium."

Ut ait Damascenus: Tanta fuit unio Dei ad hominem et hominis ad Deum, ut et Deus diceretur homo et homo Deus. Hoc etiam et quadam proprietate exprimitur in uerbo, quod quidem nomen est, considerata ipsa dictione, non dictionis significatione; et neutri generis, ne putetur aliquis esse sexus in eterna Christi generatione. *Videamus,* inquiunt, *uerbum.* Et quia hoc uerbum in sui natura sciebant esse mortalibus inuisibile, addiderunt: *quod factum est.* Quod factum fuerit aut quid uidere desiderauerunt Euangelista declarat, cum protinus subdit: *Et uenerunt festinantes et inuenerunt Mariam et Ioseph et infantem positum in presepio.*

33r Quid || enim sequitur? *Videntes autem cognouerunt de uerbo.* Viderunt uerbum factum infantem. Simile est quod Iohannes dicit: *Verbum caro factum est et habitauit in nobis, et uidimus gloriam eius, gloriam quasi unigeniti a Patre.* Hoc est uerbum quod factum est ad iustos et prophetas, sicut in libris omnium inuenitur et in principiis quorundam, ut in libro Osee, Iohelis, Ione, Michee, Sophonie, Aggei, Zacharie, Malachie. Quod factum sit hoc uerbum ad iustos
48r ante legem, testis est Psalmista qui ait: *Memor fu||it in seculum testamenti sui uerbi quod mandauit in mille generationes, quod disposuit ad Abraham et iuramenti sui ad Ysaac. Et statuit illud Iacob in preceptum, et Israel in testamentum eternum.* Aliter tamen atque aliter hoc uerbum factum est. Factum est ad prophetas per solam promissionem, in utero Virginis factum est per incarnationem. Et ut beati illi pastores fidei sue patefacerent sinceritatem, cum dixissent: *Videamus uerbum quod factum est,* mox addiderunt: *quod fecit Dominus.* Ac si dicerent: Non credimus hoc uerbum factum opere uirili, sed potentia Dei et amore Spiritus sancti. Vnde Psalmista in laudem nos excitans dicit: *Cantate Domino canticum nouum, quia mirabilia fecit.* Et Iheremias: *Nouum faciet Dominus super terram, mulier circumdabit uirum.*

Sequitur de uisione uerbi. Visus est Christus a patribus in aliqua subiecta creatura, uisus est a filiis gratie in humana natura. Vidit eum Abraham siue

5 Luc. 2, 15 **6** Luc. 2, 15 **8–9** Luc. 2, 16 **10** Luc. 2, 17 **11–12** Joan. 1,14 **16–18** Ps. 104, 8-10 **21–22** Luc. 2, 15 **22** Luc. 2, 15 **24–25** Ps. 97, 1 **25–26** Jer. 31, 22 **179.28–180.1** Gen. 22, 11-12 et 32, 24-29

1–2 Tanta ... Deus. Quote not found in the work of John of Damascus. Caesarius's source is, most likely: Petrus Pictaviensis, *Sententiarum libri quinque*, IV, 9, PL 211, 1170A: "Unde, ut dicit Damascenus, 'Tanta fuit unio Dei ad hominem, et hominis ad Deum, ut et Deus diceretur homo, et homo Deus.'"

4 putetur aliquis] aliquis putetur *M* **6** esse mortalibus] mortalibus esse *M* **15** ad iustos] audistis *M*

Iacob in angelo, Moyses in rubo flammeo, Petrus in corpore humano. Hoc tamen sciendum quod Christus tribus modis uisus est, secundum tria genera uisionum: corporalem, spiritualem, mentalem.[76] Corporalis uisio est per quam quitquid obstat uisui contemplamur. Spiritualis est, ubi solus spiritus, uti in sompnis, operatur uel, quod dignius est, etiam uigilando ad uidendum aliquid in excessum leuatur. Mentalis est, cum mens per meditationem ad cognoscendum creatorem sursum ascendit uel, quod salubrius est, cum hoc quod oculis corporeis negatur, fide comprehendit.

Quidam hoc triplex genus uisionis ita exemplificant, ut uisionem quam uidit Baltasar, scilicet articulos scribentis in pariete, dicant esse corporalem; excessum Petri quando uidit lintheum submitti de celo, uisionem spiritualem; raptum Pauli ad tertium celum uisionem mentalem. Et notandum quod illa solum dicitur corporalis uisio que aliquid in se habet significationis, ut uisio stelle in ortu Saluatoris. De uisione Christi corporali dicit in cantico suo Symeon: *Nunc dimittis seruum tuum, Domine, secundum uerbum tuum, in pace, quia uiderunt oculi mei salutare tuum.* De uisione Ihesu spirituali ait Daniel: *Aspiciebam in uisione noctis, et ecce cum nubibus filius hominis ueniebat.* Sompnia non semper sunt sompnia, sed quandoque diuine reuelationes, maxime in uiris perfectis, sicut legitur de Ioseph filio Iacob, de Daniele et Ioseph sponso Marie. De uisione Christi mentali dicit Salomon in Canticis canticorum: || T1. *Egredimini, filie Iherusalem,* id est anime electe, *et uidete oculis mentis regem Salomonem,* id est Christum, *in dyademate,* id est in carne *qua coronauit eum mater sua* Virgo Maria.

Oculi fidei quibus Christum in eum credendo uidemus ualde sunt luminosi multumque meritorii, quia de uisione enigmatica animam perducunt ad presentariam que est in uita eterna.[77] Prima et tertia uisione, id est corporali et mentali, usi sunt tam pastores, quam magi. Beati Christum oculis corporeis

1 Cf. Ex. 3, 3 **9–10** Cf. Dan. 5, 5 **10–11** Cf. Act. 10, 10-11 **11–12** Cf. II Cor. 12, 2 **14–16** Luc. 2, 29-30 **16–17** Dan. 7, 13 **19** Cf. Gen. 37, 5-9 Cf. Dan. 7, 1 Cf. Matth. 1, 20 **20–23** Cant. 3, 11

2 christus tribus modis] tribus modis christus *M c* **12** solum] solummodo *M* **13** in se habet] habet in se *M* **17** cum nubibus] *om. M* nubibus] celi *add. c* **17–18** semper sunt] sunt semper *M* **18** in] *om. M* **21–22** id est] scilicet *M* **24** eum] christum *M*, ipsum *c* **27** christum] saluatorem *add. M*

[76] The tripartite division of visions established by Augustine, cf.: Augustinus Hipponensis, *De Genesi ad Litteram*, 379-435 (cap. XII).
[77] On the *visio enigmatica* and the *visio praesentaria*, see note 65, p. 163.

uidendo, sed multo beatiores in ipsum credendo. Reliqua huius euangelice lectionis non est necesse exponere, maxime cum in superiori omelia totaliter secundum moralem intellectum explanata sit. Quod etiam huius temporis electi hac triplici gaudeant uisione, satis fida disseram relatione.

In monasterio cui nomen est Claustrum quod uulgo dicitur Hemmenrode fuit monachus quidam etiam presbiter ante conuersionem, uir magne simplicitatis et tante humilitatis, ut si obuiaret ei aliquis fratrum, compressis manicis, in
48v partem declinaret iudicans || se indignum tactu illius, cum multis tamen foret dignior. Iste cum quodam tempore decumberet lecto et seruiret ei quidam filius eius carnalis quem iuuenis genuerat in seculo et secum traxerat de seculo, qui adhuc superest, recitaretque ei quasdam consolationes; casu superuenit dominus Geuardus tunc temporis eiusdem cenobii infirmarius, postea abbas in Valle sancti Petri, aliquid eorum que dicebantur intelligens. Qui mox ad priorem accurrens ait: Dominus Christianus, hoc erat ei nomen, quasdam mirificas uisiones recitat filio suo, festinate et precipite ei, ut et uobis aliqua referat ad fratrum consolationem. Aduenit mox prior et sedit ante lectum infirmi, occultans post tergum dominum Geuardum. Cui cum ex occasione diceret: Vultis loqui de confessione? Illeque responderet quia confessus esset omnia, subiunxit: Dicite tamen michi aliquid ad consolationem. Respondit ille: Non est diu quod fuerunt ante me Ihesus Christus cum matre sua et iuuabant me dicere quasdam horas quas propter infirmitatem solus psallere non poteram. Et interrogauit prior de habitu ipsorum. Responditque ille: Cucullas habebant, sicut nos. Ex magna pietate dignati sunt ei tam Saluator quam gloriosa eius genitrix apparere in eo habitu quem pro ipsis susceperat. Hec audiui ab ore ipsius domini Geuardi abbatis. Ista pro exemplo dicta sint de uisione corporali. De uisione Christi spirituali referam aliud exemplum satis iocundum.

In Monte sancte Walburgis ante paucos annos defuncta est quedam monialis nomine Christina. Ista plurimas solita fuit a Deo habere consolationes, sicut testes sunt eius consorores et maxime confessores. Ista die quadam non dormiendo, sed in excessu mentis facta infantem uidit Ihesum cum matre et

5–25 Exemplum 16. 181.27–182.3 Exemplum 17.

5 relatione] exemplum *add. in marg. M*, visio *add. rubricam T1* hemmenrode] hymmerode *M* 8 multis tamen] tamen multis *M* 10 eius] suus *M c* traxerat] traxit *M* 12 geuardus] gerardus *M* infirmarius] et *add. M* 13–14 ad priorem accurrens] accurrens ad priorem *M c* 17 geuardum] gerardum *M* 18 responderet] diceret *M* 25 geuardi] gerardi *M* 27 iocundum] exemplum *add. in marg. M* 27–28 monialis] sanctimonialis *M* 28 a deo habere] habere a deo *M* 29 die quadam] quadam die *M*

Ioseph, fuitque idem infans albo panno inuolutus et laneo, eratque fascia || qua ligatus fuerat grisei coloris, seruans qualitatem habitus ipsarum sororum. Ista retulit michi dominus Daniel prior, secretorum ipsius conscius. De uisione spirituali que fit per sompnium unum etiam ponam exemplum. T1:

Nuper uisum est in sompnis cuidam sacerdoti quomodo staret in diuersorio Dominice natiuitatis. Et dixit ei quidam: Iam Virgo pariet filium. Responditque ille: Hoc est impossibile, cum Dominica natiuitas completa sit. Potest quidem parere magnum prophetam et si non Christum. Interim peperit Virgo et infantem pannis inuolutum porrexit monacho deosculandum. Quem cum complexus fuisset et deosculatus tanquam Saluatorem, in ipsa iucunditate expergefactus est. Ecce, fratres, quitquid fiat de hac duplici uisione studeamus cum mente et fide uidere, quia ipse dixit: *Hec est uoluntas Patris mei, ut omnis qui uidet et credit in me habeat uitam eternam.*

12–13 Joan. 6, 10

5–11 Exemplum 18.

4 unum etiam] etiam unum *M* 5 exemplum] alia *add. rubricam T1* 12 cum] eum *M* 13 eternam] explicit omelia septima. *add. M*

In die circumcisionis Domini. De nomine Ihesu. Secundum Lucam.

Postquam consummati sunt dies octo ut circumcideretur puer, uocatum est nomen eius Ihesus. Et reliqua.

Omelia de eadem lectione.

Ecce *nomen quod est super omne nomen, nomen nouum,* nomen eternum, nomen suaue, nomen medicinale, nomen quod *nemo nouit, nisi qui accipit.* De Verbo facto, id est incarnato, superiorem omeliam secundum uires disserui, presentem uero de nomine Verbi spe Verbi tractandam suscepi, sequentem autem de die octauo et circumcisione simulque de nomine moraliter exponendam reseruaui. || [49r] Nomen Ihesu quam sit admirabile, quam delectabile, quante uirtutis et glorie satis mirabiles declarant figure, sublimes persone, manifestissime prophetie. In hiis tribus: uidelicet figuris, personis, prophetiis, fundamentum iacio totius sermonis. Det ergo Dominus superedificare quod tantum nomen deceat, legentibus utile sit et expediat.

De figuris nominis Ihesu.

Consideremus nunc qua in mirabili figura preostensa sit gloria et uirtus nominis Ihesu. Filii Israel cum in manu Moysi et Aaron essent de Egypto educti et per mare rubrum transducti, deficientibus uictualibus que secum detulerant, murmurabant dicentes: *Vtinam mortui essemus in Egypto, quando sedebamus super ollas carnium et comedebamus panem in saturitate.* Audiuit ergo Deus murmurationem eorum et mane, Moyse orante, pluit illis manna de celo, et ait Moyses: *Hic est panis uobis datus a Domino. Colligite uobis gomor per singula capita. Et collegerunt alii plus, alii minus, et mensi sunt ad mensuram gomor, nec qui plus collegit habuit amplius, nec qui minus parauerat repperit minus.*

Gomor nomen fuit mensure et ponitur sepe pro ipso pane, secundum quandam speciem methonomie que per id quod continet, ostendit id quod continetur. Vtrumque significat Christum: et continens et contentum. Ipse manna, ipse mensura. Quantum tamen distat inter ipsum manna et mensuram, tan-

3–4 Luc. 2, 21 6 Phil. 2, 9 Is. 62, 2 Cf. Is. 56, 5 7 Cf. Ps. 134, 3 Apoc. 2, 17 20–21 Ex. 16, 3 23–25 Ex. 16, 16-18

1–2 in die circumcisionis domini de nomine ihesu secundum lucam] incipit omelia octa. in circumcisione domini. *M* 2 lucam] viii *add. in marg. T1*, cap. 2. *add. c* 3 sunt] *om. M* 4 et reliqua] *om. M* 5 omelia de eadem lectione] *om. M* 6 nomen nouum] nouum nomen *c* nomen] *om. c* 11 quam] sit *add. M* 14 iacio] iaciam *M* 16 de figuris nominis ihesu] *om. M* 17 qua in] in quam *T1 c* 22 moyse orante] orante moyse *M* 183.29–184.1 tantum] tantumque *c*

tum differt inter nomen Christi Christique || personam. Nomen dico duarum sillabarum in die octaua prolatum, non nomen reale, id est uerbum incarnatum. Illud significans, istud significatum. Ihesus interpretatur Saluator, et sicut illud nomen constat ex duabus sillabis, ita Christi persona consistit in duabus naturis. Ihesus de se dixit, cum Iudei de manna gloriarentur: *Ego sum panis uiuus qui de celo descendi.* Et quia *secundum nomen eius ita et laus eius in fines terre*, propitius subiunxit: *Si quis manducauerit ex hoc pane, uiuet in eternum.*

Panem hunc nobis totiens Deus Pater de celo pluit, quotiens ad nos in suo sacramento descendit. Colligitur quidem ore Ecclesie et quantum ad formam sub dissimili quantitate. In maiori minoriue proportione uisibilis species panis et uini ab unoquoque percipitur, nec tamen amplius minusue de re inuisibili, id est corpore et sanguine Christi, unus altero sumpsisse creditur. In pluribus hostiis unus Ihesus Christus est, et in minima particula totus Christus est. Singuli inueniunt mensuram gomor. In hoc tamen inequalitas est quod quidam plus, quidam minus capiunt de rore, fitque hoc pro communicantium deuotione. Cum manna legitur simul descendisse ros. Manna, ut dictum est, significat carnem Dominicam, ros gratiam. Vnde et eucharistia interpretatur bona gratia. Qui Christum habet, nullo bono caret. Ipse est gomor: *mensura bona, conferta, coagitata et supereffluens.* Bona, quia in ipso est uita eterna. Bona in consolatione beneficiorum, conferta in plenitudine donorum, coagitata in emundatione peccatorum, supereffluens in retributione premiorum. Quatuor hic interpretatur gomor: uel consolatio uel perfectio uel emundatio uel consummatio. Sacra etenim communio mentem tristem consolatur et ungit, caritatem perficit et incendit, peccati penam minuit sicque animam consummatam ad uitam eternam perducit. Hinc est quod uiri religiosi quotidie solent celebrare frequenterque communicare. Posuit et Aaron sacerdos ex precepto Domini gomor impletum manna in || archa testamenti, reponunt et sacerdotes nostri

5–6 Joan. 6, 51 **6–7** Ps. 47, 11 **7** Joan. 6, 52 **16** Cf. Ex. 16, 13 **18–19** Luc. 6, 38 **26–27** Cf. Ex. 16, 33-34

3 Thiel, 328-29. **12–13** In ... est. Cf. Gregorius Magnus, *Liber sacramentorum*, Dominica V post Theophaniam, PL 78, col. 49A: "... unum Christi corpus sancti Spiritus infusione perficitur; singuli accipiunt Christum Dominum, et in singulis portionibus totus est; nec per singulos minuitur, sed integrum se praebet in singulis." **18** Vnde ... gratia. Cf. Petrus Lombardus, *Sententiae*, 2:312 (lib. IV, xiii, 1 (72)): "Panis et calicis sacramentum graece eucharistia dicitur, latine bona gratia interpretatur." **22–23** Thiel, 318.

1 nomen christi] christi nomen *M* **3–4** illud] idem *M* **8** nobis totiens] totiens nobis *M* **18** bono caret] caret bono *c*

corpus Dominicum in uase mundissimo super altare, quasi intra sancta sanctorum, ut sit salus et uiaticum cuilibet infirmo atque morienti.

Videamus ergo nunc quam perspicue nomen Ihesu per gomor sit prefiguratum. Gomor nomen est hebraicum et litteris hebraicis scriptum concordat cum nomine Ihesu in summa numerorum. Singule littere apud Hebreos numeros faciunt. Prima littera huius dictionis gomor hebraice uocatur ayn, secunda mem, tertia uaf, quarta res. Ayn in numero facit septuaginta, mem quadraginta, uaf sex, res ducenta. Qui numeri simul collecti surgunt in trecenta sedecim. Superponuntur enim duo puncta loco uocalium, sed numeros non efficiunt. Scribitur autem hoc modo: עמור. Quod si potero demonstrare nomen Ihesu quod paucioribus et disparibus litteris scribitur cum ipsa celesti mensura
35r concordare, non poterit negare Iudeus quin Dominus Ihesus || in ipsa mensura fuerit prefiguratus. Nomen Ihesu tribus litteris scribitur apud Hebreos hoc modo ישו. Primam litteram appellant ioth, secundam sin, tertiam uaf. Ex quibus summa collecta facit trecenta sedecim. Verbi gratia. Ioth in numero representat denarium, sin trecentenarium, uaf senarium. Decem, trecenti et sex sunt trecenti sedecim. Ecce quam manifeste gomor et Ihesus eundem numerum constituunt.

Hoc etiam sciendum quod ista duo nomina hebraica secundum consuetudinem hebraicam de dextera in sinistram legenda sunt. Inuenitur in nomine Ihesu quedam auctoritas et uirtus sancte Trinitatis, teste Luca qui in actibus apostolorum dicit quosdam numero pene duodecim Iohannis baptismate baptizatos a Paulo apud Ephesum, rebaptizatos non in nomine Patris et Filii et Spiritus sancti, sed tantum in nomine Domini Ihesu. Nequaquam errabat Apostolus qui in nomine Ihesu totam intellexit Trinitatem, credens Patrem esse in Filio, et Filium in Patre, Spiritumque sanctum procedere ab utroque. Quod si errasset, nequaquam Spiritum sanctum accepissent neque linguis locuti fuissent.

Sacramentum Trinitatis in nomine Ihesu non solum representat ternarius elementorum, sed et forma numerusque atque interpretatio singulorum. Ioth et uaf, uidelicet prima et tertia littera, uno tractu scribuntur et pene unius sunt forme. Prima congruit Patri, tertia Spiritui sancto qui est tertia in Trinitate

22–24 Cf. Act. 19, 1-7 **27–28** Cf. Act. 2, 4

1 intra] inter *M* **5–6** numeros] numerum *M* **6** ayn] am *M* **7** res] resh *c* ayn] am *M* **8** res] resh *c* **10** hoc modo] sic *M* עמור] siny *c* **14** ישו] … *c* **17–18** eundem numerum] numerum eundem *M* **26** ab] ex *M*, de *c*

persona eiusdem cum Patre substantie eiusdemque nature, consimilis glorie. Media uero littera, id est sin que sic formatur ש et tribus uirgulis figuratur, designat Christum, mediam, ut sic dicam, in Trinitate personam. Tractus littere dexter significat eius diuinitatem, sinister carnem humanam, punctum in medio animam rationalem qua mediante deitas quasi inferius, hoc est in terra, in utero scilicet uirginali, unita est carni. Ioth in numero facit denarium et pertinet ad Patrem propter legis decalogum. Sin trecentenarium et pertinet ad Filium propter perfectam deitatem, perfectum corpus, perfectam animam.[78] Centenarius perfectus est numerus.[79] Ter ducitur, quia Christus licet unius sit persone, sepe tamen inuenitur triplicis esse substantie, id est diuinitatis, corporis et anime. Ipse est ephy, mensura trium modiorum. Vaf representat senarium, numerum naturaliter perfectum,[80] designatque Spiritum sanctum ob perfectionem donorum.

Hec dicta sint de forma et numero litterarum. Nunc considerandum qualiter interpretatio que ex singulis surgit litteris singulis congruat personis. Ioth sonat principium et pertinet ad Patrem qui est principium Filii generatione, principium Spiritus sancti spiratione, prin||cipium omnium rerum creatione. Filius etiam est principium, sed de principio, sicut Deus de Deo. Principium quidem Spiritus sancti, sicut et Pater, spiratione, principium creaturarum creatione. Sin interpretatur dentes uel quasi emplastrum super uulnus et congru-

11 Cf. Ruth. 2, 17

9–11 Concilium Toletanum XI, 43, in *Enchiridion symbolorum*, 230. **15–16** Thiel, 332 (Jod). **16–20** *Sententiae Petri Pictaviensis*, 1:239-240 (lib. I,30): "Pater dicitur principium Filii generatione, unde ab eterno est eius principium; est Pater etiam principium Spiritus sancti spiratione, unde ab eterno est eius principium; est etiam principium creaturarum creatione ... Sed cum de Filio dicitur, tantum duo potest significare: vel spirationem quae notatur cum dicitur: Filius est principium Spiritus sancti, vel creationem quae significatur cum dico: Filius est principium creature." **20** Thiel, 422.

1 eiusdemque] eiusdem *M c* consimilis] et similis *M* **4** dexter] dextere *T1 c* sinister] sinistre *T1 c* **12** naturaliter] similiter *M*

[78] The number thirty as a number symbolizing the perfection of Jesus Christ, is mentioned for example by Rabanus Maurus: *Homiliae*, XCI, PL 110, col. 319D-320A.

[79] The perfection of the number one hundred was brought up, among others, by Gregory the Great: Gregorius Magnus, *Homiliae in Hiezechielem* 307 (lib. II, hom. VI,16).

[80] The number six is often interpreted as a perfect number, see: Augustinus Hipponensis, *De Trinitate*, 169 (lib. IV, iv, 7); Idem, *De Genesi ad Litteram*, 94 (lib. IV, 1); Macrobius, *Commentarii in somnium Scipionis*, 66 (lib. I, 6, 12).

unt tales interpretationes Christo qui infernum momordit electos inde educens
35v et reprobos illic relinquens, secundum illud Prophete: *Ero* || *mors tua, o mors, ero morsus tuus, inferne.* Ipse est uerus ille Samaritanus, uerus medicus qui in primo homine genus humanum gratuitis spoliatum et naturalibus uulneratum emplastro proprii sanguinis sanauit. Vnde scriptum est in libro Sapientie: *Neque herba neque malagma sanauit eos, sed sermo tuus, Domine, qui sanat omnia.* Vaf interpretatur hec uel ipsa, ille uel ipse. Pronomina ista finita sunt uel relatiua recipiuntque personam.[81] Ex quibus duo precedentia subiacent generi feminino, duo sequentia masculino possuntque aptari Spiritui sancto qui apud Hebreos feminini generis est, apud latinos masculini, cum tamen in eundem Spiritum sanctum sexus non cadat utpote Patri Filioque consubstantialem.

Nec pretereundum quod in nomine significante, id est gomor, duo puncta separatim loco o uocalis posita sunt superius, in nomine significato, scilicet Ihesu, duo puncta inferius. O uox est optantis, e uox demonstrantis. Quem cetus iustorum ante legem et sub lege de superiori, id est de celo, uenturum optauit, Iohannes inferius, scilicet in terra, digito demonstrauit. Vox est optantis: *Vtinam disrumperes celos et descenderes.* Vox est demonstrantis: *Ecce agnus Dei.*

2–3 Os. 13, 14   3 Cf. Luc. 10, 33-35   6–7 Sap. 16, 12   16–17 Is. 64, 1   17 Joan. 1, 29

4–5 gratuitis ... uulneratum. Cf. Petrus Lombardus, *Sententiae*, 1:465 (II, xxv, 7 (159)): "Per illud namque peccatum naturalia bona in ipso homine corrupta sunt, et gratuita detracta. Hic est enim ille qui a latronibus vulneratus est et spoliatus: vulneratus quidem in naturalibus bonis, quibus non est privatus, alioquin non posset fieri reparatio; spoliatus vero gratuitis, quae per gratiam naturalibus addita fuerant."   7 Thiel, 442 (Vau).

7 uel] et *M*   9 aptari] adaptari *M c*   15 de] *om. c*

[81] In the *Ars Grammatica* by Donatus, the pronouns are, in fact, classified in two main groups according to their quality: finita that "recipiunt personas, ut ego, tu, ille" and *infinita* that "non recipiunt personas." The pronouns *hic* et *ipse* are, according to Donatus, part of *infinita*. Cf. Aelius Donatus, *Ars maior*, De pronomine, ed. Axel Schönberger (Frankfurt am Main: Valentia, 2009), 72. For Priscian, on the other hand, the pronoun always replaces a proper noun and a determined person: "Pronomen est pars orationis, quae pro nomine proprio uniuscuiusque accipitur personasque finitas recipit" (*Institutionum grammaticarum libri XVIII*, in *Grammatici Latini*, 2: 577 (XII, 1). His list of pronouns, although much shorter than that of Donatus, includes pronouns *ille*, *hic* and *ipse*. Priscian also distinguishes between the *pronomina demonstrativa* (deictic) and the *pronomina relativa* (anaphoric), the pronouns *ipse* and *ille* being, according to the context, "modo demonstrativa modo relativa" Ibid., 578-79 (XII, 1). Caesarius seems to quote Donat, however, the influence of Priscian is not excluded, hence, probably, the somewhat confused character of this definition.

Notandum etiam quod prima et ultima littera nominis Ihesu, scilicet ioth et uaf, olim continebantur in nomine Domini tetragrammaton in lamina aurea in dyademate summi sacerdotis.[82] Sed forte dicit quis: Quare ibi non erat media littera, id est sin Christum significans? Respondetur quia Ihesus fuit per ipsum dyadema significatus, secundum quod ei dicitur per Ysaiam: *Et eris corona in manu Dei tui.* In libris gentilium et maxime grecorum nomen Ihesu inuenitur lucidissime expressum, sicut in fine dicitur, ubi de prophetiis tractabitur. Hec de figuris ex multis pauca dicta sint pro exemplo. Non enim ambigo quin diligens lector et curiosus inuestigator hiis figuris similes et forte excellentiores elicere poterit, si tamen aliquam artis hebraice scientiam habuerit.

De personis uocatis nomine Ihesu.

Post figuras inuestigare conabor que uel quales fuerint persone quas Deus Pater Filii sui nomine dignatus est honorare. Primo omnium occurrit Ihesus filius Naue, deinde Ihesus filius Iosedech, tertio loco Ihesus filius Syrach. Primus dux et iudex in Israel post Moysen primus, secundus sacerdos magnus, tertius sapientie doctor eximius. Hii tres nomine et actu specialiter precesserunt in typo Domini Ihesu qui uerus est dux et pontifex fonsque totius sapientie. Tres iste persone quante fuerint glorie, quam digni tanto nomine singulorum gesta declarabunt.

Ihesus filius Naue cum Moyse montem solus ascendit, in interioribus tabernaculi cum Moyse perseuerauit, Amalech deuicit, terram repromissionis explorauit, Moysi in principatum successit, Iordanem || T1 in partes diuisit et populum sicco uestigio transire fecit, populum secundo circumcidit, pascha celebrauit, muros Iericho destruxit, solem stare fecit, Israheli per tribus terram equa sorte

5–6 Is. 62, 3 **20** Cf. Ex. 24, 13 **20–21** Cf. Ex. 7, 11 **21** Cf. Ex. 17, 11-13 **21–22** Cf. Num. 13, 9 et 17 **22** Cf. Ex. 1, 1 **22–23** Cf. Jos. 3, 13-17 **23** Cf. Jos. 5, 3-8 Cf. Jos. 5, 10 **24** Cf. Jos. 6, 1-20 Cf. Jos. 10, 12-13 **188.24–189.1** Cf. Jos. 13

23 sicco ... fecit. Cf. The Easter *Exultet* attributed to St. Ambrose: Michel Huglo, *Les anciens répertoires de plain-chant*, Variorum Collected Studies Series, (Aldershot, Ashgate, 2005), 225 (art. VIII). Cantus ID 850202: Catalogue of Chant Texts and Melodies

3 dicit quis] quis dicit *M* **4** ipsum] christum *c* **5** corona] in manu domini et dyadema regni *add. M* **11** de personis uocatis nomine ihesu] *om. M c* **14** loco] *om. M* **20** naue] sicut legitur *add. M* **23** uestigio] pede *M*

[82] Cf. Ex 28, 36. Cf. for the source of the medieval tradition of Tetragrammaton: Hieronymus Stridonensis, *Epistulae*, 604 (Ep. LXIV, 17): " ... est lamina aurea, id est 'sis zaab', in qua scriptum est nomen dei hebraicis quattuor litteris ioth, he, vav, he, quod apud illos ineffabile nuncupatur."

50v diuisit. Propter hec et multa alia uirtutum suarum || insignia dici meruit Ihesus, id est saluator. Et notandum quod tunc primum uocatus est Ihesus, teste Origene, quando uenit Amalech et expugnauit Israel, utens his uerbis: Et dixit Moyses ad Ihesum in Raphadim. Hec est, inquit, prima appellatio nominis Ihesu. Et quid dixit: *Elige tibi uiros et egredere.* In hoc, ait, loco primo discimus nomen Ihesu, ubi eum uidemus ducem exercitus, non cui Moyses iniunxerit principatum, sed cui concesserit primatum.

Ihesus noster montem ascendit cum Moyse, ne etiam ei inferior uideretur humanitate, ipso Moyse dicente: *Prophetam suscitabit uobis Deus ex fratribus uestris, ipsum tanquam me audietis.* Vnde et Moyses cum Ihesu, non Ihesus cum Moyse in monte uisus est in transfiguratione. In interioribus tabernaculi perseuerauit cum Moyse, ne Ihesus a lege discordare uideatur in predicatione. Vnde et Iudeis dixit: *Si crederetis Moysi, crederitis forsitan et michi.* Amalech superauit, cum moriens in cruce aereas potestates debellauit.[83] In principatu Moysi successit, quando gratiam legi continuauit uel cum resurgens a mortuis dixit: *Data est michi omnis potestas in celo et in terra.* Quod meruit in passione, accepit in resurrectione. Factus est, secundum Ysaiam, *principatus super humerum eius,* scilicet crux in qua triumphauit, cuius uexillo populum susceptum in terram promissionis introduxit.

Terram, sociis adiunctis, explorauit, quando cum electis animabus in celum ascendit. *Vado,* inquiens, *parare uobis locum.* Iordanem in duas partes diuisit, quando in aduentu Spiritus sancti inter credentes et non credentes quasi diuisionem faciens illos tanquam murum erexit in autoritatem predicationis, istos defluere sinens in amaritudinem romane persecutionis. Populum secundo circumcidit, cum plurimos ex Iudeis per ministerium discipulorum aquis baptismi

5 Ex. 17, 9 **9–10** Act. 3, 22 **10–11** Cf. Matth. 17, 1-3 **13** Joan. 5, 46 **16** Matth. 28, 18 **17–18** Is. 9, 6 **21** Joan. 14, 2

2–7 In hoc ... primatum. Origenes (interprete Rufino), *In librum Iesu Nave,* Homilia I, 1, in *Homélies sur Josué,* ed. Annie Jaubert, Sources chrétiennes 71 (Paris: Cerf, 2000), 96.

4 raphadim] raphidim *M* **6** nomen ihesu] ihesu nomen *M* **8** etiam ei] ei etiam *M* **10** et] *om. M* **14** principatu] principem *M* **15** continuauit] continuatim *M* **19** in] *om. T1* **24** sinens] faciens *M*

[83] The aerial powers are the demons, see note 70, p. 173. Cf. Innocentius III, *Regesta sive epistolae* VII, 12, PL 215, col.295D: "Repraesentat itaque signum crucis, in quo Christus, utpote qui vincit, regnat et imperat, debellavit aereas potestates, et in quo capiens praeda praedonem absorbuit, moriens vita mortem et Behemoth cepit in suis oculis quasi hamo."

purgauit. Predicante Petro, ut legitur, crediderunt una die tria millia, altera die quinque millia qui et baptizati sunt. Ibidem et pascha celebrauit, quando Stephanum pro eius fide sinagoga lapidauit. Pascha interpretatur transitus, et ab eo tempore facta est dispersio discipulorum et transitus ad latitudinem gentium.[84]

Quasi tubis canentibus muros Iericho deiecit, cum principatus mundi predicationibus subiecit. Quod predicatio tuba sit, ostendit Osee propheta qui predicatoribus dicit: *Tuba sit in gutture tuo.* Solem stare fecit, cum martiribus pro fide certantibus affuit implendo hoc quod promisit: *Ecce ego uobiscum sum omnibus diebus usque ad consummationem seculi.* Terram expugnatam, immo promissam per tribus diuisit, cum totum orbem studio predicatorum per sedes et pro||uincias episcopales destinxit. Vt enim tantam perstringam distributionem que apostolorum tempore facta est, legimus Iacobo cessisse Iherosolimam, Iacobo Maiori Iudeam et post eius mortem Hispaniam, Petro Capodociam et Italiam, Paulo Greciam, Andree Achaiam, Iohanni Asiam, Thome Indiam interiorem, Bartholomeo exteriorem, Philippo Scitiam, Matheo Ethiopiam, Symoni et Iude Persidam, Marco Alexandriam, Luce Bitiniam. Sicque completum est quod apostolis apostolorumque successoribus a Domino promissum est: *Omnis locus quem calcauerit pes uester, uester erit.*

1–2 Cf. Act. 2, 17 et 4, 4 **3** Cf. Act. 7, 57-58 **8** Os. 8, 1 **9–10** Matth. 28, 20 **19** Deut. 11, 24

3 Thiel, 380-381 (Phase) **12–17** Vt enim ... Bitiniam. Cf. Eusebius, *Historia ecclesiastica*, III, 1, 1-3, in the Latin translation by Rufin: *Eusebius Werke* vol. 2, 1, *Die Kirchengeschichte*, ed. Eduard Schwartz and Theodor Mommsen (Leipzig, J. C. Hinrichs'sche Buchhandlung), 189. On this subject, see: Eric Junod, "Origène, Eusèbe et la tradition sur la répartition des champs de mission des apôtres," in *Les Actes apocryphes des Apôtres: Christianisme et monde païen*, ed. Francois Bovon (Genève: Labor et Fides, 1981), 233–48.

3 et] *om. M* **7–8** predicatoribus] predicatori *M* **9** certantibus] dimicantibus *M* **14** eius] *om. M* capodociam] capadociam *M c* **16** scitiam] ciciam *M*, scithiam *c* **17** persidam] persidem *M c* **18** apostolorumque] apostolisque *M*

[84] The expression *latitudo gentium* (land of the pagans) goes back to Gn 9:27: "Dilatet Deus Japheth, et habitet in tabernaculis Sem, sitque Chanaan servus ejus." Japhet, first interpreted as "latitudo" by Augustin (cf. *De civitate Dei*, 2: 498 (lib. XVI, 2): "Nam Iapheth latitudo interpretatur," became the father of the pagans in: Isidorus *Etymologiae*, vol.1 (lib. VII, 6, 18 and lib. IX, 2, 26). For more details, see: Jürgen Fischer, *Oriens-Occidens-Europa: Begriff und Gedanke "Europa" in der Späten Antike und im frühen Mittelalter* (Wiesbaden: Franz Steiner, 1957), 10-19.

Vt autem que dicta sunt tenacius inhereant legentis memorie, libet adhuc singula recapitulando perstringere. Ihesus noster realis, non ille figuralis, cum Moyse, immo ante Moysen in montem glorie ascendit in incarnatione, in ab-
51r ditis in || tabernaculo cum illo fuit in predicatione, Amalech deuicit in passione, principatum suscepit in resurrectione, terram promissionis explorauit in ascensione, Iordanem diuisit in Spiritus sancti emissione, Israel circumcidit in Petri predicatione, Pascha celebrauit in Stephani lapidatione, Iericho subuertit in gentium conuersione, terram per tribus diuisit in ecclesiarum distinctione.

Possumus adhuc omnia que enumerata sunt de futuro intelligere. Ihesus non filius Naue, sed filius Marie cum Moyse et sanctis omnibus de monte celi descendet ad locum iudicii. Tunc egredietur de tabernaculo, quia *uidebit eum omnis caro.* Cum Amalech dimicabit, quia cum reprobis disceptabit dicens: *Esuriui, et non dedistis michi manducare* et cetera que secuuntur. Terram promissionis explorabit, quia *antiquus dierum sedebit et erunt aperti libri,* id est conscientie, et *scrutabitur Iherusalem,* scilicet electos, *in lucernis.* Tunc principatus eius apparebit, quia *in sede sue maiestatis sedebit* et in forma hominis iudicabit. Iordanem in duas partes diuidet, quia ex baptizatis quosdam cum ouibus a dextris, alios cum hedis statuet a sinistris; illos, id est electos, quia sicut aqua Iordanis superior steterunt per innocentiam uel se quasi murum post lapsum erexerunt per penitentiam, sursum leuabit in gloriam, istos uero, id est reprobos qui cum parte aque inferioris defluxerunt finaliter in culpam, in amarissimam mittet gehennam.

Israel secundo circumcidet, quia tunc electos stola immortalitatis uestiet.[85] Cum quibus et pascha celebrabit, quia *transiens ministrabit illis.* Pascha sonat

11–12 Luc. 3,6 **12–13** Matth. 25, 42 **14** Dan. 7, 9-10 **15** Soph. 1, 12 **16** Matth. 19, 28 **23** Cf. Eccli. 50, 11 **24** Luc. 12, 37

16 in ... iudicabit. As Augustine insists, Christ will judge in his human form, cf.: Augustinus Hipponensis, *In Iohannis evangelium tractatus CXXIV*, 519 (Tr. LXXVI, 4): "Hi sunt qui Patrem et Spiritum sanctum nunquam uident; Filium autem non ut beatificentur, sed ut iudicentur, ad modicum uident; nec ipsum in forma Dei, ubi est cum Patre et Spiritu sancto pariter inuisibilis, sed in forma hominis, ubi esse uoluit mundo patiendo contemptibilis, iudicando terribilis." **191.24–192.1** Thiel, 380-81 (Phase).

4 in] *om. M* **15** scrutabitur] etiam *add. M* **16** sue maiestatis] maiestatis sue *M* **19** murum] murus *M*

[85] Cf. also Hesbert, *Corpus antiphonalium Officii*, 3: 492, nr. 1563. Cantus ID 005034: Catalogue of Chant Texts and Melodies: "Stolam iucunditatis induit eum Dominus, et coronam pulchritudinis posuit super caput eius."

transitus. Iericho subuertet atque igne incendet, quia et mundus igne conflabitur et mundi superbia ad inferos detrudetur. Faciet et solem stare, quia tunc erit *dies una que nota est Domino.* In illa die *diuidet terram promissionis populo suo in funiculo distributionis,* quia unicuique dabit secundum meritum et laborem suum, dicens uerbum illud dulcissimum: *Venite, benedicti Patris mei, per||cipite regnum quod uobis paratum est ab origine mundi. Sicut diuisit michi Pater meus regnum, et ego dispono uobis, ut edatis et bibatis super mensam meam in regno meo.*

Sequitur de Ihesu filio Iosedech. Iste maximus sacerdos fuit in Israel et cum Zorobabel populum reduxit de Babilone, cum quo et templum Domino legitur reedificasse. In hiis tribus actibus precessit in figura Ihesu summi sacerdotis de cuius sacerdotio Psalmista canit dicens: *Tu es sacerdos in eternum. Talis enim decebat ut nobis esset pontifex sanctus, innocens, impollutus, segregatus a peccatoribus, excelsior celis factus.* Ecce quem propheta predicat eternum, Apostolus testatur *excelsiorem celis factum.* Et est intelligenda hec celsitudo de humanitate, sicut eternitas de diuinitate.

Quod per hunc magnum sacerdotem populus reductus uel adhuc reducendus sit de Babilone, testatur Dominus per Ysaiam dicens: *Propter uos misi in Babilonem,* id est Filium meum in mundum. Babilon significat presentem mundum confusione peccati plenum. Interpretatur enim confusio. Quodlibet peccatum mortale animam detinet in captiuitate. Duplex erat captiuitas populi Dei. Prima in Egypto, secunda in Babilone. Egyptiaca captiuitas designat peccatum originale, babilonica actuale. In tenebris illius omnes nascimur, ad confusionem istius non omnes labimur. Egyptus interpretatur tenebre, Babilon, ut diximus, confusio. Tenebre noxe || originalis sunt necessitatis initium habentes

2 Cf. Is. 14, 11 **3** Zach. 14, 7 **3–4** Ps. 77, 54 **4–5** Cf. I Cor. 3, 8 **5–8** Luc. 22, 30 **9–10** Cf. I Esdr. 3, 1-2 **10–11** Cf. I Esdr. 5, 2 **12** Ps. 109, 4 **12–14** Hebr. 7, 26 **15** Hebr. 7, 26 **18–19** Is. 43, 14

19–20 Thiel, 255. **24** Thiel, 292. **24–25** Thiel, 255.

1–2 conflabitur] *vel potius* conflagrabitur *M* **3** promissionis] repromissionis *M* **6** diuisit] disposuit *c* **9** in] *om. M* **14** predicat] in *add. M* **18** per] in *c* **21** in] *om. c* **22** babilone] prima generalis, secunda specialis. *add. M*

in utero matris, tenebre culpe actualis sunt proprie uoluntatis. Nemo mortaliter potest peccare, nisi consentiat uoluntate. De utraque captiuitate nemo nos liberat, nisi gratia Ihesu. Vnde ait: *Si uos filius liberauerit, uere liberi eritis.* De illa, id est originali, per baptismum nos educit, de ista, id est actuali, per penitentiam nos reducit. Quo? Ad *terram promissionis* de qua per Psalmistam dicitur: *Credo uidere bona Domini in terra uiuentium.* Ad hanc de peccato exeuntes inducit spe, de uita exeuntes inducit re. Terra hec celestis est patria cuius initium est gratia, finis gloria eterna. Gratia in promissione, gloria in possessione.

Reedificauit et Ihesus templum Domini, secundum quod per Aggeum prophetam dicitur: *Et suscitauit,* inquit, *Dominus spiritum Zorobabel et spiritum Ihesu filii Iosedech sacerdotis magni, et faciebant opus in domo Domini.* Item per Zachariam: *Et sumes,* inquit, *argentum et aurum et facies coronas et pones in capite Ihesu filii Iosedech sacerdotis magni et loqueris ad eum dicens: Hec dicit Dominus exercituum dicens: Ecce uir, Oriens nomen eius et subter eum orietur et edificabit templum Domino et ipse portabit gloriam et sedebit et dominabitur super solio meo.*

37v In hiis autem significat Dominum Ihesum magnum sacerdotem, uerum || orientem coronatum gloria et honore, qui de se dixit: *Destruite templum hoc et ego in triduo suscitabo illud,* hoc et impleuit. Templum corporis sui edificatum in conceptione et solutum in passione reedificauit in resurrectione. Templum eius est Ecclesia, templum eius est quelibet electa anima. Ecclesia templum Dei generale, anima illuminata templum Dei speciale. Templum Ecclesie edificauit in apostolorum predicatione, templum electe anime in baptismi illuminatione. Ecclesiam militantem per mortem destructam Ihesus reedificabit in generali resurrectione, animam electam per peccatum solutam quotidie reedificat gratie sue infusione. Ecce in hiis tribus: uidelicet dignitate sacerdotii, reedificatione templi, reductione populi Ihesus filius Iosedech prefigurauit Ihesum filium Dei.

3 Joan. 8, 36 5 Hebr. 11, 9 6 Ps. 26, 13 10 Agg. 1, 14 10–11 Agg. 1, 14 12 Zach. 6, 11-13 12–15 Zach. 6, 11-13 17–18 Joan. 2, 19

1–2 Cf. Augustinus Hipponensis, *De vera religione*, XIV, 27 ed. Joseph Martin, CCSL 32 (Turnhout: Brepols, 1962), 204. "Nunc uero usque adeo peccatum uoluntarium malum est, ut nullo modo sit peccatum, si non sit uoluntarium." The somewhat closer wording to that used by Caesarius is found in: Richardus de S. Victorie, *Explicatio in Cantica canticorum*, XXIV, PL 196, Col. 480C: "Si enim non consentit, veniale peccatum est, quia non contingit mortale peccatum, nisi voluntarium."

2–3 nos liberat] liberat nos *c* 3 vnde] et *add. M* 5 promissionis] repromissionis *M* 12 inquit] ait *M* 15 dominabitur] gloriabitur *T1 c* 16 ihesum] et *add. T1 c* magnum] et uerum *add. M* 19 et] *om. M* 20 dei] domini *M* 21 illuminata] electa *M* dei] domini *M*

Ihesus filius Syrah uir fuit magne sapientie, eximie doctrine, usque hodie precipuus doctor Ecclesie. Vnde et Ecclesiasticus appellari meruit. In eius nomine et parabolis quasi in speculo resplendet Dei sapientia Christus. *Ego,* inquit, *ex ore altissimi prodii, primogenita ante omnem creaturam. Ego feci in celis, ut oriretur lumen indeficiens. Ego sapientia effudi flumina, ego quasi trames aque immense de flumine. Ego quasi fluuius Thorax et sicut aqueductus exiui de paradiso.* Non in sua persona, sed in persona Domini Ihesu hec loquitur, de quo in principio sui libri dicit: *Fons sapientie uerbum Dei in excelsis et ingressus illius mandata eterna.* Hoc est uerbum de quo Iohannes exorsus est dicens: *In principio erat uerbum, et uerbum erat apud Deum, et Deus erat uerbum. Et uerbum caro factum est.* De cuius ore quasi de *loco uoluptatis* egressus est fons sapientie salutaris qui inde *diuisus est in quatuor capita,* id est quatuor Euangelia quibus per totum mundum diffusa irrigatur Ecclesia. Scripsit Ihesus filius Syrah parabolas multas, et Ihesus filius Dei de se dicit: *Aperiam in parabolis os meum, loquar propositiones ab initio.* Hec prophetia in Euangelio impleta est.

Quod nomen Ihesu a prophetis sit predicatum.

|| In libris diuinis secundum nostram qua utimur translationem ueteris testamenti, non nisi in duobus locis nomen Ihesu de ipso immediate dictum reperitur. Dicit de eo Abacuc in cantico suo sic: *Ego autem in Domino gaudebo et exultabo in Deo Ihesu meo.* Ihesus filius Syrah cum loqueretur de paradiso, meminit nominis eius et ait: *Dominus Ihesus plantauit illum.* Ecce quem Abacuc uocat Dominum Deum et saluatorem, Ecclesiasticus appellat Creatorem. In hiis tantum locis inuenitur nomen Ihesu de ipso specialiter dictum. Porro in hebraica ueritate sepius positum est. Vnde in psalmo quinquagesimo: *Redde michi letitiam Ihesu tui et spiritu potenti confirma me.*[86] Item in psalmo octogesimo quarto: *Conuerte nos Deus || Ihesus noster et solue iram aduersum nos.*[87]

3–5 Eccli. 24, 5-6 **5–7** Eccli. 24, 40-41 **8–9** Eccli. 1,5 **9–10** Joan. 1, 1 **10–11** Joan. 1, 14 **11** Gen. 2, 10 **12** Gen. 2, 10 **14** Matth. 13, 55 **14–15** Ps. 77, 2 **19–20** Hab. 3, 18 **21** Eccli. 43, 25 **21–22** Cf. Hab. 3, 18-19 **22** Cf. Eccli. 1, 8 **24–25** Ps. 50, 14 **26** Ps. 84, 5

16 quod nomen ihesu a prophetis sit predicatum] sequitur de prophetis *M* **18** duobus locis] locis duobus *M* **19** in] fine *add. M* cantico suo] cantici sui *M* **20** ihesus] et *M* **25** potenti] prinicipali *M* **25–26** octogesimo quarto] lxxxix *M*

[86] This quote and the following are from the Psalter "iuxta Hebraeos": *Sancti Hieronymi Psalterium iuxta Hebraeos*, Ps. LI, 14, ed. Henri de Sainte-Marie, Collectanea biblica latina, 11 (Rome: Abbaye Saint-Jérôme, 1954), 75.

[87] *Sancti Hieronymi Psalterium iuxta Hebraeos*, 122 (Ps.LXXXV, 5).

Item in psalmo nonagesimo quarto: *Venite, laudemus Dominum, iubilate petre Ihesu nostro.*[88] Item in psalmo centesimo quadragesimo nono: *Quia complacuit sibi Dominus in populo suo et exaltabit mansuetos in Ihesu.*[89]

Actum est consilio Spiritus sancti ut interpretes ueteris testamenti nomen Ihesu, sicut in hebreo repererunt, ponerent et in plurimis locis in latinum transferrent, ut in suo fonte fidem Ecclesie letificaret et transfusum uirtutem sui odoris demonstraret. Vnde sponsa gloriatur dicens: *Oleum effusum nomen tuum.* Oleum, immo fons oleis quia nomen Ihesu fuit, Rome in eius natiuitate fons olei erupit. Fons iste in populo hebraico diu signatus et tempore pacis in latinum transfusus, in quatuor diuisus est riuulos, id est quatuor interpretationes. Interpretatur enim hoc nomen Ihesus Saluator, salutaris, salutare, salus.

Per primam interpretationem, licet nulla ab altera discordet in uirtute, fluit ad orientem, per secundam ad occidentem, per tertiam ad aquilonem, per quartam ad meridiem. De hiis riuulis dicit Iob: *Quando fundebat michi petra riuulos olei.* Petra erat Christus. De quo per Moysen in Deuteronomio dicitur: *Suxerunt mel de petra oleumque de saxo durissimo.* Oleum in lampade, Christus est in humano corpore. De riuulo orientali Ysaias ab oriente clamat et dicit: *Propter Syon non tacebo et propter Iherusalem non quiescam, donec egrediatur ut splendor iustus eius, et Saluator eius ut lampas accendatur.* Accensio est incarnatio. De riuulo occidentali in persona occidentalium orat Psalmista dicens: *Exaudi nos Deus salutaris noster, spes omnium finium terre et in mari longe.* De plaga aquilonari dicit etiam Ysaias: *Suscitaui ab aquilone.* Moxque subiungit: *Et ueniet ab ortu solis.* Hanc igitur habentes promissionem aquilonares clamant ad Iherusalem contra solis ortum positam: Iherusalem, noli flere, quia

1–2 Ps. 94, 1 **2–3** Ps. 149, 4 **7–8** Cant. 1, 2 **15–16** Job. 29, 6 **17** Deut. 32, 13 **19–20** Is. 62, 1 **22** Ps. 64, 6 **23** Is. 41, 25 **24** Is. 41, 25

8–9 Rome … erupit. Cf. Orosius, *Ecclesiastica historia*, VI 20, PL 31, col. 1053C. **11–12** Thiel, 328-29. **195.25–196.1** Iherusalem … tua. Responsorium for the office of the first Sunday of Advent: Hesbert, *Corpus antiphonalium Officii*, 4, 81-82 (nr. 6321). Cantus ID 006321a: Catalogue of Chant Texts and Melodies

1 iubilate] iubilemus *M* **3** exaltabit] exultabit *T1 c* **6** ut] et *add. M* transfusum] transfusam *M* **11–12** salutare salus] salus, salutare *M* **16** dicitur] dicit *c* **18** orientali] orientale *c*

[88] *Sancti Hieronymi Psalterium iuxta Hebraeos*, 136 (Ps. XCV, 1).
[89] *Sancti Hieronymi Psalterium iuxta Hebraeos*, 208 (Ps. CXLVIII, 4).

cito ueniet salus tua, Ihesus tuus. Audierant et forte illud promissum: *Dabo in Syon salutem et in Iherusalem laudem meam.* Riuulo se salutari impinguari optauerunt et meridionales dicentes: *Memento nostri, Domine, in beneplacito populi tui, uisita nos in salutari tuo.* Item superius. *Ostende nobis, Domine, misericordiam tuam et salutare tuum da nobis.* Habebant et ipsi promissionem per os Abacuc dicentis: *Deus ab austro ueniet, et sanctus de monte Pharam.* Auster flat a meridie.

Sic Ihesus uirtute sui nominis totum mundum impinguat, sanat, cibat, illuminat, exhilarat. Vocant eum natum angeli Saluatorem, Maria in suo cantico salutarem, Zacharias in suo cantico salutem, Symeon uero in cantico suo salutare. Hanc diuersitatem archangelus Gabriel missus ad Mariam Virgi||nem uno nomine hebraico comprehendit dicens: *Ecce concipies* || *et paries filium et uocabis nomen eius Ihesum.* Et in hoc quedam est dignitas huius nominis, quod in nouo testamento primo predicatur ab archangelo.

Notandum est etiam quod bis nomen Ihesu, ut dictum est, inuenitur in ueteri testamento de ipso predictum, bis in nouo. Semel ante conceptionem, ut iam dixi, semel ante natiuitatem ut ibi: *Ioseph fili Dauid, noli timere accipere Mariam coniugem tuam, quod enim in ea natum est, de Spiritu sancto est. Pariet autem filium et uocabis nomen eius Ihesum.* Virtutem nominis mox exposuit, cum subiunxit: *Ipse enim saluum faciet populum suum a peccatis eorum.* De gloria, laude et uirtute huius nominis in lege, psalmis et prophetiis multa dicta sunt, et uocatur in Scripturis *nomen eternum, nomen nouum, nomen sanctum, nomen benedictum, nomen gloriosum, nomen superexaltatum, nomen admirabile, nomen terribile*, nomen ineffabile.[90] At quia in nomine Ihesu, secundum Apostolum, *omne genu flectitur celestium, terrestrium et infernorum,* apud Hebreos non immerito ternario subiacet elementorum. Hec breuiter de prophetiis sacre

1–2 Is. 46, 13 **3–4** Ps. 105, 4 **4–5** Ps. 84, 8 **6** Hab. 3, 3 **9** Cf. Luc. 2, 11 **9–10** Cf. Luc. 1, 47 **10** Cf. Luc. 1, 68-79 **10–11** Cf. Luc. 2, 20 **12–13** Luc. 1, 31 **17–19** Matth. 1, 20-21 **20** Matth. 1, 21 **22** Ex. 3, 15 Is. 62, 2 Dan. 3, 52 **23** Dan. 3, 52 Dan. 3, 26 Dan. 3, 52 Ps. 8, 2 **24** Ps. 110, 9 **25** Phil. 2, 10

1 tua] idest *add. M* et forte] forte et *M c* **2** se salutari] salutari se *M* **9** natum angeli] angeli natum *c* **10** suo cantico] cantico suo *M* cantico suo] suo cantico *c* **15** est] *om. M* **18** pariet] paries *c* **23** admirabile] mirabile *M* **24–25** secundum apostolum] *om. M* **26** prophetiis] prophetis *M*

[90]Common expression to designate the divine name Tetragrammaton, which it was forbidden to pronounce, cf. Hieronymus Stridonensis, *Epistulae*, 604 (Ep. LXIV, 17).

Scripture dicta sufficiant. Non enim necesse est plura ex hiis libris replicare que sancta Ecclesia in laude diuini nominis non cessat quotidie decantare.

De persona et nomine Ihesu nonnulli philosophorum gentilium prophetauerunt et scriptis diuinitus inspirata mandauerunt. Ex quibus fuerunt Hermes et Astilius in astronomia peritissimi, Abidedom regis Persarum discipuli in quorum libris sic scriptum reperimus: Oritur in primo decano uirginis puella, lingua persica sedeos darzama quod arabice interpretatur ad renedefa, apud latinos sonat uirgo munda et honesta, sedens super solium auleatum et manu geminas spicas tenens et tenens puerum et eum pascens iure in terra que dicitur Hebrea, et puerum nominat Ihesum.[91] Alia translatio sic habet super Albumazar: Ascendit in prima facie uirginis puella quam uocamus colchis dorastal, hoc est uirgo munda et pura et honesta, sedens super sedem stratam, manu tenens geminas aristas, tenens puerum et dans ei ad comedendum ius in terra que dicitur uel ubi dicitur aue, puerum autem quedam gentes nominant Ihesum. Et ascendit uir cum ea sedens super eandem sedem nec eam tangens, et oritur cum ea stella uirginis. Puellam hanc mundam, puram et honestam intelligimus Dei genitricem Mariam Virginem, secundum Ysaiam.[92] Primum decanum uel primam faciem uirginis primam dicunt signi uirginis partem decem gradus continentem,[93] solium auleatum uel sedem stratam generis illius

6–10 Oritur … Ihesum. Abû Ma'shar al-Balkhî, *Introductorium maius in astronomiam*, Latin translation by Hermannus Dalmata, see: Marie-Thérèse d'Alverny, "Humbertus de Balesma," *Archives d'Histoire doctrinale et littéraire du Moyen Âge* 51 (1985): 127-91, here p. 138. **11–16** Ascendit … uirginis. Abû Ma'shar al-Balkhî, *Introductorium maius in astronomiam*, Latin translation by John of Seville, in "Humbertus de Balesma," 137.

4 et] *om. c* scriptis] scriptisque *c* 7 ad renedefa] adronedefa *M* 10 nominat] nominant *c* 13 tenens geminas] geminas tenens *M* 15 ascendit] ascendet *M* uir] uirga *T1*

[91] It is to be noted that the Cistercian Garnier de Rochefort († 1225) quotes Abû Ma'shar in his sermon on the Nativity of the Virgin Mary: PL 205, col. 774D-779C. For more details, see: Marie-Dominique Chenu, "Astrologia praedicabilis," in *Archives d'Histoire doctrinale et littéraire du Moyen Âge* 31 (1964): 61-65.

[92] Cf. Is. 7, 14: "Propter hoc dabit Dominus ipse vobis signum: ecce virgo concipiet, et pariet filium, et vocabitur nomen ejus Emmanuel."

[93] Cf. the Roger Bacon's commentary on the same passage: Rogerus Baco, *Opus tertium*, in *Fr. Rogeri Bacon Opera quædam hactenus inedita*, ed. John Sherren Brewer (Cambridge: Cambridge University Press, 2012), 49: "Intentio auctoris est quod Beata Virgo habet figuram et imaginem infra decem primos gradus Virginis, et quod nata fuit quando sol est in Virgine; et ita habetur signatum in calendario."

nobilitatem, utpote de tribu et domo regali procreatam. Per geminas aristas duplex in ea uita actiua atque contemplatiua exprimitur, per ius carnis eius liquor, id est lac, designatur. || Per aristas etiam ad litteram panis significatur quo T1: Dominum cibauit, per ius potus quo eundem potauit. Orta est et in eius partu noua stella Dominice natiuitatis prenuncia. Vir qui cum ea ascendit et cum ea sedit, Ioseph fuit sanctus qui eam sicut propinquus desponsauit et cum illa castitatis priuilegium seruauit.

Docet idem Hermes de immensitate nominis Christi dicens: Causa autem cause diuini boni uoluntas que Deum prouexit cuius nomen non potest humano ore dici. Item in libro qui *Perfectus*[94] inscribitur: Dominus et omnium creator quem Deum uocare censemus, quia seculum fecit, Deum uisibilem et sensibilem. Marcus Tullius etiam loquens de diuina Christi generatione fatetur hominem precla||ra quadam conditione a summo Deo esse generatum. Sibylla M: Eritrea in carminis sui principio, quod a summo Deo exorsa est, filium Dei ducem et imperatorem omnium hiis uerbis predicat dicens: Omnium nutritorem qui dulcem spiritum omnibus apposuit et principem omnium deorum fecit. Et in fine: Alterum dedit Deus fidelibus uiris honorare. In carminibus suis in quibus Christi natiuitatem, passionem, resurrectionem et ultimum eius aduentum predixit, nomen Ihesu manifeste in capitibus eorundem uersuum ex-

8–10 Causa … dici. Lactantius, *Divinarum institutionum libri septem*, lib. IV, 7, 3, vol. 2, ed. Eberhard Heck and Antonie Wlosok (Berlin: Walter de Gruyter, 2007), 329-30. Hermes is quoted by Lactantius in Greek, the Latin translation used by Caesarius is that of Sedulius Scottus, see: Ibid., vol. 4 (Appendix) (Berlin: Walter de Gruyter, 2011), p. 748. 10–12 Dominus … sensibilem. Lactantius, *Divinarum institutionum libri septem*, 2: 325-326 (lib. IV, 6, 4) and 4:746 (Appendix, Latin translation by Sedulius Scottus). 12–13 hominem … generatum. M. Tullius Cicero, *De Legibus*, I, vii, 22, in M. Tullius Cicero, *De re publica*, ed. Clinton Walker Keyes, Loeb classical library 213 (London, Heinemann, 1928), 320. Cf.: Lactantius, *Divinarum institutionum libri septem*, 2: 321 (IV, 4). 15–17 Omnium … honorare. Lactantius, *Divinarum institutionum libri septem*, 2: 327 (lib. IV, 4, 5) and 4: 747 (Appendix, Latin translation by Sedulius Scottus).

1 tribu et domo] domo et tribu *M* 6 fuit sanctus] sanctus fuit *M c* 14 eritrea] ericrea *M*, erithtrea *c* 16 dulcem] ducem *T1 c* omnium deorum] deorum omnium *M*

[94]Cf. Lactantius, *Divinarum institutionum libri septem*, 2: 325-26 (lib. IV, cap. VI, 5): "… in libro λόγος τέλειος inscribitur." ('Sermo perfectus' in the ms. Valenciennes, Bibliothèque municipale, 147).

pressit. Inuenitur ibi, teste Augustino, Ihesus Christus yoc, thei, sother. Vaticinata est de Christo et alia Sibilla sic dicens: Ipsum tuum cognosce Deum qui Dei filius est. Propter hec et hiis similia exclamat Psalmista dicens: *Domine Dominus noster, quam admirabile est nomen tuum in uniuersa terra.* Ipsi honor et gloria in secula seculorum. Amen.

3–4 Ps. 8, 2

1 Ihesus ... sother. Augustinus Hipponensis, *De civitate Dei*, 2:613 (lib. XVIII, 23): "Nam uir clarissimus Flaccianus, qui etiam proconsul fuit, homo facillimae facundiae multaeque doctrinae, cum de Christo conloqueremur, Graecum nobis codicem protulit, carmina esse dicens Sibyllae Erythraeae, ubi ostendit quodam loco in capitibus uersuum ordinem litterarum ita se habentem, ut haec in eo uerba legerentur: Ἰησοῦς Χριστὸς Θεοῦ υἱὸς σωτήρ." 2–3 Lactantius, *Divinarum institutionum libri septem*, 2: 328 (lib. IV, 4, 5) and 4: 747 (Appendix, Latin translation by Sedulius Scottus).

1 yoc] yos *M* 3 exclamat] proclamat *M* 5 amen] explicit omelia octaua. *add. M*

In circumcisione Domini nostri Ihesu Christi. Secundam Lucam.

Postquam impleti sunt dies octo ut circumcideretur puer, uocatum est nomen eius Ihesus. Et reliqua.

Omelia de eadem lectione.

De nomine Ihesu iam sermo longius protractus est, nunc ad interruptam moralitatem reuertendum est. Eadem gratia qua Ihesus in nobis nascitur, eadem gratia et in nobis circumciditur. Prima dies dedicatur natiuitati, octaua circumcisioni. Et notandum quod eodem uocabulo censetur dies octaua, quo prima. Verbi gratia. Prima dies apud Ecclesiam dicitur dies dominica, deinde secunda feria, tertia feria, quarta feria, quinta feria, sexta feria, sabbatum, rursumque reditur ad diem dominicam. Sicque dies octauus idem est qui et primus. Qui licet concordent numero, multum tamen discordant tempore. Die dominica Christus nascitur, die dominica circumciditur. Queramus ergo in sacramento qui sint dies isti octo, uel qualiter octauus concordet cum primo.

Ait itaque euangelista Matheus: *Cum uidisset turbas Ihesus, ascendit in montem. Et cum sedisset, uocauit ad se quos uoluit, et uenerunt ad eum, et fecit ut essent duodecim quos et apostolos nominauit. Et eleuatis oculis in eos, aperiens os suum docebat* || *eos dicens: Beati pauperes spiritu, quoniam ipsorum est regnum celorum.* T1 Ecce prima dies. *Beati mites, quoniam ipsi possidebunt terram.* Ecce secunda dies. *Beati qui lugent, quoniam ipsi consolabuntur.* Ecce dies tertia. *Beati qui esuriunt et sitiunt iustitiam, quoniam ipsi saturabuntur.* Ecce quarta dies. *Beati misericordes, quoniam ipsi misericordiam consequentur.* Ecce dies quinta. *Beati mundo corde, quoniam ipsi Deum uidebunt.* Ecce sexta dies. *Beati pacifici, quoniam filii Dei uocabuntur.* Ecce septima dies. *Beati qui persecutionem patiuntur propter iustitiam, quoniam ipsorum est regnum celorum.* Ecce octaua dies. Et quid sunt

3–4 Luc. 2, 21 **16–19** Matth. 5, 1-3 **20** Matth. 5, 4 **21** Matth. 5, 5 **21–22** Matth. 5, 6 **22–23** Matth. 5, 7 **23–24** Matth. 5, 8 **24–25** Matth. 5, 9 **25–26** Matth. 5, 11

1–2 in circumcisione domini nostri ihesu christi secundam lucam] incipit omelia nona de circumcisione. *M* **2** lucam] ix *add. in marg. T1*, cap. 2. *add. c* **4** et reliqua] *om. M* **5** omelia de eadem lectione] *om. M* **13** numero] et nomine *add. M* **15** dies isti] isti dies *M* concordet] concordat *M* **18** duodecim] cum illo *add. M* nominauit] uocauit *M* oculis] *om. M* **21** dies tertia] tertia dies *M c* **23** dies quinta] quinta dies *M c* **26** ecce octaua dies] *om. M* **200.26–201.1** sunt aliud] aliud sunt *M*

aliud iste octo beatitudines, nisi quidam dies anime solempnes? Dies dicitur a dyan, quod est claritas. Vnde Iohannes dicit in epistola sua prima: *Si autem in luce ambulamus, sicut et ipse*, scilicet in luce, est, *societatem habemus ad inuicem, et sanguis Ihesu Christi Filii eius emundat nos ab omni peccato.* Lux dicta est eo quod luat, id est purget tenebras. Caritas que est inter uirtutes prima dignitate uicem gerit solis, quia sicut sol presentia et uicissitudine sua creat dies, ita caritas uirtutes.

Considerandum etiam quod prima beatitudo et octaua idem habent premium. Paupertati spirituali dicitur: *Beati pauperes spiritu, quoniam ipsorum est regnum celorum.* Si autem eiusdem sunt premii, necessarium est quod et
53v eiusdem sint meriti. || Prima beatitudo uidetur specialiter pertinere ad claustrales nichil propter Christum in hac uita possidentes, octaua uero ad martires Christi stigmata in corporibus suis circumferentes Christumque in suis persecutionibus semper glorificantes. In illorum opere Ihesus nascitur, in horum patientia circumciditur.

Cum secularis quisque se ad Deum conuertit et mundum omniaque que in mundo sunt propter illum relinquit, Ihesu se matrem ostendit. Vnde cum quidam ei diceret: *Ecce mater tua et fratres tui foris stant querentes te*, respondit: *Que est mater mea et qui sunt fratres mei? Et extendens manus in discipulos ait: Ecce mater mea et fratres mei.* Statimque subiunxit: *Quicunque fecerit uoluntatem Patris mei qui in celis est, ipse est frater meus, soror mea et mater.* Voluntas patris est ut quemadmodum filius ambulauit et nos ambulemus. Si uis esse mater Christi, esto imitator Christi, esto pauper spiritu, *uade et uende omnia que habes et ueni et sequere Christum.* Pauper Christus pauperem matrem requirit. Deinde gradatim profice per incrementa uirtutum, donec peruenias ad circumcisionis diem octauum. Inter diem natiuitatis et circumcisionis diem sex

2–4 I Joan. 1, 7 **9–10** Matth. 5,3 **18** Matth. 12, 47 **19–20** Matth. 12, 48-49 **20–21** Matth. 12, 50 **22** Cf. I Joan. 2,6 **23–24** Matth. 19, 21

1–2 Dies … claritas. Petrus Comestor, *Historia scholastica. Liber Genesis*, 3, ed. Agneta Sylwan, CCCM 191 (Turnhout: Brepols, 2005), 10: "Et appellauit lucem diem, a dian Greco quod est claritas."

5–6 prima dignitate] dignitate prima *M* **12** nichil] in hoc mundo *add. M* in hac uita] *om. M* **13** corporibus suis] suis corporibus *M* **21** meus] et *add. M* **23** spiritu] christi *M* **24** habes] et da pauperibus *add. M* **26** circumcisionis diem] diem circumcisionis *M*

dies numerantur in quibus quidam profectus uirtutum propter senarii perfectionem designantur.[95]

Non est mei propositi aliquid dicere de circumcisione materiali, sed magis de circumcisione spirituali. Inuenio quandam circumcisionem qua circumcisi sunt martires Christi et adhuc || T1: propter eum circumcidi non desinunt uiri religiosi. Quando propter fidem Ihesu martires persecuti sunt, ita ut uxoribus et liberis orbarentur et a cognatis et amicis diuiderentur, substantia et possessionibus nudarentur, proscripti etiam uariis penis affligerentur, plenissime circumcisi sunt. Et hoc non solum in uno, sed in omnibus quandoque membris: uidelicet in abscisione capitis, in euulsione oculorum, in mutilatione aurium, narium, lingue, pedum manuumque. Vt enim Apostolus dicit: *Sancti ludibria experti sunt, secti sunt, lapidati sunt, in occisione gladii mortui sunt.*

Nec habebant necesse beati martires ut talis circumcisio eis fieret in die primo, sed magis in octauo, quia tolerantia passionum non est incipientium, sed perfectorum. Octonarius numerus est cubus, id est firmus et solidus, tres habens dimensiones: scilicet longitudinem, latitudinem et profunditatem ad similitudinem mathematici corporis. Nam bis duo bis sunt octo.[96] Sancti martires contra tres hostes, id est carnem, mundum, dyabolum, se circumcidentes, necesse erat ut tres haberent dimensiones. Altitudinem siue profunditatem, quod idem est, in fide, longitudinem in spe, latitudinem in caritate.[97] Martires Christi quam profundi, id est radicati, fuerint in fide, quam longanimes in spe, quam lati et diffusi in caritate, non est necesse uerbis, sed magis exemplis demonstrare.

11–12 Hebr. 11, 36-37

7 et] *om. M* **13** eis fieret] fieret eis *M* **16** longitudinem] et *add. c* et] *om. M c* **19** profunditatem] profundum *T1 c*

[95] On the interpretation of the number six as the perfect number, see the note 80, p. 186.

[96] The eight, first cube of an even number, symbol of stability and equality, cf. for example: Rupertus Tuitiensis, *Liber de diuinis officiis*, ed. Rhaban Haacke, CCCM 7 (Turnhout: Brepols, 1967), 290: "Ipse autem octonarius numerus animarum, quae in arca saluae factae sunt, quia a primo pari, id est binario proficiscens solidum corpus creat, scilicet habens longitudinem, latitudinem atque altitudinem. Nam bis bina bis octo sunt, quod apud geometras et arithmeticos quoque usitatum est."

[97] Cf. Eph. 3, 18: "Ut possitis comprehendere cum omnibus sanctis, quæ sit latitudo, et longitudo, et sublimitas, et profundum." The theme of the *latitudo caritatis* appears in Augustine's work from 392, see on this topic: Anne-Marie La Bonnardière, "Le Verset paulinien Rom., V. 5 dans l'œuvre de saint Augustin," in *Augustinus Magister* (Paris: Études augustiniennes, 1954), 657-65, esp. 661.

In hac lectione euangelica non legitur a quibus puer Ihesus fuerit circumcisus, cum hoc tamen actum putetur a parentibus. Audite quid Ihesus martiribus suis predixerit: *Tradet enim frater fratrem in mortem et pater filium, et eritis odio omnibus propter nomen meum. Qui autem perseuerauerit usque in finem, hic saluus erit.* Et bene positum est: *Puer Ihesus*, quia cum puritate et simplicitate cordis accedendum est ad martirium.

Dictum est superius octauam diem apud Ecclesiam cum primo concordare in uocabulo, similiter et octauam beatitudinem cum prima in premio. Vtrisque enim promittitur regnum celorum, et uoluntarie paupertati et patientibus persecutionem propter iustitiam. Vita claustralium ordinate uiuentium quid aliud
54r nisi longum mar||tirium? In eorum persona Psalmista dicit: *Quoniam propter te mortificamur tota die, estimati sumus sicut oues occisionis.* Quorum carcer claustrum est; uincula uero uigilie, ieiunia, continentia, abstinentia; iudex prelatus; accusatores propria conscientia siue fratres culpam proclamantes; tortores penitentia iniuncta siue fratres excessus punientes disciplinis. Propter hec hiisque similia de quolibet confessore sancta canit Ecclesia: Plus currit in certamine confessor iste sustinens, quam martir ictum sufferens mucrone fundens sanguinem.

Vt enim taceam de martirio, in uita monachorum regulariter uiuentium in-
40v ueniuntur omnes ordines Ecclesie. In choro enim sunt angeli, || in lectione theorici, in communi uita apostoli, in labore manuum martires, in capitulo confessores, in dormitorio uirgines, in refectorio continentes. Circumcisi sunt in uictu, in uestitu, in sompno, in lingua, in manibus et pedibus. Ad alienum ambulant imperium sine licentia abbatis nichil loquentes, nichil operantes, nichil possidentes et sicut puer circumcisionem tante necessitatis suscipientes. Hiis congruit octaua beatitudo que dicit: *Beati qui persecutionem patiuntur propter iustitiam, quoniam ipsorum est regnum celorum.* Persequitur eos mundus, caro, dyabolus. Mundus ad memoriam dimissa sepe reducendo, caro illecebrosos motus offerendo, dyabolus ut hiis consentiant suggerendo. Patiuntur et nonnunquam persecutionem a falsis fratribus. Dum enim boni male et indisci-

3–5 Matth. 10, 21-22 **5** Luc. 2, 21 **11–12** Ps. 43, 22 **26–27** Matth. 5, 10

16–18 Hymn *In natali confessorum*, in *AH* 51: 133 (nr. 116). Cantus ID 830352f: Catalogue of Chant Texts and Melodies

2 hoc tamen] tamen hoc *M* **4** perseuerauerit] sustinuerit *M* usque] *om. M* **7** primo] prima *M* **11** nisi] quam *M* **15** siue] seu *M* punientes disciplinis] disciplinis punientes *M* **18** sanguinem] nota *add. in marg. M*

plinate uiuentes corripiunt eorumque excessus in palam proponunt, persecutionem patiuntur ab illis, ita ut eorum detrahant sanctitati et zelum iustitie dicant in eis uitium esse amaritudinis et inuidie.

Sequitur: *Vocatum est nomen eius Ihesus.* Non qui persecutionem propter iustitiam passi fuerint, sed qui in patientia perseuerarint, hii salui erunt. Quidam propter zelum iustitie persecutiones sustinent, sed quia patientiam non habent, premio tante beatitudinis se priuant. Vnde Ihesus dicit: *In patientia uestra possidebitis animas uestras.* Ihesus interpretatur Saluator uel salus, et finis operi nomen imponit. Quicunque uult saluus esse, deficere non debet in circumcisione. Et bene additum est: *Quod uocatum est ab angelo priusquam in utero conciperetur.* Missus angelus Gabriel ad Mariam ait: *Ecce concipies et paries filium et uocabis nomen eius Ihesum.* Super hunc locum de conceptione, natiuitate et nomine memini me in prima omelia plura scripsisse.

Occurrunt adhuc alie due circumcisiones multum salutifere digneque memoria. Inuenimus circumcisionem cordis et circumcisionem sensuum exteriorum: oculorum uidelicet, aurium, narium, gustus et tactus. Quando cogitationes male, immunde et inutiles ascendunt in corde, circumcidi debent cultro petrino, id est memoria Dominice incarnationis, natiuitatis, passionis, resurrectionis, ascensionis uel aliis quibuslibet meditationibus sanctis que de Christo sunt. Ipse est petra illa accutissima qua Sephora uxor Moysi circumcidit preputium filii sui, ne ab angelo occideretur. Sic et oculi circumcidendi sunt in religioso, maxime ut non multum circumspiciat; aures ut uerba secularia et detractoria inuitus audiat; nares, gustus, tactus ut delectationem fugiant, ut ueniente Ihesu, in octauo die resurrectionis nos circumcidat ab omni pondere corruptionis. Amen.

4 Luc. 2, 21 **7–8** Luc. 21, 19 **10–11** Luc. 2, 21 **11–12** Luc. 1, 31 **17–18** Cf. Jos. 5,2 **20–21** Cf. Ex. 4, 2

8 Thiel, 328-29. **24–25** ueniente … corruptionis. Petrus Pictaviensis, *Sententiarum libri quinque*, IV, 2, PL 211, col. 1141A: "Nam per circumcisionem quae fiebat octavo die cultro petrino significatur quod petram Christum in communi resurrectione quae fiet octava aetate, omnis abscideretur corruptio."

6 persecutiones] persecutionem *M* **12** de] christi *add. M* **16** gustus] olfactus *T1 c* et] *om. M* **20** christo] ipso *M* **21** sui] *om. M* **24** ueniente] ueniens *M* ihesu] ihesus *M* pondere] genere *M* **25** corruptionis] compunctionis *M* amen] explicit omelia nona. *add. M*

In Epyphania Domini nostri Ihesu Christi. Secundum Matheum.

54v; || *Cum natus esset Ihesus in Bethleem Iude in diebus Herodis regis, ecce* || *magi*
41r *uenerunt ab oriente Iherosolimam dicentes: Vbi est qui natus est rex Iudeorum?* Et reliqua.

Omelia de eadem lectione.

Dictum est in superioribus Christum habuisse duas natiuitates corporales: unam in utero, alteram de utero.[98] De prima dicit angelus ad Ioseph: *Quod enim in ea natum est, de Spiritu sancto est.* De secunda angelus ait pastoribus: *Ecce euangelizo uobis gaudium magnum quod erit omni populo, quia natus est uobis hodie Saluator qui est Christus Dominus.* Prima natiuitas Christi fuit in ipsa conceptione in qua perfectus homo fuit, quia perfectum hominem assumpsit. Prima cuiuslibet hominis natiuitas est, quando formato corpori, secundum physicos, quadragesimo sexto die anima infunditur; secunda fit decimo mense cum in lucem funditur. Ad hanc similitudinem Ihesus bis in nobis nasci dignatur. Primo cum menti infunditur per amorem, secundo cum foris demonstratur per operationem. In Bethleem nascitur, cum opus misericordie proximo impenditur. Bethleem interpretatur domus panis. Quando is qui in peccatis est libenter uadit ad ecclesiam et oblationes porrigit sacerdoti esque mittit in gazophilacium Dei quod est manus pauperis, contingit frequenter ut tam

3–4 Matth. 2, 1-2 8–9 Matth. 1, 2 10–11 Luc. 2, 11

12–13 in ... assumpsit. Cf. Concilium Toletanum, XVII, 22 in *Enchiridion symbolorum*, 693: "Ipse vero Dei Filius ab ingenito Patre genitus, a vero verus, a perfecto perfectus, ab uno unus, a toto totus, Deus sine initio perfectum hominem de sancta et inviolata Maria semper virgine assumpsisse est manifestus." 18 Thiel, 266. 19–20 esque ... pauperis. Cf. Petrus Chrysologus, *Collectio sermonum*, VIII, 4, ed. Alejandro M. Olivar, CCSL 24 (Turnhout: Brepols, 1975), 61. Expression often used by medieval authors, for example, by Hélinand of Froidmont (attributed to Augustine): Helinandus Frigidi Montis, *Sermones*, Sermo XI in Ramis palmarum, 4, PL 212, col. 576C.

1–2 in epyphania domini nostri ihesu christi secundum matheum] incipit omelia decima. in ephiphania domini. *M*, in epiphania domini secundum mattheum. cap. ii. *c* 2 matheum] x *add. in marg. T1* 4 uenerunt ab oriente] ab oriente uenerunt *M* 4–5 et reliqua] *om. M* 6 omelia de eadem lectione] *om. M* 7 habuisse duas] duas habuisse *M* 13 hominis natiuitas] natiuitas hominis *c* 17 cum] dum *c* 17–18 opus misericordie proximo] proximo opus misericordie *M* 18 panis] *om. T1 c* 19 esque] easque *c*

[98] See p. 136.

sacerdos, quam pauper optineant peccatori gratiam Spiritus sancti. Hec est prima Ihesu natiuitas. Deinde cum iam meritis alienis illuminatus esurientem propter Christum cibat, sitientem potat, nudum uestit, peregrinum hospitatur, quasi Ihesus in Bethleem nascitur.

Ad hec que dicta sunt comprobanda plurima occurrunt testimonia et non pauca sanctorum exempla. Ysaias dicit peccatori: *Frange esurienti panem tuum et egenum uagosque introduc in domum tuam; cum uideris nudum, operi eum et carnem tuam ne despexeris. Tunc erumpet quasi mane lux tua, et sanitas tua citius orietur.* Item Ecclesiasticus: *Conclude elemosinam in sinu pauperis, et ipsa pro te orabit.* Legimus etiam sanctum Bonifacium qui fuerat fornicator gulosus et amicus omnium horum que odit Dominus, propter hospitalitatem quam exhibebat peregrinis et elemosinas quas faciebat indigentibus, meritis et intercessionibus ipsorum, ut satis uidetur credibile, ad gloriam martirii peruenisse. Nouimus etiam experimento clericos, milites atque inferioris ordinis homines eo quod fuerunt religiosorum hominum susceptores, illorum quandoque admonitione conuersos fuisse uel uitam suam in seculo emendasse. Non tamen dico quod aliquis sibi possit mereri primam gratiam, nisi tali modo ut dictum est.[99]

Notandum etiam quod Euangelista cum dixisset Ihesum natum in Bethleem, mox addidit: Iude, quod interpretatur confessio, quia illuminationem cordis subsequi debet confessio oris. *Corde creditur ad iustitiam, ore autem confessio fit ad salutem.* Qui post infusionem gratie confiteri peccata preterita erubescit, quasi post conceptum abortit.

6–9 Is. 58,7-8 **9–10** Eccli. 29, 15 **20–21** Rom. 10, 10

10–13 Exemplum 19. **19** Thiel, 338.

10 orabit] exorabit *M* **11** dominus] deus *M* **12** peregrinis] peregrinantibus *M* intercessionibus] orationibus *M* **15** fuerunt] forent *M* hominum] *om. M* **21** gratie] *om. M*

[99]The question of whether the first grace (operative grace) can be earned, including by the prayers and merits of others, is discussed, among others, by Peter of Poitiers, see: Petrus Pictaviensis, *Sententiarum libri quinque*, III, 3, PL 211, col. 1044A-1048A: "Quot concurrant ad iustificationem impii, et an primam gratiam mereamur?" The answer is no, however, as Peter of Poitiers points out, the prayers of others are effective in imploring the mercy of God: "Cum ergo, ut dictum est, primam gratiam mereri non possimus, faciamus nobis amicos de mammona iniquitatis (Luc XVI): amicos, id est pauperes, vel religiosos, ut pro nobis orent, ut Deus nobis gratiam suam infundere dignetur per eorum merita" (Ibid, col. 1046A).

41v Celebratur natiuitas ista in || diebus Herodis regis. Herodes hoc in loco uidetur significare fomitem carnis, languorem nature quem Scriptura uocat tyrannum. Creditur Herodes alienigena propter peccata populi regnasse in Iherusalem ciuitate Dei. Vnde per Iob dicitur: *Qui permittit regnare ypocritam propter peccata populi.* Nullus dubitat propter peccatum prime inobedientie genus humanum huic tyranno subiacere. Ante preuaricationem homo nichil molestie sensit in carne. In quibus uero eius tyrannides reprimitur ac debili-
55r tatur, non || nature sed gratie deputetur. Quantum sub eius onere uiri etiam sanctissimi grauentur, turbentur et periclitentur, audi Apostolum conquerentem: *Video,* inquit, *aliam legem in membris meis repugnantem legi mentis mee et captiuantem me in lege peccati.* Item: *Caro concupiscit aduersus spiritum, et spiritus aduersus carnem,* id est carnalitatem siue fomitem. Hostis iste tempore mortalitatis non moritur. Restringi potest, extingui non potest. Cuius insolentia Apostolus tediatus et angariatus iterum dicit: *Miser ego homo, quis me liberabit de corpore mortis huius.*

Post natiuitatem Ihesu septem annis Herodes superuixit. In septenario huius tyranni omne presens tempus quod per septenarium uoluitur, intelligitur. Octauo autem anno reuertetur ad nos Dominus et suscitabit corpora nostra, fietque sermo qui scriptus est: *Absorpta est mors in uictoria.* Ex tunc et usque in eternum corpus quod modo corrumpitur et sub Herodis iugo premitur, *non aggrauabit animam, neque terrena inhabitatio sensum multa cogitantem.* Reddamus interim secundum preceptum Domini *que sunt Herodis Herodi, et que sunt Dei Deo.* Herodes prefuit tributis Iudee. Quod si extorquere uoluerit ea que sunt illicita, id est Deo contraria, non est ei parendum, immo fortiter resistendum. Ihesus non negauit dare censum. Dedit pro se censum pene, non culpe. Esuriens comedit, sitiens bibit, lassus ex itinere quieuit, in naui dormiuit. Nos

4–5 Job. 34,30 **10–11** Rom. 7, 23 **11–12** Gal. 5, 17 **14–15** Rom. 7, 24 **19** I Cor. 15, 54 **20–21** Sap. 9, 15 **22–23** Matth. 22, 21 **25** Cf. Matth. 22, 21

2–3 languorem ... tyrannum. Non-biblical source, cf. Augustinus Hipponensis, *Sermones de vetere testamento*, XXX, 6, ed. Cyrille Lambot, CCSL 41 (Turnhout: Brepols, 1961), 386: "Languor iste tyrannus est." **16–18** In septenario ... nostra. Cf. Gregorius Magnus, *Moralia in Iob. Libri XXIII-XXXV*, XXXV, viii, 17, ed. Marcus Adriaen, CCSL 143B (Turnhout: Brepols, 1985), 1785: "Per septenarium quippe numerum hoc quod septem diebus agitur praesens tempus expressit; per octonarium uero uitam perpetuam designauit, quam sua nobis Dominus resurrectione patefecit."

2 languorem] languoremque *c* **7** tyrannides] *vel potius* tyrannis

uero, quia sepe in hiis et in ceteris penalitatibus excedimus mensuram, sepe incurrimus culpam.

Igitur nato Ihesu in Bethleem, *ecce magi uenerunt ab oriente.* Magi isti quos Ecclesia putat fuisse reges, tres sunt uirtutes principales, id est fides, spes, caritas. Relique cardinales siue collaterales dicuntur.[100] Tres iste uirtutes uenisse dicuntur ab oriente, id est a Patre *a quo est omne datum optimum et omne donum perfectum,* de quo Psalmista loquens de Filio dicit: *Qui ascendit super celum celi ad orientem,* scilicet Patrem. Duobus modis uirtutes ad nos ueniunt: siue ut infundantur siue ut perficiantur. Primus aduentus illuminationis, secundus iustificationis. Et quo ueniunt? Iherosolimam, id est ad mentem humanam que est ciuitas ueri Dauid.[101] Iherosolima interpretatur uisio pacis uel perfectum timorem [sic!]. Prima interpretatio congruit illuminationi, secunda perfectioni. || Timor perfectus non potest esse nisi in perfecta caritate, initialis uero in imperfecta.

Quid mirum, si tanti reges luminosi sunt qui ab oriente ueniunt? Nec credendi sunt illi tres uiri soli uenisse, sed stipati multitudine. Sic nec tres iste uirtutes: scilicet fides, spes, caritas, sole ad animam ueniunt, sed innumerabiles secum trahunt. De splendore ortus Ihesu siue corporali siue spirituali ait Ysaias: *Surge, illuminare Iherusalem, quia uenit lumen tuum, et gloria Domini super te orta est. Et ambulabunt gentes in lumine tuo et cuncti reges in splendore ortus*

3 Matth. 2,1 **6–7** Jac. 1, 17 **7–8** Ps. 67, 34 **208.19–209.1** Is. 60, 1-3

11–12 Thiel, 327. **13–14** Timor ... imperfecta. Cf. Petrus Pictaviensis, *Sententiarum libri quinque*, III, 19, PL 211, col. 1087A-B: "Sic igitur habemus quatuor species timoris. Est enim mundanus qui malus est, qui retrahit a charitate. Servilis qui bonus est, non meritorius, sed utilis, quia introducit ad charitatem. Initialis qui habetur cum imperfecta charitate. Filialis qui habetur cum perfecta charitate."

3 igitur] *om. M* nato] generato *M* bethleem] iude *add. M* **6** a] *om. c* **16** illi tres] tres illi *M*

[100]On the collateral virtues see note 69, p. 170. The assimilation of cardinal virtues with collateral virtues, quite widespread, results, probably, from a corrupt reading of: Petrus Comestor, *Sermones*, XXXVI, PL 198, col. 1808D: "Quatuor enim sunt virtutes, quas cardinales dicimus... Quaelibet harum duas secum habet collaterales virtutes." On this subject, see István P. Bejczy, *The Cardinal Virtues in the Middle Ages: A Study in Moral Thought from the Fourth to the Fourteenth Century* (Leiden: Brill, 2011), 300.

[101]The true David is Jesus Christ (cf. Ez. 34, 23). Cf. Alanus de Insulis, *Elucidatio in Cantica canticorum*, III, PL 210, 76D: "Ierusalem enim dicitur mens animae Christi."

tui. Nec mirum, si ambulantes in splendore in ingressu suo Iherosolimam illuminant.

Aliter tamen uirtutes peccatorem illuminant, aliter iustificant. De illuminatione peccatoris dicit Ysaias: *Si abstuleris de medio tui cathenam et desieris digitum extendere et loqui quod non prodest; cum effuderis esurienti animam tuam et animam afflictam repleueris, orietur in tenebris lux tua, et tenebre tue erunt sicut meridies; et requiem dabit tibi Dominus Deus tuus semper et implebit splendoribus animam tuam et ossa tua liberabit*. De illuminatione iusti scriptum est in Prouer-
55v biis: *Iustorum autem semita quasi lux* || *splendens procedit et crescit usque ad perfectum diem. Via ipsorum tenebrosa, nesciunt ubi corruunt*. Magi uero, id est fides, spes, caritas, properantes ab oriente, Ihesu nato, uenerunt Iherosolimam dicentes: *Vbi est qui natus est rex Iudeorum?* Priusquam per gratiam Ihesus in anima concipiatur et per opera foris nascatur, et antequam magi ad mentem ueniant, id est uirtutes, anima tenebrosa est nec sapit que Dei sunt, sed *que sunt carnis*. Non querit que *sursum sunt, sed que super terram*. Nato uero Ihesu, ecce magi, id est fides, spes, caritas, ueniunt ad animam. Quarum uerbis, id est motibus, excitata que *sursum sunt querit, que sursum sunt sapit, ubi Christus est in dextera Dei sedens*. Et merito illum querunt, id est querere faciunt, qui de se dicit: *Qui me inuenerit, inueniet uitam et hauriet salutem a Domino*.

Et bene cum dixissent: *Vbi est qui natus est rex*, adiecerunt *Iudeorum*, quod interpretatur confitentium siue glorificantium. Peccator post illuminationem Ihesum non inueniet, nisi per confessionem oris peccata preterita sacerdoti reuelet. Vnde Psalmista hortatur dicens: *Reuela Domino uiam tuam et spera in eo, et ipse faciet et educet quasi lumen iustitiam tuam et iudicium tuum tanquam meridiem; subditus esto Domino et ora eum*. Loco Christi sacerdos confitentem peccata audit ipsiusque auctoritate confessa dimittit. Quod si *iustus est, iustificatur adhuc*. Estque confessio illa laudis et glorificationis. Quantus sit fructus in confessione peccatorum, notari potest exemplo subiecto.

Iuuenis quidam monachus in ordine nostro nuper infirmatus, ministris sibi deputatis necessitate cogente foras egressis, uidit duos demones sibi astare,

4–8 Is. 58, 9-11 **9–10** Prov. 4, 18-19 **12** Matth. 2, 2 **14–15** Rom. 8, 5 **15** Col. 3, 2 **17–18** Col. 3, 1 **19** Prov. 8, 35 **20** Matth. 2, 2 **23–25** Ps. 36, 5-7 **26–27** Apoc. 22, 11

20–21 Thiel, 338. **209.29–210.11** Exemplum 20.

5 tuam] *om. M* **7** tuus] *om. M* **15** sunt] *om. M* querit] ea *add. c* **17** motibus] mox *add. M c* **20** adiecerunt] addiderunt *M* **29** subiecto] exemplum *add. in marg M*, exemplum *add. rubricam T1* **30** necessitate cogente] cogente necessitate *M*

unumque alteri cum cachynno dicere: Cras illa hora cum || gaudio animam T1: huius ducemus ad inferos. Expalluit ille, totusque contremuit. Respiciensque ad alteram partem camere contemplatus est dominam pulcherrimam, ut ipse intellexit Dei genitricem clara uoce illis respondere: Nolite, inquit, cachinnari, ego illi consilium dabo quomodo manus uestras euadat. Quod infirmus intelligens de remedio confessionis, reuersis ministris, absente abbate fecit uocari priorem, totam illi aperiens conscientiam, supplicans ut abbati etiam confessa diceret, illi exponens uisionem horamque a demonibus predictam. Quedam enim commiserat peccata que nunquam fuerat confessus: neque in seculo clericus neque in probatione nouitius neque factus monachus. Hora uero predicta exspirauit et beate Virginis, ut creditur, auxilio demonum dentes euasit.

Sequitur: *Vidimus stellam eius in oriente et uenimus adorare eum.* Stella noue gratie lux quedam est et iocunditas serenate conscientie. De hac luce siue spirituali iocunditate per Psalmistam dicitur: *Lux orta est iusto et rectis corde letitia.* Item: *Letetur cor querentium Dominum, querite faciem eius semper.* Stella hec spiritualis quamdiu in anima stat, ita eam illuminat, exhilarat et serenat, ut etiam foris in uultu appareat. Vnde Salomon: *Cor gaudens exhilarat faciem.* Item: *Animus gaudens etatem floridam facit.* Et alibi: *In facie prudentis lucet sapientia.* Stella sancte iocunditatis quam apostolus nominat *gaudium in Spiritu sancto,* simul cum gratia infunditur et incitat uirtutes ad querendum Ihesum, suggerentes illud Psalmiste superius prolatum: *Querite faciem eius semper.*

Et licet stella ista sancte letitie ad || tempus dispareat in ingressu ad Hero- M: dem, perducit tamen in Bethleem, id est in domum panis, ut ibi adoretur Ihesus a uirtutibus. Virtutes sunt qualitates a Deo create,[102] et dignum est, ut eum adorent a quo sunt infuse. Ideoque per Prophetam dicitur: *Benedic, anima mea, Domino et omnia que intra me sunt nomini sancto eius.* Virtutes Ihesum adorare

12 Matth. 2, 2 **14** Ps. 96, 11 **15** Ps. 104, 3-4 **17** Prov. 15, 13 **18** Prov. 17, 22 **18–19** Prov. 17, 24 **19–20** Rom. 14, 17 **21** Ps. 104, 4 **25–26** Ps. 102, 1

1 cum cachynno] *om. T1 c* **14** dicitur] dicit *c* **21** psalmiste] quod *add. M* prolatum] est *add. c* **24** sunt qualitates] qualitates sunt *c*

[102] On the definition of virtues as qualities, see note 40, p. 116.

ueniunt, cum ei cui collate sunt suis motibus salutem acquirunt. Licet uirtutes animam dignam efficiant uita eterna, non tamen nisi motibus earum meremur uitam eternam. Virtutes iste maxime: fides uidelicet, spes et caritas, reges sunt, quia uniuersa interiora regunt. Magi, id est sapientes, sunt, quia de omnibus instruunt. Vnde Iohannes: *Vnctio eius docet uos de omnibus.* Et paulo ante: *Et unctio,* inquit, *quam ab eo accepistis manet in uobis, et non est necesse ut doceat uos aliquis.*

Audiens Herodes turbatus est. Si non declinassent magi ad Herodem, non audisset Herodes uerba eorum. Maxima uirtus Herodis est in portis ciuitatis. Neque poterit intrare quis qui ei contraria predicet, nisi uerba illius facillime persentiscat. Herodes fomes peccati est, milites eius motus sensualitatis. Porte
43r iste sensus sunt || corporei: uisus scilicet, auditus, olfactus, gustus, tactus. Ecce *quinque porticus in quibus iacebat multitudo languentium.* De istis portis etiam per Iheremiam dicitur: *Mors ingressa est per fenestras meas.* In hiis portis sepe Herodes exercet suam tyrannidem et insontes quosque trahit ad culpam. Nato uero Ihesu, id est Saluatore, magi, scilicet uirtutes, ueniunt ad animam et loquuntur ibi cum effectu, auditurque in portis uox earum. Cum fides, spes et caritas per infusionem spiritum tangunt, etiam quemlibet sensum exteriorem a culpa restringunt. Audiens, id est sentiens, hoc Herodes, scilicet languor nature uel carnalitas, turbatur timens regno suo. Et merito. Cum spiritus proficit, caro deficit.

Turbata est et omnis Iherosolima cum illo. Puto turbationem illam Iherosolimitarum magis fuisse simulationis, quam uere compassionis. Herodes cuius insolentia opprimebantur alienigena fuit et proselitus, Christus uero uerus Israelita a Deo promissus et a prophetis omnibus predictus. Iherosolimite sunt

5 I Joan. 2, 27 5–7 I Joan. 2, 27 8 Matth. 2, 3 13 Joan. 5, 2-3 14 Jer. 9, 21 22 Matth. 2, 3

1–3 Licet … eternam. Cf. Petrus Lombardus, *Sententiae*, 1:483 (lib. II, xxvii, 4 (176)): "Ex gratia enim, ut dictum est, quae praevenit et sanat arbitrium hominis, et ex ipso arbitrio procreatur in anima hominis bonus affectus sive bonus motus mentis; et hoc est primum bonum hominis meritum. Sicut, verbi gratia, ex fidei virtute et hominis arbitrio generatur in mente motus quidam bonus et remunerabilis, scilicet ipsum credere; ita ex caritate et libero arbitrio alius quidam motus provenit, scilicet diligere, bonus valde. Sic de caeteris virtutibus intelligendum est."

2 meremur] meretur *M* 3 uitam] uita *M* eternam] eterna *M* 5 et] uos *add. M* 6 unctio] *om. M* inquit] unctionem *add. M* ab eo accepistis] accepistis ab eo *c* 9 eorum] magorum *M* 16 scilicet] uidelicet *M* 19 hoc] hec *M* 25 israelita] illis *add. M*

sensus anime. Quando caro per tribulationes turbatur et ab angelo Sathane colaphizatur, non potest esse quin et spiritus tribuletur. Hinc est quod Iheremias in epistola sua monet Iudeos in captiuitate babilonica positos orare pro pace regni, quia in pace illius esset et pax ipsorum. Non tamen ita debet compati spiritus carni, ut natum regem persequatur per consensum mortalis peccati.

Et congregans omnes principes sacerdotum et scribas populi sciscitabatur ab eis, ubinam Christus nasceretur. Quis sit Herodes iam nouimus, qui sint principes uel scribe necdum audiuimus. Videtur ex ipsis sensibus anime interioribus sacerdotes et scribe populi dona esse naturalia illaque que ceteris sunt subtiliora, ut est scientia et intellectus, ingenium et memoria.[103] Sacerdotum principes motus sunt ex ipsis surgentes. Sicut ex sacerdotibus surgunt et eliguntur sacerdotum principes, ita ex uirtutibus naturalibus oriuntur motus rationales. Sacerdotes dicuntur quasi sacrum dantes. Deo sacrificare est Deum sciendo, intelligendo, inuestigando, memorando honorare. Scribe qui circa regem esse solent uirtutes sunt politice a polis, quod est ciuitas, dicte quibus animus informatur qualiter in ciuitate sit conuersandum hominibusque socialiter cohabitandum.

Ecce principes sacerdotum et scribe populi quos congregauit Herodes. Ipse enim hebes est et animalis, *uenundatus sub peccato,* ignorans || ubi Christus nascatur. Sacerdotes et scribe sciunt, quia ipsis inest legis scientia. *Spiritus enim* in quo continentur dona naturalia *omnia scrutatur, etiam interiora Dei.* Mirum quod ad imperium bestialis illius tyranni tam celeriter paret populus Dei, nec minus mirum quod spiritus tam leuiter obedit carni. Ait enim Apostolus de seipso: *Non quod uolo bonum hoc ago, sed quod odi malum hoc facio.* Et quod hoc fiat quasi ex mandato Herodis, id est fomitis, mox ostendit cum subiungit: *Non || ego operor illud tanquam uolens, sed quod habitat in me peccatum.* Sciscitatur

1–2 Cf. II Cor. 12, 7 2–4 Cf. Jer. 29, 7 6–7 Matth. 2, 4 18 Rom. 7, 14 19–20 I Cor. 2, 10 23 Rom. 7, 15 24–25 Rom. 7, 17

12–13 Sacerdotes … dantes. Isidorus, *Etymologiae,* vol. 1 (lib. VII, 12).

4 illius] regni *c* et] *om. c* debet compati] compati debet *M* 7 ubinam] ubi *M* 7–8 principes uel scribe] scribe uel principes *M c* 9 ceteris] magis *add. M* 10 et] *om. M* et] *om. M* 15 polis] πόλις *c* 18 enim] *om. c* 21 paret] parit *M T1*

[103] On the natural gifts of the soul, see note 4, p. 79.

quotidie Herodes, id est dyabolus, ubi Christus per opus bonum nascatur, ut ab eo per carnis fomitem interficiatur. Ecce exemplum.

Est in cenobio Clareuallis sacerdos quidam religiosus, si tamen adhuc uiuit, genere nobilis, sed uirtutibus multo nobilior, nomine Bernardus. Iste tempore quodam a Sathana per stimulum carnis ita est uexatus, ita turbatus, ut iam proponeret temptationi omnino cedere atque post plurimos sudores ad seculum redire. Confessus fuerat passionem eandem semel, secundo et multotiens, sed non cessauit. Tandem quasi uictus accessit ad priorem petens sibi cappam dari, dicens se uelle ire ad seculum, eo quod non posset carere muliere. Multis precibus uix prior optinuit, ut expectaret illa nocte. Expectauit, et Dominus *qui saluat sperantes in se* consolatus est eum illa nocte in sompnis, sicut et beatos illos magos quibus precepit ne redirent ad Herodem. Vix tenuiter obdormierat et ecce conspexit eminus uirum horribilem in effigie carnificis ad se uenientem, cultellum longum tenentem in manu, et sequebatur eum canis magnus et niger. Quo uiso contremuit. Nec mirum. Ille uero multum impetuose arreptis eius genitalibus abscidit canique proiecit. Que mox ille deuorauit. Euigilans autem ex timore putabat se eunuchizatum esse. Quod reuera ita erat et si non cultro materiali, dono tamen spirituali. Mane uero ueniens ad priorem dicebat se liberatum a temptatione, uisionem illi per ordinem exponens. Est, ut dicitur, idem uir uenerabilis adhuc corpore uirgo. Quod Sathanas operetur per fomitem, testis est Apostolus qui dicit: *Ne magnitudo reuelationum extollat me, datus est michi stimulus carnis mee, angelus Sathane qui me colaphizat.*

At illi dixerunt ei: in Bethleem Iude. Bethleem, ut supradictum est, domus est orationis in qua celestis panis frangitur. Vel Bethleem est domus elemosinatoris siue ipsa elemosina, per quam remittuntur peccata et confertur gratia. Sic enim scriptum est per Prophetam: *Et tu Bethleem, terra Iuda, nequaquam minima es in principibus Iuda, ex te enim exiet dux qui regat populum meum Israel.* Michea propheta sic habet: *Et tu Bethleem, domus Effrata, parua es in milibus Iuda, ex te michi egredietur qui sit dominator in Israel.* Elemosina in uirtutibus innumerabilibus quibus Deus confitetur, laudatur et glorificatur, quia

10–11 Dan. 13, 60 **21–22** II Cor. 12, 7 **23** Matth. 2, 5 **26–28** Matth. 2, 6 **28–29** Mich. 5, 2

3–20 Exemplum 21. **213.30–214.1** Thiel, 338.

3 exemplum] exemplum *add. in marg. M* **7–8** confessus fuerat passionem eandem semel secundo et multotiens sed non cessauit] *om. M* **17** eunuchizatum esse] esse eunuchizatum *M* **24** est domus] domus est *M* **27** es] *om. M* enim] *om. c* **28** michea propheta] prophetia michee *M* parua] paruula *M*

hoc Iuda interpretatur, et si paruula sit quantum ad corporalem substantiam, nequaquam tamen minima est quantum ad efficaciam. Scriptum est de ea: *Ignem ardentem extinguit aqua, et elemosina resistit peccato.* Quidam socio suo post mortem apparens et se esse in purgatorio conquerens, cum a uiuo audiret utrum sibi magis impendi uellet elemosinas uel orationes, respondit: elemosinas, elemosinas, orationes enim tepide sunt.

Magna est elemosina, si fiat propter Deum pure, non causa inanis glorie. Qui propter uanam || gloriam elemosinam dat, || mortaliter peccat. Dicit enim auctoritas: Qui histrionibus dat, demonibus immolat. Vnde Saluator ait: *Cum facis elemosinam, noli tuba canere ante te, sicut ypocrite faciunt.* Et notandum quod non dicitur: Et tu Bethleem ciuitas Iuda, sed terra, quia elemosina in qua comprehenduntur sex opera misericordie terre comparatur fertili et irrigue, recipienti simplum et reddenti centuplum. Vnde pulchre Bethleem que interpretatur domus panis, teste Propheta, dicta est Effrata cuius interpretatio est fructifera uel fertilis.

Non ergo elemosina *minima est in milibus Iuda,* id est ceteris uirtutibus siue operibus uirtutum ad Dei confessionem laudemque pertinentium; ex ea enim egreditur dux, id est gratia et salus que nos in bello temptationis precedat et contra inimicos pro nobis dimicet atque *in eterna tabernacula recipiat.* Vnde Ecclesiasticus: *Conclude elemosinam in sinu pauperis, et hec pro te orabit ab omni malo, super sonitum potentis et super lanceam aduersus inimicum tuum pugnabit.*

Non tamen ex omni elemosina egreditur dux, id est gratia liberans uel prouehens,[104] sed de ea que de iusto acquisita est uel possessa, nisi forte ignorantia

3 Eccli. 3, 33 **9–10** Matth. 6, 2 **12** Cf. Matth. 25, 34-46 **12–13** Cf. Luc. 8, 8 **16** Mich. 5, 2 **17–18** Cf. Mich. 5,2 **19** Luc. 16, 9 **20–21** Eccli. 29, 15-18

3–6 Exemplum 22. **9** Qui ... immolat. Cf. Petrus Cantor, *Verbum abbreviatum (Textus prior)*, 286 (cap. 42): "Item Ieronimus: 'Paria sunt hystrionibus dare et demonibus immolare'." (Expression not found in saint Jerome.) **13–14** Thiel, 266. **14–15** Thiel, 303.

1 hoc] hec *M* ad] ipsam *add. M* **3** peccato] exemplum *add. rubricam T1* **3–4** socio suo post mortem] post mortem socio suo *M* **15** fructifera] frugifera *M* **16** minima est] est minima *c* **21** sonitum] sonum *M*

[104]Cf. note 8, p. 81 on the distinction between operative grace and cooperative grace. Operative grace can be called liberating, and cooperative grace – adjuvant or moving, see: Hugh Ripelin of Strasburg († 1268), *Compendium theologicae veritatis* (Lyon: Taillandier et Compagnon, 1672), 335: "Gratia operans dicitur praeueniens et incipiens, ac liberans, quia peccatum expellit. Gratia cooperans dicitur subsequens et perficiens, ac adiuuans, quia liberum arbitrium adiuuat." See also:

uel uoluntas bona excuset possessorem. Prohibemur *de fermento immolare laudem*. Elemosina illa fermentum est, que de rapina, furto uel usura conquisita est; fermentata est cui aliquid de hiis admixtum est. Talis elemosina, scilicet de usura uel rapina, teste Augustino, non minuit peccatum, sed auget reatum. Vnde alia auctoritas dicit: *Qui de rapina sacrificium offert, idem facit ac si filium in conspectu patris uictimet*. Talem elemosinam si iustus acceperit ignoranter, fermentum impedit ne exaudiatur; si scienter, iustitia sua priuatur. Si peccator iusto elemosinam dederit non de malo acquisitam, sepe fit ut pro meritis iusti Deus peccatori infundat gratiam. Quod si eam dederit iniquo, nichil eterni uel gratie meretur dando, neque ille ueniam ei optinere poterit orando. Idcirco sapiens consulit dicens: *Benefac iusto et inuenies retributionem magnam. Qui enim recipit iustum in nomine iusti, mercedem iusti accipiet*. Vnde tutius est seminare in terram bonam, quam in petrosam. Quod de elemosina exeat dux qui sit dominator in Israel, subiuncto probabitur exemplo.

Beato Iohanni episcopo alexandrino qui propter multas elemosinas Eleymon cognominatus est, una noctium in sompnis apparuit puella quedam cuius species super solem splendebat, ornata super humanum sensum. Que uenit et stetit ante lectum suum et pulsauit eum in latere. Expergefactus uidit eam in ueritate stantem estimans eam esse mulierem. Figura igitur crucis signatus dixit ei: Que es tu et quomodo ausa es intrare super me dormientem? Habebat coronam super caput suum de ramis oliuarum. Tunc illa hilari uultu et subridendo labiis dixit ei: Ego sum prima filiarum regis. Cumque hoc audisset, ado-
44v rauit eam. Tunc dicit ei: Si me possederis amicam, ego te ducam in conspectu ||

1–2 Am. 4, 5 **5–6** Eccli. 34, 24 **11** Eccli. 12, 2 **11–12** Matth. 10, 41 **12–13** Cf. Matth. 13, 3-8

4 non … reatum. *Sententiae Petri Pictaviensis*, 2: 115 (lib. II, 6, ii). Peter of Poitiers attributes this expression to Augustine (quote not found). **215.15–216.5** Exemplum 23.

13 terram] terra *M* bonam] bona *M* petrosam] petrosa *M* **15** exemplo] exemplum *add. rubricam T1* **20** que] quis *M* super] ad *c* **21** super caput suum de ramis oliuarum] de ramis oliuarum super caput suum *M* **22** hoc] hec *c* audisset] dixisset *T1 c*

Bernardus Claraevallensis, *In Assumptione sermo V*, in *Sancti Bernardi opera*, vol. 5, *Sermones II*, ed. Jean Leclercq and Henri-Marie Rochais (Rome: Ed. Cistercienses, 1968), 252: "… triplicem gratiam divinitus accepimus: unam, qua convertimur; aliam, qua in tentationibus adiuvamur; tertiam, qua probati remuneramur. Prima nos initiat, per quam vocamur: secunda provehit, qua iustificamur: tertia consummat, qua glorificamur."

imperatoris. Etenim nemo habet potestatem apud eum, sicut ego. Ego quippe feci eum in terris hominem fieri et saluare homines. Et illa disparente, intellexit eam esse compassionem atque elemosinam qua Deus promeretur. Hinc est quod pauperes quotidie ad ostia diuitum clamant: Date nobis panem pro Deo, quasi dicant: Mittite nobis elemosi||nam, et Deus uobis reddet suam gratiam. M:

Sequitur: *Tunc Herodes, clam uocatis magis, diligenter didicit ab eis tempus stelle que apparuit eis.* Ecce tyrannus noster palam et quasi potestatiue congregat naturalia, clam uero et simulatorie uocat gratuita. Aliter iudicet agendum cum illis atque aliter cum istis. Nouit per nullius peccati consensum naturalia posse separari ab anima. Per mortale enim naturalia corrumpuntur, gratuita penitus auferuntur. Herodes igitur qui in pellibus, id est in mollitie carnis, gloriatur, quia *uirtus eius,* secundum Iob, *in lumbis eius,* fidem, spem et caritatem quasi ad se uocat per delectationem atque discit per suggestionem. Verbi gratia. Si aliquis iustus hiis tribus uirtutibus decoratus accedit ad mulierem speciosam per heresim deprauatam, ut ad fidem reducat auersam, conceperitque ex pulchritudine illius delectationem, quasi fides eius per portam uisus intrat ad Herodem. Quod si, audita eius confessione, per spem nititur erigere desperatam et ex uerbis peccatorum eius rursum in carne senserit motionem, quasi spes per portam auditus uenit ad Herodem. Si uero per fidem et spem male sentientem ad diuinum reaccenderit amorem et corpore infirmam sacro oleo inunxerit atque ex ipso tactu carnis contraxerit titillationem, quasi caritas eius per portam tactus uadit ad Herodem.

Non grauia sunt ista, nec dedignatur Ihesus uenire ad Herodem, quia caritas non abhorret motum carnis uenialem, etiam si processerit usque ad delectationem. Sepius, ut legitur, Herodes uenit ad Ihesum in pretorium,[105] et frequenter carnis delectatio ingreditur ad cordis secretum; nec adhuc mortale

6–7 Matth. 2, 7 **12** Job. 40, 11 Job. 40, 11 **25** Cf. Joan. 18, 33 et 19, 9

10–11 Per … auferuntur. Petrus Lombardus, *Sententiae,* 1:465 (II, xxv, 7 (159)): "Haec sunt data optima, et dona perfecta, quorum alia sunt corrupta per peccatum, id est naturalia, ut ingenium, memoria, intellectus; alia subtracta, id est, gratuita." **11–12** Thiel, 304.

1 apud eum] *om. M* **4** pro] propter *c* deo] deum *c* **7** apparuit] apparuerat *M* **9** atque] *om. M* **10** mortale] mortalia *M* **11** in] *om. c* mollitie carnis] carnis mollitie *M* **17** eius] illius *M* nititur erigere] erigere nititur *M* **19** portam] portas *M* **26** carnis delectatio] delectatio carnis *M c*

[105] Confusion with Pontius Pilate.

iudicatur peccatum, nisi per consensum interficiat Ihesum. Non necantur uirtutes, nisi assit consensus delectationis. Vnde periculosum est delectationes recipere, quia, ut ait Apostolus: mors secus introitum delectationis posita est. In consensu uero prorsus anima moritur. *Si secundum carnem uixeritis, moriemini. Si autem spiritu facta carnis mortificaueritis, uiuetis.* Resistendo uitiis caro temptatur, spiritus tribulatur et quandoque in tantum, ut seruiens Deo dicat: Vix mensis est aut annus siue duo, ex quo cepisti seruire Deo et tantum tribularis resistendo luxurie, gule, impatientie; quomodo autem talia bella sustinere poteris cunctis diebus uite tue? Sicque dyabolus per fomitem carnis immissione tristitie discit a nobis tempus stelle, id est spiritualis letitie que initium habet in ipso ortu gratie.

Et mittens illos in Bethleem dixit: Ite et interrogate diligenter de puero et cum inueneritis renunciate michi, ut et ego ueniens adorem eum. Inimicus humani
45r generis cum necare non potest gratiam in electis per carnis incentiua, de||clinat ad opera. Et quia *manifesta sunt opera carnis que sunt fornicatio, immunditie, impudicitia et hiis similia* de quibus nullus dubitat quin sint mala, suadet ad opera spiritualia. Que licet bona sint in natura sui, possunt tamen per intentionem siue exhibitionem deprauari. Verbi gratia. Bonum est Deum laudare, pauperem pascere, tribulatis subuenire, sed malum est si fiat causa inanis glorie.

Et mittens, inquit, *illos in Bethleem.* Dyabolus quasi mittit uirtutes operibus uirtutum quandoque consentiendo, non ut ex illis accrescat meritum, sed ut eadem opera ex obliquo deformet per uitium, sicque mens labatur in peccatum. Quis misit Ananiam et Saphiram, ut agri sui pretium ad pedes apostolorum
58r ponerent, nisi hic dolosus Herodes? Opus erat bonum agrum || pro Christi nomine uendere, melius precium agri ad pedes apostolorum ponere, sed fraus atque mendacium uendentibus fuit in interitum. Merito Herodes interpretatur pellibus glorians uel pelliceus gloriosus, quia sub specie uirtutis plurimos pel-

4–5 Rom. 8, 13 **12–13** Matth. 2, 8 **15–16** Gal. 5, 19 **20** Matth. 2, 8 **23–24** Cf. Act. 5, 1-10

3 mors ... est. Non-biblical quote, from the Rule of Saint Benedict: Benedictus Nursiae, *Regula*, 44 (cap. VII, 24): "Cauendum ergo ideo malum desiderium, quia mors secus introitum dilectationis posita est." **26–27** Thiel, 304.

2 consensus] male *add. M* **3** ut] *om. T1* secus] secum *M* delectationis] delectationum *M* **4** prorsus anima] anima prorsus *M* **5** facta carnis] carnis facta *c* **13** renunciate] nunciate *M* **20** mittens] illos *add. M* illos] *om. M*

licendo seducit et per carnis mollitiem iterum ad se trahit, sicut in subiecto exemplo patebit.

Legitur in Vitaspatrum, ut rei exitus comprobauit, Sathanas quendam monachum probate uite, abbate proprio dissuadente, de monasterio duxisse in heremum ad uitam solitariam; deinde sub specie cuiusdam abbatis quasi communicandi gratia ad quandam que in uicino erat ecclesiam; nouissime ad domum patris reducens quasi ad dimissam hereditatem pauperibus distribuendam, sicque deceptum per peccatum fornicationis precipitauit in baratrum desperationis. Si per pelles non intelligeretur mollities carnis, non sibi Gethei in posterioribus percussi fecissent sedes pelliceas.

Qui cum audissent regem, abierunt. Non obest uirtutibus suggestiones dyaboli audiendo, sed perdit anima uirtutes eidem in malo consentiendo. Non omnibus data est discretio spirituum. Si *angelus Sathane transfigurans se in angelum lucis* hortatur me ad opus bonum: ut est legere, orare, ieiunare, dare elemosinam; non pecco hec faciendo, sed fouee et laquei cauendi sunt, quia anguis latet sub herba, uenenum sub melle. Non ideo ista mala sunt, quia ipse suadet, sed sepe cedunt in malum, nisi cautela adhibeatur.

Et ecce stella quam uiderant in Oriente antecedebat eos, usque dum ueniens staret supra ubi erat puer. Sicut stella spiritualis letitie ad opera iustitie perducit, ita nebula tristitie abducit. Vnde felicem dicit Ecclesiasticus eum *qui non habuerit animi sui tristitiam et non excidit ab spe sua.* Tristitia que non est secundum Deum sepe gignitur ex colloquio Herodis, id est ex immissione temptationis. Hec spiritum turbat et a concepto feruore retardat. Multos tristitia apostatare fecit. Letitia sancta licet ex uirtutibus sit, ipsas tamen uirtutes antecedit et ad Ihesum, id est anime sue salutem, perducit. Hinc est quod propheta post lapsum orat dicens: *Redde michi letitiam salutaris tui.* Stetit uero supra ubi || erat T1 Ihesus, et alacres et feruentes letitia nos effecit ad omne opus bonum per quod uenitur ad Ihesum. *Videntes autem stellam gauisi sunt gaudio magno.* Magi in-

9–10 Cf. I Reg. 5, 9 **11** Matth. 2, 9 **13–14** II Cor. 11, 14 **18–19** Matth. 2, 9 **20–21** Eccli. 14, 2 **26** Ps. 50, 14 **28** Matth. 2, 10

3–9 Exemplum 24. **15–16** anguis … herba. Hidden quote from Virgil, cf.: Vergilius Maro, *Bucolica*, 51 (Ecl. III, 93). **16** uenenum … melle. Hieronymus Stridonensis, *Epistolae*, 15, PL 22, col. 356: "Sed mihi credite, venenum sub melle latet; transfiguravit se angelus Satanae in angelum lucis."

3 patebit] exemplum *add. in marg. M*, exemplum *add. rubricam T1* vitaspatrum] vitis patrum *c* Sathanas] *vel potius* Sathanam *vel* Sathan **9** mollities carnis] carnis mollities *M* **11–12** dyaboli] sathane *M* **24** tamen] *om. M* **25** id est] scilicet *M* perducit] producit *c*

gressi ad Herodem non uiderunt stellam, egressi uero rursum uiderunt eam. Contingit frequenter ut cum dyabolus per carnis molestias et sensualitatis insolentias turbauerit rationem, ipsa stella iucunditatis in mente quodammodo obnubiletur et quasi quibusdam tenebris desperationis inuoluatur. Sed mox ut temptatio immissa discesserit, obnubilata redit letitia et plus solito exultat, Herodis uersutia superata.

Inter ceteros quos beatus abbas Bernardus de seculi uanitate conuertit, quendam uirum nobilem nomine Gaufredum de partibus Flandrie secum traxit. Qui cum in uia grauissima temptatione cepisset pulsari, et unus ex fratribus hoc in uultu eius considerasset, respondit: Scio, scio quia nunquam amplius letus ero. Relato hoc uerbo ad hominem Dei, orationis causa Sanctus ecclesiam prope uiam stantem intrauit, et Gaufredus tedio grauatus interim super lapidem obdormiuit. Vtrisque surgentibus, illo de oratione, isto de sompno, apparuit Gaufredus tanto iocundior et hilarior ceteris, quanto tristior prius. 58v Improperante ei predicto fratre amicabiliter || uerbum mestitie, respondit: Et si tunc dixi nunquam amplius letus ero, nunc dico nunquam amplius tristis ero. Nimirum ingressus fuerat iste ad Herodem.

Et intrantes domum inuenerunt puerum cum Maria matre eius. Domum Ihesu non incongrue intelligimus xenodochia hospitalia uel quelibet alia habitacula ad susceptionem peregrinorum, pauperum infirmorumque deputata. Membra Christi pauperes sunt. In ipsis inuenitur, quia in ipsis etiam ad ostium nostrum stat et pulsat. Nec in hiis ad salutem inuenitur, nisi quando cum magis, id est fide, spe et caritate, queritur. Idcirco ad pauperes intrandum est uel uocandi [sic!] cum fide, quia *sine fide impossibile est placere Deo.* Cum spe, quia *spes non confundit.* Cum caritate, quia Apostolus dicit: *Si dedero omnes facultates meas in usus pauperum et corpus meum ut ardeam, caritatem autem non habuero,*

18 Matth. 2, 11 **24** Hebr. 11, 6 **24–25** Rom. 5, 5 **219.25–220.1** I Cor. 13, 3

7–16 Exemplum 25. **20–21** Membra … sunt. Common expression, probably going back to a homily of John Chrysostom: Cf. Chrysostomus, *Homiliae in epistolam ad Romanos*, XI, 6, PG 60, col. 492: "Is, qui ad imaginem Dei factus est, stat indecorus ob tuam inhumanitatem … Christi … membrum … ob avaritiam tuam ne cibo quidem necessario utitur." See also, Hugo de S. Victore(?), *De Sabbato in ramis Palmarum, Miscellanea*, Tit. XXXIV, PL 177, col. 884A: "Maria, id est Ecclesia, pedes Domini, id est pauperes tanquam extrema membra Christi, capillis, qui corpori superfluunt, tergit, id est divitiis quae divitibus superabundant sustentat."

7 superata] exemplum *add. rubricam T1* **9–10** unus ex fratribus hoc] hoc unus ex fratribus *M c* **21** ipsis] ihesus *add. M*

nichil michi prodest. Qui autem facultatem simul et caritatem habuerit fratrique indigenti non subuenerit, ipsam caritatem, teste Iohanne, amittit. Ait enim: *Qui habuerit substantiam huius mundi et uiderit fratrem suum necesse habere et clauserit uiscera sua ab eo, quomodo caritas Dei manet in eo?* Vnde si uolumus Ihesum inuenire, inuentum uidere, frequenter pauperes suscipere debemus.

Et procidentes adorauerunt eum. Consuetudo est et esse debet religiosorum, ut dum pauperes infirmosque propter Ihesum uisitant, in ipsis Ihesum adorent. Vnde ait beatus Gregorius: Omnes pauperes uenerandi sunt, tantoque necesse est ut omnibus te humiliare debeas, quanto quis sit Christus ignoras. Vnde monachi cum hospites peregrinos pauperesque suscipiunt, se ante || pedes illorum (T1:) prosternunt, flexis genibus, eorum pedes lauant et erecti rursum procidunt dicentes: *Suscepimus, Deus, misericordiam tuam in medio templi tui.* Et bene dicuntur inuenisse Ihesum cum Maria matre eius, quia qui sic fecerit uoluntatem Patris sui, ipse est eius frater, soror et mater. *Et apertis thesauris suis, optulerunt ei munera.* Sic diuites cum pauperes uisitant uel eis alicubi occurrunt, aperire debent marsupia sua et dare eis benedictionem.

Quid autem optulerunt Christo magi? *Aurum, thus et mirram.* Nichil pretiosius auro inter metalla, thus uero et mirra non multum sunt indigentibus necessaria. Per aurum quo comparantur omnia designari potest quelibet mundi huius substantia, per thus oratio munda, per mirram que amara est quicquid carni amarescit. Offerre debemus Ihesu aurum indigentibus pro eius nomine in quantum ualemus necessaria largiendo, thus pro ipsis orando, mirram cum opus fuerit etiam ministrando. Quitquid caro naturaliter abhorret, mirra est illi. Si ulcera lauero infirmorum, si immunditias fouero leprosorum, mirram offero Ihesu de thesauris meis. Quod si aurum non habuero, thus et mirram offerre debeo, si autem non potero de me extorquere mirram, id est ut infirmantibus seruiam, impendam eis saltem uel thus, scilicet orationem. Plurimum

3–4 I Joan. 3, 17 **6** Matth. 2, 11 **12** Ps. 47, 10 **13–14** Cf. Matth. 12, 50 **14–15** Matth. 2, 11 **17** Matth. 2, 11

8–9 Omnes … ignoras. Gregorius Magnus, *Homiliae in Evangelia*, 407 (Hom. XL, 10).

1 simul] similiter *c* **7** propter ihesum] *om. M* **9** te humiliare] humiliare te *M* Christus] Christi *T1 c* **13** eius] sua *M* **13–14** uoluntatem patris sui] patris eius uoluntatem *M* **14** est eius frater] eius frater est *M* **17–18** pretiosius auro] auro pretiosius *M* **19–20** mundi huius] huius mundi *c* **27** saltem] saltim *M*

necessaria est indigentibus atque infirmis oratio, ne uidelicet per impatientiam suam amittant coronam.

Tria hec nobilissimus princeps Theobaldus membris Ihesu impendere consueuit. Erat enim comes Campanie, uir mire atque stupende misericordie. Habebat hic leprosum quendam ante quoddam castrum suum commanentem. Cuius tugurium quotiens preteriuit, totiens de equo descendit, intrauit, pedes lauit, deosculatisque manibus, elemosinam porrexit. Tandem mortuus est leprosus, comite ignorante. Alio itidem tempore, cum comes eiusdem leprosi in-
59r trasset do||munculam secundum consuetudinem, inuenit iam non leprosum, sed Ihesum in effigie sepedicti leprosi in loco sibi noto sedentem. Cui cum opera misericordie more solito exhibuisset et egressus, a suis eundem leprosum defunctum atque sepultum ueraciter cognouisset, gauisus est ualde se tunc uidisse eum presentialiter quem hactenus in suis membris ueneratus est inuisibiliter.

Secundum intellectum moralem, *diuitie salutis sapientia et scientia, timor Domini,* ut dicit Ysaias, *ipse est thesaurus eius.* Theologi quandoque omnem uirtutem in ternarium fidei, spei et caritatis diuidunt, atque secundum hoc relique uirtutes de thesauris harum uirtutum sunt. Qui perfecte sperat, credit et diligit, quid est quod in uia deesse possit? Thesauros suos fides, spes et caritas Ihesu aperiunt, cum sapientie, scientie et timoris seu uirtutum motus aliarum ad Dei laudem proximorumque salutem excitant atque accendunt. Ihesus interpretatur salutaris uel salus. Munera offerunt, cum motus uirtutum in opera pro-
46v ducunt. Offert || fides aurum in splendore sapientie, offert spes thus in odore scientie, offert caritas mirram in filiali timore. Sicut mirra corpus seruat incorruptum, ita *timor Domini expellit peccatum.* Initialis secundum culpam, filialis quantum ad penam. Scientia comparatur thuri, quia sicut incensum latius diffunditur per fumi odorem, sic scientia per talenti erogationem. Vnde quidam ait: Scire tuum nichil est, nisi te scire hoc sciat alter. Hinc est quod de Symone sacerdote magno legitur quod fuerit *quasi thus ardens in igne.*

15–16 Is. 33, 6 **25** Eccli. 1, 27 **27** Cf. Matth. 25, 14-23 **29** Eccli. 50, 9

3–14 Exemplum 26. **21–22** Thiel, 328-29. **28** Scire … alter. Persius, *Satyrae* I, 27, in *Juvenal and Persius,* ed. Susanna Morton Braund, Loeb classical library 91 (Cambridge, Mass.: Harvard University Press, 2004), 50.

3 coronam] exemplum *add. rubricam T1* **6** de] *om. M* **7** deosculatisque] deosculansque *T1 c* **16** est] *om. M* **17** et] atque *M* **18** uirtutum] trium *M* sperat credit] credit sperat *M* **26** sicut] thus *add. M*

Aurum designat sapientiam, secundum quandam translationem que dicit: *Accipite sapientiam, sicut aurum.*[106] Sapientia uidetur descendere a sapore pertinetque ad dulcedinem deuotionis, thus ad explanationem confessionis, mirra ad amaritudinem compunctionis. Cum deuotione, premissa confessione, atque lacrimarum effusione ueniendum est ad Ihesum, maxime tempore sacre communionis. Sapientia condit deuotionem, scientia regit confessionem, timor producit compunctionem.

Quia uero in persona Christi que nobis et pro nobis quotidie offertur sub specie panis et uini credimus perfectam diuinitatem, corpus et animam; offerre debent ibi fides et spes et caritas nostra aurum simul Christo, ut in eo credant plenam deitatem, thus ut in eo credant animam rationalem, mirram ut in eo credant carnem humanam.[107] Tunc ueraciter credunt, cum hoc quod fide comprehenditur sperant et diligunt. Motus unius uirtutis motum prouocat alterius et per eam incenditur. Aurum propter fulgoris eminentiam Christi designat deitatem, teste Salomone qui ait: *Caput eius aurum optimum.* Thus uero animam ob suauitatem et plenitudinem donorum, mirra carnem propter amaritudinem quam sustinuit passionum.

Sequitur: *Et accepto responso in sompnis ne redirent ad Herodem, per aliam uiam reuersi sunt in regionem suam.* Sompnus est presens uita respectu uite future. Quanta sit distantia inter hanc et illam, Apostolus ostendit hiis uerbis dicens: *Videmus nunc per speculum et in enigmate, tunc autem uidebimus facie ad faciem.* Quantum differt inter ea que dormiendo in sompnis uidemus et ea que corporeis oculis uigilando percipimus, tantum et multo plus distat inter

2 Prov. 16, 16 15 Cant. 5, 11 18–19 Matth. 2, 12 21–22 I Cor. 13, 12

2 Sapientia ... sapore. Isidorus, *Etymologiae*, vol. 1 (lib. X, 240).

1 designat] significat *M* 2 sapientiam] scientiam *c* 10 et] *om. M* simul] similiter *c* 12–13 quod] *om. T1* 20 future] eterne *M* ostendit hiis uerbis] hiis uerbis ostendit *M c*

[106] Since the critical edition of the Book of Proverbs has not yet been published, I refer here to the database *Vetus latina - Brepolis*. Cf. also Augustinus Hipponensis, *Enarrationes in Psalmos*, 983 (in Ps. LXXI, 17).

[107] Cf. *Symbolum Athanasianum*, in *Venanti ... opera pedestria*, 106: "Perfectus Deus, perfectus homo ex anima rationali et humana carne subsistens."

uisionem imaginariam et uisionem presentariam, inter fidem et speciem, inter
59v || spem et rem.[108]

In tali sompno anime quiescenti loquitur eius uirtutibus, ut ad bonum moueantur, Deus multis modis. Consilia sua inspirando, timore gehenne terrendo, promissione premii consolando. In hiis tribus accipiunt responsum ne redeant ad Herodem, id est ad carnis delectationem, quia periculosum est ualde per deliberationem ad motus illicitos redire. Nullum peccatum ueniale, dum placet. Quod si fides, spes et caritas ob augendum michi meritum illuc declinant, ubi aliquid contraxero delectationis, per aliam uiam michi redeundum est, scilicet amaritudinem contritionis. Illa uia lata est tendens ad regionem mortuorum, hec angusta perducens ad regionem uiuorum, quo nos pariter perducat ipse Rex angelorum, Amen.

7 Nullum ... placet. Auctoritas attributed to Augustine and frequently cited, see, for example: *Glossa Ordinaria in Primam ad Corinthios*, in *Biblia Latina cum Glossa Ordinaria*, 4: f. 1083vb, or *Decretum Gratiani*, dist 25, can. 3, §.4, in *Corpus iuris canonici: Editio Lipsiensis Secunda*, ed. Aemilius Ludwig Richter and Emil Friedberg (Leipzig: Tauchnitz, 1879, repr. The Lawbook Exchange, 2000), 1: col.80. Cf. Augustinus Hipponensis, *De vera religione*, 204 (cap. XIV, 27): "Nunc uero usque adeo peccatum uoluntarium malum est, ut nullo modo sit peccatum, si non sit uoluntarium." For more details see: Landgraf, *Dogmengeschichte*, 4,2: 21-36.

5 premii] *om. M* 11 hec] autem *add. M* 12 amen] explicit omelia decima. *add. M*

[108] The *visio imaginaria* and the *visio spiritualis* conceptualized by Saint Augustine, cf. Petrus Lombardus, *Collectanea in epistolas Pauli* 1 (vers. 20-30), PL 191, col 1328B "Est enim visio corporalis, spiritualis vel imaginaria, et intellectualis." For the notion *visio presentaria* see note 65, p. 163.

|| In purificatione beate Marie Virginis. T1:

Postquam impleti sunt dies purgationis Marie secundum legem Moysi, tulerunt illum in Iherusalem ut sisterent eum Domino, sicut scriptum est quia omne masculinum adaperiens uuluam sanctum Domino uocabitur. Et reliqua.

Omelia de eadem lectione.

Non sufficit anime Ihesum bona uoluntate concipere, non sufficit per opus conceptum parere, nisi Domino presentetur in gratiarum actione. *In omnibus,* inquit Apostolus, *gratias agentes.* Nouimus decem leprosos a Domino curatos et nouem pro ingratitudine a Domino notatos. Quod Propheta per spiritum intelligens et totis uisceribus pro acceptis beneficiis in Dei laudem erumpens ait: *Benedic, anima mea, Domino et noli obliuisci omnes retributiones eius.* Ait itaque beatus Euangelista: *Postquam impleti sunt dies purgationis Marie.* Dictum est in superioribus Mariam esse mentem Dei gratia illuminatam. Mentis purgatio peccatorum est remissio. Hec fit duobus modis. Primo peccatum dimittitur ut pena euadatur eterna, secundo dimittitur ne pena sequatur purgatoria. Et quia multo acerbior est pena que imparatos sequitur post mortem, studeamus hic purgari per quamlibet satisfactionem.

Dies purgationis quadraginta sunt. A die quidem natiuitatis Dominice usque in diem purgationis genitricis eius beatissime Virginis Marie dies quadraginta numerantur. Numerus iste penitentie dedicatus est. Duas quadragesimas ieiunasse legitur Moyses, unam Helyas, unam Saluator. Quantus sit fructus penitentie noscitur ex huius numeri aggregatione. Septem enim partes eius denominatiue: scilicet unum, duo, quatuor, quinque, octo, decem, uiginti, ex-

2–4 Luc. 2, 22-23 **7–8** Col. 3, 17 **8–9** Cf. Luc. 17, 11-19 **11** Ps. 102, 2 **12** Luc. 2, 22 **20–21** Cf. Deut. 9, 18 **21** Cf. III Reg. 19, 8 Cf. Matth. 4, 2

1 in purificatione beate marie virginis] incipit omelia undecima. in purificatione *M* virginis] secundum lucam. cap. ii. *add. c* **4** et reliqua] *om. M* **5** omelia de eadem lectione] *om. M* **8** curatos] mundatos *M* **9–10** per spiritum intelligens] intelligens per spiritum *M* **18** quidem] siquidem *M* **19** in] ad *M c* **22** noscitur] dignoscitur *M c* **23** duo] tria *add. T1 c*

crescunt in quinquagenarium, id est numerum iubileum. In hoc numero ad antiquum possessorem redit hereditas, et condigne penitentibus cum augmento pristina redintegratur dignitas. Hinc est quod in sancta Ecclesia quadraginta dies penitentie sequuntur quinquaginta dies letitie. Totidem dies numerantur inter Pascha et Penthecosten in quo Spiritus sanctus super apostolos descendit et quinquagenarium suis donis insigniuit.

Septem uero partes quadragenarii ex quibus summa conficitur quinquagenarii septem dona designant Spiritus sancti. Hec dum uere penitentes recipiunt, nonnunquam supra statum priorem excrescunt. Quidam ut Petrus et Maria Magdalena grauiter ruunt et post lapsum fortiores resurgunt. Cum quidam sanctorum, ut legitur in Verbis seniorum, suggerente dyabolo qui sub specie boni multos decipit, de heremo in ciuitatem descenderet ut opera manuum suarum per semetipsum uenderet ne quem de fratribus grauaret, in- 60r currit mulierem. Qui, peccato perpetrato, in ni||mia tristitia, spe aliquantulum concepta, regressus ad cellulam unius anni peregit penitentiam. In quo tantum profecit, ut ad statum suum pristinum perfecte rediret atque cum augmento gratiam subtractam recuperaret.

Est enim duplex fructus penitentie in presenti et duplex in futuro. In pre- 47v senti mens per penitentiam a uitiis euacuatur et uirtutibus deco||ratur. In futuro uero fructus eius est euacuatio pene et adeptio glorie. Fructus iste penitentie non immerito dicitur lex Moysi, quia Moyses ut mereretur legem Dei primo inuenitur quadraginta diebus ieiunasse ac deinde propter peccatum populi eundem numerum rursus penitentie dedicasse. Completis igitur diebus purgationis sue, Maria, id est anima illuminata per penitentie completionem, iam sibi cooperante iustitia quasi Ioseph per iustitie executionem, ferre debent Ihesum,

21–22 Cf. Ex. 34, 28 22–23 Cf. Deut. 9, 18

1–3 In hoc … dignitas. Theobaldus Lingonensis, *De quatuor modis*, 43 (Pars I,ii): "Hinc est quod quadragenarius accepit penitentie sacramentum, quia scilicet septem eius partes, que sunt unitas, binarius, quaternarius, quinarius, octonarius, denarius, vicenarius feliciter pariunt quinquagenarium, in quo *ad antiquum possessorem redit hereditas*. In quo nobis condigne penitentibus, pristina cum augmento redintegratur dignitas." For more details on the interpretations of the Jubilee year (Cf. Lev. 25, 13 et Num 36, 4) see Ibid., 43 (note 6). 10–17 Exemplum 27.

4 totidem] enim *add. M* 10 et] beata *add. M* magdalena] peccando *add. M* et] sed *M* 18 fructus penitentie] penitentie fructus *M* 20 est euacuatio] euitatio est *M* 21 moysi] moysis *c* 23 rursus] rursum *M*

id est salutem de se genitam per bonam operationem, in Iherusalem, id est ad pacis uisionem, et sistere eum Domino per gratiarum actionem.

Et quia *non est speciosa laus in ore peccatoris,* pulchre additur: *Sicut scriptum est quia omne masculinum adaperiens uuluam sanctum Domino uocabitur.* Omne masculinum est omne opus meritorium, femininum uero opus est infirmum et infructuosum. Opera illa meritoria sunt que fiunt in caritate, infructuosa autem que fiunt extra caritatem.[109] Hoc considerans Ihesus filius Syrah ait: *Melior est iniquitas uiri, quam benefaciens mulier.* Vir dicitur a uirtute, mulier a mollitie. Est autem sensus: melius est manere in caritate et uenialiter peccare, quam sine caritate opera bona, id est de genere bonorum, actitare. Bona propter statum esse nequeunt, quia eterna mercede carent. Meretur eis tamen aliquod temporale, ut sunt diuitie, pulchra proles, in bello uictorie et in futuro mitigatio pene.

Vnde illi qui quotidie ad ecclesias uadunt et larga manu pauperibus sua distribuunt, qui sanctorum limina frequenter uisitant carnemque affligunt et macerant nec caritatem habent, similes sunt inter procellosas undas per noctem piscantibus nichilque capientibus. Horum uox est: *Domine, per totam noctem laborantes nichil cepimus.* Si tales sunt claustrales, omnibus hominibus sunt miserabiliores, qui et in corpore quotidie mortificantur nec inde iustorum mercede remunerantur. Perdiderunt delicias seculi neque peruenient ad delicias paradisi. Ait itaque beatus Apostolus qui mentiri non potest: *Si tradidero corpus meum ita ut ardeam, caritatem autem non habuero, nichil michi prodest.* Vtraque tamen opera adaperiunt uuluam: uiua scilicet et mortua, id est masculina et feminina. Non tamen utraque dicuntur sancta Domino. Quod si forte opera

3 Eccli. 15, 9   3–4 Luc. 2, 23   8 Eccli. 42, 14   17–18 Luc. 5, 5   21–22 I Cor. 13, 3

1–2 Thiel, 327. 8 Vir … uirtute. Isidorus, *Etymologiae*, vol. 1 (lib. X, litt. V, 274). 8–9 mulier … mollitie. Isidorus, *Etymologiae*, vol. 2 (lib. XI, ii, 18).

1 id] hoc *M*   5 omne] quodlibet *M*   opus est] est opus *M*   11 is tamen] tamen eis *M*   eis] eis *T1 c*   14 sua] *om. M*   16 sunt] *om. M*   18 cepimus] prendidimus *M*   19 inde] tamen *M*   20 neque] et nec *M*   22 habuero] habeam *M*

[109] Cf. Richardus de S. Victore, *Explicatio in Cantica canticorum*, cap. XIX, PL 196, col. 431D: "Extra charitatem quidquid egerimus minime placebit, nec quantumcunque teramus vel comminuamus, ante Deum redolebit." Cf. also: William of Auxerre, *Magistri Guillelmi Altissiodorensis Summa aurea*, III, x, 3, 1, vol. 3.1, ed. Jean Ribaillier (Paris: CNRS, 1986), 135-42.

aliqua extra caritatem facta dicantur sancta ab hominibus qui falli possunt, nequaquam tamen Deo qui decipi non potest et est cordis inspector sancta sunt.

Vulua ianua uentris est. Hanc infans aperit, cum egreditur. Habet et mens uuluam suam, liberum uidelicet arbitrium. Huius due ualue sunt ratio et uoluntas. Sic enim describitur: Liberum arbitrium est facultas rationis et uoluntatis qua eligitur bonum, gratia assistente, et malum, desistente gratia. Timore et amore quasi duobus labiis gratia concipitur, ratione et uoluntate per opus foras egreditur. Voluntas uuluam aperit, ratio utrum bonum minusue bonum,
48r sanctum uel prophanum sit discernit. *De corde* || siquidem, testante Domino, *exeunt bona et mala, et bonus homo de bono thesauro cordis sui profert bona, et malus similiter mala.* Minori purificatione indiget masculus, quam femina, quia
60v illi dies quadragin||ta, isti uero octoginta deputantur.

Vt enim taceam de malis, non est homo qui faciat bonum et non peccet. Vnde et consequenter subiungitur: *Et ut darent pro eo hostias, secundum quod dictum est in lege Domini.* Videtur hoc in loco aliqua esse distantia inter Moysi legem et Domini legem, quia illa precipit purgationem, ista hostiarum oblationem. De illa dicitur: *Postquam impleti sunt dies purgationis secundum legem Moysi,* de ista mox subiungitur: *et ut darent pro eo hostias secundum quod dictum est in lege Domini.* Amplius hic aliquid esse uidetur. Nec mirum. *Lex enim per Moysen data est, gratia et ueritas per Ihesum Christum facta est.*

Par, inquit, *turturum aut duos pullos columbarum.* In hoc duplici genere auium designantur duo genera uirtutum que quidem Deo sunt gratissima et religiosis permaxime necessaria. Per turturem expressa est castitas, per columbam simplicitas. Vtramque uirtutem Saluator non uidetur consulere, sed precipere. Non enim precipit uirginitatem, sed castitatem. De uirginitate dicitur: *Qui potest capere, capiat.* De castitate autem: *Sint lumbi uestri precincti.* Ecce

9–11 Luc. 6, 45 **11–12** Cf. Levit. 12, 1-5 **14–15** Luc. 2, 24 **17–18** Luc. 2, 22 **18–19** Luc. 2, 24 **19–20** Joan. 1, 17 **21** Luc. 2, 24 Luc. 2, 24 **26** Matth. 19, 12 Luc. 12, 35

5–6 Liberum … gratia. Petrus Lombardus, *Sententiae,* 1:452-53 (lib. II, xxiv, 2 (142)). For more details on this subject, see: Odon Lottin, "Les définitions du libre arbitre au douzième siècle," in *Revue Thomiste* 10 (1927): 104-20 and 214-30.

1 dicantur] dicuntur *c* **6** gratia assistente] assistente gratia *M c* **9** testante] teste *M* **12** octoginta deputantur] deputantur octoginta *M* **15–16** moysi legem] legem moysi *M* **16** domini legem] legem domini *M* **19** hic aliquid] aliquid hic *M* **22** quidem] duo genera *T1 c* **23** permaxime] maxime *c* **24** non uidetur] uidetur non *M* **25** enim] tamen *M*

preceptum. Castitatem quidem nec coniugium excludit. De simplicitate quid dicitur? *Et simplices sicut columbe.* Et hoc preceptum est.

Diligentius tamen intuendum quod sapientia Patris, Christus scilicet, precinctioni adiecit lucernam ardentem et columbe premisit serpentem. Lucerna ardens significat caritatem, serpens prudentie uirtutem. Castitas sine caritate lampas est sine oleo. Simplicitas sine prudentia iudicatur stultitia assimilata columbe non habentis cor. Columba auis est simplex et sine felle, pullos alienos fouens quasi proprios. Habet tamen cum simplicitate prudentiam, quia residere consueuit super fluenta aquarum, ut, uisa umbra accipitris, recipiat se in foraminibus petrarum. Hac uirtute quia caruit Dina, rapta est et corrupta.

Et notandum quod non dicit unum turturem aut unum pullum columbe, sed duos turtures aut duos pullos columbarum, quia nimirum duplex est castitas et duplex simplicitas: una cordis, altera corporis. Qui corpus suum ab illecebrosis motibus uel, quod maius est, actibus custodit et cor ab immundis noxiisque cogitationibus non restringit, unum offert turturem. Qui simplex est in moribus et dolosus in actibus, unum offert pullum columbe. Tale sacrificium non est preceptum in lege Domini. Quidam nimis sunt simplices per naturam et tamen satis astuti ad perpetrandum culpam. Alii foris in gestibus

2 Matth. 10, 16 4 Cf. Luc. 12, 35 Cf. Matth. 10, 16 7 Cf. Os. 7, 11 10 Cf. Gen. 34, 1-2

5–6 Castitas … oleo. Cf. Matth 25, 1-13 (the parable of the wise and foolish virgins); cf. also (verbatim): Bernardus Claraevallensis, *Epistola ad Henrcium Senonensem archiepiscopum De moribus et officio episcoporum*, cap. III, 9, in *Sancti Bernardi opera*, vol. 7, *Epistolae 1, Corpus epistolarum 1 - 180*, ed. Jean Leclercq and Henri-Marie Rochais (Rome: Ed. Cistercienses, 1974), 108. 7–10 Columba … petrarum. Caesarius's source is probably *Aviarium* by Hugh of Fouilloy. *The Medieval book of birds: Hugh of Fouilloy's Aviarium*, XI (De diuersis proprietatibus columbae), ed. Willene B. Clark (Binghamton N.Y.: Medieval and Renaissance Texts and Studies, 1992), 134, 136. On the interest of Cistercians for this text, see Rémy Cordonnier, "Des oiseaux pour les moines blancs: réflexions sur la réception de l'Aviaire d'Hugues de Fouilloy chez les cisterciens," *La Vie en Champagne* N. S. 28 (2004): 3-12. A very close description of the dove is given in: [Ps.] Hugo de Folieto, *De bestiis et aliis rebus*, IV, PL 177, col. 142B (For more details on the De bestiis, see: Willene B. Clark, "Four Latin Bestiaries and 'De Bestiis et aliis rebus,'" in *Nouvelles perspectives sur les manuscrits et les traditions textuelles*, ed. Baudouin Van den Abeele (Louvain-la-Neuve, Institut d'études médiévales, 2005): 49-69, esp. p. 52). Another possible source could be: *Glossa ordinaria super Matthaeum*, in *Biblia Latina cum Glossa Ordinaria*, 4: f.925ra.

1 quidem nec coniugium] nec coniugium quidem *M* 2 hoc] hic *M* 7 habentis] habenti *M* 8 quasi] fetus *add. M* 9 recipiat se] se recipiat *M* 12 duos turtures aut] *om. T1 c* 17 sunt simplices] simplices sunt *M*

minus uidentur temperati, intus tamen sunt uirtutibus ornati. Sed beati illi qui duos possunt offerre turtures aut duos pullos columbarum, uidelicet ut in anima uirtutibus decorentur et foris honestis moribus nobilitentur.

Videntur tamen maxime uirtutes turturis et columbe ad personas claus-
48v trales atque contemplatiuas pertinere. || Turturis talis est natura, ut si casu coniugis fuerit destituta solatio, alteri ulterius non copuletur, sed pudica manens in desertis montium et uerticibus arborum commoretur semper gemens et in uirenti cespite denuo non quiescat. Videmus hanc turturis mirabilem naturam per Christi gratiam in pluribus spiritualiter impleri. Quando uirgo pro amore ipsius celestis sponsi terrenum despicit, quando uidua, quocunque casu
61r marito amisso, eodem || accensa desiderio secundum non requiritur, nonne turtures sunt? Quando nupta eiusdem sponsi celestis amore a uiro suo mortali pari consensu secundum Ecclesie ritum separatur, quando ea que fornicata est uel forte, quod multo peius est, per adulterium maculata propter Christum iam in uirtute continentie delectatur, nonne turturis in hoc castitatem imitatur?

Vt autem perfecte turtur sit et turturis naturam in se totaliter exprimat, euolet de tumultu uite secularis ad deserta uite spiritualis. Virentem cespitem, id est mundi florem, de cetero despiciat, deserta montium, scilicet loca et ordines celestium spirituum, iugi meditatione conuolet semper gemens atque dicens: *Heu michi, quia incolatus meus prolongatus est.* Item: *Quemadmodum desiderat ceruus ad fontes aquarum, ita desiderat anima mea ad te, Deus.* Et cum Apostolo: *Miser ego homo, quis me liberabit de corpore mortis huius?* Vnde ergo tot cenobite, tot anachorite in locis desertis, nisi ex uoce turturis unius inuitantis?

Quomodo, inquit, *fiet istud, quoniam uirum non cognosco,* hoc est non cognoscam? Turtur fuit Maria, turtur fuit Iohannes Baptista qui non solum amabat castitatem, sed et solitudinem. Turtur erat et Paulus simplex qui, amissa uxore per adulterium, ad Anthonium perrexit in heremum. Hic non solum turtur fuit per amorem castitatis, sed et columba per uirtutem magne simplicitatis. Vide-

20 Ps. 119, 5 **20–21** Ps. 41, 2 **22** Rom. 7, 24 **24** Luc. 1, 34

5–8 Turturis ... quiescat. Hugo de Folieto, *Aviarium,* in *The Medieval book of birds,* 154. **26–27** Exemplum 28.

1 sunt uirtutibus] uirtutibus sunt *M* **2** possunt offerre] offerre possunt *M* **6** destituta solatio] solatio destituta *M* **8** quiescat] quiescens *M* turturis mirabilem] mirabilem turturis *M* **10** despicit] contempnit *M* **19** conuolet] circumuolet *M* **24** hoc est] idest *M*

tur ubique terrarum impleri quod uoce sponsi in Canticis Canticorum dicitur: *Vox turturis audita est in terra nostra.*

Solitudo siue desertum ordo austerior dicitur, quia a paucis excolitur et a multis deseritur. Ad tale desertum siue solitudinem suspirabat qui ait: *Quis dabit michi pennas sicut columbe, et uolabo et requiescam? Ecce elongaui fugiens et mansi in solitudine.* Significat etiam desertum siue solitudo mentem quietam et a tumultu cure secularis alienam. *Ego,* inquit, *Deus et non homo et ciuitatem non ingredior,* id est tumultuosam mentem. Item Dominus per eundem prophetam, Osee uidelicet: *Propter hoc lactabo eam et adducam eam in solitudinem.* Duo sunt turtures non solum propter duplicem castitatem, sed et propter duplicem sexum in quo castitas regnat: masculinum scilicet et femininum. *Non est differentia, omnes in Christo unum sumus.*

Columba, secundum quod phisiologi dicunt, felle caret, pullos alienos nutrit, rostro non ledit, uermiculis non pascitur, in cauernis petrarum nidificat, iuxta fluenta manet, grana eligit meliora, alis se defendit, gregatim uolat, uisum cum senuerit recuperat, pro || cantu gemit. In undecim naturalibus uirtutibus columbe tota pene expressa est actio spiritualis uite. Prima uirtus religiosi esse debet ut careat felle totius amaritudinis, ire atque rancoris. Deinde ut pullos alienos nutriat per amorem et sollicitudinem fraterne compassionis. Vt etiam neminem ledat rostro detractionis, ut uermiculis non pascatur carnalis delectationis, ut in cauernis petrarum nidificet per memoriam Dominice passionis, ut iuxta fluenta sedeat sacre lectionis, ut grana meliora eligat per indagationem sententie melioris, ut alis se defendat contra dyabolum sancte spei et timoris, ut gregatim uolet per sublimitatem communis conuersationis, ut uisum recuperare studeat per meritum con||templationis, ut pro cantu gemat tum ex tedio peregrinationis, tum ex desiderio future remunerationis.

2 Cant. 2, 12 **4–6** Ps. 54, 7-8 **7–8** Os. 11, 9 **9** Os. 2, 14 **11–12** Gal. 3, 28

13–16 felle … senuerit. Cf. Hugo de Folieto, *Aviarium,* XI (De diuersis proprietatibus columbae), in *The Medieval book of birds,* 134, 136. On the parallels between the Benedictine Rule and the Aviarium, see: Rémy Cordonnier, "'Haec pertica est regula': texte, image et mise en page dans l'Aviarium d'Hugues de Fouilloy," in *Nouvelles perspectives sur les manuscrits et les traditions textuelles,* ed. Baudouin Van den Abeele, (Louvain-la-Neuve, Institut d'études médiévales, 2005), 71-110.

1 uoce] *om. T1* in canticis canticorum dicitur] dicitur in canticis canticorum *M* **3** excolitur] colitur *M* **8** ingredior] egredior *T1* **9** osee] oseam *c* **10** et] *om. T1 c* **16** cum senuerit] *om. M* in] hiis *add. M* **22** fluenta] libenter *add. M* **24** gregatim] congregatim *c*

Sciendum etiam quod non precepit lex in purificatione offerri duas columbas, sed duos pullos columbarum. Columba dicitur quasi colens lumbos. Quia maxime tempore penitentie etiam in coniugatis sunt lumbi restringendi, non due columbe, sed pulli columbarum Domino sunt offerendi. Ditioribus precepit lex insuper offerri agnum in quo eedem uirtutes que per turtures aut pullos columbarum designantur: scilicet castitas et simplicitas. Agnus animal castum et simplex est significatque monachos et uiros claustrales qui et corpore tenentur esse continentes et in actibus seculi simplices.

Sequitur: *Et ecce homo erat in Iherusalem cui nomen Symeon, et homo iste iustus et timoratus expectans consolationem Israel, et Spiritus sanctus erat in eo.* Homo iste iustus et timoratus timor est Domini sanctus de quo per Salomonem dicitur: *Timor Domini ad uitam et in plenitudine commorabitur absque uisitatione pessimi.* Iherusalem designat cor perfecte timentis. Interpretatur enim pacifica uel perfecte timebit. In quo moratur perfectus timor, necesse est ut perfecte timeat. Symeon et iustus fuit et prolixe etatis fuit. De timore Domini in psalmo scriptum est: *Timor Domini sanctus.* Ecce iustitia. *Permanens in seculum seculi.* Ecce senectus. Symeon interpretatur auditio uel audiens et congruit timori cuius uox per Abacuc ad Deum ascendit dicens: *Domine, audiui auditionem tuam et timui.* Timor Dei facit nos timere et diuinis preceptis obaudire.

Symeon, secundum opinionem, septimo loco, nato Ihesu, aduenit. Primo commemorantur tres pastores, deinde tres magi, septimus fuit Symeon. Bea-

4–5 Cf. Levit. 12, 6-8 **9–10** Luc. 2, 25 **12–13** Prov. 19, 23 **16** Ps. 18, 10 Ps. 18, 10 **18–19** Hab. 3, 2

2 Columba ... lumbos. Cf. Bernardus Silvestris, *Commentum super sex libros Eneidos Virgilii*, ed. Bruno Basile (Rome: Carocci, 2008), 156: "Ad historiam dicuntur aves Veneris quia sunt luxuriose: unde dicuntur columbe quasi colentes lumbos." 13–14 Thiel, 327. 17 Thiel, 422.

3 sunt lumbi] lumbi sunt *M c* 7 castum et simplex est] est castum et simplex *M* 13 designat cor] cor designat *M* timentis] mentis *T1 c* 14 moratur] commoratur *M* 19 dei] domini *M* 20 nato ihesu] ad natum iesum *c* 21 tres] *om. T1 c*

tus Iheronimus in uita sancte Paule trium tantum commemorat monumenta pastorum. In septem donis Spiritus sancti septimum locum sibi uendicat spiritus timoris Domini. Symeon quia iustus et timoratus erat, expectabat redemptionem Israel. Israel binominis fuit. Primo dictus est Iacob, id est supplantator, deinde Israel quod interpretatur mens siue uir uidens Deum. Non consolabitur fructu premiorum qui prius non fuerit supplantator uitiorum. Vnde luctatori dicitur: *Viriliter age, et confortetur cor tuum, et sustine Dominum.* Iacob dicit: *Consolatio abscondita est ab* || *oculis meis.* Israel autem: *Consolationes tue letificauerunt animam meam.* T1:

Beatus abbas Anthonius cum a demonibus temptaretur, terreretur et sine misericordia cederetur, Iacob fuit, ita ut dicere posset: *Consolatio abscondita est ab oculis meis.* Postea cum eleuatis oculis uidisset desuper culmen dissoluti habitaculi aperiri et, deductis tenebris, radium lucis ad se influere; cessanteque dolore intellexit Dei presentiam adesse, ex immo pectore longa trahens suspiria sic loquebatur: Vbi eras, Ihesu bone, ubi eras? Quare non a principio hic fuisti, ut sanares uulnera mea? Et uox ad eum facta est: Anthoni, hic eram, sed expectabam ut uiderem certamen tuum. Nunc autem quia uiriliter dimicando uicisti, semper auxiliabor tibi et faciam te in omni orbe nominari. Sic bonus luctator meruit uidere consolationem Israel, immo ab eo tempore factus est Israel, id est secretorum Dei contemplator. Quanta sit consolatio in contemplatione quam designat Israel qui etiam interpretatur Dei uisio, soli nouerunt

7 Ps. 26, 14 8 Os. 13, 14 8–9 Ps. 93, 19 11–12 Os. 13, 14

1–2 trium ... pastorum. In the *Epitaphium Sanctae Paulae*, Jerome does not mention the ”monuments” of the shepherds, only the Ader tower, ”id est 'gregis', iuxta quam Iacob pavit greges suos et pastores nocte vigilantes audire meruerunt: 'gloria in excelsis deo et super terram pax hominibus bonae voluntatis'” (*Jerome's Epitaph on Paula: A Commentary on the Epitaphium Sanctae Paulae*, ed. Andrew Cain (Oxford: Oxford University Press, 2013) 56). Caesarius's source could have been Bede's abridgement of the *De locis sanctis* by Adamnanus: *Liber de locis sanctis*, VII, 3, in *Itineraria et alia geographica*, ed. Jean Fraipont, CCSL 175 (Turnhout: Brepols, 1965), 265: ”Porro ad orientem in turre Ader, id est gregis, mille passibus a ciuitate segregata ecclesia est trium pastorum dominicae natiuitatis consciorum monumenta continens.” 5 Thiel, 336-37. 10–18 Exemplum 29. 21 Thiel, 336-37.

5 mens siue uir] uir siue mens *M* 14 pectore] pectoris *T1 c* 16 eum] illum *M* 17 uiriliter dimicando] dimicando uiriliter *M c* 18 uicisti] non cessisti *M* 19 eo] illo *M* 20 sit consolatio] consolatio sit *M*

62r experti. Sine timore Domini talis consolatio inutiliter expectatur, quia || *timor Domini sicut paradisus deliciarum.*

Et Spiritus sanctus erat in eo. Non mirum, si Spiritus sanctus qui replet omnia est in timore, quia et ipsum timorem Scriptura appellat spiritum. Ait enim de Christo Ysaias: *Et requiescet super eum spiritus timoris Domini.* Ipsius uirtute, secundum quod alibi dicit idem Ysaias, *concepimus et parturiuimus spiritum salutis.*[110] *Spiritus oris nostri Christus Dominus.*

Et responsum accepit Symeon a Spiritu sancto non uisurum se mortem, nisi prius uideret Christum Dominum. Timor Domini castus uel sanctus qui et filialis quem Symeon iustus designat, semper animam suspirare facit ad Christi uisionem, timere tamen a Christo separationem. Cum autem Psalmista dicat: *Timor Domini sanctus permanens in seculum seculi,* quomodo timet mori priusquam uideat Christum Dominum? Respondetur quia duplex usus eius est, usus: uidelicet separationis et usus reuerentie. Timor ergo Domini secundum precedentem usum cum carne in aduentu Christi moritur, secundum usum sequentem, id est reuerentie, perpetuabitur. Secundum hunc usum Christus timorem Domini habuit in uia, quem et omnes electi habent in patria. Vnde Dauid: *Timete Dominum omnes sancti eius.*

Esse uix poterit quin is qui Symeon esse meruerit per iustitiam et timorem uisurus sit Christum ante corporis et anime separationem. Ideo secundum Ecclesiasticum: *Timentis Deum beata est anima.* Timenti Deum cum Symeone *bene erit in nouissimis, et in die defunctionis sue benedicetur.* Quid anime eius egredienti a sanctis angelis dicitur? *Benedicat tibi Dominus ex Syon, et uideas*

1–2 Eccli. 40, 28 **3** Luc. 2, 25 **5** Is. 11, 3 **6–7** Is. 26, 18 **7** Thren. 4, 20 **8–9** Luc. 2, 26 **12** Ps. 18, 10 **18** Ps. 33,10 **21** Eccli. 34, 17 **22** Eccli. 1, 13 **233.23–234.1** Ps. 127, 5

14 usus ... reuerentie. Petrus Pictaviensis, *Sententiarum libri quinque*, III, 19, PL 211, col. 1087B: "Sic igitur habemus quatuor species timoris... Filialis qui habetur cum perfecta charitate: et eius usus duo sunt, scilicet reverentiae et separationis." **16–18** Secundum ... patria. Cf. Petrus Pictaviensis, *Sententiarum libri quinque*, III, 19, PL 211, col. 1087B: "[Timor filialis] tamen a Christo habitus est secundum usum reverentiae tantum, et non secundum usum separationis, quia non timuit separari. In patria autem habebitur tantum secundum usum reverentiae."

9 castus uel sanctus] sanctus uel castus *M* **11** timere] timet *M* tamen] enim *M* **13** usus] uisus *c* **14** usus] uisus *c* usus] uisus *c* **15** usum] uisum *c* **16** usum] uisum *c* usum] uisum *c* **17** habent] habebunt *M*

[110] Cf. *Vetus Latina*, 12,7: 553.

bona Iherusalem omnibus diebus uite tue. Item: *Beatus es, et bene tibi erit.* Si uiri iusti et timorati responsum aliquando non acciperent a Spiritu sancto, non diceret Psalmista: *Audiam quid loquatur in me Dominus Deus.* Item. Si aliquando eis non concederetur ante mortem uidere Christum, non tam audacter diceret sponsa in Canticis Canticorum: *Ostende michi faciem tuam, sonet uox tua in auribus meis.* Quando agonizantis iam oculi obtenebres||cunt et aures T1: obsurdescunt, quando tactus obrigescit et lingua silescit, quando perit gustus et deficit omnis sensus, tunc morientis anima quasi in foribus constituta uidet que exprimere non potest. Si digna est, consolatur uisione Christi sanctorumque angelorum, si reproba, horretur horrendo aspectu demoniorum.

Et uenit in Spiritu in templum. Templum Dei anima iusti. Timor Domini donum est Spiritus sancti. Ipsius spiramine duobus modis uenit in animam. Primo sine meritis cum infunditur, secundo pro meritis cum perficitur. In primo aduentu initialis, in secundo filialis. De hoc aduentu interrogatus quidam Patrum, uidelicet quomodo timor domini ueniret in animam, respondit: Si habet homo paupertatem et humilitatem ut non iudicet alterum, sic uenit in eum timor Domini.

Et cum inducerent puerum Ihesum parentes eius, ut facerent secundum consuetudinem legis pro eo, et ipse accepit eum in ulnas suas. Parentes Ihesu sunt uoluntas bona, sancta desideria, pius affectus, feruens uirtutum motus. Ab hiis introducendus est in cor per assiduam meditationem et sistendus coram Domino per continuam gratiarum actionem. Et quia scriptum est: *Qui stat, uideat ne cadat,* accipiat eum timor Domini castus, quasi Symeon iustus, in ulnas suas dicatque cum apostolo Paulo: *Quis me separabit a caritate Christi?* Timor filialis

1 Ps. 127, 2 **3** Ps. 84, 9 **5–6** Cant. 2, 14 **11** Luc. 2, 27 **18–19** Luc. 2, 27-28 **22–23** I Cor. 10, 12 **24** Rom. 8, 35

11 Templum … iusti. Cf. I Cor. 3, 16: "Nescitis quia templum Dei estis, et Spiritus Dei habitat in vobis?" Cf. a similar expression by Saint Augustine: "Anima iusti sedes est sapientiae": Augustinus Hipponensis, *Enarrationes in Psalmos LI-C,* 1380 (in Ps. XCVIII, 3). For more details, see: Anne-Marie La Bonnardière, "Anima iusti sedes Sapientiae dans l'œuvre de saint Augustin," in *Epektasis. Mélanges patristiques offerts au Cardinal Jean Daniélou,* ed. Jacques Fontaine and Charles Kannengiesser (Paris: Beauchesne, 1972), 111-20. **16–17** Si … Domini. Pelagius, *Verba seniorum,* I, 20, PL 73, col. 857C. **234.24–235.1** Timor … est. Petrus Pictaviensis, *Sententiarum libri quinque,* III, 19, PL 211, col. 1087B: "Filialis [timor] … habetur cum perfecta charitate."

4 eis non concederetur] non concederetur eis *M* **7** obsurdescunt] surdescunt *M* **9** potest] ualet *M* **10** horretur] terretur *M c* **16** paupertatem et humilitatem] humilitatem et paupertatem *M c* ut] et *c*

in perfecta caritate est. Secundum usum quo timet separationem, aliquid in se habet amaritudinis et secundum hoc cum sponsa dicat in Canticis Canticorum:
62v *Fasciculus mirre dilectus* || *meus michi inter ubera mea commorabitur.*

Nec uacat a misterio quod Euangelista non dicit: Accepit eum inter brachia sua, sed magis *in ulnas suas.* Vlna mensuramus, et est nomen mensure. Licet omnia a Deo creata sint in pondere et mensura, tamen sine mensura iubemur Deum diligere et quasi cum mensura eundem timere. *Diliges,* inquit, *Dominum Deum tuum ex toto corde tuo et ex tota anima tua et ex omnibus uiribus tuis et ex omni mente tua.* De timore autem simpliciter dicit: *Dominum Deum tuum timebis et illi soli seruies.* Due ulne huius timoris duplex est usus quem habet, ceu prelibatum est. Leua est usus separationis, dextera usus reuerentie. In has ulnas perfecta anima gratiam saluantem accipiat, amplectatur et teneat, hoc est ut Ihesum in se manentem ut Dominum timeat et tanquam patri reuerentiam debitam exhibeat.

Et benedixit Deum et dixit: Nunc dimittis seruum tuum, Domine, secundum uerbum tuum in pace. Non immerito timor sanctus seruum se uocat Domini, quia omnis uirtus seruire debet suo superiori, sicut creatura creatori. Si adhuc queritur quare timor castus serui uicem gerat, cum timorem seruilem penitus excludat, respondetur: quia seruit seruus, seruit et filius. Ille timore pene, iste amore iustitie. Seruus ne uapulet, filius ne patris hereditatem amittat. Sic timor seruilis tamen retrahitur a culpa timore gehenne, et filialis solummodo amore patrie. In pace autem dimittitur, immo in pace possidentem se dimittit,
50v quia *corona sapientie* || *timor Domini replens pacem et salutis fructum.* Causam sui desiderii plenius ostendit, cum protinus subiungit: *Quia uiderunt oculi mei salutare tuum.* Qui in timore perfectus est duos habet oculos: unum actiuum, alterum contemplatiuum. De oculo bone actionis dicit Iob: *Oculus fui ceco et pes claudo.* De oculo contemplationis dicit in euangelio Saluator: *Si oculus tuus,* inquit, *dexter scandalizat te, erue eum et proice abs te.* Oculus sinister uita est actiua que uersatur circa temporalia, oculus dexter uita contemplatiua, quia dirigitur ad eterna. Quod si nos oculus iste per alicuius erronee uisionis illusionem duxerit in errorem, eruendus est, id est deponendus, quia *melius est* sola ac-

3 Cant. 1, 12 5 Luc. 2, 28 **6** Cf. Sap. 11, 21 **7–9** Luc. 10, 27 **9–10** Deut. 6, 13 **15–16** Luc. 2, 28-29 **23** Eccli. 1, 22 **24–25** Luc. 2, 30 **26–27** Job. 29, 15 **27–28** Matth. 18, 9 **235.31–236.2** Matth. 18, 9

1 usum] uisum *c* **10** usus] uisus *c* **11** usus] uisus *c* usus] uisus *c* **12** perfecta anima] anima perfecta *M* gratiam] se *add. M c* **16** timor] *om. M* **27** dicit] loquitur *M* in euangelio saluator] saluator in euangelio *M* **28** inquit] *om. M* **29** quia] qua *M*

tione bona *intrare ad uitam*, quam deceptoria uisione que mentem extollit *mitti in gehennam*.

Solent referre hii quibus presentibus gestum est in Hemmerode demonem sub specie angeli monacho cuidam minus circumspecto per aliquot dies in mensa ostendisse formam dimidii panis et mandasse ne plus comederet. Obediuit ille uisioni et post paucos dies tantam sensit corporis debilitatem, ut tandem incurreret apostasiam.

Oculo actiuo eum uidemus, cum in eius nomine esurientes cibamus, sitientes potamus, hospites colligimus, nudos uestimus, ad infirmos et in carcere positos uenimus. Hoc oculo olim uisus est ab Abraham, Sara et Loth per meritum hospitalitatis, a Cleopha et condiscipulo eius cognitus in fractione panis. Oculo contemplationis uisus est ab Ysaia, Ezechiele, Daniele; et in nouo Testamento a Iohanne in Apocalipsi, a Petro et apostolo Paulo, quando raptus ad tertium celum. Isto oculo contemplamur eum quotidie in oratione, in lectione et in sacra meditatione.

Et quia tot modis potest uideri, bene sequitur: *Quod parasti ante faciem omnium populorum*. Et quoniam || ipse est lux uera sine distinctione et personarum acceptione illuminans omnem hominem, subiunxit: *Lumen ad reuelationem gentium et gloriam plebis tue, Israel*. Secundum moralitatem, gentium nomine designantur sensus carnales, Israel uero designat sensus spirituales. Illos Ihesus sua gratia reuelat et illuminat a uitiis cohibendo, istos, id est interiores, glorificat per motus uirtutum ad celestia dirigendo. Quo nos perducat idem Ihesus Christus mentium illuminator et animarum saluator qui cum Patre et Spiritu sancto uiuit et regnat per infinita secula seculorum. Amen.

M:

10 Cf. Gen. 18, 1-6 10–11 Cf. Gen. 19, 1-22 11 Cf. Luc. 24, 18-35 13–14 Cf. II Cor. 12, 2 16–17 Luc. 2, 31 18–19 Luc. 2, 32

3–7 Exemplum 30.

3 gehennam] exemplum *add. rubricam T1* hemmerode] hemmenrode *c* 4 monacho cuidam] cuidam monacho *M* 10 ab] *om. c* 11 condiscipulo] discipulo *T1 c* 12 ysaia] isaac *T1 c* 14 contemplamur eum quotidie] eum cottidie contemplamur *M* 15 et] *om. M* 24 amen] explicit omelia undecima. *add. M*

Dominica infra octauas Natiuitatis. Secundum Lucam.

In illo tempore erant pater eius et mater mirantes super hiis que dicebantur de illo. Et reliqua.

Sicut parentes Ihesu carnales tunc temporis mirabantur de hiis que dicebantur de illo mirabiliter, ita usque hodie parentes eius spirituales uel, ut expressius dicam, mentales non desinunt mirari super hiis que de eo siue per eum dicuntur uel aguntur mirabilius inuisibiliter. *Erant,* inquit, *pater eius et mater mirantes* et cetera. Matrem Ihesu Mariam fuisse credimus, patrem eius Ioseph negamus. Habet enim fides catholica illum conceptum fuisse de Spiritu sancto, natum ex
51r Maria Virgine. Dictus est || tamen pater Ihesu Ioseph, quia nutricius uel quia adhuc a populo eum genuisse putabatur et ita pater fuit tamen nominaliter et non realiter.

Et hec dicta sint sacramenti causa. Porro secundum moralem intellectum sermonum superiorum, Mariam accipimus mentem rationalem, Ioseph uirtutem iustitie. Mens non per aliquam iustitiam precedentem Christi gratiam concipit, sed de Spiritu sancto. *Non ex operibus iustitie que fecimus nos, sed secundum suam misericordiam saluos nos fecit.* Item alibi idem Apostolus dicit: *Omnes peccauerunt et egent gloria Dei, iustificati gratis per gratiam ipsius, per redemptionem que est in Christo Ihesu.* Secundum hanc auctoritatem, iustitia est ex gratia, non gratia que illuminat ex iustitia, alioquin non diceretur gratia, id est gratis data. Non Ioseph Ihesum generauit, sed Ihesus Ioseph creauit. Non humana iustitia qua *non iustificatur in conspectu Dei omnis uiuens,* efficit ut Ihesum mens peccatoris per bonam uoluntatem concipiat et per opus meritorium ex se pariat, sed spiritus Ihesu qui et uelle tribuit et posse et *operatur salutem in medio terre* cordis nostri. Vnde et Apostolus bene subiunxit: *Vt sit ipse iustus et iustificans.*

2–3 Luc. 2, 33 **7** Luc. 2, 33 **16–17** Tit. 3, 5 **18–19** Rom. 3, 23-24 **22** Ps. 142, 2 **24** Cf. Phil. 2, 13 **24–25** Ps. 73, 12 **25–26** Rom. 3, 26

20–21 Cf. Augustinus Hipponensis, *Enarrationes in Psalmos LI-C*, 959 (in Ps. LXX, s. ii, 1): "Gratia gratis data est: nam nisi gratis esset, gratia non esset."

1 dominica infra octauas natiuitatis secundum lucam] incipit omelia duodecima. *M* lucam] cap. 2. *add. c* **3** et reliqua] *om. M* reliqua] homilia de eadem lectione. *add. c* **4** carnales] temporales *c* **5** de illo] *om. M* **7** mirabilius] mirabilibus *T1 c* inuisibiliter] uisibiliter *T1 c* **11** fuit tamen] tamen fuit *M* et] *om. M* **20** ex] *om. M* **21** ihesum] christum *M* **24** spiritus] spiritu *M*

Et sicut tunc temporis multi errabant Ihesum putantes filium Ioseph, ita hodie plurimi errant qui ex operibus iustitie que faciunt — iustitie dixerim quantum ad apparentiam, utputa in peccatoribus sunt elemosine, ieiunia, uigilie — retenta tamen peccandi uoluntate, estimant Ihesum, id est gratiam, ex se saluantem posse gigni. Non est in huiusmodi operibus uoluntas Patris que animam facit Christi fratrem, sororem et matrem. Sciendum tamen in hoc nomine iustitia aliquando predicari diuinam essentiam, aliquando qualitatem, id est uirtutem in mente creatam.[III] Hec est Ioseph sponsus Marie, ut non ex ea gratia concipiatur, sed ut concepta honestis moribus bonisque operibus nutriatur.

Ecce isti sunt parentes Ihesu mirantes super hiis que dicuntur de illo. *Mirabilia,* inquit, *opera tua, Domine, et anima mea cognoscet nimis.* Item: *Mirabilis Deus in sanctis suis.* Qui si non esset mirabilis in sanctis suis, non diceret Ysaias: *Et uocabitur nomen eius admirabilis.* Mirabilis fuit in Iohanne qui nondum natus prophetauit, mirabilis in Petro cuius umbra egrotos sanauit, mirabilis in Laurentio qui tormenta superauit. Mirantur in se religiosi mul||titudinem consolationum, predicatores affluentiam uerborum, martires tolerantiam passionum. Et non solum mens sancta, mens illuminata iuste et iustitia sibi congratulante, miratur super hiis qui a Ihesu intus aguntur, uerum de hiis etiam que de eius gratia, fama diuulgante, foris ab aliis dicuntur.

Et benedixit eis Symeon. Ad timorem Domini quem Symeon timoratus designat benedictio pertinet, quia de ipso scriptum est: *Timor Domini sicut paradisus benedictionis.* Hinc est quod Iacob patriarcha, tacitis ceteris uirtutibus, Laban auunculo suo tamen iurasse legitur per timorem patris sui Ysaac. Benedicens Symeon eis quid dixit? *Ecce positus est hic in ruinam et resurrectionem multorum in Israel.* Timor Domini dignus est prophetie. Vnde per || Ysaiam Domi-

5–6 Cf. Matth. 12, 50 **11–12** Ps. 138, 14 **12–13** Ps. 67, 36 **14** Is. 9, 6 **14–15** Cf. Luc. 1, 44 **15** Cf. Act. 5, 15 **21** Luc. 2, 34 **22–23** Eccli. 40, 28 **23–24** Cf. Gen. 31, 53 **25–26** Luc. 2, 34

6–7 Cf. *Sententiae Petri Pictaviensis,* 1: 102 (lib. I, 11): "Cum enim dicitur: 'Deus est iustus vel iustitia', essentia divina praedicatur, et etiam quod ipse sit distributor et iudex meritorum intelligi datur."

1 tunc] *om. M* **8** ut non] non ut *M* **19** miratur] mirantur *T1 c* de hiis etiam] etiam de hiis *M* **21** eis] illis *c* **25** symeon eis] eis symeon *M* **26** est] spiritu *add. M*

[III] For the definition of virtue as a quality see note 40, p. 116.

nus dicit: *Super quem requiescet spiritus meus, nisi super humilem et quietum trementem sermones meos.*[112] *Oculi*, id est dona Domini, *super metuentes eum.* Item Ecclesiasticus. *Oculi Domini ad timentes eum, et ipse agnoscit omnem operam hominis.* Quapropter, o homo, si uis promereri spiritum prophetie, Deum perfecte time. Quem si timueris non ut seruus, sed ut filius, timor illius menti tue prophetabit de illo dicetque: *Ecce positus est hic in ruinam et resurrectionem multorum in Israel.* In Israel, id est in mente que uidet Deum scilicet per fidem, quia hoc nomen Israel interpretatur, Ihesus positus est in ruinam et resurrectionem multorum. In ruinam cum uitia deicit, in resurrectionem cum uirtutes erigit. Rebecce dictum est a Deo: *Due gentes in utero tuo sunt. Duo populi ex utero tuo diuidentur, populusque populum superabit et maior seruiet minori.* Rebecca rationalis est anima, duo populi uirtutes sunt et uitia. Rebecca interpretatur patientia uel que multum accepit. Anima que habet duplicem populum: unum uidelicet ut uirtutes per gratiam et alterum ut uitia per culpam, necesse habet ut in eorum collisione teneat patientiam.

Vitia et uirtutes, secundum Originem, simul possunt inesse, sed secundum usum non possunt cohabitare.[113] Homo habilis nascitur ad suscipiendas uirtutes. Vnde super illum locum lamentationum Iheremie: *Confregit in ira furoris sui omne cornu Israel,* dicit Paschasius: Cornua cum animalibus non nascuntur, inest tamen eis causa nascendi. Habet et homo in se fomitem a quo uitia oriuntur. Non ergo in utero Rebecce creduntur fuisse duo populi, sed patres duorum populorum. Populus maior turba est uitiorum, quia *stultorum infinitus est numerus.* Plura dicuntur esse uitia quam uirtutes. Populus uitiorum designatus est per Esau et prolem illius, populus uirtutum per Iacob et stirpem illius. Esau in egressu suo fuisse dicitur rufus et pilosus, Iacob uero lenis. Vitia propter pec-

1–2 Is. 66, 2 **2** Ps. 32, 18 **3–4** Eccli. 15, 20 **6–7** Luc. 2, 34 **10–11** Gen. 25, 23 **18–19** Thren. 2, 3 **22–23** Eccle. 1, 15 **24–25** Cf. Gen. 25, 25

7–8 Thiel, 336-37. **12–13** Thiel, 392. **16–17** **19–20** Cornua … nascendi. Paschasius Radbertus, *In Lamentationes Ieremiae*, Gimel, PL 120, col. 1111B. **23** Plura … uirtutes. Frequently cited affirmation, going back to Saint Augustine, cf.: Augustinus Hipponensis, *Epistulae*, 595 (Ep. CLXII, ii, 8): "… cogimur fateri uitia plura esse uirtutes."

1 quietum] et *add. M* **3** domini] dei *M* **7** id est] hoc est *M c* **11** populusque] et populus *M* **18** locum] *om. c* **21** creduntur fuisse] fuisee creduntur *M* **25** lenis] letus *c*

[112] *Vetus Latina*, 12,2,11: 1610-11.

[113] Vitia … cohabitare. Source not identified.

catum sanguinei sunt coloris, uirtutes eximii decoris. Quasi populus uitiorum prius egreditur, quando homo in peccatis concipitur et nascitur. Deinde plurimum augmentatur, cum originali actuale copulatur. Tempore uero Dauid facti sunt tributarii filii Esau filiis Iacob. Significat autem Dauid Christum.

Hic cum in corde peccatoris Ihesus, id est Saluator, ponitur per gratiam illuminantem et in actibus per gratiam cooperantem,[114] mox fit in ruinam uitiorum et in resurrectionem uirtutum. Per unum mortale omnes uirtutes in mortem corruunt et per caritatem minimam reuiuiscunt. Reuiuiscere resurgere est. Sic Ihesus in nobis ponitur in ruinam et resurrectionem multorum. *Et in signum cui contradicetur.* Hoc impletum est moraliter in beata Maria Magdalena de qua dum septem demonia eiecisset et septem dona sancti Spiritus in ea suscitasset, *dicebant qui || simul accumbebant: Quis est hic qui etiam peccata dimittit?* Iam positus fuerat in ea *in ruinam et resurrectionem multorum in Israel,* et erat eadem positio signum contradictionis. Similiter cum paralitico ab eo sanato || dixisset: *Fili, dimittuntur tibi peccata tua,* mox contradixerunt scribe in cordibus suis dicentes: *Hic blasphemat. Quis potest dimittere peccata, nisi solus Deus?*

Sed heu! usque hodie huic signo salutifero multi contradicunt. Quosdam ad Deum conuerti uolentes parentes et amici sepe uerbis auertunt, factis impediunt et nonnunquam a religione extrahunt. Canonicus quidam sancte Marie ad gradus in Colonia nomine Leonius de Elnere, bene michi notus, cum factus fuisset nouitius in Hemmerode, et cognouissent fratres eius carnales, mox signo salutis eius contradicentes ad Claustrum uenerunt et ut ob debita sua persoluenda nouitius cum eis rediret, plurimum sollicitauerunt. Hoc dolose addentes quia eum citius reducerent ordinique suo iterum restituerent. Quos cum abbas non posset auertere, sic ait: Hodie fratrem uestrum de paradiso deponitis in infernum. Post aliquot annos breui correptus infirmitate,

3–4 Cf. II Reg. 8, 13-14 **9–10** Luc. 2, 34 **10–12** Cf. Marc. 16, 9 **12–13** Luc. 7, 49 **13** Luc. 2, 34 **15** Marc. 2, 5 **16–17** Marc. 2, 7

240.20–241.5 Exemplum 31.

4 autem] *om. M* **11** dum] cum *M* **19** conuerti] *om. M* auertunt] subuertunt *M* **20** extrahunt] exemplum *add. in marg. M*, exemplum *add. rubricam T1* **21** elnere] elnete *c* **22** in] *om. M* hemmerode] hemmenrode *c* **27** infernum] inferno *M*

[114]On the distinction between various kinds of grace see note 8, p. 81. Illuminating grace here signifies operative grace.

raptus Dei iudicio iusto in frenesim tam ualide cepit furere, ut sui, catulis uiuis scissis, capiti eius pro remedio imponerent, nec tamen rabiem curarent. Cui cum astantes dicerent ut de salute anime sue cogitaret, et hortarentur ad confessionem, ad uerba salutis non respondit, sed quasdam mulieres, cum quibus sanus peccauerat, propriis nominibus crebrius uocans periculose exspirauit.

Et ualde timendum, ne Ihesus qui conuertenti positus fuerat in resurrectionem diuini amoris, morienti propter apostasiam fuerit in ruinam eterne dampnationis. Casus pene similis contigit in monasterio nostro. Adolescens quidam diuites habens parentes et ecclesiam bonam cum ad nos uenisset et habitum iam nouitii induisset, sicut dictum est de Leonio, uenerunt cognati eius et occasione debitorum eum extraxerunt, magis illum uolentes esse in seculo in ruina uitiorum, quam in monasterio in resurrectione uirtutum. Adhuc uiuit in seculo, seculi puteis totus immersus.

In ualle illustri, ut scribit Moyses, *multi erant putei bituminis*. Vallis mundus dicitur propter miseriam, illustris propter superbiam. Multa in mundo miseria, multa superbia. Putei retinacula sunt mundi, ut honores et diuitie, parentes et liberi. Bitumen quod tenax est et attractiue nature — amor et dulcedo que hiis noscuntur inesse. Putei isti plurimos, ne Deo seruiant, retrahunt et nonnullos post conuersionem iterum ad se trahunt. Hiis puteis dominus Henricus abbas noster retineri non potuit. Qui cum esset canonicus ecclesie Bunnensis et Domino inspirante uenisset ad domum nostram conuersionis gratia, duo milites germani eius, premisso puero, per fictum nuntium a conuentu eum abstrahentes et manus bituminatas inicientes ei atque trahentes equo iniectum in uallem illustrem deposuerunt, non tamen puteis bituminis eum immergere
52v potuerunt. Nam solo corpore, non uoluntate, uix tribus mensibus in habitu || clericali in quo extractus fuerat eis commanens, occulte de ualle illustri iterum rediit ad Vallem sancti Petri. In qua factus nouitius et monachus adeo profecit, ut post aliquot annos eidem loco abbas perficeretur.

14 Gen. 14, 10

8–13 Exemplum 32. 19–28 Exemplum 33.

1–2 catulis uiuis scissis] catulos uiuos scissos *c* 6 fuerat] erat *T1* 8 nostro] exemplum *add. in marg. M*, exemplum *add. rubricam T1* 10 dictum] predictum *M* leonio] lionio *M* 11 uolentes esse] esse uolentes *M c* 14 bituminis] vallis illustris uita est secularis. *add. M* 14–15 mundus dicitur] *om. M* 20 potuit] nota *add. in marg. M* 20–21 bunnensis] bonnensis *c* 23 inicientes ei] ei inicientes *M c* 27 qua] quo *T1 c*

Sequitur: *Et tuam ipsius animam pertransibit gladius.* Anima quandoque ponitur pro ratione, ut in Iob qui ait: *Suspendium elegit anima || mea.* Ita enim Gregorius exponit. Mens quam sepe dixi significari per Mariam superior est pars rationis in qua sinderesis est, id est quedam naturalis scintilla dilectationis[115] que semper stat more stelle stationarie in mente. Maria interpretatur stella maris. Est itaque sensus. *Tuam ipsius animam,* id est te ipsam, *pertransibit gladius* diuini sermonis siue dolor contritionis uel motus fraterne compassionis. Tria hec significat gladius, et sunt in gladio tria: acumen et duplex acies. Tria etiam gladius operatur. Acumine penetrat, per acies incidit et separat. Gladii punctio pertinet ad diuinum sermonem, incisio ad contritionem, separatio ad compassionem. De gladio uerbi Dei ait Apostolus in epistola ad Hebreos: *Viuus est enim sermo Dei et efficax et penetrabilior omni gladio ancipiti et pertingens usque ad diuisionem anime et spiritus.*

Sermo Dei dum animam audientis pungit et penetrat, duo ibi operatur. Si in tenebris peccatorum est, per caritatem illuminat; si in caritate, efficit ut amplius luceat. Gladius materialis suo naturali nitore tenebras temperat, solari immissus splendori ita radiat, ut oculi intuentis sustinere fulgorem non ualeant. Gladius Dei, secundum Ezechielem, *exacutus est et elimatus.* Vt cedat exacutus, ut splendeat elimatus. Exacutus ut sit in ruinam uitiorum, elimatus ut sit in resurrectionem uirtutum. Sermo Dei uiuus est et resuscitat mortificata. Pungit et illuminat, penetrat et fulgurat. Pungit cor audientis per timorem, illuminat per scientie infusionem, penetrat per compunctionem, fulgurat per terrorem. Pertingit usque ad diuisionem anime et spiritus, id est separationem et discretionem sensualitatis et rationalitatis. Scire discernere inter motus an-

1 Luc. 2, 35 **2** Job. 7, 15 **6–7** Luc. 2, 35 **11–13** Hebr. 4, 12 **18** Ez. 21,9

1–2 Anima ... ratione. Cf. Gregorius Magnus, *Moralia in Iob. Libri I-X*, VIII, xxv, 44, ed. Marcus Adriaen, CCSL 143 (Turnhout: Brepols, 1979), 415: "Quid per animam nisi mentis intentio; quid per ossa nisi carnis fortitudo designatur?" **5–6** Thiel, 351. **23–24** Pertingit ... rationalitatis. Cf.: Petrus Lombardus, *Collectanea in epistolas Pauli,* In Epistolam ad Hebraeos, IV, PL 192, col. 433A: "Et est pertingens, id est ex tota consideratione perveniens, id est pertingit sermo Dei cognitione insuperabili, usque ad divisionem, id est separationem et discretionem, animae, id est sensualitatis; ac spiritus, id est rationalitatis, quia cognoscit Dei Filius quomodo dividatur sensualitas a ratione."

12 sermo dei] dei sermo *M* **17** oculi] oculus *M, om. c* ualeant] ualeat *M*

[115] On the notion of synderesis, see note 5, p. 79.

imales et motus rationales magnum Dei donum est. Qui horum habuerit scientiam, facile intelligit que peccata sint mortalia, que uenialia. Ve illis quorum corda gladius diuini sermonis non pertransit, sed quasi de lapide resilit. Hii sunt quibus Dominus dicit: *Sermo meus non capit in uobis.* Item: *Qui ex Deo est, uerba Dei audit. Propterea uos non auditis, quia ex Deo non estis.*

Gladius diuini uerbi sepe uiam preparat gladio compunctionis et per animam etiam ducit gladium fraterne compassionis. Anima ubi dolet, ibi sentit cum leditur, ibi gaudet cum fouetur. Duplex est uita anime. Vna est qua uiuit secundum Deum et in Deo, altera qua uiuit secundum carnem in carne. *Qui in carne uiuunt,* ut dicit Apostolus, *que carnis sunt sapiunt* et tantum carnis dolores sentiunt spiritusque dampna paruipendunt. Quare hoc? Quia gla-
53r dius compunc||tionis siue fraterne compassionis non pertransit animam illorum. Secundum prefata uerba Apostoli ubi distinguit inter animam et spiritum, intelligimus animam quandoque poni pro sensualitate. Vnde Psalmista: *Anima mea turbata est ualde.* Quia sepe sensualitas turbat spiritum, nonnunquam uersa uice turbatur a spiritu. Est itaque sensus: *Et tuam ipsius animam,* id est partem tui inferiorem, *pertransibit gladius,* scilicet uindicta carnis.

Sed et ipsa caro pro anima ponitur sepe, ut ibi: *Ut peterent escas animabus suis.* Timor qui semper futura mala preuidet suspectam habet uitiorum ruinam, nisi subsequatur gladius interfectionis per penitentiam. De gladio penitentie
65r dicit Iheremias: *Maledictus qui prohibet gladium suum || a sanguine.* Gladium suum prohibet a sanguine qui sanguinem, id est peccatum, non punit per uindictam penitentie. De hoc gladio etiam per Iohel dicitur: *Sanctificate bellum, suscitate robustos, ascendant omnes uiri bellatores, concidite aratra in gladios et ligones in lanceas; infirmus dicat: Quia ego fortis sum.*

Quidam post patratam culpam et uisitationem diuinam infirmi quidem sunt corpore, sed multum robusti in armis penitentie. Ascendunt uiriliter contra Etheum, Gergesseum, Amorreum, Cananeum, Phereseum, Eueum et

4 Joan. 8, 37 **4–5** Joan. 8, 47 **10** Rom. 8, 5 **15** Ps. 6, 4 **16–17** Luc. 2, 35 **18–19** Ps. 77, 18 **21** Jer. 48,10 **23–25** Joel. 3, 9-10 **243.27–244.1** Cf. Deut. 7, 1

7–**9** Anima ... carne. Hugo de S. Victore, *De duplici vita animae*, PL 177, col. 523C: "Duplex est vita animae: alia, qua vivit in Deo; alia, qua vivit in carne. Ubi vivit, ibi sentit; ibi dolet cum laeditur, et gaudet cum fovetur, quia unus est locus gaudii et doloris."

6 uiam preparat] preparat uiam *M* **7** etiam ducit] ducit etiam *M* **15–16** nonnunquam] nunquam *M* **18** pro anima ponitur sepe] sepe pro anima ponitur *M* **22** suum] *om. M* qui sanguinem] *om. M* **23** iohel] iohelem *c* **26** patratam] perpetratam *M* **28** phereseum] *om. T1*

Gebuseum in montana, id est contra septem uitia per has septem gentes designata. Ieiunant, uigilant, manibus suis laborantes et die noctuque membra sua cum uitiis et concupiscentiis mortificantes. Alii econtra sunt corpore robusti et fortes et ad exercendam militiam penitentie infirmi et pusillanimes.

Proch dolor! Fragiles muliercule pro suis caris et pro peccatis non magnis strenue carenas durissimas complent et semel uel bis per totum annum in ebdomada in pane et aqua ieiunant. Milites uero in armis strenui, clerici et diuersi ordinis uiri, iuuenes et corpore robustissimi pro multis adulteriis, fornicationibus aliisque uariis criminibus nec uno quidem die in toto anno in pane et aqua ieiunare possunt non considerantes supradictum uerbum Prophete: *Infirmus dicat: Quia fortis ego sum.* Non dixit: Fortis dicat, sed infirmus, ut daretur per hoc intelligi quod nemo facile deberet aliquam pretendere infirmitatem uel occasionem contra peccatorum suorum emendationem.

Multi quidem gladium penitentie a confessore suscipiunt, sed, uiso hoste, territi susceptum reiciunt. De talibus per Iob dicitur: *Qui fugerit arma ferrea, incidet in arcum eneum.* Arma ferrea labor est penitentialis, arcus eneus pena gehennalis. Quisquis peccator in presenti fugerit laborem penitentie, ut sunt ieiunia, uigilie, cilicia, orationes, elemosine; in futuro non euadet ignem, frigus, uermes, fetorem et si qua sunt alia tormenta gehenne. Iudas Machabeus non una uel paucis siue certis, sed cunctis diebus pugnasse legitur in gladio Appollonii. Peccator contritus prius debet esse Iudas per confessionem et sic pugnare in gladio Appollonii, || id est penitentie, per satisfactionem. Appollonius interpretatur miraculum. Miraculosum est ualde per penitentiam regnum celorum expugnare. *Regnum celorum uim patitur, et uiolenti rapiunt illud.* T1

Non sufficere debet cordis contritio, non confessio, nisi etiam adiungatur exterior satisfactio. Pertranseat gladius animam, ut unde processit culpa, ibi maior exerceatur uindicta. Hostis cum ruit, amoto aduersario, facilius resurgit. Ideo uulnerandus est immo occidendus, alioquin non eris securus. *Deseuiat in eum mucro tuus usque ad internecionem.* Quia in corde sepe non potest esse tanta

10–11 Joel. 3, 10 **15–16** Job. 20, 24 **19–21** Cf. I Macch. 3, 12 **24** Matth. 11, 12 **28–29** II Reg. 2, 26

22–23 Thiel, 243 (Apollo).

3 sunt corpore robusti] corpore robusti sunt *M c* **6** carenas] id est castigationes in ieiunio 40. dierum, et orationes *add. c* **6–7** in ebdomada] *om. M*, in hebdomadi *c* **7** ieiunant] in ebdomada *add. M* **11** fortis ego] ego fortis *M* **12** deberet aliquam] aliquam deberet *M* **15** iob] iheremiam *M T1* **19** sunt alia] alia sunt *M* **24** rapiunt] diripiunt *c* **27** resurgit] refugit *T1 c* **29** non potest esse tanta] tanta esse non potest *M*

contritio, quanta fuit in culpa delectatio, defectum eius supplere debet carnis afflictio.

Bene autem Symeon cum premisisset: *Et tuam ipsius animam pertransibit gladius*, subiunxit: *ut reuelentur ex multis cordibus cogitationes*. Sepe et sepissime fit ut per unius peccatoris penitentiam multi conuertantur ad uitam, reuelantes sacerdotibus Christi ex cordibus iniquitates suas, ut et ipsi iustificentur.
65v Contritio peccatricis Marie usque hodie multis est exemplum. Cum || uidero peccatorem uere penitentem, reuelantur cogitationes ex corde meo quod gladius diuini sermonis siue contritionis pertransierit animam illius et quod Ihesus in anima eius positus sit in ruinam et resurrectionem multorum. Ipse est qui in Deuteronomio dicit: *Ego occidam*, subaudis: uitia, *et uiuere faciam*, opera scilicet mortificata.[116] Item si uidero quempiam misericordem aliene necessitati condolentem, dicit michi cogitatio mea quod gladius compassionis animam eius pertransierit. Qui uero uiuit in Christo condolet alterius miserie, quia dum mortuus est sensus quo uiuitur in carne, tunc uiuificantur sensus quo sentitur dolor anime.

Sequitur: *Et erat Anna prophetissa filia Phanuel de tribu Aser*. Cum peccator iustificatur per penitentiam uel *sanctus sanctificatur adhuc* per uitam mirabilem, mox aduenit Anna, id est fama bona de sanctitate nata que ipsam sanctitatem ad Christi gloriam *ponit super candelabrum, ut luceat omnibus qui in domo sunt*. De hac scriptum est: *Et egressus est Ihesus in uirtute Spiritus in Galileam, et fama exiit per uniuersam regionem de illo*. Conscientiam debemus Deo, famam hominibus. Anna interpretatur gratia. Specialis quedam est gratia homini,

3–4 Luc. 2, 35 11 Deut. 32, 39 Deut. 32, 39 17 Luc. 2, 36 18 Apoc. 22, 11 20 Matth. 5, 15 21–22 Luc. 4, 14

22–23 Conscientiam ... hominibus. Cf. Guillelmus a Sancto Theodorico, *Expositio in Epistolam ad Romanos*, VII, 12, vers. 16, PL 180, col. 674C: "Conscientiam quippe debemus Deo, famam proximo." 23 Thiel, 239.

7 uidero] uideo *M* 9 quod] *om. M* 10 positus] *om. M* 11 subaudis] subaudi *c* et] ego *add. M* 12 aliene] alieni *M* 18 sanctificatur] iustificatur *M* 19 anna] prophetissa *add. M* 21 hac] hoc *M* 23 est gratia] gratia est *M*

[116]Expression going back to: Hebr 6, 1 et 9, 14, cf. Hugo de S. Victore, *Quaestiones in Epistolas Pauli*, XIV, qu. lix, in PL 175, col. 622B: "Mortua opera vocat peccata mortalia, vel opera bona, quae per malum superveniens sunt mortificata" and Idem, *De sacramentis*, III, xv, 9, in PL 176, col. 573C: "... opera bona viventia per culpam moriuntur, et per iustitiam iterum mortua vivificantur."

cum alii odore bone fame[117] uel opinionis eius edificantur. Interpretatur etiam Anna respondens, quia tunc solummodo gratia est, quando fame respondet sanctitas. Quidam bone sunt fame, sed male conscientie, sicut ypocrite.

Talis erat heremita ille qui habitans iuxta quandam ciuitatem tantam simulauerat sanctitatem, ut ciues crederent quia eius meritis sustentarentur. Cuius animam ab angelis Sathane cum maximis tormentis educi quidam sanctus heremita conspexit, ob hoc de cellula sua diuinitus eductus. Alii uero fama sunt obscuri, sed uite merito lucidissimi, sicut abbas Vitalius. Beatus iste non curans de scandalo hominum sin||gulis noctibus in Alexandria intrans prostibula meretricum singulis dans pretia ut illa nocte non peccarent, stans usque mane pro eis orans. Qui cum ab omnibus malediceretur, post mortem eius, fama per os meretricum omnibus loquente et miraculis coruscantibus, omnibus claruit qualis illius conuersatio fuit.

Anna est filia Phanuel qui interpretatur contemplans Deum. De personis siquidem contemplatiuis maxime nascitur fama sanctitatis. Erat etiam de tribu Aser cuius interpretatio est beatitudines uel diuitie, quia tantum diuites in uirtutibus debet beatificare. Qui malos beatificant, seipsos seducunt. Qui enim bene uiuunt et famam suam bonam custodiunt et beati erunt et diuitias eternas possidebunt. Et sicut hii duplicem mercedem recipient a Domino: unam pro uite merito, alteram pro exemplo bono, ita mali penam patientur duplicem: unam pro peccato proprio, alteram pro scandalo.

1–2 Interpretatur … respondens. Cf. *Interpretationes nominum Hebraicorum*, in Beda Venerabilis, *Opera*, vol. 3 (Basel: Ioannes Hervagius, 1563), col. 513. This collection of interpretations of Hebrew names known as Aaz apprehendens is attributed to Stephen Langton. **4–7** Exemplum 34. **7–13** Exemplum 35. **14** Phanuel … Deum. Stephanus Langton, *Interpretationes nominum Hebraicorum*, in Beda Venerabilis, *Opera*, 3: col. 560. **16** Thiel, 249.

2 respondens] responsum *M* **3** ypocrite] exemplum *add. rubricam T1* **4** tantam] tacitam *M* **8** obscuri] obscura *M* **11** pro eis] et pro eis *M*, pro eis et *c* **13** fuit] fuerit *T1 c* **14** est filia] filia est *M* phanuel] phanuelis *M* **21** pro] *om. M*

[117] Cf. II Cor, 2 14-15 (the good odor of Christ). The notion of the sweet smell of a good reputation is common in the Middle Ages, cf. among many others, Hugo de S Victore, *De arca Noe*, III, 12, ed. Patrice Sicard, CCCM 176 (Turnhout: Brepols, 2001), 81: "Item, sicut flos per speciem fulget et per odorem demulcet, ita bonum opus per exemplum quidem fulget, quando presentibus laudabile apparet, eosque ad imitationem accendit. Per odorem autem demulcet, quando absentibus et longe positis per opinionem bonae famae innotescit."

Bene autem de Anna dicitur quod *processerit in diebus multis*, quia fama sanctitatis a primo Abel iusto cepit et usque ad finem mundi durabit. Hec aliquando uirgo est, aliquando coniugata, aliquando uidua. Quasi uirgo fama sanctitatis est, quam diu latet sub modio soli cognita Deo, sed mox ut ad unius testis peruenerit cognitionem, quasi legitimam querit coniunctionem. Cum uero multorum aures percellit, quasi uiduam, id est a uiro se diuisam, ostendit. Fama diuine incarnationis non in celestibus, sed in terris tantum uirgo fuit, quando soli Marie dictum est: *Ecce concipies in utero et paries filium*. Quando
66r eius sponso sancto Ioseph ab angelo || dictum est: *Quod in ea natum est, de Spiritu sancto est*, quasi iam uiro copulata est. Bene autem cum uiro suo uixisse dicitur septem annis a uirginitate sua, quia incarnatio Christi facta est ex uirtute Spiritus sancti. Spiritui sancto septenarius attribuitur.[118] Quasi uidua eadem fama fuit, quando de Ioseph primo ad pastores, deinde ad magos atque ad plurimos alios peruenit.

Et hec uidua erat usque ad annos octoginta quatuor. Etas hec optime congruit fame sanctitatis. In huius numeri compositione tres sacramentales numeri occurrunt: uidelicet denarius, octonarius, quaternarius. Nam decies octo siue octies decem sunt octoginta quibus si addantur quatuor, fiunt octoginta quatuor. octonarius cDenarius designat decalogum mandatorum, quaternarius numerum Euangeliorum, octonarius propter tres dimensiones trinitatem personarum. Bis duo bis sunt octo.[119] Si fama alicuius michi sanctitatem predicat, si Ihesum in illius operibus glorificat, non michi sapit, non michi sufficit, nisi et eundem laudet ab obseruatione utriusque legis et a fide sancte Trinitatis, secundum numerum sue uiduitatis.

Que non discedebat de templo ieiuniis et obsecrationibus uacans die ac nocte. Dignum esset, si esse posset, ut aliene sanctitatis recitator foret et ipse sancti-

1 Luc. 2, 36 4 Cf. Matth. 5, 15 8 Luc. 1, 31 9–10 Matth. 1, 20 10–11 Cf. Luc. 2, 36 15 Luc. 2, 37 25 Luc. 2, 37

2 abel iusto] iusto abel *M* 6 aures percellit] procellit aures *T1*, percellit aures *c* 8 quando] quoniam *M* 9 sancto] beato *M* 19 denarius] *post. corr. ex* octonarius *T1* 21 alicuius michi] michi alicuius *M c* 25 discedebat] recedebat *M* 26 recitator] *om. M* foret] fieret *M*

[118] According to the seven gifts of the Holy Spirit.

[119] For the interpretation of the number eight as a symbol of the Trinity, cf.: Theobaldus Lingonensis, *De quatuor modis quibus significationes numerorum aperiuntur*, 91 (pars III, iii): "Quoniam octonatius primus cubus est, tres habet equales dimensiones, unde et personarum significatur equalitas."

tatis imitator. Demones cum diuinitatem Christi predicarent, iussi sunt tacere, Petrus remuneratur magnifice.[120] Ieiunia et obsecrationes opera sunt iustitie. Hec qui agit in caritate, sic proximi || merita diffamare studeat, ut per mendacium a templo Dei non recedat. Anima iusti templum est Spiritus sancti. *Os quod mentitur occidit animam*, et que prius fuit templum Dei, per mendacium quandoque fit templum dyaboli. Vnde hii qui multum ieiunant et frequenter orant in uerbis debent esse ueraces, quia ipsis quasi prophetis creditur. T1:

Et loquebatur de illo omnibus qui expectabant redemptionem Israel. Israel populus est christianus ad uidendum Deum per fidem et baptismum illuminatus. Prima eius captiuitas peccatum fuit originale, secunda, id est post baptismum, peccatum actuale. In hac captiuitate detentis maxime recitande sunt uirtutes et miracula sanctorum, ut per gratiam Ihesu compuncti exire possint de uinculis peccatorum. Pene nullus christianus adeo est obstinatus, quin tandem per penitentiam speret se esse saluandum et ad numerum pertinere electorum.

Et ut perfecerunt omnia secundum legem Domini, sicut in precedenti sermone dictum est de purificatione et hostiarum oblatione. *Reuersi sunt in Galileam, in ciuitatem suam Nazareth.* Vnde ascenderunt illuc et redierunt. De Nazareth ascenderunt in Bethleem, de Bethleem in Iherusalem et de Iherusalem iterum reuersi sunt in Bethleem. Ascensus et reditus isti locales nichil aliud sunt, nisi quidam profectus anime spirituales. Vnde Psalmista: *Ibunt de uirtute in uirtutem.* Quantum ad usum, de una uirtute ascenditur in aliam et rursum reditur ad eandem. Huic profectui bene alludit interpretatio Galilee. Sonat enim Galilea transmeans, uolubilis uel rota,[121] Nazareth uero munditie. Ihesus per gratiam non potest habitare nisi in munditiis, corporis uidelicet et cordis. Hec uirtus tanta est, ut de ea scriptum sit: *Omnis ponderatio non est digna continen-*

1 Cf. Luc. 4, 33-35 et 40-41 **2** Cf. Luc. 4, 38-39 **4–5** Sap. 1, 11 **8** Luc. 2, 38 **15** Luc. 2, 39 **16–17** Luc. 2, 39 **20–21** Ps. 83, 8 **248.25–249.1** Eccli. 26, 20

4 Anima ... sancti. Cf. I Cor. 3, 16. On this expression, see supra, p. 234. **22–23** Thiel, 312. **23** Thiel, 366.

5 que] qui *M* fuit templum] templum fuit *M* **6** fit templum] templum fit *M* et] *om. c* **8–9** populus est] est populus *M* **14** electorum] sequitur: *add. M* **15** sermone] *om. M* **16** sunt] *om. M*

[120] The healing of Peter's mother-in-law by Jesus.

[121] The interpretation of Galilea as *rota* is found in: Stephanus Langton, *Interpretationes nominum Hebraicorum*, in: Beda, *Opera*, 3: col. 566.

tis anime. Interpretatur etiam Galilea uirgultum, quia uirtus munditie portat fructum sapientie.

66v *Puer autem crescebat et confortatur plenus sapientia, et gratia Dei || erat in illo.* Si uis plenus esse sapientie, crescat in te pueritia. Puer a puritate nomen accepit. *Qui non fuerit puer,* id est purus et mundus, *non intrabit in regnum celorum.* Et quia nonnunquam in Scripturis pueritia ponitur pro stultitia, crescenti pueritie adiuncta est plenitudo sapientie. *Neminem diligit Deus, nisi in quo est sapientia.* Non autem *sapientia huius mundi que stultitia est apud Deum,* sed sapientia Dei cui semper comes est gratia Dei de qua dicitur: *Et gratia Dei erat in illo.* Vbi sapientia, ibi gratia. *In me,* inquit, *omnis gratia uite,* vox est ipsius Sapientie que precipue iustis necessaria est contra stultitiam inanis glorie. Fauor humane laudis sepe effundit oleum de uasculo cordis. Quapropter exorandus est Dominus Ihesus saluator noster, ut sicut poni dignatus est pro nobis in ruinam uitiorum et in resurrectionem meritorum, ita semper in nobis crescere dignetur per sapientiam et confortari per cooperantem gratiam,[122] quia *per ipsum et cum ipso et in ipso sunt omnia,* ipsi honor et uirtus in secula seculorum. Amen.

3–4 Luc. 2, 40 5–6 Luc. 18, 17 7–8 Sap. 7, 28 8 I Cor. 3, 19 9–10 Luc. 2, 40 10 Eccli. 24, 25 15–16 Rom. 11,36

1 Possible confusion with Nazareth: Thiel, 366. 4–5 Puer … accepit. Isidorus, Etymologiae, vol. 2 (lib. XI, ii, 10). 11–12 Fauor … cordis. Cf. Richardus S Victoris, *Adnotationes mysticae in Psalmos*, ps. 117, PL 196, col. 344D: "Sic nimirum, si illud laetitiae oleum cum cordium vascula repleverit per vocem se effundit, et statim personat vox exsultationis et salutis in tabernaculis iustorum."

2 fructum] spiritum *T1 c* 4 plenus] plenius *c* 6 non nunquam] *post corr. ex nunquam T1* nunquam *c*, plerumque *M* 9 qua] hic *add. M* 10 ibi] et *add. M* 17 amen] explicit omelia duodecima. *add. M*

[122] On cooperating grace, see note 8, p. 81.

|| In die sanctorum Innocentium. Secundum Matheum. T1:

Angelus Domini apparuit in sompnis Ioseph dicens: Surge et accipe puerum et matrem eius et fuge in Egyptum et esto ibi usque dum dicam tibi. Futurum est enim, ut Herodes querat puerum ad perdendum eum. Et reliqua.

Omelia de eadem lectione.

Quia fama sanctitatis quam supra diximus Annam significare quandoque iusti mentem solet extollere et gratiam Ihesu in eo extinguere, memor Dominus humane infirmitatis mittit angelum, cuius admonitione et in Egyptum fugiat et gratiam se illuminantem non amittat. Fama sanctitatis dum proximorum aures percellit, in laudem iustorum illorum uoces extollit. Ne ergo mens iusti ex hiis laudibus excitata offendat in diem elationis,[123] fugere debet in Egyptum, id est in tenebras saluberrime occultationis, ut et sic euadat manus Herodis et gratia non priuetur sue iustificationis. Egyptus interpretatur tenebre et significat latibula sanctorum de quibus in psalmo legitur de ipso Sancto sanctorum: *Posuit tenebras latibulum suum.* De istis tenebris etiam Saluator loquitur in Euangelio: *Que dico in tenebris,* id est in occulto, *dicite in lumine,* id est in manifesto.

Cum magi recessissent, ecce *angelus Domini aparuit in sompnis Ioseph.* De morali itinere magorum suis in locis satis dictum est, unde nec hic repetendum est. Hoc autem sciendum, quamlibet uirtutem angelum Domini dici posse, eo quod a Domino anime ad custodiam deputetur et ut per eam mereatur. Ipsa uidelicet uirtus sancta nunciat anime quibus uiribus quibusue artibus uitiis insurgentibus resistat et illorum nisus importunos restringat. Angelus hic Domini sancta est humilitas que semper superbiam habet suspectam ut-

2–4 Matth. 2, 13 **14–15** Ps. 17, 12 **16** Matth. 10, 27 **17** Matth. 2, 13

13 Thiel, 292.

1 in die ... secundum matheum] incipit omelia terciadecima. *M* matheum] xiii *add. in marg. T1*, capit. 2. *add. c* **4** et reliqua] *om. M* **5** omelia de eadem lectione] *om. M* **6** supra diximus] supra dictum est *M*, infra dicemus *c* **8** angelum] ad eum uirtutem humilitatis *M* **10** mens iusti] iusti mens *M* **14** in psalmo legitur] legitur in psalmo *M*

[123] The day of death (*elatio* means transport of the soul).

pote pestem sibi immediate oppositam. Nulla siquidem uirtus est quin habeat aliquod uitium sibi contrarium siue oppositum. Angelus ergo Domini apparuit in sompnis Ioseph, dum contra tumorem inanis glorie motus humilitatis munit et roborat uirtutem iustitie. Sompnus propter quietem corporis designat tranquillitatem cordis.

Apparens autem quid dicit? *Surge et accipe puerum et matrem eius.* Ac si
67r dicat: *Priusquam conteratur, exaltatur cor hominis* || et antequam glorificetur, humiliatur. Surge, quia *superbum sequitur humilitas, et humilem spiritum suscipiet gloria.* Audi Origenem: Si humilis, inquit, et quietus non fueris, non potes in te habere gratiam Spiritus sancti. Noli ergo dormire, noli Ihesum et matrem eius, id est mentis tue gratiam, negligere, sed surge per uirtutem constantie, quia multum est difficile gloriam et laudem pro sanctitate oblatam despicere. Vnde debes surgere et accipere puerum, scilicet gratiam mentem cui desponsata es illuminantem, et matrem eius, id est ipsam mentem rationalem, quia sine hiis duobus, scilicet gratia et ratione, non est effectus merendi siue uirtus uitiis resistendi; et fugere in Egyptum, id est occultare uirtutes et uirtutum opera, quia *futurum est ut Herodes,* id est dyabolus, *querat puerum ad perdendum eum.* Querit ergo dyabolus puerum perdere, cum opera nostra meritoria per laudem hominum nititur mortificare.

55v *Futurum est,* inquit. Non semper || dyabolus temptat iustos, cum tamen semper uoluntatem ad temptandum habeat intensam. Non nisi permissus accessit ad Iob. Et cum licentiam acceperit, quam sit sollicitus ad subuersionem iustorum, declarat apostolus Petrus utens hiis uerbis: *Fratres, sobrii estote et uigilate, quia aduersarius uester dyabolus tanquam leo rugiens circuit querens quem deuoret, cui resistite fortes in fide.* Quod si quandoque senserit iustus in se uirus

6 Matth. 2, 13 **7** Prov. 18, 12 **8–9** Prov. 29, 23 **17** Matth. 2, 13 **17–18** Matth. 2, 13 **20** Matth. 2, 13 **21–22** Cf. Job. 1, 12 **23–25** I Petr. 5, 8-9

1–2 Nulla … oppositum. Affirmation going back to *Psychomachia* of Prudentius. Cf. also: Petrus Pictaviensis, *Sententiarum libri quinque*, III, 17, col. PL 211, col. 1079A: "Sciendum igitur quod virtus quandoque dividitur per quaternarium, quando dividitur in quatuor cardinales virtutes in iustitiam, prudentiam, fortitudinem, temperantiam… Quaelibet istarum virtutum habet vitium mortale sibi oppositum." **9–10** Si … sancti. Origenes, *Homiliae in Leuiticum*, 6, 2, PG 12, col. 468B. **21** semper … intensam. Cf., for example, Augustinus Hipponensis, *De Genesi ad litteram*, 360 (lib. XI, 27): "Sed, sicut iam dixi, tentandi uoluntatem habet diabolus, in potestate autem nec ut faciat habet nec quomodo faciat."

2 apparuit] apparet *c* **3–4** munit] mittit *M* **10** in te habere] habere in te *M c* **11** est] *om. T1* **14** es] est *T1* **21** ad temptandum] temptandi *M* **23** et] *om. M*

superbie, memor sit Scripture dicentis: *Initium omnis peccati superbia;* et quia *Deus perdit memoriam superborum,* hortante humilitate, surgat et fugiat, ne uidelicet plene eum ipsa temptatio apprehendat. *Qui tetigerit picem inquinabitur ab ea.* Sic faciebat sanctus Ioseph. Ita scriptum est de eo: *Qui consurgens accepit puerum et matrem eius nocte et secessit in Egyptum.* In mentem iusti eiusque prolem Herodes duplicem exercet persecutionem: unam per luxuriam carnis, alteram per superbiam cordis. Ab utraque saluat Egyptus que interpretatur tenebre uel angustia uel tribulatio coangustans.

Duplices sunt tenebre: naturales et artificiales. Tenebre naturales sunt in nocte, artificiales in die. In meridie possumus nobis facere tenebras, non tamen in nocte lucem, nisi forte per ignem qui non proprie lux, sed lumen dicitur. Nox peccator, dies iustus. Tenebre peccata, lux caritas. De tenebris peccatoris dicit in epistola sua Iohannes: *Qui odit fratrem suum in tenebris est et in tenebris ambulat et nescit quo eat, quia tenebre obcecauerunt oculos eius.* De tenebris diei, id est artificialibus, dicitur iusto: *Sicut tenebre eius, ita et lumen eius.* Eque placent Deo et lux iusti et tenebre iusti, quia rursum Psalmista dicit: *Et nox sicut dies illuminabitur.*

In Egyptum, hoc est in tenebras, Ioseph secedit, cum timore laudis humane iustus opera sua luciflua abscondit. In lucem iterum reuertitur, cum eadem opera sua bona proximis ostendit, ut et ipsi in eis edificentur et Deus per ea glorificetur. Vtrumque precepit Christus, tenebras uidelicet et lucem. Tenebras cum dixit: *Videte ne iustitiam uestram faciatis coram hominibus, ut uideamini ab eis.* Lucem uero cum ait: *Sic luceat lux uestra coram hominibus, ut uideant opera uestra bona et glorificent Patrem uestrum qui in celis est.* Si non placerent Domino opera nostra aliquando esse absconsa, non diceret: *Cum facis elemosinam, noli tuba canere ante te, sicut ypocrite faciunt in synagogis et in uicis, ut honorificentur ab hominibus.* Item || de absconsa oratione: *Et cum orabitis, non eritis sicut ypocrite qui amant in synagogis et in angulis platearum stantes orare, ut uideantur ab hominibus. Tu autem cum orabis, intra cubiculum tuum.* Ac si dicat: Facies tibi tenebras artificiales. *Et clauso,* inquit, *ostio tuo, ora Patrem tuum in abscondito, et Pater tuus qui uidet in abscondito reddet tibi.* M:

1 Eccli. 10, 15 **2** Eccli. 10, 21 **3–4** Eccli. 13, 1 **4–5** Matth. 2, 14 **13–14** I Joan. 2, 11 **15** Ps. 138, 12 **16–17** Ps. 138, 12 **22–23** Matth. 6, 1 **23–24** Matth. 5, 16 **25–27** Matth. 6, 2 **27–29** Matth. 6, 5-6 **30–31** Matth. 6, 6

7–8 Thiel, 292.

18 secedit] descendit *c* **29** intra] in *add. M* **31** abscondito] absconso *M*

Ecce, iste sunt tenebre tenebris naturalibus de quibus supra Iohannes dicit contrarie, in quas uiri iusti formidine inanis glorie nonnunquam solent fugere. Fugiunt quidam corporaliter propter laudem hominum locum mutando, qui-
56r dam mentaliter tantum cor a de||lectatione laudis cohibendo, quidam fugiunt utroque modo, ita ut neque in oblata laude delectentur neque tamen ab hominibus se amplius inueniri patiantur. Heremita quidam habitans iuxta Constantinopolim, cum eum imperator solus uisitasset, et ex ipsius imperatoris relatu quis esset cognouisset, in ipsa nocte petiit fugam timens ne exemplo illius multi non solum de populo, uerum etiam de palatio forent ipsum uisitaturi, sicque propter laudes exhibitas omnes suos perderet labores. Sanctus iste laudes hominum non appetiit et tamen locum mutauit.

Legitur de alio quodam sancto quod locum non mutauit, sed ipsam delectationem inanis glorie de corde suo uiriliter exturbauit. Hic cum esset tanti meriti, ut sola fimbria seu epistola missa etiam absens ab obsessis corporibus demonia fugaret, tanteque glorie ut summe seculi potestates et sanctissimi sacerdotes sepe ante ostium cellule illius cubarent; non tamen propter oblatos honores demonem inanes glorie poterat de corde suo expellere. Timens ruinam orauit Deum, ut dyabolum quinque mensibus permitteret in suo corpore dominari. Exauditur, uincitur, contemnitur et post menses quinque liberatur non solum a demone, sed quod illi optatius fuit et salubrius, a uanitate. Vir sanctus ille maluit in Egypto tribulari, hoc est in suo corpore dispendium pati insuper et in fama obtenebrari, quam Ihesum in sua mente per superbiam necari.

Econtra de altero quodam non inferioris glorie legitur quod tantam habuerit uirtutem, ut onagris imperaret quatinus uisitandi gratia ad se uenientibus dorsa preberent eosque cum mansuetudine ad propria deportarent. Iste cum propter uirtutum gloriam cordis negligeret humilitatem, tam grauiter cecidit per peccatum fornicationis, ut a Deo non mereretur tempus satisfactionis. Neglexerat enim fugere in Egyptum a facie Herodis.

Sanctus Ioseph diem non expectauit, sed in nocte fugit. In tenebris surrexit et in tenebris secessit. Quidam uirtutes suas quidem abscondunt, sed hoc ipsum alios scire uolunt. Lacrimas in angulis ecclesie fundunt, furtiuas

6–11 Exemplum 36. **12–22** Exemplum 37. **23–28** Exemplum 38.

6 patiantur] exemplum *add. rubricam T1* **7** imperator] theodosius *add. M* **8** relatu] relato *M* **11** laudes] quidem *inseruit M* mutauit] aliud *add. rubricam T1* **12** quod] qui *M* **15** summe] summi *M* **20–21** sanctus ille] sanctus iste *c*, iste sanctus *M* **22** per superbiam] *om. M* **23** necari] aliud *add. T1* **24** quatinus] quatenus *c* **31** alios scire] scire alios *M*

orationes simul et elemosinas faciunt et ut eandem occultationis uirtutem eos aliqui habere sciant, satis ingeniose procurant. Hii secundum euangelicum preceptum cubiculum intrant, sed ostium super se non claudunt. In Egyptum fugiunt, sed in die, unde et Herodem fuga ipsa minime potest latere.

Recitauit michi quidam monachus magne opinionis, cum essem nouitius, de quodam monacho, puto tamen quia ipse fuerit, quod die quadam cum esset in oratione et ex multa deuotione terram lacrimis irrigaret; mox ex ipsa gratia menti eius suborta est quedam gloriola, ita ut diceret: Vtinam uideret aliquis modo gratiam || istam tibi a Deo collatam. Et eleuans caput statim contemplatus est demonem in effigie nigri monachi ex latere stantem et ad lacrimas eius diligentissime respicientem. Conscius ipse sibi expauit, et mox ad signum || crucis monstrum euanuit. Vnde tutum est ut cum aliquid occulte facimus, quantum in nobis est, ut occultum maneat, modis omnibus ad hoc studeamus. Recordemur in hoc facto Ysaie dicentis: *Secretum meum michi, secretum meum michi.*

M: T1:

Et erat ibi usque ad obitum Herodis. Hoc per anticipationem dictum est. Nec illud pretereundum, cur angelus dixerit: *Et esto ibi usque dum dixero tibi.* Nouit enim humilitas tempus reuertendi de Egypto in terram Israel, de tenebris ad lucem, de cubiculo super tecta, de sub modio super candelabrum, de nouissimo loco ad superiorem. Sed dicis: Vnde hec specialis scientia humilitati? Respondet tibi Ysaias in persona Domini: *Super quem requiescit spiritus meus, nisi super quietum et humilem?*[124] Dominus autem *humilibus dat gratiam* et *cum humilibus sermocinatio eius.* Vnde legimus: *Verbum Domini factum est ad Micheam,* id est ad humilem.

14–15 Is. 24, 16 **16** Matth. 2, 15 **17** Matth. 2, 13 **19** Cf. Matth. 10, 27 Cf. Matth. 5, 15 **19–20** Cf. Luc. 14, 8 **21–22** Is. 66, 2 **22** Jac. 4, 6 **22–23** Prov. 3, 32 **23** Mich. 1, 1

5–12 Exemplum 39. **23–24** Cf. Thiel, 358 (here: humilitas)

2–3 euangelicum preceptum] preceptum euangelicum *M* **4** latere] exemplum *add. rubricam T1* **6** quia] quod *M* **7** irrigaret] rigaret *M* **8** eius] ei *M* **9** eleuans] leuans *M* **13** quantum] inquantum *M* **17** dixero] dicam *M* **22** quietum et humilem] humilem et quietum *M c* **23** factum est] *om. M*

[124]Cf. *Vetus Latina*, 12,2,11:1610-11.

Tunc uidens Herodes quia illusus esset a magis iratus est ualde. Dyabolus cum uidet se non posse nobis Christum auferre per consensum carnalium delectationum, conuertitur ad turbam cogitationum. Prius premittit quod est carnale, deinde quod spirituale. Hostis spiritualis tanto est periculosior, quanto subtilior. Tunc primum Herodes sensit se illusum, quando magi non sunt reuersi, quos dolo miserat ad Christum. Magos dictum est superius esse fidem, spem et caritatem quarum occasione aliquando aliquid contrahimus delectationis, sed dum, adorato Ihesu cum misticis muneribus, per uiam reuertimur contritionis atque confessionis, quasi despecto rege, redimus ad regionem innocentie. Dyabolus qui *est rex super omnes filios superbie* quanto plus despicitur, tanto plus irascitur.

Quid autem egit? *Et mittens,* inquit, *occidit omnes pueros qui erant in Bethleem et in omnibus finibus eius a bimatu et infra, secundum tempus quod exquisierat a magis.* Bethleem, sicut sepe dictum est, materialis ecclesia est. In hanc domum Herodes satellites suos mittit, cum orantibus siue meditantibus cogitationes immundas, uanas atque seculares immittit. Has Psalmista uocat *immissiones per angelos malos.* Quod cogitationes male, superflue ac immunde, maxime tempore orationis et psalmodie, immittantur a dyabolo, sanctorum patrum probabitur exemplo.

Sancto abbate Machario in cellula quiescente, demon in specie monachi ad ostium eius pulsans dixit: Surge, abba Machari, et eamus ad collectam, ubi fratres ad uigilias congregantur. Qui per spiritum uocem esse demonis cognoscens respondit: O mendax, quid tibi consortii cum collecta et congregatione sanctorum? Veni, inquit dyabolus, et uidebis ibi opera nostra. Premissa oratione, sanctus abiit ad collectam et ecce uidit ibi per totam ecclesiam quasi quosdam paruulos pueros ethiopes discurrere atque psallentibus illudere, et quibus duobus digitulis oculos compresserunt, dormitabant, quibus uero in os mittebant, mox oscitare faciebant. Completa psalmodia, cum se fratres proiecissent in orationem, ante quorundam oculos in mulierum species uertebantur, coram aliis portabant aliquid uel edificabant; et quecunque demones

1 Matth. 2, 16   10 Job. 41, 25   12 Matth. 2, 16   12–14 Matth. 2, 16   16–17 Ps. 77, 49

255.20–256.7 Exemplum 40.

1 quia] quod *M*   esset] est *M*   2 nobis christum] christum nobis *M*   2–3 delectationum] desideriorum *M*   4 quod] est *add. c*   6 dictum est superius] dicetur inferius *c*   8 dum] tum *c*   15 orantibus] orationibus *c*   16 has] hoc *M*   19 exemplo] exemplum *add. rubricam T1*   20 cellula] sua *add. M c*   21 et] *om. M*   25 ibi] *om. M*

quasi || ludentes formassent, hec orantes || in cogitationibus uersabant. Aliis T1: quidem super ceruices et dorsa ludebant, ante non nullos nec stare poterant, M: sed uiolenter repellebantur. Quod uenerabilis uir uidens et ex singulorum confessione ita esse cognoscens ingemuit. Et uere intellectum est quod omnes male et superflue ac uane cogitationes que uel psallentibus, uel sompniorum aut orationum tempore unusquisque in corde conceperit, illusione et instinctu demonum fiant.

Ecce tales sunt Herodis satellites quos in Bethleem, id est domum panis, ecclesiam uidelicet, destinat; quibus omnes pueros, id est sanctas, puras meritoriasque cogitationes, interficiat et Christi gratiam cum eis et in eis similiter extinguat. Quod puerorum nomine designentur cogitationes, habemus ex parabola Saluatoris, ubi ex persona amici dicit: *Pueri mei in cubili meo sunt.* Quasi dicat: Cogitationes munde mecum sunt in corde meo per intentionem. Omnes nouimus experimento quam cito una uana ac secularis cogitatio multas sanctas et bonas tollat de corde. Quod et si quandoque tollere non possit propter quam immissa est gratiam, extinguit tamen priorum dulcedinem. Cogitationes etenim uane et immunde *musce sunt morientes que extinguunt suauitatem unguenti.* Ita importune se ingerunt tempore orationis tantum strepitum excitantes in domo cordis, ut nonnunquam eas orans repellere nequeat et sepe tedio uictus ab oratione recedat. Muscas istas spirituales designant musce ille Fumacensis monasterii corporales quas sanctus Bernardus legitur per excommunicationem extinxisse, dum improbo uolatu ac strepitu turbarent dedicationem ecclesie. Postera die omnes mortue palis eiciebantur. Et retulit michi quidam frater quod ab illo die nunquam musca idem monasterium potuit intrare.

Herodes non solum *occidit pueros in Bethleem,* sed etiam *in omnibus finibus eius.* Fines Bethleem sunt claustrum, capitulum siue alia quelibet loca lectioni, confessioni orationiue deputata. In eis locis et officinis ubi cogitare uel tractare nobis licet de exterioribus et transitoriis, mens nostra minus impeditur cum illa meditamur, quia tunc minus impugnatur. Sepe etiam dyabolus quos occidere non ualet per spiritum superbie, necare nititur per spiritum blasphemie. Spiritus blasphemie est, cum mens illa de Deo sanctisque cogitat, que lingua

12 Luc. 11, 7 **17–18** Eccle. 10, 1 **25** Matth. 2, 16 **25–26** Matth. 2, 16

20–24 Exemplum 41.

12 saluatoris] salomonis *T1 c* mei] mecum *add. M* meo sunt] sunt meo *M* **16** dulcedinem] gratiam *T1 c* **20** musce ille] ille musce *M* **20–21** fumacensis] funiacensis *M* **22** dedicationem] eiusdem *add. M c*

horret dicere aut auris audire. Cum stamus ad orandum, et cogitatio uersatur in Christi natiuitate, passione, resurrectione gaudiisque supernis, contingit frequenter ut male cogitationes in cor ascendant et in illas sanctissimas meditationes quasi latrones in pueros insurgant. Spiritus blasphemie sepe uiros sanctos conturbat.

Retulit michi abbas quidam ordinis nostri, quod cum tempore quodam in infirmitate positus postulasset corpus Domini, et iam ei propinquasset sacerdos deferens illud, in tantum turbauit eum spiritus blasphemie, ut inciperet dubitare. Qui cum non auderet communicare, dixit sacerdoti ut rediret. Post modicum Dei gratia liberatus sacerdotem reuocauit et plena fide multaque
57v deuotione || communicauit.

Dicam adhuc aliud de hiis exemplum temporibus nostris ueraciter gestum. Fuit et forte est adhuc in Francia uirgo quedam uite laudabilis et districte conuersationis. Hanc angelus Sathane cum Apostolo colaphizauit tam ualide,
69r ut die noctuque Deum || oraret, quatenus eam de tam ualida ac immunda temptatione liberaret. Die quadam oranti apparens angelus Domini dixit: Multum oras et cum magna instantia Deum rogas, ut te ab hac temptatione liberet. Visne liberari? Et illa: Volo Domine, uolo. Et angelus: Dic uersiculum istum: *Confige timore tuo carnes meas, a iudiciis enim tuis timui,* et liberaberis. Angelo discedente et uirgine uersiculum decantante, stimulus carnis cessauit. Mira res! Mox ut temptatio carnis quieuit, blasphemie spiritus affuit. A quo pene missa est in desperationem. Iterum cepit flere, iterum orare et tanto intentius, quanto tentabatur periculosius. Rursum adest angelus et cum quereret quomodo haberet, illaque responderet quia multo peius, quam prius, adiecit: Putas te posse uiuere sine temptatione? Ex hiis duabus alteram elige. Et illa: Domine, si aliter esse non potest, peto ut prior ad me reuertatur. Cui angelus respondit: Dic ergo uersiculum istum: *Feci iudicium et iustitiam, non tradas me calumpniantibus me,* et deseret te spiritus blasphemie. Dixit et discessit, et carnis stimulus iterum accessit.

Possumus per Bethleem que interpretatur domus panis intelligere secretum cordis in quo per predicationem siue lectionem panis uerbi Dei ponitur,

19 Ps. 118, 120 27–28 Ps. 118, 121

6–11 Exemplum 42. 13–29 Exemplum 43. 30 Thiel, 266.

1 aut] et *M c* 5 conturbat] exemplum *add. rubricam T1* 6 cum] *om. M* 7 iam ei] cum *M* 13 uite] uita *T1* 18 et] at *M* 26 cui] et *M* 28 et] sed *T1 c* 31 lectionem] lectiones *M*

per intellectum frangitur, per memoriam masticatur, ut sic anima rationalis reficiatur. Huius ciuitatis pueri cogitationes cordis sunt, que pane uerbi Dei siue meditando siue legendo de Deo nutriri debent ut crescant. Has Herodes, ut dictum est, persequi et necare non cessat non solum in corde, sed etiam in omnibus finibus eius. Cogitationum bonarum quedam sunt in corde, ut ille in quibus mens presentialiter uersatur; quedam extra cor quasi in finibus eius, que iam sunt preterite uel adhuc future. Verbi gratia. Ponatur animus fuisse per cogitationem in natiuitate Christi et in presenti uersari in eius resurrectione habeatque propositum procedendi ad illius ascensionem, ueniantque uane et immunde cogitationes et deleant tam presentes quam preteritas et futuras sanctas et innocuas illas meditationes; reuera tanquam satellites Herodis occidunt omnes pueros in Bethleem et in omnibus finibus eius.

A bimatu, inquit, *et infra.* Hec est etas occisorum. Habent et cogitationes sancte etates suas. Natiuitas puerorum ortus est bonarum cogitationum. Vnius anni et infra sunt, quamdiu in corde ascendunt. Bime, id est duorum annorum, cum mens in eis per delectationem pascitur. Aduersus hec duo genera cogitationum quandoque preualet dyabolus. In fortiori etate desperat inuenire Ihesum. Nec mirum. Cogitatio enim sancta cum tantum per delectationem crescit, ut mentem in excessum rapiat, duce gratia ipsam rationem transcendit et nullam interim intus suggestionem sentit, || quia iam manus Herodis euasit. Impedit autem et occidit sepe, ut dictum est, cogitationes puras a bimatu et infra, hoc est incipientes et proficientes, *secundum temporis quod exquisierat a magis.*

Non magnipendit dyabolus illas cogitationes que sunt ante uisionem stelle et ortum illuminantis gratie, quantumlibet uideantur bone, eo quod non sint meritorie uite eterne. Illas uero que sunt Ihesu coetanee omnibus modis nititur extinguere, ut cum eis Ihesum, scilicet anime salutem, occidat. Annus dicitur ab an quod est circum, || quia sine intermissione circuit et semper in se redit. Cogitatio quasi unius anni est, quando iam nata per gratiam incipit Christi uulnera circuire: nunc uulnus in manu dextera, nunc in sinistra, nunc apertu-

13 Matth. 2, 16 22–23 Matth. 2, 16

27–28 Annus … circum. Isidorus, Etymologiae, vol. 2 (lib. XII, vii, 39-10). Cf. also: Petrus Comestor, *Historia scholastica. Liber Genesis*, 17 (cap. 6).

3 siue legendo] *om. T1 c* 6 quedam] *om. M* 7–8 fuisse per cogitationem] per cogitationem fuisse *M* 17 fortiori] uero *add. M* inuenire] auferre *M* 19 rationem] mentem *M* 26 sunt ihesu] ihesu sunt *M* 26–27 nititur extinguere] extinguere nititur *M*

ram lateris et cetera stigmata passionis. Sed mox ut talis circuitio menti generat deuotionem, delectationem atque lacrimarum inundationem, efficitur ipsa cogitatio bima, quia bona et deuota. Et fit sepissime ut anima in tali cogitatione et dulcedine posita rapiatur in excessum gustetque sue circuitionis dulcissimum fructum et nullum Herodis ab hinc timeat occursum. Vnde *beatus qui tenebit et allidet paruulos suos ad petram*, id est Christum. Sed, heu, cogitationes nostre raro efficiuntur trime et ideo sepissime necantur a bimatu et infra.

Vnde sequitur: *Tunc adimpletum est quod dictum est per Iheremiam dicentem: Vox in Rama audita est, ploratus et ululatus multus, Rachel plorans filios suos et noluit consolari, quia non sunt.* Rachel mater fuit Benyamin in cuius sorte sita est Bethleem, iuxta quam et sepulta est.[125] Hec decora fuisse legitur uenustoque aspectu, significans rationem qua nichil pulchrius est in anima. Claros habet oculos, non lippos sicut Lya, unum uidelicet cognitionis et alterum delectionis. Istis oculis uidet suum creatorem, omnium rerum principium et si non comprehensiue, tamen imaginarie, et hoc quamdiu est in uia, in patria enim uisio erit presentaria.[126] Interpretatur enim Rachel uisum principium. Huius filii sunt motus rationales, munde sancteque cogitationes. Rama que interpretatur excelsum, superior pars rationis est quam theologi uocant mentem que,

5–6 Ps. 136, 9 **8–10** Matth. 2, 17-18 **13** Cf. Gen. 29, 17

16 Thiel, 389. **17–18** Thiel, 390.

7 trime] bime *c* necantur] trucidantur *M* **8** quod dictum est] *T1: add. ex corr. om. c* **13** et] *om. c* **16** uisio] eius *add. M*

[125]Gn 35, 19: "Mortua est ergo Rachel, et sepulta est in via quae ducit Ephratam, haec est Bethlehem." IReg 10, 2 situates the tomb of Rachel "in finibus Benjamin." Bethlehem is within Judah's tribal territory, and not in that of the tribe of Benjamin. This confusion was recognized in the *Onomasticon* of Eusebius-Jerome: "Ephratha regio Bethlehem, civitas David, in qua natus est Christus. Est autem in tribu Juda, licet plerique male aestiment in tribu Benjamin" (*Onomasticon*, ed. Stefan Timm (Berlin: De Guyter, 2017), 101). Rachel's tomb was mentioned, among many others, by Jerome, see: *Jerome's Epitaph on Paula*, 54.

[126]The notion *visio imaginaria* is used as a synonym for *visio spiritualis* conceptualized by Saint Augustine in the *De Genesi ad Litteram*. For the notion of *visio presentaria/comprehensiva* see note 65, p. 163.

ut ait Augustinus: omnium que sunt in anima et dignitate sublimior et sublimitate integrior est.

Quando dyabolus per suos ministros, scilicet immundas, inutiles secularesue cogitationes rationem turbat atque ex ea et in ea bonas meritoriasque exturbat, uox ploratus et ululatus in ea audiri debet. Duas siquidem ratio partes habet: inferiorem per quam inferiora et uisibilia disponit, superiorem qua celestibus et inuisibilibus intendit. Hec est Rama in qua uox Rachel auditur. Merito ibi uox plorationis auditur, ubi dolor et dampnum anime sentitur. Non ita periculose sunt male et inutiles cogitationes, cum mens in transitoriis disponendis uersatur, sicut tunc cum celestia contemplatur. Et bene eadem uox ploratus et ululatus dicitur, quia dum mens iusti cogitationes bonas per malas perdit, plorare debet de dampno, ululare de peccato.

Duo quidem in corde cogitationes male uel inutiles ope||rantur, si non T1: celerius expellantur. Meritum quidem quod interim per cogitationes bonas acquiri poterat, impediunt et culpam infligunt. Vnde quidam sanctorum cum positus esset ad abigendas aues de arboribus dactilorum quotidie clamabat: Recedite de arboribus uolucres et de corde male cogitationes. Aliquando Rachel, id est ratio, adeo strepitu uanarum cogitationum turbatur, ut non solum non illis queat resistere, sed et bonas cogatur amittere. Postea in se reuersa cum perpendit quid admiserit quidue amiserit, cogitationum sanctarum fructum quasi proprior filios deplangit. Et quia penes rationem uis merendi uirtusque inter bonum et malum discernendi consistit, || pulchre uox prophetica subiunxit: M:

1–2 omnium ... est. Augustinus Hipponensis, *De civitate Dei*, 1:255 (lib. IX, 6): "Ipsa igitur mens eorum, id est pars animi superior, qua rationales sunt, in qua uirtus et sapientia ..." Caesarius's direct source seems to be, as it is characteristic of the *De infantia*, Peter of Poitiers: Petrus Pictaviensis, *Sententiae Petri Pictaviensis*, 2: 162 (lib. II, 20, ii, 1): "Unde Augustinus: 'Mens est omnium quae sunt in anima et dignitate sublimior et sublimitate integrior, omni affectu et effectu naturaliter capax, habens imaginem ipsius Dei in potentia cognoscendi, et similitudinem in potentia diligendi.'" 5–7 Duas ... intendit. Cf. *Sententiae Petri Pictaviensis*, 2: 162 (II, 20, ii, 2): "Ratio iterum duas partes habere dicitur, superiorem scilicet et inferiorem: superior est per quam homo celestibus et divinis contemplandis intendit; inferior est per quam homo inferiora ista aptus est disponere et circa temporalium rerum executiones prudens est deliberare." 15–17 Exemplum 44.

2 est] *om. M* 3 immundas] et *add. c* 7 rachel] rachelis *M* 19 bonas] simul *add. M* 20 quidue amiserit] *om. M*

Et noluit consolari, quia non sunt, id est uoluit consolari, quia sunt: ita sanctus Iohannes in omelia sua exponit. Due negationes faciunt unam affirmationem. Pure cogitationes ac salutifere supradicto modo, ut sic dicam, passe et non sunt et sunt. Non sunt secundum usum, sed sunt, id est manent, quantum ad meritum. Sicut enim in cogitationibus malis dura erit interrogatio, ita et in bonis suauis remuneratio et immarcescibilis consolatio. *Beati,* inquit, *mundo corde, quoniam ipsi Deum uidebunt.*

Hoc tamen ratio caueat, ut malis motibus non consentiat, ne per consensum caritatem amittat. Matres innocentum et si occisoribus resistere non potuerunt, non tamen in filiorum morte consenserunt. Vt ait supradictus Iohannes: Matres in morte filiorum passe sunt. Studeat ratio particeps esse in filiorum martirio in quantum ualet cogitationibus malis resistendo. Contempnat consolationem transitorie delectationis, expectet consolationem future retributionis. Doleat de culpa, gaudeat de lucta. Vbi maior lucta, ibi amplior expectatur corona.

Sanctis patribus inter se conferentibus quis maximus foret labor in uita monachorum, et quibusdam dicentibus quia uigilie, aliis preferentibus abstinentiam, et singulis prout eis uidebatur diffinientibus; tandem unus conclusit dicens: Puto maximum laborem esse intente orare. Sancta cogitatio oratio est, quia scriptum est: *Quam cogitatio hominis confitebitur tibi, et reliquie cogitationis diem festum agent tibi.* Vnde, fratres, sic stemus ad psallendum, sic ad orandum, tam intente, tam deuote, ut mens concordet uoci nostre. Immundis et noxiis cogitationibus non consentiamus, ut cum beatis innocentibus cum Christo in

1 Matth. 2, 18 **6** Matth. 5, 8 **6–7** Matth. 5, 8 **20–21** Ps. 75, 11

1 id ... sunt. [Ps.] Chrysostomus, *Homiliae de tempore,* In natali Innocentium, PL 95, col. 1177A (the Homiliary of Paul the Deacon). See also: Chrysogonus Waddell, *The primitive Cistercian breviary: (Staatsbibliothek zu Berlin, Preussischer Kulturbesitz, Ms. lat. oct. 402) with variants from the 'Bernardine' Cistercian breviary* (Fribourg: Acad. Press, 2007), 422. **2** Due ... affirmationem. A commonplace in the Medieval logic, cf., for example: Boethius, *Commentaria in Topica Ciceronis,* V, PL 64, col. 1134C. **11** Matres ... sunt. Petrus Chrysologus, *Collectio sermonum,* In festo sanctorum Innocentium, ed. Alexandre Olivar, CCSL 24B (Turnhout: Brepols, 1982), 954-55. This sermon, attributed to Severianus in the homiliary of Paul the Deacon, published by Migne (PL 95, col. 1174B - 1175D), follows a sermon on the same subject, attributed to Chrysostom. **16–19** Exemplum 45.

3 ac] et *M* **11** matres in morte filiorum] in morte filiorum matres *M* in] morte *add. T1 c* **12** cogitationibus malis] malis cogitationibus *M* **13** consolationem] dilectationem *T1* **18** diffinientibus] *om. M* **22** tam] et *M*

perpetuum gaudeamus, ipso prestante simul et adiuuante qui cum Patre et Spiritu sancto uiuit et regnat per omnia secula seculorum. Amen.

2 seculorum] explicit omelia tertiadecima. *add. M*

In uigilia Epyphanie Domini. Secundum Matheum.

Defuncto Herode, apparuit angelus Domini in sompnis Ioseph in Egypto dicens: Surge et accipe puerum et matrem eius et uade in terram Israel. Defuncti sunt enim qui querebant animam pueri. Et reliqua.

Omelia de eadem lectione.

Angelus iste Domini non alius est quam ille cuius admonitione Ioseph fugit 59r in Egyptum, || sicut ex uerbis eius facilime comprobatur. Superius legitur dixisse: *Surge et accipe puerum et matrem eius et fuge in Egyptum et esto ibi usque dum dicam tibi.* Hic uero dicit: *Surge et accipe puerum et matrem eius et reuertere in terram Israel.* Angelus qui iusto nunciat fugam et reditum in superiori omelia dictum est fuisse humilitatem que iusti mentem deducit ad gratiam et reducit ad gloriam. Vita Herodis feruor est temptationis. Defuncto Herode, id est quiescente temptationis persecutione, apparet angelus Domini, scilicet humilitas, Ioseph, id est iusto, in Egypto, hoc est in uirtutum suarum occultatione, in sompnis, id est in quiete cordis, quia humilitas uel quietam mentem repperit uel tranquillam facit, dicens: Surge, ne timeas famam de sanctitate, quia me duce non te apprehendet uitium inanis glorie.

Surge ergo, quia scriptum est: *Est iustus qui se nimium summittit ex nimia humiliatione.* Virtus cum mensuram debitam transcendit, uirtutis nomen amittit. Huius cause non ignara humilitas utpote sedes Spiritus sancti et radix sapi- 70v entie, hortatur uirtutem iustitie ut surgat, id est mo||tu se erigat contra uitium superbie, et accipiat puerum iam septennem etate per donum septiformis gratie et matrem eius, ne uidelicet ingratus uideatur eidem gratie, et uadat in terram Israel, ut eius exemplo uirtutibus pauperes principes fiant cum Deo. Israel interpretatur princeps cum Deo. De hoc principatu cecinit Anna dicens: *Suscitans de puluere egenum et de stercore erigens pauperem, ut sedeat cum principibus et solium glorie teneat.* Ad huius principatus solium non nisi humilitatis con-

2–4 Matth. 2, 19-20 **8–9** Matth. 2, 13 **9–10** Matth. 2, 20 **18–19** Eccli. 19, 24 **25–27** I Reg. 2, 8

24–25 Thiel, 336-37.

1 in uigilia ... secundum matheum] incipit omelia quartadecima. *M* matheum] xiiii *add. in marg. T1*, cap. 2. *add. c* **4** et reliqua] *om. M* **5** omelia de eadem lectione] *om. M* **6** admonitione] annunciatione *M* **7** comprobatur] probatur *M c* **10** superiori] decima *c* **12** feruor est] est feruor *M* **13** apparet] apparuit *M* **15** quietam mentem] mentem quietam *M* **19** uirtutis nomen] nomen uirtutis *M* **23** eidem gratie] gratie eidem *M* **263.27–264.1** humilitatis consilio] consilio humilitatis *M*

silio peruenitur. Vnde Abrahe sublimi et humili propter suam religiositatem dictum est: *Princeps Dei es apud nos.*

Aliter: *Surge et accipe puerum et cetera.* Quasi dicat: Surge post humiliationem et ascende superius, ne humiliatus nimis in stultitiam seducaris. Dum iustus occasione humilitatis talentum sibi creditum in terra abscondit, gratiam sibi celitus datam proximis subtrahit, ne uel ab hominibus honoretur seu in prelatum subleuetur, sepe talento quasi indignus priuatur. Beatus Appollonius, sicut in eius gestis legitur, cum esset uite solitarie, admonitus est uoce diuina ut propter salutem multorum ad loca descenderet habitabilia. Qui timens incurrere superbiam, sicut iussus fuerat, manus ad ceruices misit, apprehensoque quasi paruulo Ethiope sub arena submersit, illo clamante atque dicente: Ego sum, ego sum spiritus superbie. Iste iam secure redire poterat in terram Israel.

Sequitur enim: *Defuncti sunt enim qui querebant animam pueri.* Non unus, sed plures sunt hostes animam pueri in nobis querentes. Dyabolus scilicet, caro, mundus motusque innumerabiles ex hoc hoste triplici surgentes. Hii aliquando uiuunt, aliquando infirmantur, aliquando moriuntur. Viuunt continue et acriter nos impugnando, infirmantur rarius et tepide nos suis motibus molestando, moriuntur eosdem motus a nostra ruina, gratia compescente, cohibendo. Beati in quibus hostes Ihesu iam per uictoriam defuncti sunt, nec minus beati in quibus adhuc per pugnam uiuunt. Sine pugna non potest esse uictoria, et ubi uictoria, ibi certissime sequitur corona. *Nemo coronabitur nisi* || T1 *qui legitime certauerit.*

Dominus Hermannus abbas Loci sancte Marie retulit michi uisionem admodum mirabilem satis huic loco competentem. Cum essem, inquit, abbas in Claustro, erat ibi monachus et adhuc uiuit, qui nocte quadam temptabatur grauissime, et fuit eadem temptatio non tamen ualida, sed et periculosa; et sicut ex eius confessione cognoui, talis fuit status eiusdem temptationis, ut in tam breui morula sicut quis manum posset uertere ei satisfecisset, si uoluntas peccati adfuisset. Noluit enim cum Herode in se interficere animam pueri, id est gratiam Christi. Impugnabatur tamen fortiter, restitit uiriliter et tandem

2 Gen. 23, 6 **3** Matth. 2, 20 **5** Cf. Matth. 25, 25 **13** Matth. 2, 20 **21–22** II Tim. 2, 5

7–12 Exemplum 46. **264.23–265.11** Exemplum 47.

1 abrahe] abraham *T1* **8** diuina] dominica *M c* **10** manus] manum *M* **13** enim] *om. M* **14** pueri] uiuentis *add. M* **17** motibus] moribus *M* **19** in] *om. M* **20** per pugnam uiuunt] uiuunt per pugnam *c* **24** satis] *om. c* **27** fuit] erat *M*

triumphauit feliciter. In eadem ebdomada uenit ad me conuersus quidam simplex de grangia dicens se uelle michi secretius loqui. Et cum dedissem ei copiam, ait: Domine, in hac septimana uisum est michi in sompnis quomodo coram me staret columpna fortis, et ferrum infixum erat eidem columpne, pendebatque in ferro corona pulcherrima, quasi corona imperatoris. Et affuit quidam pulcherrimus dominus qui ambabus manibus tollens de ferro coronam ponensque in
71r manibus meis sic dixit: Accipe coronam istam et defer eam illi mo||nacho, designans eum ex nomine, quia bene meruit eam. Et ego mox intellexi, uisumque est michi quod eadem nocte et ille superauerit temptationem et iste uiderit reuelationem. Columpnam illam fortem intellexi monachum in resistendo fortem, ferrum duram temptationem, coronam de temptatione mercedem.

Sequitur autem: *Qui consurgens accepit puerum et matrem eius.* Quando iustus prelati sui pressus auctoritate uel excitatus intus caritate de Egypto regreditur in terram Israel, id est ut uirtutes suas et uirtutum opera proximis ostendat, non debet surgere, sed consurgere, hoc est gratia simul cooperante surgere, ut dicere possit cum Apostolo: *Non ego, sed gratia Dei mecum.* Sequi debet mens gratiam quasi mater filium, quia licet ipsi detur gratia concipere, a gratia tamen est uelle. Est uelle gratie et est uelle nature.[127] Vnde et signanter dixit: *Accepit puerum et matrem eius.* Puer ille iam septem fuit annorum. Per quod innuitur quod is qui eum acceperit siue per infusionem ut illuminetur, siue per operationem ut iustificetur, septem donis Spiritus sancti repleatur.

Et uenit in terram Israel. Terra Israel luminosa, terra Egypti tenebrosa. Vbi Israel, ibi lux. Interpretatur enim Israel uidere Deum. Qui uult uidere Deum, ueniat in Israel, quia *in Israel magnum nomen eius.* Iacob, quia Deum faciem ad faciem uidit, uocatus est Israel. Visus est et in Egypto Deus, quia scriptum est: *Ascendet Deus super nubem leuem et ingredietur Egyptum.* Super nubem,

12 Matth. 2, 21 **16** I Cor. 15, 10 **18–19** Matth. 2, 20 **22** Matth. 2, 21 **24** Ps. 75, 2 **25** Cf. Gen. 35, 10 **26** Is. 19, 1

23 Thiel, 336-37.

14 id est] *om. c* **18** gratie] nature *M* nature] gratie *M* accepit] accipe *M* **26** deus] dominus *c*

[127]Widespread distinction between two (or even three) types of will, cf., among others: Alanus de Insulis, *Distinctiones dictionum theologicalium*, lit. C, PL 210, col.749A; Hugo de S. Victore, *Quaestiones in Epistolas Pauli*, In epistolam ad Romanos, quest. CLXXVIII, PL 175, col. 475D; Petrus Lombardus, *Collectanea in epistolas Pauli*, In Epistolam ad Romanos, VII, PL 191, col. 1423A; Idem, *Sententiae*, 1:469-70 (lib. II, dist. 25, cap. 9 (161)).

inquit, leuem, id est candidam et luminosam, ut tenebre Egypti respondeant luci Israelis. Egyptus siquidem interpretatur tenebre. Neque paruipendende sunt tenebre et tales tenebre in quibus puer Ihesus tanto tempore dignatus est latitare. Scriptum est de eo: *Posuit tenebras latibulum suum.* Dominus latibulum suum tenebras ponit, cum in occultis sanctorum suorum uirtutibus se abscondit. Si se aliquando non absconderet, nequaquam Ysaias diceret: *Vere Deus* || T1: *absconditus tu es, Deus Israel.* In quibusdam latet, ut in conscientiis monachorum, in aliis lucet, ut in miraculis predicatorum. In utrisque tamen equinoctium uel, ut uerius dicam, equidium facit, quia silentium monachorum comparat clamori predicatorum neque craticulam Laurentii anteponit lacrimis Arsenii.[128] Si in eis par caritas, in premio nulla erit inequalitas. Paulus primus heremita, uidente Anthonio, inter choros apostolorum atque prophetarum delatus est in celum. Et merito inter illos ascendit, inter quos laboris sui coronam accepit. Tantum enim in heremo meruit Effrem dyaconus, quantum in turbis uerbo et exemplo magnus ille Basilius. Vnde neque monachus siue eremita si scientie talentum accepit, non in terra, sed in Domino abscondit.

Notate etiam quod Dauid cum premisisset: *Posuit tenebras latibulum suum,* mox subiunxit: *in circuitu eius tabernaculum eius.* Tabernaculum casa est militaris qua milites utuntur in bello. Significat enim Christi Ecclesiam tempore persecutionis per Egyptum extensam. Que cum *tenebrosam aquam de nubibus aeris,* id est aeriis potestatibus[129] mundique principibus, stillantem exciperet in uicis, urbibus et castellis, in solis monachis heremitisque latuit et quieuit. Nam propter nimiam atque insuperabilem illorum constantiam preceperat imperator, ne quis monachis inferret persecutionem, timens illorum fortitudine alios animari ad passionis tolerantiam. Ob hoc beatus Anthonius amore martirii succensus uestem induit splendidam et stans eminentius prouocauit iudicem.

4 Ps. 17, 12 **6–7** Is. 45, 15 **17** Ps. 17, 12 **18** Ps. 17, 12 **20–21** Ps. 17, 12

2 Thiel, 292. **11–13** Exemplum 48. **266.22–267.2** Exemplum 49.

4–5 latibulum suum tenebras] tenebras latibulum suum *M* **9** uel] et *M* **11** in] *om. T1 c* **13** illos] enim *add. M* **19** enim] autem *M*

[128]Cf. Pelagius, *Verba seniorum*, III, 1, PL 73 col. 860C: "Dicebant de abbate Arsenio quia toto tempore vitae suae sedens ad opus manuum suarum, pannum habebat in sinu propter lacrymas quae crebro currebant ex oculis eius."
[129]The demons, see note 70, p. 173.

71v Non tamen sic optinuit quod desiderauit, quia || Deus illum ad fructum ampliorem plurimorumque edificationem reseruauit.

Non igitur uenire presumat in terram Israel qui non prius cum Ihesu descenderit in Egyptum, quia si montes Israel ascenderit quis non monente angelo humilitatis, uix ibi euadet persecutiones Herodis. Maior Herodes plures reliquit Herodes. Et quia multi sunt qui fugiunt in Egyptum uirtutes suas occultando, maxime scientiam ne prelati fiant sicque dignitatum pericula euadant, instruuntur exemplo Ioseph de quo subditur: *Audiens autem quod Archelaus regnaret in Iudea pro Herode patre suo, timuit illo ire.* Herodes interpretatur pelliceus gloriosus, Archelaus agnoscens leo. Bene de pelliceo glorioso nascitur agnoscens leo, quia de uitio luxurie oritur pestis superbie. Qui superbus est seipsum non agnoscit, cum aliorum uitia diligenter agnoscat. Videt *festucam in oculo fratris sui et trabem que in oculo suo est non considerat.* Huius uitii non obliuiscens etiam poeta quidam ait: De celo sanctum descendit gnotis elitos. Id est cognosce teipsum. Hec dicta sint de nomine. Videamus nunc de dignitate.

Archelaus non rex, sed dyarchus fuit, duas uidelicet habens tetrachias, et ex hoc ipso infamis.[130] Binarius infamiam incurrit, quia primus ab unitate recedit. Lucifer, radix totius superbie, primus per superbiam recessit a Deo

8–9 Matth. 2, 22 **12–13** Luc. 6, 41

9–10 Thiel, 304. **10** Thiel, 245. **14–15** De ... teipsum. Cf. Juvenalis, *Satyrae*, XI, 27, in *Juvenal and Persius*, 402. The erroneous reading "gnotis elitos" seems to go back to the *Sermo de Trinitate* by Alain de Lille, see: Alain de Lille, *Textes inédits, avec une introduction sur sa vie et ses œuvres*, ed. Marie Thérèse d'Alverny (Paris: Vrin, 1965), 259. It is also found in the anonymous *Vita antiqua* of William of St-Thierry, ed. Albert Poncelet, CCCM 89 (Turnhout: Brepols, 2005), 120. **17–18** Binarius ... recedit. Cf. Petrus Comestor, *Historia scholastica. Liber Genesis*, 13 (cap. 4): "... binarius infamis numerus est in theologia, quia primus ab unitate recedit." Cf. also: Hugo de S. Victore, *De scripturis et scriptoribus sacris*, cap. XV (De numeris mysticis sacrae Scripturae), PL 175, col. 22AB: "Binarius, quia secundus est, et primus ab unitate recedit, peccatum significat quo a primo bono deviatum est."

4 ascenderit quis] quis ascenderit *M* **12** agnoscat] agnoscit *M* **13** suo] *om. M* **14** gnotis] gnoti *c* elitos] sehauton *c* cognosce] agnosce *M*, nosce *c* **16** tetrachias] tetrachas *M*

[130] Cf. Petrus Comestor, *Historia scholastica*, Histora evangelica, 19, PL 198, col. 1549A-B: "Tandem de consilio senatus Caesar monarchiam Herodis distribuit, mediam partem, scilicet Iudaeam et Idumaeam tradens Archelao sub nomine tetrarchae, pollicitus se facturum eum regem, si se dignum praebuisset. Mediam vero partem in duas secuit tetrarchias, cessitque in partem Herodis tetrarchae regio trans flumen, et Galilaea. Ituraea vero et Trachonitis, et Auranitis Philippo destinata est. Factus est igitur Archelaus quasi diarchus, monarchus vero nunquam fuit."

et primus diuisionem fecit in celo. || Et sicut propter suam superbiam a Deo detrusus est in gehennam, ita Archelaus exilio ob idem uitium maxime religatus est apud Viennam. De eius insolentia et superbia historie satis tractant. Talis princeps aliquando regnat in Iudea que interpretatur laudatio uel glorificatio. Ad hanc terram Ioseph, id est iustus meritis augmentatus, quia hoc sonat Ioseph, ire formidat ne in dentes agniti leonis incidat et gratiam se iustificantem amittat. Dum iustus presentialiter in facie propter suam iustitiam ab aliis laudatur, quandoque in laude oblata delectatur et nisi circumspectus sit, per laudis appetitum a sua iustitia ruit. Vnde sapiens laudatori consulit dicens: *Ante mortem ne laudes hominem quemquam, in filiis suis agnoscitur uir.* Quasi dicat: Ipsa opera laudabunt eum. Idem intelligitur de glorificatione. Qui enim proximum laudat, laudando glorificat. Dicit et docet Gramaticus: Omnia nomina uerbalia in -io desinentia significant actionem et passionem. Timeat ergo iustus illo ire, ubi regnat Archelaus, quia non solum interpretatur agnoscens leo, sed etiam agnitio leonis. Quanto peccatum extollentie siue peccatum inanis glorie plus agnoscimus, tanto amplius timere debemus. T1:

Laudat iustus Deum, laudat et proximum. In laude Dei timeat elationem et in laude proximi adulationem. Laudandus est Deus humiliter, hilariter, intente, distincte. Humiliter ne gloriemur in suauitate seu altitudine uocis, hilariter ut prodeat de bona uoluntate cordis, intente ut mens uoci concordet, distincte ut uerba uel notas plene proferat. Propter hec quatuor quater Psalmista in uno uersiculo laudem Dei nobis inculcat dicens: *Psallite Deo nostro, psallite, psallite regi nostro, psallite.* De singulis exempla proferam prout a uiris religiosis accepi. Qui plus in uoce, quam in Dei laude delectantur, de hoc quod sequitur terreantur.

Tempore quodam clericis quibusdam in ecclesia fortiter cantantibus et uocem in sublime tollentibus, uidit uir quidam religiosus qui tunc affuit quen-

10 Eccli. 11, 30 22–23 Ps. 46, 7

2–3 Archelaus ... Viennam Cf. Flavius Josephus, *Antiquitates Judaicae*, 1: 690 (lib. XVIII, 13, 2). 4–5 Thiel, 338. 5–6 Thiel, 334. 12–13 Omnia ... passionem. Cf. Petrus Helias, *Summa super Priscianum*, De dictione, De verbo (Pr.8), vol. 1, ed. Leo Reilly (Toronto: PIMS, 1993), 448: "Et puto quod si proprie loqui velimus dicendum erit quod nomina verbalia ut 'lectio', 'visio' et similia significant actionem et passionem, cuius modi auctor iste res verborum appellat." 14–15 Thiel, 245. **268.26–269.7** Exemplum 50.

3 viennam] vienciam *T1* 8 et] *om. c* 10 agnoscitur] agnoscetur *M* 12 dicit et] sicut *M* 13 uerbalia] *om. M* 15 peccatum] *om. M c* 17 et] *om. M* 24–25 terreantur] terreatur *M* 26 terreantur] exemplum *add. in marg. M*, exemplum *add. rubricam T1*

dam demonem in loco eminentiori stantem, saccum in sinistra manu apertum 72r tenentem, qui cantantium uoces dextera || late expansa capiebat atque in eundem saccum mittebat. Illis, cantu completo, inter se gloriantibus tanquam qui bene et fortiter laudassent Deum, respondit ille qui uisionem uiderat: Bene quidem cantastis, sed saccum plenum. Mirantibus illis et interrogantibus cur hoc diceret, uisionem illis per ordinem exposuit. Hec contra superbiam uocum et exaltationem dicta sint.

Porro de suauitatis illarum delectatione audi Augustinum: Quotiens, inquit, me plus delectat cantus, quam res que cantatur, totiens me grauiter peccare confiteor. Et Gregorius: Cum blanda uox queritur, uita sobria deseritur.

Sicut cognoui non ex lectione, sed ex relatione, monachus quidam fuit in 61r Monte || Cassino uocem habens suauissimam. Hic cum in uigilia Pasche in ueste leuitica cereum benediceret et uoce dulcissima melodiam illam dulcissimam resonaret, et esset uox eius in auribus omnium quasi *musica in conuiuio uini*, benedicto cereo, nusquam comparuit. Et nescitur usque in hodiernum diem utrum causa illius raptus meritum fuerit tam gloriose benedictionis uel culpa suborte elationis. Si non est translatus ab angelo, timeo quia rapuerit eum Archelaus, id est agnoscens leo, qui superbas uoces clericorum misit in saccum. Huiusmodi uocum exaltationem frequenter esse a dyabolo subiecto probabitur exemplo.

Dixit michi uir quidam ualde uenerabilis, sacerdos et prelatus in ordine nostro uisionem satis terribilem. In domo, inquit, in qua tunc temporis fui, quidam intonauit psalmum uoce mediocri, et supprior cum ceteris eadem uoce qua ille ceperat cantare cepit. Stabat iuuenis quidam minus sapiens in inferiori pene parte chori et indigne ferens psalmum tam submisse inceptum fere quinque tonis exaltauit. Suppriore ei resistente, ille cedere contempsit, sed

14–15 Eccli. 49, 2

8–10 Quotiens … confiteor. Augustinus Hipponensis, *Confessiones*, X, 33, 50, ed. Luc Verheijen, CCSL 27 (Turnhout: Brepols, 1981), 182: "Tamen cum mihi accidit, ut me amplius cantum quam res, quae canitur, moueat, poenaliter me peccare confiteor et tunc mallem non audire cantantem." 10 *Decreta sancti Gregorii papae I*, De officio diaconorum sedis apostolicae, in *Registrum epistolarum*, ed. Paul Ewald and Ludwig Hartmann, MGH: Epistolae I (Berlin: Weidmann, 1891), p. 363. 11–19 Exemplum 51. 18 Thiel, 245. 269.21–270.4 Exemplum 52.

2 expansa] extensa *M* 3 cantu completo] completo cantu *M c* 4 laudassent deum] deum laudassent *M* 7 et] *om. M* 8 suauitatis] suaui *post corr. ex suauitati M* 11 deseritur] exemplum *add. in marg. M* 14 esset] *om. M* 20 exemplo] exemplum *add. in marg. M*, visio *add. rubricam T1* 24 ceperat] inceperat *c* 26 ei] illi *M*

cum magna quadam pertinacia uictoriam optinuit. Propter scandalum et dissonantie uitium omnes ei cesserunt. Ipso uero sic triumphante, uidi demonem quasi candens ferrum ab eo procedentem et in chorum oppositum in eos qui eius partes adiuuerant se transferentem.

Quantum etiam Deo placeat deuota uociferatio et humilis uocum exaltatio, alio eiusdem sancti uiri cognoscetur testimonio. Ait enim: Stante me in nocte Natalis Domini in choro in parte prioris ad librum, cum unus fratrum incepisset responsorium: Intuemini quantus sit iste qui ingreditur ad saluandas gentes, contemplatus sum in choro abbatis ex parte michi opposita super appodiationem circulum lucidum ad instar lucis diurne et in circulo stellam lucidissimam ex ipso circulo radiantem. Ex hoc colligitur Deum multum iocundari in deuoto clamore. Vnde Dauid dicit: *Bene psallite ei in uociferatione.* Et de seipso: *Immolabo in tabernaculo eius hostiam uociferationis.* Ista dicta sint de eo quod Deus laudandus sit humiliter.

Quod laudandus et glorificandus sit hilariter, hoc usus est exemplo. Est, inquit, conuersus quidam in eadem domo, uir senex, maturus moribus et adhuc uirgo corpore. Iste sepe in solempnitatibus gloriosam Dei genitricem Dominam nostram, ordinis patronam uidere solitus est hoc modo. De choro monachorum ueniens ipsumque Deum et hominem de se natum in brachiis portans, chorum ingreditur conuersorum et more abbatis fratres excitantis circuiens, ante quosdam qui in ordine deuoti sunt et uigiles gradum figit, filium eius osten||dens, deuotioni congratulans; tepidos autem et dormientes citius pertransiens M: nichil consolationis impendit. Singulos conuersos in illa celesti circuitione uisitatos nec non et neglectos diligentius notauit et ex nomine michi tam || illos quam istos designauit. Similia et forte maiora in choro monachorum T1 psallentium sancta Dei genitrix actitare consueuit, sed conuersus propter obstaculum uidere non potuit. Propter has et huiusmodi consolationes presentiamque Dei et sanctorum angelorum laudandus est Deus hilariter. Ait enim

12 Ps. 32, 3 13 Ps. 26, 6

5–12 Exemplum 53. 8–9 Intuemini … gentes. Hesbert, *Corpus antiphonalium Officii*, 4: 246 (nr. 6983). Cantus ID 006983: Catalogue of Chant Texts and Melodies 15–27 Exemplum 54.

4 adiuuerant] adiuuerunt *M* 5 deo placeat] placeat deo *M* 6 enim] exemplum *add. in marg. M*, alia uisio *add. rubricam T1* 7 domini] dominici *M* 11 lucidissimam] clarissimam *M* 15 exemplo] exemplum *add. in marg. M*, alia *add. rubricam T1* 16 maturus moribus] moribus maturus *M* 18 ordinis] nostri *add. M* 22 deuotioni] deuotionique *M* 24 michi] *om. M* 25 istos] michi *add. M*

Psalmista: *Seruite Domino in letitia.* Item: *Omnes gentes, plaudite manibus, iubilate Deo in uoce exultationis.*

Cum idem qui supra in nocte sancti Cuniberti staret in choro, tunc simplex monachus, uidit eminus iuxta presbiterium duos intrare demones et paulatim ascendere inter chorum monachorum atque nouitiorum. Cumque uenissent contra angulum ubi parietes conueniunt, exiliit tertius demon duobus illis se socians et cum eis exiens. Qui cum ante eum transirent tam prope, ut posset eos manu tangere, considerauit quia terram non tangebant utpote aeree potestates; et habebat unus ex duobus prioribus femineum uultum, in capite uero uelamen nigrum nigroque circumdatus pallio. Posteriora in eis non uidit. Monachus ille qui tertium demonem iuxta se fouerat satis fuit murmurosus et non parum accidiosus, in choro libenter dormiens et inuitus psallens, hilarior ad potandum, quam ad cantandum. Breuiores uigilie uidebantur ei semper longissime.

Alio itidem tempore cum modicum se mouisset a stallo prioris ad commonendum fratres, quia tunc prior erat, prospexit inter stallum suum et abbatis demonem satis horribilem cum impetu intrare. Qui cum in chorum prioris respexisset uidissetque sibi non patere aditum propter priorem qui uiam occupauerat, raptim se deposuit in chorum nouitiorum cuidam seniori qui illic sedebat se iungens. Iste superiori non multum dissimilis erat, libenter murmurans et inuitus psallens. Ecce in hiis exemplis in laude Dei hilares habent unde consolentur, desides et tristes unde terreantur.

Laudandus est etiam Deus intente, hoc est ne mens discordet a uoce. Discordiam inter uocem et mentem sepe dyabolus facit, sicut ex hoc quod dicturus sum, poterit dinosci. Retulit michi idem qui supra quia cum in nocte sancti Martini staret in matutinis, contemplatus est demonem unum in forma rustici quadrati inferius iuxta presbiterium intrare, ubi supradicti duo demones intrauerant, et precessit hec uisio illam tantum una nocte. Habebat enim pectus latum, scapulas acutas, collum breue, capillum in fronte satis superbe tonsuratum, sed reliquos crines sicut aristas dependentes. Accessit ad quendam

1 Ps. 99, 2 1–2 Ps. 46, 2

3–13 Exemplum 55. 14–21 Exemplum 56. 271.24–272.9 Exemplum 57.

1–2 iubilate deo in uoce exultationis] *om. T1* 2 exultationis] exemplum *add. in marg. M* 4 uidit] uidet *T1 c* 9 duobus] *om. M* 11 murmurosus] murmuriosus *M* 14 longissime] exemplum *add. in marg. M*, alia uisio *add. rubricam T1* 15 prospexit] conspexit *M* 16 intrare] intrantem *M* 22 etiam deus] deus etiam *M* 24 dinosci] exemplum *add. in marg. M*, alia uisio *add. rubricam T1*

nouitium et stabat coram illo. Quem cum uir sanctus diutius intuitus fuisset, auertit parumper oculos, et cum rursum oculos ad eum leuaret, disparuit. Non multo post transformauit se in caudam uituli et super formam[131] cadens, cui idem nouitius innitebatur, motu leuissimo trahebat se ad nouitium. Et cum scapulas eius tangeret, fallebatur in psalmodia nouitius. Cumque super articulos satisfaceret secundum || consuetudinem ordinis, demon quasi turbine impulsus est statim ad longitudinem cubiti unius sicque disparuit. T1: Melius has duas uisiones possum intelligere, quam uelim exponere. Per aristas enim et || M: caudam nisus est eum dyabolus ab intentione laudis reuocare.

Alio tempore in uigilia, ut puto, sancti Columbani cum chorus abbatis inciperet psalmum: *Domine, quid multiplicati sunt qui tribulant me?* multiplicati sunt ibi demones intantum, ut ex eorum concursu et discursu mox fratres in psalmo fallerentur. Cumque oppositus chorus errantes conaretur reuocare, demones transuolauerunt et se fratribus miscentes ita eos turbauerunt, ut prorsus nescirent quid psallerent. Clamauit chorus contra chorum. Abbas simul et prior qui hec uidit non poterant eos ad uiam reducere neque uocum dissonantias unire. Tandem psalmo illo usitatissimo cum labore pariter et confusione qualicumque modo expleto, dyabolus, totius confusionis caput, cum suis satellitibus abscessit, et pax turbata psallentibus accessit. Visus est in illa hora dyabolus sicut draco habens haste longitudinem euolare et hoc iuxta lampadem in choro ardentem, ne priorem illius abscessus possit latere. Reliqui demones umbrosa habebant corpora pueris maiora, facies ferro post modicum de igne extracto simillimas.

Alia quadam nocte cum preuenisset fratres ad uigilias et propter aeris claritatem considerandam oculos direxisset ad fenestram anteriorem, obiecit se uisui eius demon quidam in ethiopis effigie magnus et nigerrimus, ac si hora

11 Ps. 3, 2

10–23 Exemplum 58. **272.24–273.4** Exemplum 59.

1 uir sanctus diutius] diutius uir sanctus *M* **2** oculos ad eum] ad eum oculos *M* disparuit] alia uisio *add. rubricam T1* **9** intentione] diuine *add. M* reuocare] alia uisio *add. T1* **11** quid] quam *c* me] nota *add. in marg. M* **12** ibi] ibidem *c* fratres] *om. T1 c* **16** poterant] poterat *T1 c* **24** simillimas] exemplum *add. in marg. M*, alia *add. rubricam T1* **25** direxisset] fixisset *c* **26** uisui eius] eius uisui *M*

[131] A desk, placed in front of the seat of the stall, on which a monk might lean, for example, in order to kneel.

eadem de igne infernali recenter esset extractus. Qui ad eum per chorum superiorem ueniens ipsumque pertransiens egressus est. Interim nola a sacrista pulsabatur. Sepius per chorum demones uidit in formis minutissimis discurrentes, sepe in diuersis locis contemplatus est eos horribiliter scintillantes. Ecce talis est Archelaus, tales ministri eius.

Sentiens autem aspectum demonum uir sanctus oculis esse nociuum et bene expertus illorum nequitiam, quadam die, missa dicta de Spiritu sancto, orauit Deum ut eum ab huiusmodi uisionibus liberaret. Statimque affuit illi inimicus in forma oculi ad magnitudinem pugni lucidissimi, ita oculis eius uicinus et importunus, ut quasi uideretur dicere: Modo diligenter inspice me, quia de cetero non uidebis me. Et factum est ita. Exauditus est, liberatus est.

Nec hoc silebo quomodo peruenerit ad huiusmodi uisiones. Frater de quo superius dixi, uir iustus et bonus, solitus erat ei referre in confessione qualiter in diuersis formis demones frequenter uideret, et illius exemplo mox uidendi desiderio accensus, intentissime Deum orauit ut sibi etiam hanc gratiam donaret. Statimque exauditus est. Et cum hec hiisque similia uideret, ex multa caritate et ex speciali quadam quam ad me habere dignatus est familiaritate michi aliqua sub typo confessionis recitauit, hoc licentians, ut si uellem, scripto
62v mandarem dummodo personam eius non || propalarem.

Restat adhuc dicendum de distinctione laudis diuine. Sicut intente, ita laudare Deum tenemur distincte. *Reddam tibi,* inquit, *uota mea que distinxerunt labia mea.* Quidam psalmodie satis intendunt, sed ex mala consuetudine multas sillabas uerbaque negligunt. Istos defectus siue saltus in Iudea, id est laudatione, Archelaus, scilicet agnoscens leo, non ignorat. Ratispone episcopus quidam fuit religiosus qui tempore quodam de fenestra palatii sui prospiciens
73v uidit gygantem magnum, nigrum, deformem, saccum in hu||meris portantem, et utramque eius partem ad terram usque pendere. Episcopo sciscitante quisnam esset uel quid in sacco portaret, respondit: Omnes dictiones uel sillabas que in episcopatu tuo ex ore psallentium per negligentiam cadunt in hunc sac-

21–22 Ps. 65, 13-14

6–11 Exemplum 60. **12–19** Exemplum 61. **23–24** Thiel, 338. **24** Thiel, 245. **273.24–274.2** Exemplum 62.

1 esset] *om. M* **4** sepe] sepius *M* **6** autem] igitur *M c* **7** expertus illorum] illorum expertus *M* spiritu sancto] sancto spiritu *M c* **11** est] et *add. M* **12** uisiones] exemplum *add. in marg. M* **17** familiaritate] familiaritatem *M* **24** ignorat] exemplum *add. in marg. M* ratispone] ratisbone *c* **25** fuit religiosus] religiosus fuit *M* **27** usque] *om. M* pendere] dependere *M* sciscitante] sciscitanti *c*

cum repono. Hoc audito, episcopus ingemuit et per totum illum annum per totum episcopatum horas duplicauit. Visi sunt aliquando demones in similitudine coruorum psallentium pedes circuire et sillabas siue uerba defluentia quasi micas uel grana cum auiditate colligere.

Nuper etiam in Niuella cum crux ibi predicaretur, demon quidam uirginem diuitem et nobilem in specie uiri delicati procabatur offerens ei clenodia multa. Quem cum tam ex propria confessione, quam ex aliis quibusdam signis demonem esse intellexisset, ei suum consensum prorsus negauit. Cuius impetus cum non posset sola sustinere, adhibite sunt ei mulierum custodie. Attamen inuisibiliter semper affuit. Omnibus loquebatur, sed a sola uirgine uidebatur. Confluente turba, rogatus est ut Dominicam orationem diceret. Obediuit, dixit, sed ualde confuse, multos ibi saltus faciens. Sic, inquit, dicere soletis orationes uestras. Nunquam dicere potuit "credo in Deum," sed tantum «credo Deum». Salutationem angelicam nec quidem incipere poterat.

Igitur cum Psalmista in uno uersiculo quater premisisset *psallite*, in sequenti mox subiunxit: *psallite sapienter.* Sapientia dicitur a sapore. Qui enim Domino humiliter, hilariter, intente et distincte psallit, illi laus ipsa sapit et quandoque in tantum, ut dicere possit etiam ad litteram: *Dulcia faucibus meis eloquia tua super mel ori meo.* Iudea etiam dicitur confessio que aliquando bona, aliquando mala est. Dum mala, occupat eam Archelaus; dum bona, regnat in ea quilibet rex iustus. Duo enim sunt genera confessionis: criminum uidelicet et laudis. Confessio criminum fit in iustificatione peccatorum, confessio laudis in glorificatione Creatoris. Confessio criminum bona est, cum fit modo debito, hoc est humiliter, hilariter, nude et integraliter. Mala autem culpam propriam per alios excusando siue per occasionem qualemcumque attenuando, uel ad interrogata

15 Ps. 46, 7 **16** Ps. 46, 8 **18–19** Ps. 118, 103

5–14 Exemplum 63. **16** Isidorus, Etymologiae, vol. 1 (lib. X, 240). **19** Thiel, 338. **21–23** Duo ... Creatoris. The Augustinian theme of the "double confession": both a confession of one's sin and of praise of God, see: Augustinus Hipponensis, *Sermones de Scripturis*, LXVI, i, 1, PL 38, col. 433: "Confessio duplex est, peccatoris et laudatoris." The wording used by Caesarius is very close to that of Hugh of Saint Victor: Hugo de S. Victore, *Adnotationes elucidatoriae in quosdam Psalmos David*, 64, PL 177, col. 626A: "Bonum est confiteri Domino, et psallere nomini tuo, Altissime (Psal. XCI). Duplex est confessio, altera criminis, altera laudis. Confessio criminis est conversio peccatoris, confessio laudis glorificatio Creatoris."

2 horas] canonicas *add. M* **5** colligere] exemplum *add. in marg. M* niuella] hiuellia *c* **8** ei] eique *c* **16** sapore] sapere *c* **18** litteram] quam *add. M* **19** dicitur] interpretatur *M c* **20** dum] cum *M* **22** peccatorum] peccatoris *M* laudis] fit *add. M*

mentiendo, uel humilitatis causa non commissa confitendo, siue confessori non obediendo.

Si peccator per cordis contritionem orisque confessionem iam iustificatus nichil horum timet, est tamen quod timere debeat, ne uidelicet postea aliis confessionem faciendo peccata dimidiet, partim uni, partim alteri dicendo. Iste 63r diarchiam intrat Archelai. Verbi || gratia. Ponatur monachus aliquis in initio conuersationis sue abbati semel uel sepius confessionem plene fecisse et pure, ordinemque, ut consuetudo est, pro peccatis illis omnibus in satisfactionem suscepisse; non tenetur postea aliis abbatibus post mortem prioris confessa confiteri, quia si tenetur et non satisfaceret, iam transgressor esset, nec prima confessio ei ad salutem prodesset. Quod si postea abbati secundo ex sua uoluntate, quod ualde cauendum est, sub typo confessionis ut minus malus in oculis eius appareat, quedam peccata dicat, quedam subticeat sic peccata dimidiando, timeat omnia peccata iam deleta per uirtutem prime confessionis rursum deuenire per ypocrisim in agnitionem sepedicti leonis. Vnde multo melius est monente angelo manere in Nazareth per bonam conscientiam cordisque 74r munditiam, quam gratiam priuari per superbam confessio||nem. Qualis debet esse confessio, hiis quatuor uersiculis cognoscitur: Quis, quid, ubi, per quos, quotiens, cur, quomodo, quando. Sit discreta, frequens, humilis, sit et integra, nuda. Accusans, uerecunda, uolens, generalis, amara. Propria, prouida, uera, dolens, indiuidualis.

Sequitur: *Et admonitus in sompnis secessit in partes Galilee et ueniens habitauit in ciuitatem que uocatur Nazareth.* Non dicit in Galileam, sed in partes Galilee. Galilea que interpretatur transmigratio sancta signat omnem ordinem religiosum propter transmigrationem uite secularis in spiritualem. Illa pars in qua est

22–23 Matth. 2, 22-23

18–21 Quis ... indiuidualis. Very widely used mnemonic verses, cf., for example, Robertus de Curceto, *Summa*, ed. Vincent Lorne Kennedy, "Robert Courson on Penance," in *Mediaeval Studies* 7 (1945): 291-336, esp. p. 311 (on the circumstances of the sin: Quis, quid, ubi etc.); Cf. also: Radulfus Ardens, *Speculum universale*, cap. 79, in Johannes Gründel, *Die Lehre von den Umständen der menschlichen Handlung im Mittelalterr* (Münster: Aschendorff, 1963), 206; Alanus de Insulis, *Liber poenitentialis* IV, I, 2, 28, 30 ("debet esse integra"); IV, 3, 6 ("debet esse uera"); IV, 7 ("debet esse uniuersalis, non particularis"), ed. Jean Longère, (Louvain: Nauwelaerts, 1965), 2:161-82; Petrus Pictaviensis, *Summa de confessione*, XL, ed. Jean Longère, CCCM 51 (Turnhout: Brepols, 1980), 47-49. **24** Thiel, 312 (here: transmigratio facta).

5 peccata] *om. T1* **8** satisfactionem] satisfactione *T1 c* **10** satisfaceret] faceret *M* **12** cauendum] tutum *T1 c* **15** per] propter *M c* **20** uera] uero *c* **21** dolens] indolens *c* **24** signat] significat *c* **25** in] ad *c*

Nazareth designat illam religionem in qua amplius uiget rigor discipline et florent instituta spiritualis uite. Nazareth enim interpretatur uirgultum uel flos. Si aliquis secularis causa consolationis, uel quod maius est, gratia conuersionis secedere uoluerit in aliquam religionem, non uenire debet, si prudens fuerit, in quamlibet partem Galilee, sed in Nazareth, ut cum Ioseph per disciplinam ut uirgultum crescat et sicut flos uirgulti in fructum bonorum operum proficiat.

Non est tutum manere in illo ordine, licet omnis ordo per se bonus sit, uel ut expressius dicam, in ordine illius cenobii in quo nutriuntur dissensiones et ire, proprietates et inuidie, gula, auaritia, ambitiones, superbia, que animas mittunt in gehennam. Talis religio non est appetenda, sed magis fugienda, quia *qui picem tetigerit inquinabitur ab ea*. Et in psalmo: *Cum peruerso peruerteris*. Apostoli, ut dicit Glosa, periclitabantur merito Iude. Et Moyses oraturus pro amouenda grandine egressus est urbem, quia noluit orare cum discolis. Admixtus Egyptiis uocem Domini non audiuit. Econtra *benedixit Dominus domui Egyptii propter Ioseph*. Dicit et Dauid: *Cum sancto sanctus eris et cum uiro innocente innocens eris*. Nazareus interpretatur sanctus uel mundus.

Vt ergo Nazareus, id est mundus et sanctus, fias uel si utrumque es, utrumque maneas ipsumque summum et naturaliter Nazareum habitatorem habeas, quere consortia iustorum et adimplebitur in te quod dictum est per prophetas: *Quoniam Nazareus uocabitur*. Non habitat Nazareus iste nisi in sancto, secundum illud: || *Tu autem in sancto habitas*. Et quia in nobis desiderat habitare, T1 non cessat quotidie clamare: *Sancti estote, quoniam ego sanctus sum*. *Hec est enim uoluntas eius, sanctificatio uestra*.

Vnde, fratres, sic uiuamus ut cum ipso sanctificati ab ipso de Nazareth, id est munditiis mentis scilicet et corporis, ascendere mereamur ad solempnitatem Iherusalem celestis que in uia quidem initium habet per gustum contemplationis et in patria consummationem in fruitione diuine speculationis. Quod nobis prestare dignetur ipse Dominus Ihesus Christus, sanctificator et custos noster qui cum Patre et Spiritu sancto uiuit et regnat in secula seculorum. Amen.

11 Eccli. 13, 1 Ps. 17, 27 **12–13** Cf. Ex. 9, 33 **14–15** Gen. 39, 5 **15–16** Ps. 17, 26 **20** Matth. 2, 23 **21** Ps. 21, 4 **22** Levit. 19, 2 **22–23** I Thess. 4, 3

2 Thiel, 366. **12** *Glossa ordinaria super Lucam* 8, 23, in *Biblia Latina cum Glossa Ordinaria*, 4: f. 1005va (glossa marginalia): "Merito turbatur navis in qua proditor est cum bonis et qui suis meritis firmi fuerant, turbantur alienis." **16** Thiel, 366.

1 rigor] uigor *T1* **4** in] ad *M c* **8** dissensiones] dissentiones *T1 c* **15** cum] *om. M* **17** si] *om. M* **27** in] *om. M*, et *c* **29** amen] explicit omelia quartadecima. *add. M*

In octaua Epyphanie Domini. Secundum Lucam.

Cum factus esset Ihesus annorum duodecim, ascendentibus parentibus eius Iherosolimam secundum consuetudinem diei festi consummatisque omnibus, cum redirent, remansit puer Ihesus in Iherusalem, et non cognouerunt parentes eius. Et reliqua.

Omelia de eadem lectione.

Nusquam in sancto Euangelio sic expressa est etas Saluatoris, quomodo in presenti loco. In sequentibus idem Lucas cuius hec uerba sunt dicit: *Et*
74v *erat Ihesus incipiens quasi triginta annorum, ut putabatur* || *filius Ioseph.* Non dicit absolute incipiens, sed quasi incipiens, quia iam de anno tricesimo tredecim dies confecerat. Hic autem simpliciter sine additione uel diminutione, remoto omni uerbo dubitationis, duodecim eum annorum predicat. Cui obicitur quod in Decembre natus est et in Martio in die festo Pasche, sicut Lucas paulo ante dicit, ascenderit in Iherusalem, sicque iam expleuerat de tertiodecimo anno menses tres. Consideranti michi hunc locum, cum nunquam legerim uel audierim, inueni secundum tabulam Dyonisii[132] quod a die Dominice conceptionis isti duodecim anni incipiendi sunt, secundum quod Ecclesia annos incarnationis eius computare consueuit. Secundum hoc, omnia concordant.

Recurratur ergo tabula Dyonisii, cuius secundo anno conceptus et natus est Dominus,[133] et ab eodem anno computetur usque ad duodecimum annum per singulas litteras, quia singule littere singulos annos faciunt, et apparebit manifeste quod in ipso duodecimo anno in quo cum parentibus suis in Iherusalem ascendit, pascha in die conceptionis fuit. Littera enim duodecima super sexto Kalendas Aprilis cadit, terminus uero in quo Iudei pascha celebrant ipsam

2–4 Luc. 2, 42-43 **8–9** Luc. 3, 23

1 in octaua epyphanie domini secundum lucam] incipit omelia quintadecima. *M* lucam] xv *add. in marg. T1*, cap. ii. *add. c* 3 omnibus] diebus *M* 4–5 et reliqua] *om. M* 6 omelia de eadem lectione] *om. M* 9 putabatur] putaretur *T1* 11 uel] siue *M* 13 decembre] decembri *c* 22 suis] *om. M*

[132] Table included in the *Liber de Paschate* by Dionysius Exiguus (PL 67, col. 494-498).

[133] Cf. Beda Venerabilis, *De temporum ratione*, cap. XLVII De annis dominicae Incarnationis, ed. Charles W. Jones, CCSL 123B (Turnhout: Brepols, 1997), 427-28: "Qui [Dionysius] in primo suo circulo quingentesimum tricesimum secundum dominicae incarnationis annum in capite ponendo, manifeste docuit secundum sui circuli annum ipsum esse, quo eiusdem sacrosanctae Incarnationis mysterium coepit."

solempnitatem apprehendit. Secundum hanc computationem uerba Luce clariora sunt et hec ad litteram dicta sunt.

Quod Saluator anno duodecimo primum cum parentibus suis ad diem festum uoluit ascendere et quod Euangelista tam diligenter hec curauit scribere, factum puto non sine causa magni sacramenti et precipue propter dignitatem duodenarii. Numerus iste ualde insignis est auctoritatem habens a numero duodecim patriarcharum, a numero duodecim tribuum, a duodecim lapidibus insertis corone sacerdotali,[134] a duodecim lapidibus insculptis rationali, a duodecim panibus propositionis, a duodecim lapidibus || Iordanis. In hiis omnibus duodecim apostoli fuere prefigurati et sub eodem numero sedes iudicantium sunt a Christo determinate. Ipsi enim, duodecim uidelicet apostoli, duodecim sunt signa celi, duodecim hore diei. In hoc etiam duodenarius priuilegiatus est, quod septenario, uniuersitatis numero, singulari quadam affinitate et speciali familiaritate coniunctus est. Due partes septenarii sunt tria et quatuor, ex quibus altera per alteram multiplicata surgit in duodenarium. Hec affinitas in numeris affinitas dicitur compositionis. Propter hanc affinitatem duodecim signa septem planetis illustrantur, et duodecim apostolis septem dyaconi sociantur. Duodenarius ergo numerus est dignitatis apostolice, septenarius numerus est septiformis gratie. Quid aliud sunt septem lucerne candelabri, in

T1:

8 Cf. Ex. 39, 14 **8–9** Cf. Levit. 24, 5 **9** Cf. Jos. 4, 8-9 **10–11** Cf. Matth. 19, 28 **17–18** Cf. Act. 6, 3 **19** Cf. Ex. 25, 37 **278.19–279.1** Cf. Zach. 3, 9

14–16 Due ... compositionis. Cf. Theobaldus Lingonensis, *De quatuor modis quibus significationes numerorum aperiuntur*, 104 (pars IV, iii, 6): "Affinitas compositionis est, quando ex aliquibis numeris componitur aliquo modo alius numerus, et ex eisdem modo dissimili constituitur et alius, ut ternarius applicatus quaternario, septenarium edificat; multiplicatus vero per quaternarium, duodenarium demonstrat."

4 hec] hoc *M* **11** determinate] determinati *T1 c* **12** sunt signa] signa sunt *M* **19** est] *om.* *M c* septem] duodecim *M*

[134] The book of Exodus does not mention the twelve gemstones of the high priestly crown, but those of the pectoral (Ex. 28, 21). For the twelve stones of the crown, cf.: *Glossa ordinaria super Isaiam*, 6, 2, in *Biblia Latina cum Glossa Ordinaria*, 3:f.79rb (glossa marginalia): "Sex ale uni: Hieronymus. Victorinus duodecim apostolos intellexit. Nos autem duodecim lapides altaris quos ferrum non tetigit, et duodecim gemmas in diademate sacerdotis."

lapide uno septem oculi, septem cornua agni, septem stelle in manu Christi, nisi septem dona Spiritus sancti?

Cum factus esset, inquit, *Ihesus duodecim annorum.* Ihesus in nobis crescit et fit duodecim annorum, dum eius gratia in quantum possumus uitam imitamur apostolorum. Perfectio apostolica est nichil in hoc mundo possidere, abnegare seipsum et sequi Christum. Tales sunt perfecti monachi *nichil in hoc mundo habentes* et quotidie *carnem suam cum uitiis et concupiscentiis crucifigentes.* Hii sunt parentes Ihesu, Patris eius uoluntatem facientes. Talibus *ascendentibus Iherosolimam secundum consuetudinem diei festi,* ascendit et Ihesus cum eis. Consideratione dignum est quis sit iste ascensus, que Iherosolima quisue dies festus in ea. Iherosolima que interpretatur uisio pacis significat sublimitatem
75r diuine contemplationis hic || quidem imaginariam, in futuro presentariam.[135] Dies festus in ea est ipsa dulcedo, ipsa letitia quam iusti mens gustat in hora diuine speculationis. De hac solempnitate iherosolimitana per Ysaiam dicitur: *Letare, Iherusalem, et diem festum agite omnes qui diligitis eam.* Nullus ingratus ad hanc solempnitatem inuitatur uel potius subleuatur, sed is solummodo qui illius desiderio inflammatur. Et ideo dicit: *Omnes qui diligitis eam.*

Quanta sit ista solempnitas, quam suauissima eius celebritas in qua mens supra rationem leuatur, ubi Deum qui *est pax uera* imaginatur, perpendi poterit ex uerbis Psalmiste dicentis: *Quoniam cogitatio hominis confitebitur tibi, et reliquie cogitationis diem festum agent tibi.* Si dies festus anime agitur in reliquiis sancte cogitationis, quanto magis in ipsa dulcedine indicibilis contemplationis? *Siue in corpore siue extra corpus nescio, Deus scit.* Verba sunt Apostoli diem hunc festum agentis. De hac dulcedine uenerabilis Dauid monachus Claustrensis dicere solitus erat: Sentiri potest, dici non potest. De cuius solempnitatis immensitate secretius dicebat sic: Si Dominus Deus nichil amplius haberet glo-
54v rie, nisi quantum michi ostendere dignatus est, nimis || esset. Idcirco, fratres,

1 Cf. Apoc. 5, 6 Cf. Apoc. 1, 6 **3** Luc. 2, 42 **6–7** II Cor. 6, 10 **7** Gal. 5, 24 **8** Cf. Matth. 12, 50 **8–9** Luc. 2, 42 **15** Is. 66, 10 **17** Is. 66, 10 **19** Eph. 2, 14 **20–21** Ps. 75, 11 **23** II Cor. 12, 2

11 Thiel, 327.

3 nobis] et *add. M* **14** dicitur] dicit *c* **18** solempnitas] festiuitas *M* **24** agentis] exemplum *add. in marg. M*

[135] On these two concepts see the notes above: note 65, p. 163 and note 126, p. 259.

quia hec solempnitas grandis est, salubris est, dulcis est, hortatur nos ad eam per os Dauid Spiritus sanctus dicens: *Constituite diem solempnem in condensis*, id est in frequentationibus uirtutum: ita Glosa exponit. Sine frequentationibus que in motibus uirtutum operibus consistunt, nullus hanc solempnitatem celebrabit.

Et ideo pulchre Ioseph cum Maria ascendisse legitur de Nazareth, interpretatur enim Nazareth sanctitas uel munditie. Ascendenti ad contemplationem necessaria est sanctitas, uidelicet ut firmus sit in fide et mundus, id est sine omni iniquitate. Notandum etiam quod ipse dies festus pascha fuisse intelligitur, quod transiens interpretatur. Dulcis transitus ubi mens iusti quasi Ioseph et Maria, comitante Ihesu, per gratiam transit de uisibilibus ad inuisibilia, de transitoriis ad eterna, de terra ad celum, de corpore ad Deum. Contemplatio excedens rationem quodammodo mors carnis est. Vnde sancta Elizabeth de Sconauia antequam ascenderet ad contemplationem pati solebat semper quandam cordis passionem a qua fatigata dum raperetur in excessum, mox quieuit.

Felix est ista festiuitas in qua anima in corpore adhuc corruptibili posita, choris interesse meretur angelorum et audire suauissimos concentus sanctorum. Tale pascha celebrauit Paulus cum raperetur in tertium celum, similiter et beatus Iohannes euangeilsta in Pathmos insula relegatus. Multi sunt transitus anime. Primus est de uitiis ad uirtutes, secundus de uirtute in uirtutem, tertius, ut dictum est, fit per contemplationem, quartus est cum anima a carne omnino absoluta transit ad Dei uisionem, quintus quando, recepto corpore et glorificato, transiet cum Ihesu ad totius Trinitatis fruitionem. Ipse est qui de se dicit: *Et transiens ministrabit illis*, scilicet electis. Transitus iste post iudicium erit, quando post uisionem glorificate humanitatis electos suos eleuabit ad contemplationem sue diuinitatis. Transibunt et ipsi, quia *fulgebunt sicut sol in regno Patris eorum*.

2 Ps. 117, 27 **18** Cf. II Cor. 12, 2 **24** Luc. 12, 37 **26–27** Matth. 13, 43

3 in … uirtutum. *Glossa ordinaria super Psalterium*, 117, 27, in *Biblia Latina cum Glossa Ordinaria*, 2: f. 303vb (interlinear gloss). **6–7** Thiel, 366. **9–10** Thiel, 380-81 (here: transitus). **13–15** Exemplum 64. **24–26** Transitus … diuinitatis. Gregorius Magnus, *Homiliae in Evangelia*, 92 (Hom. XIII, 4): "Vel certe Dominus nobis post iudicium transit, quia ab humanitatis forma in diuinitatis sue contemplatione nos eleuat."

8 et] *om. T1 c* **13** est] exemplum *add. in marg. M* de] in *M*

Beati qui celebrant primum Pascha et secundum, beatiores qui ascendere meruerint ad tertium, beatissimi quibus datum fuerit peruenire ad quartum et ad quintum. Primum et secundum pascha transitus sunt gratie, quartum et 75v quintum glorie, ter||tium partim gratie partim glorie. Dulcedo et iucunditas contemplationis imaginarie et meritum est et premium. Meritum quia per eam caritas augmentatur, premium quia per eam caritas remuneratur. Sciendum tamen aliud esse premium uie, atque aliud premium patrie. Duo hec, id est meritum et premium, quia habentur ex solempnitate Iherusalem, cum letitia ad eam ascendendum est, non semel tantum, sed secundum consuetudinem.

Ascensus ad Iherusalem quidam profectus caritatis est. *Quis ascendet in montem Domini aut quis stabit in loco sancto eius? Innocens manibus et mundo corde.* Qui talis est, iam *ascensiones in corde suo disposuit* uersus Iherusalem 65r *cuius fun||damenta sunt in montibus sanctis*, choris uidelicet angelorum, patriarcharum, prophetarum, apostolorum, martirum, confessorum, uirginum. Ad hanc summi regis ciuitatem, id est celestis Iherusalem contemplationem, tres numerantur diete. Prima est contemptus rerum temporalium, secunda delectatio uirtutum, tertia meditatio sanctarum Scripturarum. Hec dieta attingit Iherosolimam. Qui Scripturas sanctas libenter meditatur, nonnunquam mens eius ad celestia contemplanda leuatur. Et quandoque tam sublimiter, ut nichil horum que foris sunt sentiat et uidens nichil uideat. Legitur quidam de sanctis senioribus uisitandi gratia ad alium uenisse seniorem heremitam. Quibus consedentibus, per biduum tum psallendo, tum conferendo compleuerunt psalterium totum et duos prophetas cordetenus, nichil cogitantes siue de tempore siue de cibo.

Occurrunt et alie tres diete supradictis dietis non contrarie. Prima est disciplina laboris, secunda studium lectionis, tertia instantia orationis. Hec perducit in Iherusalem. Per deuotionem sancte orationis iustus aliquando ascendit in ciuitatem contemplationis. Daniel contra Iherusalem orasse legitur ter in die. Hiis tribus dietis respondent uerba Ihesu dicentis: *Ego sum uia, ueritas et uita.* Via laborantibus, ueritas legentibus, uita orantibus. Ipse enim fessus ex itineris labore super puteum resedit, aperto libro in synagoga legit, oratu-

10–12 Ps. 23, 3-4   12 Ps. 83, 6   13 Ps. 86, 1   28–29 Cf. Dan. 6, 10   29–30 Joan. 14, 6   31 Cf. Joan. 4, 6   Cf. Luc. 4, 17   281.31–282.1 Cf. Matth. 14, 23

20–24 Exemplum 65.

2 meruerint] meruerunt *c*   3 pascha] siue *add. M*   17 attingit] pertingit *M*   18 sanctas] diuinas *M*   20 uideat] exemplum *add. in marg. M*   31 super puteum resedit] resedit super puteum *M*

rus montem ascendit. Christi actio nostra est lectio. Orationis causa ascendit montem, quia sepe orantis mens sustollitur ad contemplationem. Et quia in hiis tribus, scilicet labore manuum, lectione et oratione, maxime consistit disciplina monastice uite, libet hiis tribus dietis dietas supra memoratas continuare.

Sic laborare debent monachi, ut in labore sit contemptus temporalium, ne fieri uideatur tantum causa auaritie. Sic legere, ut in lectione sit delectatio uirtutum, non ex scientia uitium inanis glorie. *Scientia inflat, caritas edificat.* Sic debent orare, ut meditatio Scripturarum orationi uiam preparet. Nescientibus orare dicitur: *Nescitis quid petatis.* Ascendentibus per has tres dietas Ihesus simul ascendet et erit uia in labore, ueritas in lectione, uita in oratione. Laborantibus dicit: *Venite ad me omnes qui laboratis et onerati estis, et ego reficiam uos.* Legentibus uero: *Celum et terra transibunt, uerba autem mea non transibunt.* Ecce ueritas. In utroque testamento loquitur nobis Ihesus. Orantibus quid dicit? *Petite et accipietis.* Bene autem petenti dicitur: *Vitam petiit a te, tribuisti ei.* Ecce uita. Apostolus etiam iubet manibus laborare, instare lectioni, sine intermissione orare.

Quomodo ergo peruenient Iherosolimam qui in conuentu fratrum libenter se subtrahunt de labore, qui rarissime comparent in lectione, qui pene nunquam stant || in oratione? Quomodo pascha celebrabunt qui ad festum non M: ascendunt? Quod autem filii Israel pascha celebrauerunt in Egypto, in deserto, in terra || promissionis significat quod dulcedinem contemplationis gustent secT1 ulares, claustrales, ciues celestes. Egyptus seculum, desertum monasterium, terra promissionis celum.

Consummatisque omnibus, cum redirent, remansit puer Ihesus in Iherusalem. Quanta consummatio sit in contemplatione, melius nouerunt experti. Ibi iusti mens multis consolationibus letificatur et nonnunquam de sua predestinatione

7 I Cor. 8, 1 9 Matth. 20, 22 11–12 Matth. 11, 28 12–13 Matth. 24, 35 14 Joan. 16, 24 14–15 Ps. 20, 5 15 Cf. I Thess. 4, 11 Cf. I Tim. 4, 13 16 Cf. I Thess. 5, 17 24 Luc. 2, 43

1 Christi … lectio. Petrus Pictaviensis, *Sententiarum libri quinque*, IV, 3, PL 211, col. 1148D: "Omnis Christi actio fuit nostra lectio." Cf.: *Glossa ordinaria super epistolam ad Hebreos*, 5, 7, in *Biblia Latina cum Glossa Ordinaria*, 4:f. 1135vb: "Christi dicit actionem et vitam cuius omnis actio fidelium est institutio et ad Deum oratio."

1 lectio] instructio *c* ascendit] conscendit *M* 4 memoratas] enumeratas *M* 5 sit contemptus] contemptus sit *M* 13 ihesus] christus *M* 13–14 orantibus quid] orantibus quod *M*, orantibusque *c* 14 bene] vnde *c* 15 manibus laborare] laborare manibus *M* 16 orare] nota *maniculam add. in marg. M*

certificatur. Monachus quidam supprior in quodam cenobio in Longobardia ab angelo sub specie cuiusdam monachi ex parte abbatis ad portam uocatus et longius eductus, deuenit in paradisum ubi Enoch uidit et Helyam, ostensusque est ei liber in quo aureis litteris scripta erant nomina omnium predestinatorum. Cumque in eodem libro nomen suum legeret, audire meruit: Nomen tuum nunquam delebitur de hoc libro. Iste Dominam nostram ualde diligebat et de dulcedine Iherusalem sepe gustabat. Ante paucos annos defunctus est.

Cum redirent, inquit. Vnde? De suauitate ac sublimitate diuine speculationis. Et quare non remanserunt ibi? Quia *corpus quod corrumpitur aggrauat animam, et terrena inhabitatio deprimit mentem multa cogitantem.* Sicut aquila in excelsis uolitans de radio solis oculos deflectit ad escam, sic contemplatiuus de luce diuine speculationis semper redit ad carnis curam. Vnde animalia illa celestia *ibant et reuertebantur.* Ibant ad contemplationem, reuertebantur ad actionem. Animalia celestia persone sunt contemplatiue per mentis excessum euntes et ascendentes et per carnis infirmitatem semper reuertentes.

Vnde breue festum contemplatio uie est. Ipsa tamen est pluuia illa uoluntaria gratie diuine de qua per Psalmistam dicitur: *Pluuiam uoluntariam segregabis, Deus, hereditati tue,* id est illis qui per religionem fecerunt hereditatem tuam. *Segregabis,* dixit, quia secundum spiritum uiuentibus tantum hanc gratiam pluit. Per hoc quod sequitur: *et infirmata est,* datur intelligi quod excessus mentis defectus sit carnis. *Tu autem perfecisti eam.* Cum caro deficit, spiritus proficit. Infirmatus est Daniel, cum uideret uisionem illam maximam, sed spiritus eius profecit. Letificat quod sequitur: *Animalia tua habitabunt in ea,* illi uidelicet qui dicere possunt illud Prophete: *Vt iumentum factus sum apud te* per obedientiam et renunciationem proprie uoluntatis. Isti sunt animalia pauperes spiritu *quibus escam parat in dulcedine sua Deus,* gustum scilicet suauissime contemplationis.

Et cum redirent, remansit puer Ihesus in Iherusalem. Quid est quod puer tam humilis, tam mansuetus, tam obediens cum parentibus tam dilectis et sanc-

8 Luc. 2, 43 **9–10** Sap. 19, 5 **13** Ez. 1, 14 **17–18** Ps. 67, 10 **19** Ps. 67, 10 **20** Ps. 67, 10 **21** Ps. 67, 10 **22** Cf. Dan. 8, 27 **23** Ps. 67, 11 **24** Ps. 72, 23 **26** Ps. 67, 11 **28** Luc. 2, 43

1–7 Exemplum 66.

1 certificatur] exemplum *add. in marg. M*, exemplum *add. rubricam T1* **4** aureis litteris scripta erant] scripta erant aureis litteris *M* **7** sepe] frequenter *M c* **9** remanserunt] remansit *T1 c* **10** cogitantem] exemplum *add. in marg. M* **12** carnis curam] curam carnis *M* **19** dixit] dicit *M* **25** renunciationem] abrenunciationem *M* sunt] christi *add. M*

tis non rediit, sed eis ignorantibus post eos in Iherusalem remansit? Forte ut eosdem salubriter contristaret et contristatos deinde copiosius letificaret. Hoc quotidie in suis dilectis et electis agit spiritualiter. Sicut in eius persona duas credimus naturas, diuinam et humanam: diuinam per || quam ubique est, hu- T1: manam per quam ubique non est; ita in eius donis geminam inuenimus gratiam: gratiam uidelicet illuminantem et gratiam exhilarantem. Gratiam hanc duplicem Dauid uocat misericordiam Dei preuenientem et misericordiam Dei subsequentem.[136] Gratia illuminans est peccatorum remissio uirtutumque infusio, gratia exhilarans uel con||solans est excitata deuotio, lacrimarum irriga- M: tio et, ut supra dictum est, celestium contemplatio. Secundum hanc gratiam Ihesus aliquando se subtrahit mentibus iustorum, secundum uero gratiam illuminantem siue iustificantem, scilicet caritatem, cum illis et in illis ascendit ad festum contemplationis et redit ad munditiam actionis.[137] Remanet puer Ihesus in Iherusalem, cum mentem iusti a contemplatione reducit et gustatam dulcedinem paulatim subducit.

Et non cognouerunt parentes eius. Forte inebriati in illa festiuitate paschali nondum plene redierant ad sobrietatem. Nec mirum. Ingressi in cellam uinariam Salomonis biberant ibi de *uino condito et de musto malagranatorum eius.* Ipse est qui dicit: *Calix meus inebrians, quam preclarus est!* Vere, fratres, ebrietas est excessus diuine contemplationis, quia mentem humanam extra briam, id est supra mensuram, ducit proprie conditionis. Huiusmodi excessum ebrietantem esse per eius contrarium probat Apostolus dicens: *Siue mente excedimus Deo, siue sobrii sumus uobis.* Cum Deo ebrius, cum hominibus sobrius. Quid ergo mirum, si non cognouerunt parentes Ihesu quia remansit in Iherusalem die illo,

7–8 Cf. Ps. 58, 11 et 22, 6 **16** Luc. 2, 43 **18** Cant. 8, 2 **19** Ps. 22, 5 **22–23** II Cor. 5, 13

4–5 diuinam ... non est. Cf. Vigilius Tapsensis, *Contra Eutychetem*, IV, 14, PL 62, col. 126C: "Diversum est autem et longe dissimile circumscribi loco et ubique esse: et quia Verbum ubique est, caro autem eius ubique non est, apparet unum eumdemque Christum utriusque esse naturae ..."

3 dilectis et electis] electis et dilectis *M c* **6** gratiam] *om. T1 c* **7** dei] *om. M c* **9** deuotio] dulcis *add. M* **10** supra] sepe *M* **11** uero gratiam] gratiam uero *M* **15** paulatim] paula *T1* **16** festiuitate] solempnitate *M c*

[136] See the note 8, p. 81.

[137] Cf. *Nazareth flos munditiae*: Thiel, 366.

uino nondum digesto? Redeuntes de festo contemplationis antequam plene ad se redeant, quasi amentes circumspiciunt et suspirant.

Existimantes illum in comitatu esse, uenerunt iter diei. Sicut supra dicitur, dieta orationis continuatur contemplationi. Legitur de quodam patrum, quod quotiens stabat ad orationem, nisi uelociter deponeret manus, statim rapiebatur in excessum. Contingit sepe ut a contemplatione quis rediens et ab orationis loco quasi iam per unam dietam descendens, cum aliqua temptatione pulsari cepit, tunc primum meminit quid habuerit, quid amiserit, qualemue filium in Iherusalem reliquerit. Positus enim intra dietam orationis adhuc gustat de reliquiis contemplationis. Sic Apostolus descendens de tertio celo carnis sue pulsatur stimulo. Existimans autem Ihesum remansisse in Iherusalem reuertitur iterum per orationis dietam ter dominum rogans, ut auferretur ab eo. Et dixit ei Dominus: *Paule, sufficit tibi gratia mea. Nam uirtus in infirmitate perficitur.* Sepe Dominus per temptationes mentes iustorum humiliat, ne de collata gratia superbiant. Vnde idem Apostolus: *Ne magnitudo reuelationum extollat me, datus est michi stimulus carnis mee, angelus Sathane qui me colaphizet.* Per hoc quod dicitur: *Venerunt iter diei,* probatur quod non una die de Nazareth uenerunt in Iherusalem.

Et requirebant eum inter cognatos et notos. Forte ideo Ihesus presentiam dul-
6v cedinis sue subtrahit || mentibus iustorum, ut subtracta auidius queratur, ut inuenta diligentius custodiatur. Vult in eis illud propheticum impleri: *Querite faciem eius semper.* Quod docet, hoc fecit: *Tibi dixit cor meum,* ait, *exquisiuit te facies mea, faciem tuam, Domine, requiram.* Quando mens perfecti uiri pro aliqua gratia subtracta turbatur siue pro temptatione aliunde immissa tribulatur, uenire debet ad confessores suos qui eius cognati sunt et noti: cognati quia spirituali affinitate ei coniuncti, noti quia secretorum cordis eius conscii, uel
77r noti quia *notas ei faciunt uias uite;* et requirere inter notos eos et ab eis, || quomodo gratiam Ihesu recuperet siue temptationem euadat. Requirere confiteri

3 Luc. 2, 44 **10–11** Cf. II Cor. 12, 7 **12** Cf. II Cor. 12, 8 **13–14** II Cor. 12, 9 **15–16** II Cor. 12, 7 **17** Luc. 2, 44 **19** Luc. 2, 44 **21–22** Ps. 104, 4 **22–23** Ps. 26, 8 **27** Ps. 15, 10

4–6 Exemplum 67.

3 dicitur] dictum est *M c* **4** contemplationi] exemplum *add. in marg. M* **6** sepe] sepius *M c* **8** quid] quod *c* quid] quod *c* **13** sufficit] sufficiat *c* **16** me colaphizet] colaphizet me *M* **21** illud propheticum] propheticum illud *M* **22** quod] quid *T1 c* **24** pro] *M* temptatione] tribulatione *T1 c* **27** ei faciunt] faciunt eis *T1 c* requirere] debent *add. T1 c* **28** recuperet] recuperent *T1 c* euadat] euadant *T1 c*

est. Iustitia perfectorum exigit, ut gratie alicuius subtractionem siue immissam temptationem non Deo, non dyabolo, non proximo, sed suis culpis imputet, licet tamen ab illis temptationes frequenter fiant. Vix esse potest, nisi temptatus in confessione aliquod sentiat auxilium. Gratie subtractio temptatio est.

Et non inuenientes regressi sunt in Iherusalem. Quod si adhuc Ihesus distulerit consolationem, tunc anima intra se dicat cum sponsa, immo ipsa mater et sponsa: *Quesiui illum et non inueni, uocaui, et non respondit michi.* Quesiui per confessionem, uocaui per contritionem, sed non respondit michi per gratie sue restitutionem, per temptationis subleuationem. Quid ergo faciam? Surgam et reuertar in Iherusalem. Surgam per importunam orationem et reuertar in Iherusalem per cogitationem et circuibo per humilem supplicationem ipsam ciuitatem, scilicet supernorum ciuium congregationem, per uicos, id est beatos angelos, et plateas, uidelicet homines electos, forte *inueniam quem diligit anima mea.* De hiis uicis atque plateis per Ysaiam dicitur: Platee tue, Iherusalem, sternentur auro mundo, et per omnes uicos tuos alleluia cantabitur.

Aurum suo fulgore significat corpora electorum glorificata que tunc sternentur auro mundo, quando in resurrectione *fulgebunt sicut sol.* Nec mirum, si Deus de puluere suscitabit corpora gloriosa, munda atque luminosa, cum artifex de cinere fingat uasa uitrea omni metallo splendidiora. Alleluia quod interpretatur laudate Dominum, laus est angelorum et ab ipsis decantabitur in eternum. Huius sancte ciuitatis peruagatio et deuota inuocatio multum operatur ad contemplationem siue alicuius gratie subtracte recuperationem.

Et factum est post triduum, inuenerunt illum in templo sedentem in medio doctorum, audientem illos et respondentem. Vbi hoc tempus triduanum initium habuerit, non satis claret, nisi, quod uerisimile est, unum diem expendisse ab Iherusalem descendendo, alterum in redeundo, tertium in Iherusalem requirendo. Puto hos tres dies intelligi posse cognitionem trium spirituum: humani, angelici, diuini. Dies dicitur a dyan quod est claritas. Quando mens ratio-

5 Luc. 2, 45 **7** Cant. 5, 6 **13–14** Cant. 3, 4 **17** Matth. 13, 43 **23–24** Luc. 2, 46

14–15 Platee ... alleluia. Cf. Tob. 13, 22, in the version given in the responsorium "Plateae tuae, Iherusalem": Hesbert, *Corpus antiphonalium Officii*, 4:347 (nr. 7390). Cantus ID 007390: Catalogue of Chant Texts and Melodies **19–20** Thiel, 233. **28** Dies ...claritas. Petrus Comestor, *Historia scholastica. Liber Genesis*, 10 (cap. 3): "Et appellauit lucem diem, a dian Greco quod est claritas ..."

2 imputet] imputent *M* **10** importunam] oportunam *T1 c* **12** est] per *add. c* **14** uicis] uiis *c* dicitur] dicit *c* **15** cantabitur] decantabitur *M c* **25** diem] eos *add. M*

nalis post celestium contemplationem, post eiusdem gratie subtractionem, post immissam temptationem humiliter recognoscit quante infirmitatis sit spiritus 67r || humanus qui tam cito a luce diuine speculationis reuerberatur, quante fortitudinis spiritus angelicus qui sine defectu celestes radios contemplatur, quante maiestatis spiritus diuinus a quo omnis spiritus illuminatur; meretur consolari tum ex ui confessionis, tum ex importunitate orationis, tum ex humilitate huius triplicis considerationis, quasi post tres dies inuenit Ihesum.

Et ubi eum inuenit? In templo, hoc est in seipsa. Templum Dei anima iusti. Vnde Ysaias: *Anno quo mortuus est Ozias uidi Dominum sedentem super solium excelsum et eleuatum, et ea que sub ipso erant replebant templum.* Ihesum in templo inuenire est eius gratiam denuo sentire. Bene mens iusti aduentum eius sentit, quia cum magna dulcedine redit. Alioquin Psalmista non diceret: *Consolationes tue letificauerunt animam meam.* Inuenitur sedens in medio doctorum, cum, gratia restituta uel temptatione depulsa, sentitur in medio sensuum spirtualium. Ecce tales sunt doctores uel seniores anime de quibus in 77v libro Sapientie scriptum est: *Cani || sunt sensus hominis, et etas senectutis uita immaculata.* Et bene dicuntur doctores, quia per ipsos instruuntur sensus exteriores. In medio eorum sedet Ihesus, *ne quis desit gratie Dei.* Audit illos ut in suis motibus ad meritum exerceantur, respondet ut ex prudentia responsionis erudiantur. Duobus modis specialiter in anima loquitur: consilii inspiratione et beneficiorum consolatione. Duo ista pro loco sufficiunt. Propter hec duo dicit: *Verba que ego loquor spiritus sunt et uita.* Spiritus propter scientie inspirationem, uita propter consolationem.

Stupebant autem omnes super prudentia et responsis eius. Ex responsis eius prudentia agnoscebatur. Vnde stulte respondenti dicitur: Si tacuisses, philosophus fuisses. Nemo stultorum tacere potest. Quis est iustorum qui non stupeat in se quandoque super responsis Ihesu? Cum ingenium quid de Scripturis inuestigat, Ihesus intellectui respondet. Sanctus Bernardus cum tempore

9–10 Is. 6, 1 **13** Ps. 93, 19 **16–17** Sap. 4, 8-9 **18** Hebr. 12, 15 **22** Joan. 6, 64 **24** Luc. 2, 47

8–9 On this expression see supra p. 234. **25–26** Walther, *Proverbia*, nr. 29212. **287.28–288.3** Exemplum 68.

4 celestes radios] radios celestes *c* **5** omnis spiritus] spiritus omnis *M* illuminatur] illustratur *M* **7** considerationis] et *add. c* **8** seipsa] seipso *M* **11** bene] bona *c* **11–12** mens iusti aduentum eius] eius aduentum iusti mens *M* **21** sufficiunt] sufficiant *M* hec] *om. M* **24–25** eius prudentia] prudentia eius *M* **26** stultorum] stultus *M* **27** quid] quod *c* **28** respondet] exemplum *add. in marg. M*

quodam nescio quid dictaret et testimonium haberet in promptu quod presenti loco congruebat, uelletque reseruare in finem timens ibi defectum, huiusmodi uocem audiuit: Si istud reseruaueris, aliud tibi non dabitur. Respondet Ihesus ad interrogata. Respondet intellectui ut intelligat, memorie ut intellecta retineat, et si que sunt alie uirtutes siue naturales siue spirituales, ex eius responsis accipiunt unde proficiant. Bene responsum est illi qui ait: *Incerta et occulta sapientie tue manifestasti michi.*

Et uidentes admirati sunt. Auditus stuporem, uisus doctoribus incussit admirationem. Considerabant in Saluatore etatem infirmam et stupebant ad scientie magnitudinem. Iuste ergo sensus anime admirantur Ihesum operantem in se. Vnde est uox illa: *Mirabilia opera tua, Domine, et anima mea cognoscet nimis.* Merito autem uocatum est nomen eius admirabilis. Per hoc autem quod inueniri uoluit in templo, uidelicet orationis loco qui omnibus patet, datur intelligi quod Ihesus qui est *Dei uirtus et Dei sapientia* etiam offert se querentibus. Vnde in libro Sapientie scriptum est: *Et facile uidetur ab hiis qui eam querunt, preoccupat qui se concupiscunt, in illis se prior ostendit. Clara* || *est et que nunquam marcescit sapientia.*

Et dixit mater eius ad eum: Fili, quid fecisti nobis sic? Ecce pater tuus et ego dolentes querebamus te. Antequam procedam in expositione morali, occurrit quiddam memorie quod inserere non negligam, quia locum hic habet et Ihesu benignitatem ostendit. Magister Iohannes Xanctensis cum quodam tempore transitum faceret per Gosslariam, uisitauit quandam reclusam satis sibi familiarem. Quo uiso, cepit illa mirabiliter flere. Cui cum diceret: Cur fles, mulier, quid habes? Respondit illa: Non possum inuenire Dominum meum, quid facere debeam penitus ignoro. Sciens eam feminam esse sanctam ac religiosam, in quodam spirituali ioco sic ei respondit: Mulier, Dominus in aliquo latet foramine. Circui parietes cellule tue clamans quotidie: Domine, ubi es, *ostende michi faciem tuam, sonet uox tua in auribus meis,* forte casu eum inuenies. Recedente magistro, fecit illa sic. Et cum post aliquod tempus eam iterum uisitaret, illa

6–7 Ps. 50, 8 **8** Luc. 2, 48 **11–12** Ps. 138, 14 **12** Cf. Ps. 8, 2 **14** I Cor. 1, 24 **15–17** Sap. 6, 13-14 **18–19** Luc. 2, 48 **27–28** Cant. 2, 14

288.21–289.3 Exemplum 69.

5 naturales] sint *add. M c* **15** eam] eum *M* **20–21** ihesu benignitatem] benignitatem ihesu *M* **21** ostendit] exemplum *add. in marg. M* xanctensis] santensis *M* **22** gosslariam] glossariam *T1 c* **29** cum post aliquod tempus] post aliquod tempus cum *M* tempus] ipse *add. M* eam iterum] iterum eam *M c*

cum letitia eum sic allocuta est: Deus uos remuneret, quia ueraciter sicut michi
78r dixistis, ita Dominum meum inueni. Et cum reduxisset ei ad memoriam, || stupebat ualde admirans Christi humilitatem.

Simile pene contigit in Cummede, quodam cenobio monialium ordinis Cisterciensis, sicut a priore eiusdem loci audiui. Erat ibi puellula quedam imaginem habens Saluatoris. Quam cum perdidisset et quotidie cum lacrimis quereret, nocte quadam in hec uerba locutus est ei: Noli flere, ex nomine eam uocans, quia in sacculo iaceo positus sub stramentis lectuli tui ad caput. Mox illa surrexit, quesiuit, inuenit. Quis non stupeat ad benignitatem diuine sapientie? *Dignos se circuit ipsa querens et in uiis suis se ostendet illis hilariter.*

Poterant sancte iste mulieres cum Maria et Ioseph dicere: *Fili, quid fecisti nobis sic?* Vox ista uox est congratulationis, non increpationis. Cum Ihesus se per gratiam consolantem iustorum mentibus ad tempus subtrahit, non eis quidem iniuriam facit, sed uult ut ardentius requiratur, atque ex ipso desiderio caritas incendatur. *Spes que differtur affligit animam.* Et notandum quod non dicit: Ego et pater tuus, sed *pater tuus et ego*, Ioseph sibi preponens. Nisi uirtus iustitie quam Ioseph dictum est significare, mentem preambulet, mens Ihesum non inueniet. Vnde iustis dicitur: *Querite et inuenietis*, iniustis autem: *Queretis me et non inuenietis.*

Et ait ad illos: Quid est quod me querebatis? Non reprehendit studium querendi, sed ignorantiam sacramenti. Vnde protinus subiunxit: *Nesciebatis quia in hiis que Patris mei sunt oportet me esse*, hoc est in templo Dei. Templum Dei, ut supra dictum est, sunt anime electe, ut dicit Apostolus: *Vos estis templum Dei uiui, sicut Dominus dicit: Quando inhabitabo in illis et inambulabo et ero illorum Deus, et ipsi erunt michi populus.* Hoc templum Patri Filioque commune est, quia ipse Filius dicit: *Si quis diligit me, sermones meos seruat, et Pater meus diliget eum, et ad eum ueniemus et mansionem apud eum faciemus.* Si mens rationalis hec intelligit, quare eum ut perditum querit? Quia nescit utrum illa subtractio diuine consolationis fiat ob meritum culpe seu propter augmentum gratie. Id-

10 Sap. 6, 17 **11–12** Luc. 2, 48 **15** Prov. 13, 12 **16** Luc. 2, 48 **18** Matth. 7, 7 **18–19** Joan. 7, 34 **20** Luc. 2, 49 **21–22** Luc. 2, 49 **23–25** II Cor. 6, 16 **26–27** Joan. 14, 23

4–10 Exemplum 70.

3 humilitatem] exemplum *add. in marg. M* **4** cummede] commede *M* monialium] sanctimonialium *M* **7** quadam] dominus *add. M* **8** iaceo positus] positus iaceo *M c* **9** ad] tantam *add. M c* **10** suis se] se suis *M* **13** subtrahit] subtrahat *c* **15** caritas incendatur] *post. corr. ex* caritate incensantur *T1* incendatur] accendatur *M* **26** sermones meos] sermonem meum *M*

circo non sine causa || subiungitur: *Et ipsi non intellexerunt uerbum quod locutus est ad illos.* Quamdiu anima domus Patris est per dilectionem, Filius quidem in ea manet et est per gratiam, licet ei quandoque subtrahat presentie sue dulcedinem. T1:

Et descendit cum eis et uenit in Nazareth. Cum parentibus descendit, cum *uoluntatem timentium se facit.* Vnde est uox illa: *Et misericordia tua subsequetur me omnibus diebus uite mee.* Non tamen uenit, nisi in Nazareth, hoc est ubi castitas est et munditie. Vnde Apostolus cum premisisset: *Vos estis templum Dei uiui* et cetera, post pauca sic ait: *Has igitur habentes promissiones mundemus nos ab omni inquinamento carnis et spiritus, perficientes sanctificationem in timore Domini.*

Iucundum ualde quod sequitur. *Et erat,* inquit, *subditus illis.* Quidam ita dona Christi habent ad manum, ut quasi imperare eis uideantur. Ante unum mensem priusquam uenirem ad ordinem, adolescens quidam Christianus nomine sancte conuersationis in domo nostra defunctus est. Hic tempore quodam lacrimarum gratiam sibi subtractam et per confessionem orationemque diligentissime quesitam, per osculum ligni Dominici quod apud nos est inuenit. Que gratia ab illa hora ita fuit ei subiecta, ut quotiens uellet, lacrimas haberet.

Et mater eius conseruabat omnia uerba hec in corde suo. Sic iusti mens de hiis debet cogitare et per memoriam conseruare, que in ea Ihesus mirabiliter operatur, ne gratie || ingrata uideatur. *Et Ihesus proficiebat etate et sapientia apud Deum et homines.* Non Ihesus in se, sed in nobis proficit. In sapientia proficit, cum per saporem interne dulcedinis in nobis crescit. Etate proficit, cum caritatem in nobis incendit. Habet caritas etates suas. Et est iste profectus apud Deum quantum ad occultum meritum, apud homines quantum ad bonum exemplum. Vtroque modo det nobis Saluator in eo crescere, sic proficere, ut tamquam boni parentes et nutricii fideles eius glorie mereamur fieri participes. Amen. M:

1–2 Luc. 2, 50 **5** Luc. 2, 51 **6** Ps. 144, 19 **6–7** Ps. 22, 6 **8–9** II Cor. 6, 16 **9–11** II Cor. 7, 1 **12** Luc. 2, 51 **20** Luc. 2, 51 **22–23** Luc. 2, 52

7–8 Thiel, 366. **13–19** Exemplum 71.

6 est] *om. M* **8** castitas] sanctitas *M* et] *om. M* **10** inquinamento] et *add. c* **13** ita dona christi] dona christi ita *M* uideantur] exemplum *add. in marg. M* **16** et] *om. M* **18** fuit ei] ei fuit *c* **22** etate et sapientia] sapientia et etate *M* **29** amen] explicit omelia quintadecima. *add. M*

Sabbato quatuor temporum. Secundum Lucam.

Anno quintodecimo imperii Tyberii Cesaris, procurante Pontio Pylato Iudeam, Tetrarcha autem Galilee Herode, Philippo autem fratre eius Tetracha Yturee et Traconitidis regionis et Lisania Abiline Tetrarcha; sub principibus sacerdotum Anna et Caypha factum est uerbum Domini super Iohannem Zacharie filium in deserto. Et reliqua.

Omelia de eadem lectione.

In hac sacra Euangelii lectione expressa est uita predicatoris et modus predicationis, uia penitentie et fructus indulgentie, asperitas correptionis et blandimentum consolationis. Tria etiam hic considerationi occurrunt: tempus, persona, locus. Tempus cum dicitur: *Anno quintodecimo imperii Tyberii Cesaris* et cetera. Persona cum dicitur: *Factum est uerbum Domini super Iohannem Zacharie filium.* Locus cum mox subiungitur: *In deserto.* In deserto beatus Iohannes habitauit et sub sceleratis principibus predicauit, et erat ei ipsa solitudo ad gloriam, mali uero principes ad coronam. Legitur in sequentibus ad ipsum in solitudinem uenisse regem glorie et ab eo baptizatum in Iordanis flumine. Legitur etiam ab Herode propter iustitiam martirio coronatus. In hoc
58v quidem speciale donum datum est Iohanni, quod || habitans in locis desertis turbas populorum de ciuitatibus ad se traxit et uirtute predicationis mirabiliter correxit. Modo multi ex predicatoribus in ciuitatibus predicantes et in turbis populorum habitantes, heu! quos uerbo trahunt, exemplo auertunt et quantum prosunt uerbo, tantum nocent exemplo.

Duo in Iohanne precipue sunt notanda: nomen uidelicet et uita. Nomine typum exprimit gratie interioris, uita speculum est predicatoris et norma totius perfectionis. Predicator ut esse possit Iohannes, intus habeat caritatem et foris in opere claritatem. Ardeat et luceat, quia teste Domino *ille erat lucerna ardens et lucens.* Ardens dilectione, lucens conuersatione. Nec debet, ut Glosa dicit,

2–5 Luc. 3, 1-2 **11** Luc. 3, 1 **12–13** Luc. 3, 2 **13** Luc. 3, 2 **26–27** Joan. 5, 35

291.27–292.1 Nec … habet. *Glossa ordinaria super Lucam,* 10, 1, in *Biblia Latina cum Glossa Ordinaria,* 4: f.1009rb (marginal gloss).

1 sabbato quatuor temporum secundum lucam] incipit omelia sextadecima. *M* lucam] xvi *add. T1 in marg.*, cap. iii. *add. c* **2** imperii] *om. c* tyberii] *om. T1* **4** lisania] lisia *c* **6** et reliqua] *om. M* **7** omelia de eadem lectione] *om. M* **11** tyberii] *om. T1 c* **21** quos] quas *M* **27** glosa dicit] dicit glosa *M c*

predicatoris officium suscipere qui erga alium caritatem non habet. Plus ualet ad predicandum, teste Gregorio, sancti amoris conscientia, quam sermonis exercitati scientia. Illi de Deo suauiter loqui norunt qui eum cordis uisceribus amare consueuerunt.

Tempore Conradi imperatoris cum sanctus Bernardus in Alemannia lingua gallica predicaret, ita populum accendit, ut uberrime fleret, cum tamen eius uerba non intelligeret. Postea cum interpres peritissimus Sancti sermonem exponeret, populus non est motus. Cessante igne, tepuit calor. Non potuit accendere qui forte non nouit ardere. Habent tamen quidam predicatores qui male uite sunt uerba satis incentiua, sed hoc esse puto tum ex uirtute uerborum, tum ex merito auditorum. Omnis *sermo Dei ignitus clipeus est omnium sperantium in se.*

In Wilari domo Cisterciensis ordinis || M: cum quidam abbas eiusdem ordinis mane in capitulo facturus esset sermonem, in ipsa nocte uidit quidam monachus in sompnis eundem abbatem carbonem ignitum habere in manu et ora singulorum tangere. Reuera sermo diuinus est *carbo ignitus, carbo desolatorius,* calculus quo forcipe de altari sublato Seraphin labia Ysaie tetigit atque mundauit. Vnde prelati ecclesiarum illis maxime iniungere debent officium predicationis, in quibus Ihesus duodennis est, id est perfectionem imitantur apostolicam atque beati Iohannis conuersationem. Iohannes erat Apostolus qui ait: *Gratia Dei sum id quod sum, et gratia eius in me uacua non fuit.* Vtrumque erat Iohannes: et gratia Dei et in quo est gratia. Secundum hoc, uidetur quod predicare non debeat qui Dei gratiam non habet, id est caritatem. Ait enim Gregorius: Non predicationis officium debet suscipere qui erga alium caritatem non habet.

11–12 Prov. 30, 5 **16** Ps. 17,4 **16–17** Ps. 119, 4 **17–18** Cf. Is. 6, 6-7 **21** I Cor. 15, 10

1–3 Plus ... scientia. Gregorius Magnus, *Homiliae in Hiezechielem,* 150 (lib. I, hom. X, 13). **5–8** Exemplum 72. **13–16** Exemplum 73. **21–22** Thiel, 331. **24–25** Non ... habet. Gregorius Magnus, *Homiliae in Evangelia,* 117 (Hom. XVII, 1). Cf. supra, the same quote in the *Glossa ordinaria.*

3 de deo suauiter] suauiter de deo *M c* norunt] nouerunt *M c* **5** consueuerunt] exemplum *add. in marg. M,* exemplum *add. rubricam T1* **6** fleret] flerent *T1* fleret] et *add. c* **7** sermonem] populo *add. M* **13** se] exemplum *add. in marg. M* cisterciensis ordinis] ordinis cisterciensis *M* **15** habere] tenere *M* **16** singulorum tangere] tangere singulorum *M* **17** quo] quem *T1 c* **19** est] ubi *add. M,* qui *add. c* imitantur] intelligunt *M* **22** erat] interpretatur *M* **24** non] nec *M*

Timendum est ualde predicatori qui in se recognoscit mortale, ne feriatur illa terribili sententia: *Peccatori autem dixit Deus: Quare tu enarras iustitias meas et assumis testamentum meum per os tuum? Tu uero odisti disciplinam et proiecisti sermones meos retrorsum.* Et dicunt quidam ex ipsa predicatione eum mortaliter peccare. Quod tamen ita soluitur. Si peccata eius fuerint notoria, hoc est si fuerit concubinarius manifestus, adulter, simoniacus, usurarius peccatisque similibus inuolutus, in istis populum scandalizat et scandalizando grauiter pec-
69r cat. Talem predicatorem oportet || peccantium excessus palpare, uel si acrius pungit, uerba probrosa toleret. Vt enim taceamus de plebanis et inferioris ordinis predicatoribus atque pastoribus, qui sepe a suis ouibus criminantur etiam iniuste, predicante quadam die beate memorie domino Innocentio summo pastore, quidam Romanus interrupit eius sermonem et coram omni populo clamabat dicens: Os quidem Dei habes, sed opera dyaboli. Quod si malus sacerdos curam habet pastoralem cui annexa est predicatio et non predicat, iterum grauiter peccat, nec tamen predicando meretur, licet non predicando demereatur.

Quintusdecimus annus Tyberii imperatoris significat quandam scientie perfectionem que esse debet in corde predicatoris. Oportet eum esse doctum lege diuina, ut habeat unde *proferat noua et uetera.* Quindenarius constat ex septenario et octonario. Septenarius, ut notum est, pertinet ad uetus testamentum, octonarius ad nouum.[138] *Da,* inquit Salomon, *partes septem necnon et octo.* Sacerdos et maxime pastor, teste Malachia, *angelus scientiarum est, et legem ex ore eius requirent,* subaudis: oues quibus preest. *Sacredos qui ingreditur sancta sine sonitu moritur.* Et Dominus per Osee pastori illitterato terribiliter comminatur dicens: *Quia tu scientiam repulisti, repellam te ne sacerdotio fungaris michi.*

2–4 Ps. 49, 16-17 **19** Matth. 13, 52 **21** Eccle. 11, 2 **22–23** Mal. 2, 7 **23–24** Ex. 28, 35 **25** Os. 4, 6

9–13 Exemplum 74.

3 tuum] nota *add. in marg. M* **5** tamen] *om. M* **6** concubinarius manifestus] manifestus concubinarius *M* **9** toleret] tolerare *M c* **22** scientiarum] sanctuarii *M* et] ut *M* **23** subaudis] subauditur *M*, subaudi *c*

[138]On the number fifteen (sum of seven and eight) as a symbol of the Old and the New Testaments, cf., for example: Beda Venerabilis, *In Lucae evangelium expositio*, 21-22 (I, 5): "... sicut septenario saepe numero propter sabbatum uetus testamentum sic nouum aliquoties octonario propter sacramentum uel dominicae uel nostrae ressurectionis exprimitur. Unde quia non aliter quam per obseruantiam utriusque testamenti regni caelestis aula penetratur recte et in templo Salomonis mysticus quindecim graduum ascensus fuisse narratur."

Item per Ysaiam de prelatis uel pastoribus in predicatione timidis, in cura pastorali negligentibus, auaris, gulosis et illitteratis: *Omnes*, inquit, *bestie agri uenite ad deuorandum, uniuerse bestie saltus. Speculatores eius ceci omnes, nescierunt uniuersi, canes muti non ualentes latrare, dormientes et amantes sompnia. Et canes impudentissimi nescierunt saturitatem, ipsi pastores ignorauerunt intelligentiam, omnes in uiam suam declinauerunt, unusquisque ad auaritiam* || M: *suam*. Vnde predicatores cum Iohanne filii debent esse Zacharie per memoriam uidelicet legis diuine. Zacharias interpretatur memoria Domini uel memor Domini. Qui alios debent docere, uacare debent sacre lectioni, non uenationi, non occupari in ludis, sed in libris, non cogitare de negociatione, sed de predicatione, fugere tabernas, amare ecclesias.

Notandum etiam quod tunc primum predicare cepit Iohannes, quando *factum est super eum uerbum Domini*. Per hoc ostenditur quod nullus sibi assumere debeat auctoritatem predicandi, nisi ei per debitum officium uti cura est pastoralis committatur uel propter uitam et scientiam a prelato ei iniungatur. *Quomodo*, inquit, *predicabunt, nisi mittantur?* Duplici auctoritate predicauit Iohannes: auctoritate Dei et auctoritate officii. Auctoritate Dei, quia Iohannes dicit de eo: *Fuit homo missus a Deo cui nomen erat Iohannes*. Auctoritate officii, quia filius summi sacerdotis. Cuius predicatio intantum processit, cuius constantia adeo profecit, ut ab Herode propter zelum iustitie sustineret carcerem et tandem capitalem subiret sententiam. Non mirum si Iohannes constans fuit in predicatione, super quem *factum est uerbum Domini*, || T1 et illud uerbum *quo celi firmati sunt*, per quod et *omnia facta sunt et sine quo factum est nichil*. Non, inquam, mirum, si Iohannes constans fuit in predicatione, cum quidam pertinaces et inflexibiles sint in suo errore.

Domino Bertrammo Metensi in exordio pontificatus sui predicante in ecclesia sancti Stephani, in populo contemplatus est duos uiros stantes quos propter hereses de Monte Pessulano nouerat expulsos, et clamauit: Video nuntios dyaboli in medio uestri stare. Qui se ab episcopo uidentes deprehensos, adiuncto sibi scolari, ceperunt contra eum garrire sermonem eius in-

2–7 Is. 56, 9-11 **12–13** Luc. 3, 2 **16** Rom. 15, 10 **18** Joan. 1, 6 **22** Luc. 3, 2 **22–23** Ps. 32, 6 **23** Joan. 1, 3

8–9 Thiel, 445. **294.26–295.8** Exemplum 75.

4 non ualentes] nescientes *M* **6** declinauerunt] et *add. M* **12** primum] *om. c* **18** eo] illo *M c* **21** non mirum] nimirum *T1* **25** errore] exemplum *add. in marg. M*, exemplum *add. rubricam T1* **29** stare] stantes *M* terrumpentes. Post missam ante ecclesiam, populo multo ad se congregato, aperte predicauerunt. Quibus cum episcopus uim inferre non posset propter quosdam burgenses qui in eius odium eos defendebant, et clerici eis dicerent: Vos, domini, cuius autoritate predicatis — predictam Apostoli sententiam eis obicientes — uel quis misit uos? Responderunt: Spiritus. Verum quidem dixerunt. Non tamen a Spiritu sancto missi, sed a spiritu erroris qui per ora illorum in eadem ciuitate seminauit heresim fadosianam, ab uno eorum sic uocata.

Non sic Iohannes, non sic, sed Spiritu sancto repletus ex utero et tempore beneplacito uerbo domini super se facto, predicationem suam inchoauit. Predicauit in deserto Iudee, sicut predictum erat de illo in libro sermonum Ysaie prophete: *Vox clamantis in deserto.* Merito ergo factum est uerbum domini super Iohannem qui secundum Prophetam erat uox Verbi. Dedit igitur ipsum Verbum uoci sue uocem uirtutum et tam ualidam, ut clamorem eius audiret omnis Iudee regio et iherosolimite uniuersi, confluerentque ad eum *confitentes peccata sua.*

Quid autem clamabat? *Parate uiam Domino, rectas facite semitas eius.* Via Domini designare uidetur fidem catholicam, id est uniuersalem, semite eius bonarum actionum diuersitatem. Viam posuit in singulari, quia *unus est Deus, una fides, unum baptisma.* Semitas uero in plurali numero, quia multa sunt opera que nobis ostendit Filius Dei. *Multa,* inquit, *bona opera operatus sum in uobis.* Viam Domino parare est fidem cum operibus seruare. Sed forte dicet quis: Ego fidem quam suscepi in baptisma tenui, quod credendum est credo. Bene. Audi quicunque ille es non me, sed Iacobum apostolum tibi respondentem: *Tu credis,* inquit, *quoniam unus est Deus, bene facis. Nam demones credunt et contremiscunt. Fides si non habet opera, mortua est in semetipsa.*

30r || Semite Dei sunt orationis causa uel confessionis ire ad ecclesiam, festinare ad uiduarum, pupillorum egenorumque defensionem, esurientem cibare, sitientem potare, uisitare infirmum, uenire ad carcerem, hospitem colligere, mortuum sepelire. Hec et hiis similia, ut sunt ieiunia, castigationes, obedientia,

12 Is. 40, 3 **15–16** Marc. 1, 5 **17** Luc. 3, 4 **19–20** Eph. 4, 5 **21** Joan. 10, 32 **21–22** Joan. 10, 32 **25** Jac. 2, 19 **25–26** Jac. 2, 19-20

4 apostoli sententiam] sententiam apostoli *M* **6** a spiritu sancto] spiritus sanctus *M* missi] *om. M* a spiritu erroris] spiritus erroris *M* **11** sermonum] *om. M* **12–13** uerbum domini super iohannem] super iohannem uerbum domini *M* **18** id est] *om. c* **19** in] numero *add. M* **20** plurali numero] numero plurali *M* **24** quicunque] quisquis *M* iacobum apostolum] apostolum iacobum *M* **25** quoniam] quod *c* **26** et] *om. c* **29** carcerem] incarceratum *M c*

in aduersis patientia sunt semite Dei. Et ideo semite, quia difficiles et anguste. Multi quidem ambulant in uia fidei christiane, sed pauci in semitis iustitie.

Et quia plurimi sine caritate incedunt per semitas operum misericordie, additum est: *Rectas facite.* Quasi dicat: *Omnia uestra in caritate fiant,* ut opera uestra meritum habeant. Quicquid enim boni quantum ad apparentiam in mortali existentes faciant, per hoc non directe, || sed oblique in semitis Dei ambulant. T1: Tales semite non perducunt ad Deum. Vnde Apostolus dicebat: *Ambulate in caritate.* Caritas semitas Dei dirigit. Et quia nonnunquam ipsa opera in caritate facta mentem eleuant, bene Ysaias subiunxit: *Omnis uallis implebitur.* Ac si diceret: *Qui se humiliat exaltabitur. Et omnis mons et collis humiliabitur,* quia *qui se exaltat humiliabitur.* Dauid propter humilitatem in regem erigitur, Saul propter superbiam a regno deicitur. Impletus est gratia humilis publicanus, defluxit a gratia superbus phariseus. Impleta est et Maria Magdalena, cum se uallem secus pedes Saluatoris exhibuit, humiliatus est Saulus, cum se montem Ecclesiam opprimendo demonstraret. Quosdam Deus iuste humiliat, ut confusi quantum malum superbia sit intelligant, quosdam misericorditer humiliat, ut conuersi quantum bonum humilitas sit recognoscant. Ecce de utroque exemplum.

Non est diu quod homines quidam obsessum quendam gratia et spe curationis trahebant ad quoddam cenobium ordinis nostri. Ad quos dum exiret prior ducens secum iuuenem monachum quem uirginem corpore nouerat, ait ad obsessum: Si tibi preceperit monachus hic ut exeas, quomodo audebis manere? Cui demon respondit: Non eum timeo, quia superbus est. Non enim timet montem uirginitatis, nisi ei contigua sit uallis humilitatis.

Legitur etiam in Verbis seniorum cuiusdam primarii filia in Babilonia obsessa que cum curari non posset, suasu cuiusdam monachi sibi familiaris uocauit in domum suam discipulum quorundam magnorum senum, quasi precium ei pro sportellis que uendiderat daturus. Qui cum domum intrasset, occurrit ei puella illa obsessa et dabat ei alapam. Cui cum monachus alteram

4 Luc. 3, 4   I Cor. 16, 14   7–8 Eph. 5, 2   9 Luc. 3, 5   10 Luc. 14, 11   Luc. 3, 5   11 Luc. 14, 11   11–12 Cf. I Reg. 16, 13   12–13 Cf. Luc. 18, 10-14   13–14 Cf. Luc. 7, 38   14 Cf. Act. 9, 4

19–24 Exemplum 76.   296.25–297.3 Exemplum 77.

5 quicquid] quodquod *c*   13 et] beata *add. M*   14 exhibuit] exhiberet *M*   15 deus iuste] iuste deus *M*   17 humilitas sit] sit humilitas *M*   18 exemplum] exemplum *add. in marg. M*   23 enim] dyabolus *add. M*   24 contigua] continua *c*   humilitatis] exemplum *add. in marg. M*

uertisset maxillam, dyabolus non ferens tantam humilitatem omnino reliquit puellam. Ex hiis colligimus dyabolum magis timuisse huius monachi humilitatem, quam antedicti monachi uirginitatem.

Et erunt praua in directa et aspera in uias planas. Vera humilitas in corde praua dirigit et in uerbis, moribus uel actibus aspera in uias planas conuertit. Huic contraria est humilitas praua de qua dicit poeta: Asperius nichil est humili, cum surgit in altum. Hec exasperat, illa exasperata complanat. Apostolus prostratus et humiliatus, cordis eius praua et distorta propter blasphemiam directa sunt ad normam euangelicam. Et cuius uie aspere erant et dure propter sanctos quos uinctos ad penam trahebat ita conuerse sunt in uias planas, ut ipse de se diceret: *Omnibus omnia factus sum, ut omnes lucrarer.*

Quod autem sequitur: *Et uidebit omnis caro salutare Dei,* referendum est ad 80v futurum iudicium, ubi omnis caro, id est christiani, Iudei, pagani uel || uterque sexus, masculinus uidelicet et femininus, siue omnis etas uidebit Christum in carne. Et erit ipsa uisio electis in salutem, reprobis autem in dampnationem. *Dicebat ergo Iohannes ad turbas qui exibant ut baptizarentur ab eo: Genimina uiperarum, quis ostendit uobis fugere a uentura ira? Facite ergo fructus dignos pen-* 70v *itentie.* Videns beatus Iohannes ad se uenientes || uere esse penitentes, serpentibus eos comparauit non peccata improperando, sed quales in peccatis fuerint per similitudinem demonstrando. Quare hoc? Vt de cetero peccare formidarent, ut de preteritis erubescerent et ut ex ipsa erubescentia meritum haberent. Merito ergo ex peccatoribus plurimi uipereo semini comparantur, dum malorum parentum suorum opera imitantur. Cum parentes possessiones et pecunias de furto, de usura, de rapina uel fraude conquisitas sub titulo hereditario liberis suis relinquunt, quasi uirus malitie sue eisdem infundunt.

Vipera dicta est, quod ui pariat. Nam cum uenter eius ad partum ingemuerit, catuli non expectantes nature solutionem, corrosis eius lateribus, ui erumpunt. Fertur etiam quod tempore conceptionis masculus ore inserto femine semen exspuat, illa autem ex uoluptate libidinis in rabiem uersa caput maris ore recepto precidat, ita fit ut parens uterque pereat: masculus cum coit, femina

4 Luc. 3, 5 **7–9** Cf. Act. 9, 3-9 **11** I Cor. 9, 22 **12** Luc. 3, 6 **16–18** Luc. 3, 7-8

6–7 Asperius ... altum. Claudius Claudianus, *In Eutropium*, I, 181, ed. Pierre Fargues (Paris Hachette, 1933), 55. **297.26–298.1** Vipera ... parit. Isidorus, *Etymologiae*, vol. 2 (lib. XII, 4, 10-11).

5 actibus] actis *M* **10** quos uinctos] uinctos quos *M* **11** lucrarer] lucrifaciam *M* **13** uterque] utriusque *M* **25** malitie sue] sue malitie *M*

cum parit. Dum uir per uxorem quomodo per usuras et possessiones inique collectas liberos ditare possint, consilium accipit, quasi caput in os femine mittit semenque uipereum quasi in guttur illius exspuit, dum conceptam uoluntatem illi efficaciter exponit. Et fit sepissime, ut uxor, tali consilio audito, tum amore liberorum tum amore diuitiarum quasi in rabiem uersa, hoc ut fiat omnibus modis maritum instigat, malens caput, id est animam eius, precidere, quam tali modo filios et filias non hereditare.

Sed quid faciunt filii de tam uipereo semine concepti? Post mortem patris sepissime pulsant et corrodunt propter ipsas diuitias latera matris et intantum, ut quandoque ex impatientia tempus dissolutionis eius expectare non ualentes, matrem de ipsa hereditate eiciant et proprias uxores introducant. Quidam talium filiorum nuper dixisse fertur: Omnia quidem credere possum, sed matres mori posse credere non possum. Qui huiusmodi sunt, audiant rem illam terribilem que ante annos decem in prouincia nostra contigit. Quod si tunc forte nouerunt, ad memoriam reducant.

Miles quidam Henricus nomine de Mosella oriundus matrem uiduam frequenter precibus importunis pulsabat, ut feoda, allodia siue alias quas habebat adhuc in potestate sua possessiones sibi libere contraderet, quatinus diuitiarum gratia honestiorem ducere posset uxorem; matri plurima bona promittens. Illa malitiam serpentinam in filio non intelligens precibus eius annuit. Ille uero, celebratis nuptiis, matrem expulit nichil ei tribuens. Accidit ut die quadam sederet ad mensam cum uxore habens ante se pullum assum, interim matre ante ostium pulsante, cum eius uocem intellexisset ait puero: Pone scutellam in cista donec dyabolus recedat, matrem sic uocans. Que cum eo exasperata cum fletu recessisset, precepit seruo ut pullum referret. Mira res! Cum puer, cista aperta, introspexisset, nichil uidit in scutella, preter serpentem maximum. Qui territus nunciauit hec domino suo. Ille putans sibi a seruo illudi, misit ancillam. A qua cum similia audisset, furibundus surrexit dicens: Etiam si dyabolus fuerit, ego || uadam et tollam eum. Veniens ad archam cum se inclinasset ad pullum tollendum, insiliuit in eum serpens, || collo eius tam fortiter se colligans, ut nulla arte, nulla ui posset auelli. Si forte aliqua adhibebantur instrumenta, ita eum stringebat, ut uix posset spirare. Simile faciebat, si ei cibus sufficiens negabatur, os suum ori militis continuans. In carruca positus, ma- M: T1

298.16–299.3 Exemplum 78.

1 per uxorem] ab uxore *M c* **9** et] *om. M* **16** reducant] exemplum *add. in marg. M* **18** in potestate sua] in sua manu *M* **23** ante] ad *M* **24** cum] ab *add. M c* exasperata] asperata *T1* **26** cista aperta] cistam apertam *M c* **33** negabatur] sepe *add. M*

tre ex compassione comitante, spe liberationis ducebatur ad sanctorum limina populis ubique miserabile prebens spectaculum. Merito per serpentem punitus est, quia uipere naturam imitatus est.

Quis, inquit, *ostendit uobis fugere a uentura ira?* Penitentie uiam ostendere quidem potest predicator, sed habet sufficientiam iustificandi solus Deus inspirator. Sequitur: *Facite ergo fructus dignos penitentie,* id est qui peccata sufficiant delere. Peccata rapine, furti et usure precipue sunt uitanda, quia, ut dicit auctoritas: Non dimittitur peccatum, nisi ablatum restituatur.

Temporibus nostris in ciuitate Parisiensi erat usurarius quidam ditissimus Theobaldus nomine. Hic cum haberet possessiones plurimas infinitasque pecunias de usuris aggregatas, ostensa sibi uia qua fugeret a uentura ira, multum compunctus uenit ad magistrum Mauritium eiusdem ciuitatis episcopum eius summittens se consilio. Sed nimis feruens in edificatione monasterii beate Dei genitricis[139] episcopus consuluit, ut pecuniam suam ad structuram inchoati operis traderet. Qui, huiusmodi consilio aliquantulum sibi suspecto, uenit ad magistrum Petrum Cantorem uerba episcopi ei insinuans. Cui Cantor respondit: Non est hoc bonum consilium, sed uade et fac clamari per ciuitatem sub uoce preconis quia paratus sis restituere omnibus a quibus aliquid super sortem accepisti. Factumque est ita. Veniens ad magistrum rursum ait: Domine, omnibus, teste conscientia, omnia ablata restitui, et adhuc supersunt plurima. Et ille: Modo, inquit, poteris dare elemosinam securus.

Et ne ceperitis dicere: Patrem habemus Abraham. Boni parentes maxime in extrema discussione malis filiis non poterunt prodesse neque bonis filiis mali parentes aliquid obesse, quia *iustitia iusti super eum erit, et impietas impii erit super eum, dicit Dominus omnipotens.* Interim tamen *potens est Deus de lapidibus,* id

4 Luc. 3, 7 **6** Luc. 3, 8 **22** Luc. 3, 8 **24–25** Ez. 18, 20 **25** Luc. 3, 8

8 Augustinus Hipponensis, *Epistulae*, 419 (Ep. CLIII, vi, 20). **9–21** Exemplum 79.

4 quis] uobis *add. M* uobis] *om. M* fugere] figit *M* **5** quidem] *om. c* sufficientiam] efficaciam *M* **8** ablatum restituatur] restituatur ablatum *M c* restituatur] exemplum *add. in marg. M* **11** aggregatas] congregatas *M* **13** summittens se] se summittens *M* **15** traderet] contraderet *M* **21** securus] securius *M*

[139] Notre-Dame de Paris, whose construction began under the episcopate of Maurice de Sully. The word *monasterium* here, in all probability, means "Münster" (a large or important church, especially a collegiate or cathedral church).

est de malis et infructuosis, *suscitare filios,* scilicet imitatores sanctitatis Abrahe. Lapides sicci sunt, duri sunt, graues sunt, frigidi sunt. Designantur autem in hiis peccatores qui sicci sunt ab humore gratie, duri per uitium obstinatie, graues propter pondus iniquitatis, frigidi quia sine igne caritatis. De talibus quandoque *bona uoluntate Domini edificantur muri Iherusalem.*

Sequitur autem: *Iam enim securis ad radicem arboris posita est. Omnis ergo arbor non faciens fructum bonum excidetur et in ignem mittetur.* Arbores sunt homines plantati in mundo per natiuitatem, crescentes per etatem, fructum facientes per operationem. Ex hiis arboribus alie sunt siluestres ut infideles, alie uero, ut sic eas nominem, hortenses intra septa Ecclesie per fidem se continentes. Infidelium autem fructus insipidus est et amarus, nec eius esu delectatur Deus. Vnde per Ysaiam dicit sub specie uitis: *Quomodo conuersa est in amaritudinem, uitis aliene?* Et in Deuteronomio de fructu || malorum: *Vua eorum uua fellis et botrus amarissimus.* Necesse habent tales, ut studio Iohannis, id est doctrina predicatoris, transportentur in hortum Ecclesie, ut fi||de radicati per surculum ligni uite sibi insertum crescant spe et fructum faciant caritate.

Ex arboribus Ecclesie quedam sunt steriles, quedam fecunde. Steriles sunt que fidem habent et operibus fidei carent, fructifere autem quorum opera procedunt ex caritate. *Qui talem fructum non fecerit, excidetur* per mortis interitum *et in ignem mittetur* eternum. Talibus *securis ad radicem posita est,* quia *iniusti disperibunt, simul autem reliquie impiorum interibunt.* Iustus autem si precisus fuerit per mortem carnis, ut ait Iob, *habet spem et rursum uirescit, et rami eius pullulant.* Vnde non ad radicem, sed ad ramos siue truncum bonis securis ponitur, malis uero ad radicem. In illis fit precisio ad purgationem, in istis excisio ad eternam dampnationem.

Propter fructum malum exciditur arbor, et propter opera mala audituri sunt reprobi: *Ite, maledicti, in ignem eternum qui preparatus est dyabolo et angelis eius. Esuriui enim, et non dedistis michi manducare* et cetera que ibi sequuntur. Tunc et boni propter fructum bonum audient istud uerbum bonum, uerbum consolatorium, uerbum iocundum: *Venite, benedicti Patris mei, possidete preparatum uobis regnum a constitutione mundi. Esuriui enim, et dedistis michi manducare,*

1 Luc. 3, 8 **5** Ps. 50, 20 **6–7** Luc. 3, 9 **12–13** Jer. 2, 21 **13–14** Deut. 32, 32 **19** Luc. 3, 9 **20** Luc. 3, 9 Luc. 3, 9 **20–21** Ps. 36, 38 **22–23** Job. 14, 7 **27–28** Matth. 25, 41-42 **300.30–301.1** Matth. 25, 34-35

1 de] *om. M c* **2** autem] *om. M* **6** arboris] *om. M* **9** operationem] actionem *M* **15** transportentur] transplantentur *M* **16** insertum] inserti *M* **21** simul] similiter *c* **23** siue] ad *add. M* **29** istud uerbum] uerbum illud *M*

sitiui, et dedistis michi bibere. Idcirco, fratres, studeamus talem fructum facere qui maneat in uitam eternam. Quod nobis prestare dignetur ipse qui cum Patre et Spiritu sancto uiuit et regnat in secula seculorum. Amen.

3 amen] explicit omelia sextadecima. *add. M*

Sabbato quatuor temporum. Secundum Lucam.

Anno quintodecimo Tiberii Cesaris, procurante Pontio Pylato Iudeam et cetera. Omelia moralis de eadem lectione.

Omnia que in superiori omelia exposita sunt de Iohanne partim historice, partim allegorice in nobis sepissime aguntur tropologice. Ibi Iohannes predicat, ibi baptizat, ibi Christum ad se uenientem demonstrat. Iohannes significat gratiam Dei, quia Iohannes interpretatur gratia Dei. Iohannes in deserto gratia est in corde humano. Verbum Domini fit super Iohannem in deserto, quando per gratiam cooperantem gratia illuminatrix concepta in corde per infusionem in palam prodit per oris confessionem. Sed fit nonnunquam ut Iohannes occidatur ab Herode, id est gratia a pudore. Herodes interpretatur pellibus glorians. Cum peccator per gratiam illuminatus turpiter a se commissa sacerdoti per confessionem non ostendit, quasi pellibus pudenda sua tegit. Non bona gloriatio hec. *Corde enim creditur ad iustitiam, ore autem confessio fit ad salutem.*

Annus quintusdecimus Tyberii Cesaris annum designat benignitatis, tempus diuine miserationis. Quindenarius ualde misticus est numerus et in multis priuilegiatus. Componitur enim ex septenario et octonario. Septenarius pertinet ad septem dona Spiritus sancti quibus peccator illuminatur, octonarius ad octo beatitudines quibus illuminatus remuneratur.[140] Generatur idem numerus per continuam aggregationem ex quinario, quia unum, duo, tria, quatuor, quinque faciunt quindecim.[141] Quinarius quindenarii mater est et radix pertinens ad quinque sensus corporis similiter et ad quinque libros || legis. Et quia in quinque sensibus fit transgressio, in quinque libris scripta est transgressio||nis

T1
M

2 Luc. 3, 1 14 Rom. 10, 10

7 Thiel, 331. 11–12 Thiel, 304.

1 sabbato quatuor temporum secundum lucam] incipit omelia septimadecima. *M* lucam] xvii *add. in marg. T1*, cap. iii. *add. c* 3 omelia moralis de eadem lectione] *om. M* 11–12 glorians] gloriosus *M* 21 quinarius] qui *add. M* 21–22 pertinens] pertinet *M*

[140] A similar interpretation is found in: Richardus de S. Victore, *Liber Exceptionum*, ed. Jean Chatillon (Paris: J. Vrin, 1958), 437: "Quindecim etiam per VIII et octo dividuntur, quia nos debemus in hac solempnitate gratie taliter vivere ut per septiformem gratiam Spiritus sancti mereamur octo beatitudines celi."

[141] Cf. Theobaldus Lingonensis, *De quatuor modis quibus significationes numerorum aperiuntur*, 33 (pars I, 1): "Aggregatio continua est, cum omnes partes alicuius numeri cum ipso aliquam summam constituunt, ut quaternarius cum omnibus suis partibus in denarium surgit."

pena simul et cohibitio. In hiis qui per timorem radicem fixerit paulatim in uirtutibus proficiendo, quindecim cantica graduum mistice decantabit. Quod quindenarius sit numerus gratie et quintusdecimus annus designet tempus diuine misericordie,[142] manifestius exemplo possumus probare. Orante cum lacrimis rege Ezechia, adiecit Dominus diebus eius quindecim annos. Principes sub quibus predicauit Iohannes, plurimum continent in se moralitatis. *Procurante,* inquit, *Pontio Pylato Iudeam, tetrarcha autem Galilee Herode, Philippo autem fratre eius tetrarcha Yturee et Traconitidis regionis, et Lisania Abiline tetrarcha; sub principibus sacerdotum Anna et Caypha factum est uerbum Domini super Iohannem filium Zacharie in deserto.* Diuisum fuerat unicum regnum Iudee in hos quatuor tetrarchas, summum uero sacerdotium in duos pontifices. *Omne regnum in se diuisum desolabitur.* Iudea oris est confessio, quia Iudea interpretatur confessio. Regnum est confessio, quia pure confitentes regnare facit cum Deo.

Regnum confessionis aliquando occupare uel impedire solent uitia per quatuor tetrarchas predictos designata. Primum est timor, secundum pudor, tertium spes, quartum desperatio. Pylatus nomine et re significat timorem, Herodes pudorem, Philippus spem, Lisinias desperationem. Pylatus qui interpretatur os malleatoris contundens, congruit timori, quia os confiteri uolentis contundit, ne uox confessionis exeat in salutem. Timore Iudeorum Pylatus consensit in mortem Saluatoris. Porro Herodes cuius interpretatio est pellibus gloriosus uel glorians designat uitium pudoris quo sepe peccata teguntur, ne oculis pateant confessoris. Philippus qui interpretatur os lampadis spes est uane presumptionis. Hec perpetratam culpam facit strictam et Dei mis-

4–5 Cf. IV Reg. 20, 5-6 6–7 Luc. 3, 1 7–10 Luc. 3, 1-2 11–12 Luc. 11, 17

12–13 Thiel, 338. 18–19 Thiel, 384. 21–22 Thiel, 304. 23 Thiel, 384.

1 simul] similiter *c* 2 mistice] iustitie *T1 c* 6 continent in se] in se continent *M c* 8 regionis] *om. c* 11 hos] has *M* sacerdotium] sacerdotum *c* 15 solent] quatuor *add. M* 16 tetrarchas predictos] predictas tetrarchias *M*, predictos tetrarchas *c* 18 lisinias] lisias *c* 19 quia] qui *c* 22 gloriosus uel] *om. M*

[142] The interpretation of the number fifteen as the number of grace, is found, among others, in: Gaufredus de Alta Cumba, *De sacramentis numerorum a tredenario usque as vicenarium*, in *Traités du XII*[e] *siècle sur la symbolique des nombres, Geoffroy d'Auxerre et Thibault de Langres*, 9: "Quindenarius ... post naturalis et scripte legis tempora, gratie signat inicium." For more details on the division of universal history into three periods: *ante legem, sub lege, sub gratia*, see Ibid., 8 (note 3).

ericordiam amplam. Lampas inferius stringitur, superius per latitudinem diffunditur. Lisanias tetrarcha Abiline tipum tenet desperationis, quia Lisanias interpretatur generatus, Abiline luctus uel pater lugentis. Vbi luctus continuus moratur, ibi sepissime desperationis uitium generatur.

Volenti confiteri Pylatus, id est timor, dicit: Debilis es, fragilis es, delicate complexionis, sustinere non poteris laborem indicte satisfactionis. Item dicit: Prelatus tuus putans te nunc aliquid esse ueneratur et diligit, cognitis autem peccatis tuis, contemptui te habebit neque ad debitos honores promouebit. Herodes, scilicet pudor, quid dicit? Peccata tam enormia et eo modo quo a te facta sunt quomodo poteris exprimere, quomodo confessor tuus qui forte sanctus est poterit audire? Accedit Philippus, id est uana spes, et dicit: Iuuenis es et fortis, diu poteris adhuc uiuere, non negliges tempus confitendi, non deerit tibi spatium satisfaciendi. Multum misericors est Deus, non occidet te in peccatis peccatorem, sed per penitentiam saluabit penitentem. Suadet adhuc quod periculosius est. Non est, inquit, tam immitis Dominus, ut pro peccatis temporalibus hominem christianum || eternis subiciat suppliciis. Tandem Lisanias, uidelicet desperatio, quod hiis omnibus grauius est suggerit et a spe uenie peccatorem prorsus auertit. Peccasti, inquit, super arenam maris, quomodo poteris Deo, non dico pro uenialibus, ut sunt uerba otiosa de quibus redditurus es rationem in die iudcii, immo pro multis || mortalibus satisfacere quorum uix minimam partem ad memoriam uales reducere?

Cum esset apud nos nouitius quidam Albertus nomine de Brule, quondam canonicus maioris ecclesie in Colonia, et conquereretur magistro suo quod in confessione non posset reducere ad memoriam omnia peccata sua, respondit ille: Notate in cedula peccata uestra. Et nouitius: Liber octo quaterniorum peccata mea capere non posset. Erat enim ab ineunte etate totus deditus luxurie, uerba otiosa, impudica, scurrilia et risum mouentia multum amans. Cum adhuc esset iuuenis, habuit matrem Pinguie in monasterio sancti Ruberti conuersam. Que pro filii salute sollicita cum beate Hildegardi eiusdem cenobii matri

19–20 Cf. Matth. 12, 36

2–3 Thiel, 343. **3** Thiel, 223 (here: lugentes) **304.22–305.7** Exemplum 80.

1 stringitur] atque *add. M* **2** lisanias] lisias *c* lisanias] lisias *c* **10** facta sunt] sunt facta *M* **12** et] *om. M* fortis] es *add. M c* **13** deerit tibi] tibi deerit *M* **16–17** lisanias] lisias *c* **19** pro] de *M* sunt] *om. M* **21** reducere] exemplum *add. in marg. M*, exemplum *add. rubricam T1* **27** et] *om. M* **28** habuit] habebat *M* pinguie] binge *c* ruberti] roperti *M*

tempore quodam cum dolore dixisset: O domina, quid fiet de filio meo Alberto qui tam mirabilis est et tam instabilis? Respondit sancta: Tandem saluabitur. Quod uerbum occasio ei fuit multorum peccatorum, non recordans Scripture dicentis: Maledictus qui peccat in spe. In senectute tactus apoplexia timore mortis uenit ad ordine et non multo post eadem preuentus infirmitate defunctus est. In quo sepius uidimus lacrimas et signa contritionis, ita ut bona spes sit de eius saluatione.

Quatuor supradictis uitiis quatuor uirtutes principales opponende sunt. Iustitia malo timori, prudentia pudori, temperantia spei, fortitudo desperationi. Vox est iustitie contra timorem: *Dic tu iniquitates tuas ut iustificeris.* Item per Iob: *Qui timet pruinam,* id est in confessione faciem sacerdotis, *irruet super eum nix,* scilicet confusio eterne dampnationis. Niuem sequetur ignis, quia *de aquis niuium transibunt mali in calorem nimium.* Vnde peccator iam iustificatus per contritionem, ut in eo impleatur quod scriptum est: *Iustus iustificetur adhuc,* intra se dicere debet: Melius est ut hic sustineam penam leuem et quasi momentaneam, quam in futuro importabilem et infinitam. Hic enim pena pro peccatis fructuosa, in inferno peremptoria.

Prudentia dicere debet pudori: *Altissimus de terra creauit medicinam,* id est in corde peccatoris de peccatis contritionem; *uir prudens* pudore confessionis *non abhorrebit eam.* Ac si dicat: Non erubescas confiteri quod facere non erubuisti. Illud, id est peccatum, culpa; istud, id est confessio, medicina. Item per Ecclesiasticum: *Pro anima tua non confundaris dicere uerum, est enim confusio adducens peccatum.* Et paulo post: *Non confundaris confiteri peccata tua.* Vnde uir prudens prudenter dicat: Noli tegere, quia *nichil opertum quod non reuelabitur neque occultum quod non scietur.* Item: *Aperti erunt libri,* id est conscientie, et *scrutabitur Iherusalem in lucernis.*

Temperantia uane spei resistat et dicat: *Deus iudex iustus, fortis et patiens.* Quasi dicat: Quia iustus est, debes timere; quia patiens est, debes sperare.

10 Is. 43, 26 **11–12** Job. 6, 16 **12–13** Job. 24, 19 **14–15** Apoc. 22, 11 **18** Eccli. 38, 4 **19–20** Eccli. 38, 4 **22–23** Eccli. 4, 24-25 **23** Eccli. 4, 31 **24–25** Luc. 12, 2 **25** Apoc. 20, 12 **26** Soph. 1, 12 **27** Ps. 7, 12

4 Maledictus … spe. Rather than a Bible quote, this expression was borrowed from Saint Bernard, cf.: Bernardus Claraevallensis, *Sermones in psalmum Qui habitat,* Sermo I, 2, in *Sancti Bernardi opera,* 4: 386: "Contra hos Propheta: Maledictus, inquit, qui peccat in spe."

1 tempore quodam] quodam tempore *M* **6** contritionis] conpunctionis *M* **11** irruet] ueniet *M* **14** scriptum] dictum *M* **21** peccatum] peccandi *M c* **22** enim] *om. c*

Item per || Ecclesiasticum: *Non addicias peccatum super peccata et dicas: Miseratio Dei magna est, multitudinis peccatorum meorum miserebitur. Misericordia enim et ira ab illo cito proximat, et in peccatores respicit ira illius.* Quod si spes promiserit uiuendi dies longiores, iterum quod sequitur dicat: *Non tardes conuerti ad Deum et ne differas de die in diem*, subaudis: mundare conscientiam per confessionem. Qui enim penitenti, ut ait Gregorius, ueniam spopondit, peccanti diem crastinum non promisit. T1:

Virtus fortitudinis clamet contra uitium desperationis et dicat: Considera quod *Deus patiens sit et multum misericors*, immo secundum Apostolum, *Pater misericordiarum prestabilis super || malitia, educens uinctos in fortitudine super eos qui exasperant, qui habitant in sepulchris.* Lazarus quadriduanus suscitatur, Maria una contritione ad pedes Domini iustificatur, latroni morienti atque confitenti paradisus aperitur, publicanis et meretricibus regnum celorum promittitur. M:

Occurrunt adhuc uitia duo que confessionem reddunt infructuosam. Primum est ypocrisis, id est simulatio seu iactantia boni operis, secundum excusatio in peccatis. Quidam in confessione peccata subticent et si qua fecerunt bona cum phariseo confessori enumerant. Hos docet Annas pontifex qui interpretatur gratia eius. Tales ut gratiam habeant prelati sui, priuant se gratia Dei. Bonus prelatus confitentes peccata sua, quantumlibet sint multa, despicere non debet. Alii uero in confessione cum Adam perizomata facientes et excusationes in peccatis adinuenientes, peccata quidem ad plenum confitentur, sed per fatuitatem, infirmitatem, necessitatem seu aliam quamlibet occasionem ipsa peccata attenuant et excusant. Hiis preest Cayphas pontifex qui interpretatur inuestigator uel sagax. Non est a Deo, immo a dyabolo peccatorem esse sagacem *ad excusandas excusationes in peccatis.* Similiter qui inuestigat qualiter culpam suam per aliquas occasiones attenuat siue in alium refundit, confessionem suam an-

1–3 Eccli. 5, 5-7 **4–5** Eccli. 5, 8 **9** Ps. 144, 8 **9–10** II Cor. 1, 3 **10** Joel. 2, 13 **10–11** Ps. 67, 7 **11** Cf. Joan. 11, 38-44 **12** Cf. Luc. 7, 38 **12–13** Cf. Luc. 23, 43 **13–14** Cf. Matth. 21, 31 **21** Cf. Gen. 3, 7 **25–26** Ps. 140, 4

6–7 Qui … promisit. Gregorius Magnus, *Homiliae in Evangelia*, 86 (Hom. XII, 6). **18–19** Thiel, 239. **24–25** Thiel, 270.

1 peccatum] peccata *c* **5** subaudis] subaudi *c* **17** qua] que *c* **21** facientes] faciunt *M* et] *om. M* **22–23** fatuitatem] fatum, etatem *M* **27** attenuat] attenuet *M* refundit] refundat *M* nichilat. Ecce quales principes, ecce quales sacerdotes. Necesse est ut sub eis et contra eos Iohannes clamet in deserto, id est gratia Dei in humano corde.

Et uenit in omnem regionem predicans baptismum penitentie in remissionem peccatorum. Omnis regio Iordanis latitudo cordis est. In Iordane baptizauit Iohannes. Aqua Iordanis baptismus est compunctionis. Et sicut Iordanis oritur ex duplici fonte,[143] ita uera compunctio nascitur ex timore gehenne atque amore patrie. Vnde proprie Iordanis interpretatur descensus eorum, subaudis:, duorum fontium ex quibus procedit. Baptismus iste non immerito predicatur in remissionem peccatorum, quia contritio meretur remissionem omnium peccatorum. Sicut scriptum est in libro sermonum Ysaie prophete: *Vox clamantis in deserto, parate uiam Domini, rectas facite semitas eius.* Vox clamantis est gratia Dei animam iustificantis. Quam dum iustificat per contritionem, mox hortatur ad confessionem dicens: *Parate uiam Domino.* Et quia non sufficit oris confessio, nisi subsequatur exterior satisfactio, subiunxit: *Rectas facite semitas eius.* Quasi dicat: Mundate conscientiam que uia Domini est per humilem confessionem, dirigite semitas, ut ad cor cito et perfecte ueniat per dignam satisfactionem. Hec caritatem perficit et purgatorii penam tollit.

73v Semite Dei sunt afflic||tio carnis, orationes, elemosine. Per has semitas peccator ad Deum uadit directe, in hiis tribus exterior satisfactio consistit. Carnis afflictio comprehendit ieiunia, uigilias, uerbera et peregrinationes. Oratio uero deuotionem mentis et laudem uocis. Elemosina consistit in sex operibus misericordie et in sepultura. Via lata est, quia multi de peccatis faciunt confessionem, semite anguste, quia pauci condignam explent satisfactionem. Tales licet in semitis Dei sint, non tamen directe, sed oblique incedunt, quia quod deest in penitentia, supplebitur in pena purgatoria. Stultum est ex una dieta facere de-
83v cem et pro labore unius carene forte per annum || integrum post mortem ignem sustinere. Et quia humilis confessio maxime placet Deo, sicut superba displicet, adiecit Ysaias: *Omnis uallis implebitur, et omnis mons et collis humiliabitur.* Ac

3–4 Luc. 3, 3 **4** Cf. III Reg. 4, 29 **10–11** Luc. 3, 4 **13** Luc. 3, 4 **14–15** Luc. 3, 4 **21–22** Cf. Matth. 25, 34-46 **22** Cf. Tob. 1, 20 **28** Is. 40, 4

7 Thiel, 333.

2 humano corde] corde humano *M* **7** subaudis] subaudi *c* **8** quibus] quo *T1 c* **16** dignam] condignam *M* **19** uadit directe] directe uadit *M* **22** in] mortuorum *add. M*

[143] Cf. Hieronymus Stridonensis, *Commentariorum in Matheum Libri IV*, 139 (lib. III, 13): "Iordanis ad radices oritur Libani et habet duos fontes, unum nomine Ior, et alterum Dan."

si diceret: Humiliter confitens gratia implebitur cum publicano, elate confitens gratia minorabitur cum phariseo. Cum Dauid adulterium simul et homicidium sedens in cilicio et cinere confiteretur humiliter, audire meruit: *Translatum est peccatum tuum*. Saul uero superbe confitens audiuit: *Translatum est regnum tuum a te*.

Quod autem sequitur: *Et erunt praua in directa et aspera in uias planas*, sic potest exponi, ut praua referantur ad confessionem et aspera ad satisfactionem. Non quod confessio sit praua, sed quia cor in quo praua fuerunt dirigit. Vitiis nichil prauius est, secundum quod in Ecclesiastico scriptum est: *Abhominabile est*, inquit, *Domino cor prauum, uoluntas eius in hiis qui simpliciter*, id est absque prauitate, *ambulant*. Quod confessio dirigat iterum dicit: *Reuela Domino opera tua, et dirigentur cogitationes tue*. Desiderio ac uirtute confessionis peccata dimittuntur quantum ad culpam. Vnde Dauid: *Dixi, confitebor aduersum me iniustitiam meam Domino, et tu remisisti iniquitatem peccati mei*. Dixi, id est deliberaui. Loco Domini sacerdos est. Insufficiens, immo sterilis est contritio cordis, nisi subsequatur confessio oris. Necessitas hic excluditur. Peccata mortalia praua sunt et aspera. Praua quia et gratiam expellunt et naturalia corrumpunt.[144] Aspera, quia penam eternam infligunt. Per contritionem uero, ut dictum est, desiderio confessionis peccatum remittitur quantum ad culpam, et per satisfactionem asperitas complanatur quantum ad penam.

Vnde, fratres, multo commodius est hic complanari, quam in purgatorio ubi minor pena maior esse dicitur qualibet pena in hac uita. Cum hanc auctoritatem proposuissem uiro litteratissimo, respondit: Si pena fuerit eiusdem generis. Verbi gratia: comparata pena pene, ut ignis igni, frigus frigori, semper in eodem genere asperior est pena purgatorii. Est tamen uia ad Deum, sed aspera. Qui hic plene purgatur moriens per uias planas pergit ad Dominum.

3–4 II Reg. 12, 13 **4–5** I Reg. 15, 28 **6** Luc. 3, 5 **9–11** Prov. 11, 20 **11–12** Prov. 16, 3 **13–14** Ps. 31, 5

2–4 Cum … tuum. Petrus Cantor, Verbum abbreviatum (Textus prior), 667 (cap. 132). **21–22** in purgatorio … uita. Innocentius III, *Commentarium in VII psalmos poenitentiales*, Ps. III, PL 217, col. 1029D: "… minor poena quae erit in purgatorio, censeatur maior quantalibet poena quae est in hoc mundo."

8 praua fuerunt] fuerunt praua *M* **10** est] *om. M c* inquit] est *add. M c* **14** iniquitatem] impietatem *M* **16** excluditur] nota *add. in marg. M*

[144] On the *dona naturalia* corrupted by sin, see note 4, p. 79.

Via iustorum recta est, breuis est, amena est. Beata Scolastica moriens mox in specie columbe celos penetrauit. Germanus Capuanus episcopus in sphera ignea in celum uia directa ascendit. Ecce quam recta.

Quod eadem uia breuis sit, monachus quidam nuper in ordine nostro moriens et cuidam amico suo post mortem apparens, cum de statu suo sciscitare-
74r tur, hiis uerbis ostendit dicens: Nunquam sagitta tam cito uenire potuit || ad locum destinatum, sicut anima mea fuit ante Deum. Quadraginta enim annis sudauerat sub iugo ordinis. Item quod amena sit et recta testis est Gregorius qui sancto Benedicto morienti uiam scribit palliis stratam, lampadibus choruscam et recto orientis itinere ab eius cella ad celum usque protendentem.

Sequitur: *Et uidebit omnis caro salutare Dei.* Qui mundo corde decedunt oculis glorificatis ipsam Christi glorificatam carnem uidebunt. Videbunt eandem reprobi in iudicio tantum, quia post negabitur. *Dicebat ergo ad turbas qui exibant ut baptizarentur ab eo: Genimina uiperarum, quis ostendit uobis fugere a uentura ira?* Baptismus Iohannis, id est gratie interioris, sunt aque contritionis. Venientes ad baptismum Iohannis sunt mali motus cordis. Hii, predicante Iohanne, ueniunt et baptizantur, cum gratia intus operante per lacrimas mundantur. Et attribuitur proprietati quod est subiecti, ut ibi: *Si fuerint peccata*
84r *uestra sicut coccinum, sicut nix || dealbabuntur.* Item: Qui color albus erat nunc est contrarius albo. Peccata non possunt baptizari siue dealbari, sed mens in qua sunt peccata.

Genimina uiperarum sunt immunde cogitationes maleque delectationes. Cogitatio mas est, delectatio femina. Dum immunde cogitationi delectatio mala accedit, quasi mas cum femina coit. Tunc quasi inserto ore in os femine semen expuit, cum cogitatio delectationi materiam delectandi tribuit. Sed illa in ra-

11 Luc. 3, 6 **13–15** Luc. 3, 7 **18–19** Is. 1, 18 **22** Luc. 3, 7

1–2 Exemplum 81. **2–3** Exemplum 82. **4–8** Exemplum 83. **8–10** Exemplum 84. **12** oculis … uidebunt. Petrus Pictaviensis, *Sententiarum libri quinque,* V, 13, PL 211, col. 1253B: "… tunc fruemur visione deitatis ipsius, et carnem eius glorificatam oculis glorificatis cernemus." **18** attribuitur … subiecti. Cf. Matheus Vindocinensis, *Opera,* vol. 3, *Ars versificatoria,* ed. Franco Munari (Rome: Storia e letteratura, 1988), 208: "Et similiter quando quod est subiecti attribuitur proprietati, ut apud Lucanum: omnisque potestas Impatiens consortis erit: 'potestas' id est 'potens.'" **19–20** Qui … albo. Ovidius, *Metamorphoseon Libri* XV, II, 541, ed. George P. Goold, Loeb classical library 42 (Cambridge, Mass: Harvard Univ. Press, 1977), 96.

1 est] exemplum *add. in marg. M* **2** in specie columbe celos] celos in specie columbe *M* **3** uia directa] directe *M* **6** dicens] nota *add. in marg. M* **8** quod] quia *c* **12** videbunt] et *add. M* **19** sicut] ut *M c* sicut] quasi *M*

biem uersa caput maris abscidit, delectatio igne libidinis uel cuiuslibet cupite rei succensa ipsam cogitationem precedentem extinguit. Que dum fecerit prolem, opere scilicet perpetrato, et ipsa moritur. Quante sint impatientie catuli uipere, id est motus mali et inordinati, in utero delectationis, id est intra consensum operis, satis nouimus per experientiam.[145] Merito talibus dicit Iohannes, id est gratia Dei: *Quis ostendit uobis fugere a uentura ira*, uidelicet mortis seu extremi examinis, ubi *iudicabit corda et renes Deus*. Per corda intelliguntur cogitationes, per renes delectationes.

Facite ergo fructus dignos penitentie. Si magna fuit delectatio, magna sit et contritio. Quod si insufficiens fuerit contritio interior, suppleat eius defectum satisfactio exterior. Deus qui modo patiens est et multum misericors, in iudicio iudex erit iustus, iudex districtus nichil dissimulans. In presenti tempore puer est peccata nostra dissimulans propter pomum, id est modicam penitentiam, in futuro iudicio *sedebit antiquus dierum* omne debitum requirens *usque ad nouissimum quadrantem*. Vnde per Iohelem dicit: *Ecce scripta sunt hec ante me: non tacebo, reddam uobis secundum iniquitates uestras*. Sententia timenda. Non obliuiscitur quod scripto mandatur.

Quidam ex sacerdotibus nostris, sicut ex eius ore audiui, cum quadam nocte in sompnis fragilitatem carnis passus fuisset et, facta confessione, psalmum sibi iniunctum dicere neglexisset, eadem die circa loca genitalia tantum sensit ardorem, ac si ardentes illic teneret urticas. Expauit, manu quod esset explorauit, sed nichil inuenit. Tunc primum recordatus culpe simulque penitentie iniuncte,

6 Luc. 3, 7 **7** Ps. 7, 10 **9** Luc. 3, 8 **13–14** Cf. Sap. 11, 24 **14** Dan. 7, 9 **14–15** Matth. 5, 26 **15–16** Is. 65, 6-7

310.18–311.1 Exemplum 85.

1 abscidit] abscindit *c* abscidit] dum *add. M* **2** cogitationem precedentem] precedentem cogitationemque *M* **6** ostendit uobis] uobis ostendit *M* **9** et] gratie *add. c* **17** mandatur] exemplum *add. in marg. M* **18–19** quadam nocte] nocte quadam *M c* **22** iniuncte] *om. M*

[145] Cf. note p. 297, the properties of the viper.

psalmum repetiuit, et mox dolor inflictus conquieuit. Si nos obliuiscimur pen-
74v itentie, Deus obliuisci || non potest uindicte. Ecce scripta est ante eum.

Et ne ceperitis dicere: Patrem habemus Abraham. Abraham qui fuit prima uia credentium significat fidem. Vnde interlinearis Glosa dicit: Abraham genuit Ysaac, id est fides spem, Ysaac autem genuit Iacob, id est spes caritatem. Fides secundum quod fundamentum parens est reliquarum uirtutum, sensualitas autem mater est uitiorum. Huius filii non sunt motus sensualitatis immoderati, sed potius genimina uipere. Sensualitas in Scripturis quandoque ponitur pro serpente, inferior pars rationis pro muliere. Quod si motus immundi cum cogitatione delectationis surgunt, ad illorum excusationes non gloriemur de fide, sed humiliemur de infirmitate. Quare? *Quia potens est Deus de lapidibus istis suscitare filios Abrahe.* Cogitationes que non habentur cum fidei uirtute, quantumlibet uideantur bone, tamen lapidibus comparantur, quia steriles sunt et infructuose. Potens est Deus de lapidibus suscitare filios Abrahe, quia ipse dicit: *Auferam a uobis cor lapideum et dabo uobis cor carneum.* Mox enim ut caritatem infundit, cogitationes steriles in filios Abrahe conuertit.

Iam securis ad radicem arboris posita est. Cogitationes malarum delecta-
84v tionum multum periculose sunt, quia sepe contingit ut per moram ipsam || rationem ad consensum trahant sicque fidei uirtutem, uirtutum omnium radicem, de corde excidant. Hoc est quod sequitur: *Omnis arbor que non facit fructum bonum excidetur et in ignem mittetur.* Anima quam diu gratiam habet, hortus Dei est. Vnde ei per Ysaiam dicitur: *Et eris quasi hortus irriguus et sicut fons aquarum cuius non deficient uene.* Et sponsa in Canticis Canticorum de seipsa: *Veniat dilectus meus in hortum suum, ut comedat fructum pomorum suorum.*

3 Luc. 3, 8 **11–12** Luc. 3, 8 **15** Ez. 11, 19 **17** Luc. 3, 9 **20–21** Luc. 3, 9 **22–23** Is. 58, 11 **24** Cant. 5, 1

3–4 prima … credentium Cf. Prudentius, *Psychomachia*, 149 (l. 1-2): "Senex fidelis prima credendi uia / Abram …" **4–5** Abraham … caritatem. *Glossa ordinaria super Matthaeum*, 1, 2, in *Biblia Latina cum Glossa Ordinaria*, 4: f. 920ra (interlinear gloss). **8–9** Sensualitas … muliere. *Sententiae Petri Pictaviensis*, 2: 163-64: (lib. II, 21, i): "Sicut enim … serpens fuit qui suggerebat mulieri et mulier que comedit pomum vetitum et vir qui consensit mulieri, ita est in anima cuiuslibet hominis pro serpente sensualitas, pro muliere inferior pars rationis, pro viro superior pars rationis."

2 est] *om. c* **4** interlinearis] iterlinialis *T1* **5** genuit] *om. M* **6** fundamentum] est *add. c* **6–7** sensualitas autem mater est uitiorum] *om. M T1* **16** conuertit] sequitur: *add. M* **17–18** delectationum] cogitationum *M* **19** fidei] fidem *M* **20** facit] fecerit *M* **23** uene] aque *M*

In hoc horto tot sunt arbores, quot in anima uirtutes. Et habent singule uirtutes singula uitia immediate sibi opposita, estque inter eas lucta continua.[146] Vnde Iob dicit: *Militia est uita hominis super terram*. Alia translatio habet temptatio.[147] Hec lucta siue temptatio aliquando facit fructum bonum, aliquando fructum malum. Bonum, cum uitiis a uirtutibus fortiter resistitur, malum, cum malis motibus consentitur. Consensum sequitur arboris excisio, id est uirtutis subtractio, et uictoriam sequi debet per confessionem purgatio. Licet *uirtus infirmitate perficiatur*, tutum tamen est, ut ferro confessionis superfluitas contracte delectationis auferatur. Ad hoc, teste Saluatore, *agricola palmitem purgat, ut plurimum fructum afferat*.

Possumus adhuc uerba ista moraliter exposita utiliter inflectere ad usum nostre conuersationis. Hortus deliciarum in quo propter Christum degimus est monasterium multis Christi donis irriguum. Quot ibi persone claustrales, tot arbores. Arbor septem habet naturales proprietates quibus humano corpori assimilatur. Habet radicem, truncum erectum, sucum, corticem, medullam, ramos et in estate folia. Habet et homo pedes pro radice, loco trunci corpus erectum, sanguinem pro suco, medullam in ossibus, brachia pro ramis, capillos pro foliis. Defluit ornatus foliorum, cadit gloria capillorum. Quedam tamen arbores semper seruant folia, et quidam homines semper capillos. || Item ut T1 arbor crescat, proficiat et fructum faciat, septem ei sunt necessaria: uidelicet humor terre ascendens, pluuia celi descendens, sol, uentus, ramorum purgatio, circumfossio, stercoratio.

Vir secularis uolens transplantari, hoc est ad uitam religiosam conuerti, satagat ibi radicem figere, ubi habeat terre humorem per uigorem discipline regularis, pluuiam etiam doctrine spiritualis necnon et solem luminose conuersatio-

3 Job. 7, 1 7–8 II Cor. 12, 9 9–10 Joan. 15, 2

3 vnde] per *add. M* dicit] dicitur *M* 5 fructum] *om. M* 18 cadit] et *add. M c* 25 solem] per exemplum *add. M*

[146] Single combats between virtues and vices, according to the tradition going back to the *Psychomachia* of Prudentius. Cf. also: Petrus Pictaviensis, *Sententiarum libri quinque*, III, 17, col. PL 211, col. 1079A: "Sciendum igitur quod virtus quandoque dividitur per quaternarium, quando dividitur in quatuor cardinales virtutes in iustitiam, prudentiam, fortitudinem, temperantiam… Quaelibet istarum virtutum habet vitium mortale sibi oppositum."

[147] Since the critical edition of the Book of Iob has not yet been published in the series *Vetus Latina. Aus der Geschichte der lateinischen Bibel*, I refer here to *Bibliorum Sacrorum Latinae versiones antiquae seu Vetus Italica*, 1: 844. Cf. also Gregorius Magnus, *Moralia in Iob. Libri I-X*, 385 (VIII, vi, 8): "Hoc in loco translatione ueteri nequaquam militia uita hominis, sed tentatio uocatur."

nis que maximum est incentiuum diuini amoris. Non refugiat uentum fructuose temptationis, libenter suscipiat ferrum correptionis, desideret et fossorium sancte predicationis, amplectatur et stercora fecundissime confessionis. Confessores et prelati cophini sunt stercorarii subditorum peccata extra castra portantes. Si uentus, id est temptatio, necessaria non esset, nequaquam sponsa in Canticis diceret: *Surge, aquilo, et ueni, auster, perfla hortum meum, ut fluant aromata illius*, id est uirtutes. Ecce auster coniungitur aquiloni, quia gratia sancti Spiritus adesse solet temptationi.

Arbor que in tali loco posita et tam diligenter exculta fructum bonum non fecerit, proxima est maledictioni, proxima est excisioni, proxima eterne dampnationi. Sed et sanctus Benedictus circa talem sub specie ouis morbide abbatem uti iubet ferro abscissionis. Tales, secundum quod in epistola sua dicit apostolus Iudas, *arbores sunt autumpnales, infructuose, bis mortue, eradicate*. Semel
85r mortui quia amittunt bonum, || secundo mortui quia faciunt malum. Semel mortui quia negligunt disciplinam, secundo mortui quia ceteris sunt in ruinam. Vnde, fratres, ut arboris male comminationem euadamus, fructus bonorum operum indesinenter faciamus. Quod nobis prestare dignetur Ihesus Christus lignum uite qui cum Patre et Spiritu sancto uiuit et regnat per infinita secula seculorum. Amen.

6–7 Cant. 4, 16 **13** Jud. 1, 12

3–5 Petrus Cantor, *Verbum abbreviatum (Textus prior)*, 659 (cap. 131): "Nec superbiant confessores quia prelati. 'Sunt enim cophini Ecclesie stercorarii' non dico stercora uel sua uel aliorum in se portantes…, sed cophini, sua et aliorum peccata *extra castra* Ecclesie *portantes*." Peter the Chanter in turn draws inspiration from Gregory the Great, cf.: Gregorius Magnus, *Homiliae in Evangelia*, 272 (Hom. XXXI, 5). **11–12** sub … abscissionis. Benedictus Nursiae, *Regula*, 86 (cap. XXVIII,3): "Quod si nec isto modo sanatus fuerit, tunc iam utatur abbas ferro abscisionis, ut ait apostolus: Auferte malum ex uobis (I Cor. 5, 13); et iterum: Infidelis si discedit, discedat (I Cor. 7, 15), ne una obis moruida omnem gregem contagiet."

2 suscipiat] sustineat *M* **10** est] *om. M* **11** sub] in *M* **19** amen] explicit omelia septimadecima. *add. M*

Dominica infra Octauas Epyphanie. Secundum Iohannem.

In illo tempore uidit Iohannes Ihesum uenientem ad se et ait: Ecce Agnus Dei, ecce qui tollit peccata mundi. Et reliqua.

Omelia de eadem lectione.

Beatus Baptista Iohannes, sicut in superioribus expositum est, ob duplicem nominis sui interpretationem perfectum designat predicatorem. Interpretatur enim Iohannes in quo est gratia siue gratia Dei. Esse debet predicator Iohannes, id est in quo est gratia, ut oleum caritatis intus habeat; esse Iohannes, id est gratia Dei, ut alios uerbo et exemplo illuminet. Habitare debet circa fluenta Iordanis, hoc est ut in predicatione sua semper studeat ad uerba compunctionis. Quibus dum auditores ad lacrimas excitat, quid aliud agit, quam ad se uenientes baptizat? Baptismus lacrimarum tante est efficacie, ut et ipsum Ihesum inuitet ad se. Interdum lacrime pondera uocis habent.

Vidit, inquit, *Iohannes Ihesum uenientem ad se.* Quando predicator stans in loco eminentiori attendit turbas populorum desiderio audiendi Dei uerbum confluentes, Ihesum per gratiam cum illis et in illis uidet ad se uenientem. *Vbi duo uel tres congregati fuerint in nomine meo, in medio eorum sum.* Verba sunt ipsius Ihesu. Quo uiso, ait: *Ecce agnus Dei.* Vidit Iohannes hominem sanctum, pium, humilem, mansuetum, sine dolo, ambulantem inter homines peccatores, bestiales, immise||ricordes, tanquam agnum inter lupos. Agno lupi et cetere T1
bestie silue insidiantur et nonnunquam per agnum illaqueantur. Vbi agnum conspiciantur, illuc properant et in laqueum tensum se precipitant. Hoc misticе hiis temporibus impletur. Predicatores crucis cum suas predicunt stationes in quibus predicant agnum Ihesum et terram sanctam sanguine ipsius agni infusam a canibus detineri, confluunt ibi plurimi peccatores: reges uidelicet et principes, clerici, nobiles, ministeriales et inferioris ordinis homines, uitiis suis

2–3 Joan. 1, 29 **14** Joan. 1, 29 **16–17** Matth. 18, 20 **18** Joan. 1, 29

6–7 Thiel, 331. **13** Interdum … habent. Hidden quote from Ovid, *Ex ponto* III, 1, 158, in *Tristia. Ex Ponto*, ed. Arthur Leslie Wheeler, Loeb Classical Library 151 (Cambridge, MA: Harvard University Press, 1924), 382.

1 dominica infra octauas epyphanie secundum iohannem] incipit omelia octauadecima. *M* iohannem] cap. i. *add. c* **3** et reliqua] *om. M* **4** omelia de eadem lectione] *om. M* **5** baptista iohannes] iohannes baptista *M* **6** nominis sui] sui nominis *M* **9** circa] iuxta *c* **16** confluentes] *conj.* confluentem *T1 M c* **23** predicunt] predicant *c* **26** clerici] et *add. M*

brutis bestiis consimiles, et agni desiderio breui zona crucis[148] illaqueantur et agni mansuetudinem non cum Saulo, sed cum Paulo imitantur.

De huiusmodi hominibus in quarto libro de consolatione Philosophie Boetius hiis utitur uerbis dicens: Cum ultra homines quemquam prouehere sola probitas possit, necesse est ut quos ab humana conditione deiecit, infra hominis meritum detrudat improbitas. Euenit igitur ut quem transformatum uitiis uideas, hominem estimare non possis. Auaritia feruet alienarum opum uiolentus ereptor: lupi similem dixeris. Ferox atque litigiosus linguam litigiis exercet: cani comparabis. Insidiator occultus subripuisse fraudibus gaudet: uulpeculis exequetur. Ire intemperans fremit: leonis animum gestare credatur. Pauidus ac sagax non metuenda formidat: cerui similis habeatur. Segnis ac stupidus torpet: asinum uiuit. Leuis atque inconstans qui studia permutat nichil auibus differt. Fedis immundisque libidinibus immergitur: sordide suis
85v uoluptate detinetur. Ita fit ut qui, || probitate deserta, homo esse desierit, cum in diuinam conditionem transire non possit, uertatur in beluinam.

Tales sunt hodie principes nostri, aduocati nostri, iudices prouinciarum illis merito assimilandi quos uenerabilis Baptista uipereo semini comparauit. Et quia tales hodie pro Christi amore in remissionem tantorum peccatorum cruce signantur, non ab re uoce demonstratiua Iohannes, tanta gratia uisa oculo prophetie, usus est dicens: *Ecce qui tollit peccata mundi.* Mundus significat homines mundanos mundi tantum curis deditos de quibus Iohannes

20 Joan. 1, 29

4–15 Cum ultra … beluinam Boethius, *Philosophiae consolatio*, 71-72 (lib. IV, 3, 16-21).

4 utitur uerbis] uerbis utitur *M* quemquam] quemque *M* **8** litigiosus] qui *add. M* **9** comparabis] comprobabis *T1 c* occultus] qui *add. M* **10** exequetur] exequitur *M* **11** cerui] ceruo *corr. ex cervi T1* **12** qui] *om. M c* permutat] permutans *M* **15** beluinam] beluam *M* **16** sunt hodie] hodie sunt *M* **19** ab] abs *c*

[148] Zona crucis: a cloth cross, sewn to the Crusader's garment.

dicit: *In mundo erat, et mundus eum non cognouit.* Secundum hoc, mundus per antiphrasim dicitur quasi minime mundus.

Hic est, de quo dixi uobis. Post me uenit uir qui ante me factus est. Elegans testimonium. Quem prius uocauit agnum, modo nominat uirum. Christus agnus est, uir est. Agnus peccata dimittendo, uir uirtute infundendo. Dicat ergo predicator pro eius nomine signatis: Quia Christus agnus est, in cunctis necessitatibus uestris uos agnoscet; quia uir est, contra crucis inimicos uires uobis impendet. Agnus dicitur ab agnoscendo, uir a uirtute. Vnde tanta uictoria anno preterito cruce signatis ante castrum Alcar contra quatuor reges saracenorum et exercitum eorum infinitum dimicantibus, nisi ex potentia uiri huius? Cum captiui sarraceni per turbam christianorum ducerentur, querebant signa uictorum asserentes candidissimam aciem cruces rubeas in pectore gerentes suorum multitudinem in fugam uertisse.

Ne autem predicatorem inanis gloria extollat de ipsa predicatione seu horum quibus || predicat conuersione, dicere debet cum Iohanne: *Qui post me uenit ante me factus est.* Quasi dicat: Ego quidem ope illius predicator, ille inspirator. Ego uox resonans, ille uerbum cor instruens. Contingit sepius ut ad predicationem audiendam peccator quis ueniat et ex ipsa predicatione compunctus recedat. Est autem sensus: *Post me uenit* gratie sue infusione qui *ante me factus est* misericordie sue preuentione. Ex Dei misericordia est, ut illo peccator ueniat, ubi eum Deus per predicatoris ministerium illuminet.

Et ego nesciebam eum. Nescit is qui predicat in quo Ihesus per gratiam sit uel cui peccatum tulerit, nisi quantum exterioribus signis cognoscit. Si uiderit quempiam signum crucis propter Ihesum suscipientem, peccata cum lacrimis confitentem, tunc quasi scit Ihesum ibi esse, ubi prius nesciebat. *Sed ut mani-*

1 Joan. 1, 10 **3** Joan. 1, 30 **15–16** Joan. 1, 15 **19–20** Joan. 1, 15 **22** Joan. 1, 31 **316.25–317.1** Joan. 1, 31

1–2 mundus … mundus. Cf. Philippus de Harveng, *De institutione clericorum*, LXVI, PL 203, Col. 1082A: "… mundus per antiphrasim appellatur, id est vel ab immunditia qua sordet, vel magis a munditia qua privatur." The popular expression mundus immundus goes back to Saint Augustine, see: Augustinus Hipponensis, *Sermones de Scripturis*, CV, v, 8, PL 38, col. 622: "Quid strepis, o munde immunde?" For the definition of the antiphrasis, see: Isidorus, Etymologiae, vol. 2 (lib. I, 37, 24). **8** Agnus … agnoscendo. Isidorus, *Etymologiae*, vol. 2 (lib. XII, 1, 12). uir … uirtute. Isidorus, *Etymologiae*, vol. 1 (lib. X, litt. V, 274). **8–13** Exemplum 86.

9 alcar] alzazer *M*, halcar *c* **14** ipsa] sua *add. M* **19** compunctus] iustus *add. M* recedat] recedit *c* **23** exterioribus signis] ex signis exterioribus *M*

festetur in Israel, propterea ueni ego in aqua baptizans. Magister Oliuerus scolasticus Coloniensis cum accepisset in mandatis a domino Innocentio papa predicare crucem in archiepiscopatu Coloniensi, diuersis prouinciis lustratis, uenit in Frisiam cupiens per suum ministerium etiam ibi manifestari gloriam Ihesu. Qui cum eandem gentem uerbis commotiuis copiose baptizasset, duros tamen ad obediendum signationi inuenisset, desperatus cogitabat redire. Et ecce due cruces celitus apparuerunt in aere, ita ut ab omnibus uiderentur qui erant in statione. Quidam testati sunt ipsum Saluatorem se in cruce uidisse. Ex quibus uisionibus populus ita confortatus est, ita letificatus, ut maxima multitudo ex utroque sexu et diuerse etatis signarentur. Sic Ihesus manifestatus est in gente frisonum que meruit esse Israel sic uidendo Deum. Huius rei testes sunt domi-
86r nus abbas noster et infirmarius noster, qui tunc tem||poris presentes erant et uiderunt oculis suis.

Et testimonium perhibuit Iohannes dicens: Quia uidi Spiritum sanctum descendentem quasi columbam de celo et manentem super eum. Et ego nesciebam eum. Si ex hoc signo specialiter agnoscitur Christus, sicut postea subiungitur, et hoc de quibusdam aliis sanctis legitur. Beato Maximiano[149] Iherosolimitano episcopo baptizante sanctum Basilium Cesariensem futurum antistitem, fulgur ignis uenit super eos, et columba ex eodem fulgure uenit in Iordanem et turbans aquam reuolauit in celum. Similiter sanctus Cunibertus Coloniensis archiepiscopus cum die quadam in ecclesia sanctarum undecim millium uirginum immolaret hostiam salutarem, astante populo et clero, columba splendidissima super caput eius descendit ac deinde ad sepulchrum cuiusdam uirginis uolitans disparuit. Idem contigisse legitur sancto Heriberto eiusdem urbis antistiti, licet alio in loco. Cum sanctus Remigius baptizaret Clodeucum regem Francorum, columba niue candidior descendit super baptisterium ampullam crismate plenam rostro deferens. Ecce super omnes istos Spiritus sanctus in specie columbe

14–15 Joan. 1, 32-33

1–13 Exemplum 87. 17–20 Exemplum 88. 20–24 Exemplum 89. 24–25 Exemplum 90. 25–27 Exemplum 91.

1 ueni ego] ego ueni *M* baptizans] exemplum *add. in rubricam T1* 5 tamen] *om. c* 8 ipsum] christum *c* 11 meruit esse] esse meruit *M* 15 eum] *om. T1 c* 17 legitur] nota *add. in marg. M* 22 populo et clero] clero et populo *M* 24 antistiti] presuli *M* 25 in loco] modo *M* clodeucum] clodeueum *M*, clodoueum *c*

[149] Sic pro *Maximino*.

descendit, sed non super eos mansit. Super Christum descendit et mansit, quia totius gratie pinguedine solus plenus fuit.

Occasione huius uisionis mirifice replicabo uisionem ualde || gloriosam quam nuper in ordine nostro ueraciter intellexi contigisse. Locum et personam non prodam, ne sancto uiro uidear aliquam incutere uerecundiam. Que dicturus sum ab ipso accepi, immo cum magnis precibus extorsi. Cum ex officio in solempnitatibus, interim dum chorus decantaret ymnum Te Deum laudamus, circuiret et secundum consuetudinem in chorum conuersorum ad excitandum eos diuerteret, frater quidam sanctus et supra modum religiosus contemplabatur columbam candidissimam de cruce que erat super altare conuersorum in uerticem eius descendere. In quo multum quiete tam diu sedebat, donec, circuitis uniuersis, de choro exiret. Tunc auolans reuersa est super crucem. Et cum, ymno finito, inciperet lectionem euangelicam, uolauit supra quandam columpnam analogio[150] proximam illic sedens et auscultans sacreque lectioni aurem diligentissime adhibens. Qua perlecta, iterum rediit ad crucem. Et testatus est iustus ille, in uerbo ueritatis Deum testem inuocans, sepius se uidisse eandem columbam in uigiliis festiuis, maxime in brachio crucis sedisse. Et quotiens uenerabilis abbas — hoc enim officio fungebatur et adhuc fungitur — chorum intrauit, columba parata festine super caput eius descendit, tantum ibi creans strepitum percussione alarum, tantum splendorem nitore pennarum, ut ab omnibus potuisset audiri, ab uniuersis uideri, si tamen datum eis fuisset tantam gloriam audire uel uidere. Nec ipse quidem abbas sensit tunc motum aliquem corporalem. Puto, immo credo columbam sepedictam non auem esse mortalem, sed signum gratie spiritualis. Requisitus idem beate memorie conuersus in confessione, ubi ista recitabat, de hora qua columba capiti eius illabi solebat, respondit: Frequentius quando transiens ante altare nostrum profunde, sicut ei moris est, inclinat. Est enim consecratum in honore sancti Iohannis Baptiste qui uisionem de qua materiam sumpsi, de Christo uidere meruit. Ex hiis colligitur humilem, profundam ac deuotam inclinationem corporis Deo multum placere. Inclinent ergo mo||nachi profunde Deo non solum

3–30 Exemplum 92. 7 Cantus ID 909010: Catalogue of Chant Texts and Melodies

2 fuit] exemplum *add. in marg. M* 5 uidear] inueniar *M c* 11 quiete] quieta *c* 20 creans] mox excitans *M* 21 uniuersis] omnibus *M* 24 esse] fuisse *M* 26 ante] nota bene *add. in marg. M* 27 moris] mos *M* enim] autem *M*

[150] *Analogium*: the pulpit.

capita, sed et dorsa sua, ut gratiam descendentem copiosius excipiant. Quod si in hac uirtute forte negligentes ac tepidi fuerint, terrere poterit quod subiungam.

In ecclesia Bunnensi canonicus quidam fuit qui frequenter sanctimoniales in Ditkirgin uisitare consueuit. Et sicut exitus probauit, eadem uisitatio magis erat leuitatis, quam deuotionis. Quotiens eum necessitas ire compellebat per monasterium, erecto incedebat collo ante altaria beatissimorum Iohannis Baptiste et principis apostolorum Petri qui eiusdem ecclesie sunt patroni, non eis inclinans, nichil orans, nichil aliquid eis reuerentie exhibens. Quadam nocte apparuit ei in sompnis uenerabilis Baptista Domini hiis uerbis eum terribiliter alloquens: Et tu, iniquissime, totiens transiens ante altare meum, nunquam aliquid michi honoris impendisti. Et eleuato pede in latere eum tam ualide trusit, ut tam ex dolore, quam ex terrore euigilaret. Ab illa enim hora infirmari cepit, et dolore in ydropisim uerso, post aliquot dies defunctus est. Et si uultis scire, Iohannes erat nomen eius. Fortassis ex hoc ipso amplius mouebatur sanctus, quod nec ipsa nominis equiuocatio aliquam sui memoriam in corde eius excitauerat.

77r Vnde, || fratres, libenter ac deuote sancti Iohannis precursoris Domini commemorationem faciamus, sicut et facimus, quia dominus Deus multum nos et locum nostrum per eius reliquias letificauit, promouit, honorauit. Que qualiter ad nos deuenerint uel que Deus per eas apud nos egerit, ad posterorum memoriam huic loco interseram. Henricus de Vlme miles honestus cum plurimas reliquias preciosissimas, capta urbe Constantinopolitana, de monasterio sancte Sophie tulisset, quibus terram nostram locupletauit; dentem etiam beati Baptiste Iohannis ibidem reperit. Quem intantum dilexit, ut ceteris reliquiis distributis, ei in capella castri sui altare edificare et ibi eum perpetuo reponendum proponeret. Interim a Wernero de Bomlant capitur. Datis tamen obsidibus, ad germanam suam magistram in Insula sancti Nicolai uenit, ad cuius instantissimam petitionem, eo quod mater eorum apud nos fuisset sepulta, eundem dentem nobis optinuit. Missus est pro eo supprior noster et ego cum eo. Henrico ex promisso in captiuitatem reuerso, una sororum in sompnis huiusmodi

4–17 Exemplum 93. **319.22–320.8** Exemplum 94.

4 bunnensi] bonnensi *c* **5** ditkirgin] ditkirchen *M* **10** apparuit ei in sompnis] in sompnis apparuit ei *M* **11** tu] inquit *add. M* ante] coram *M* **12** eleuato] leuato *M c* **13** ex] *om. c* **21** egerit] fecerit *M* **26** altare edificare] edificauit altare *M* et] at *M* perpetuo] perpetuum *M* **27** wernero] warnero *M* bomlant] bonlant *M* **29** eorum] ipsorum *M*

uocem audiuit: Mox ut dens uenerit ad Vallem sancti Petri, a uinculis et captiuitate liberabitur Henricus. Quod ita factum est. Non multo post Henricus comes Seynensis uenit ad nos secum ducens militem prouecte etatis totum freneticum, et sicut multis uisum est, a demone obsessum. Ad cuius petitionem infirmus sepedicto dente tactus et signatus est. Vix illis egressis de monasterio ad iactum sagitte, miles bene et plene conualuit adhuc in eadem, sicut audiuimus, perseuerans sanitate. Est enim idem dens pulcher et magnus utpote molaris tria habens cornua in figuram summe Trinitatis.

Sequitur: *Sed qui misit me baptizare in aqua, ille michi dixit: Super quem uideris Spiritum sanctum descendentem et manentem super eum, ipse est qui baptizat in Spiritu sancto.* Columba per multas quas habet uirtutes naturales designat uaria dona Spiritus sancti. De quibus et Apostolus in prima epistola ad Corinthios scribit dicens: *Vnicuique autem datur manifestatio Spiritus ad utilitatem: alii quidem datur per Spiritum sermo sapientie, alii autem sermo scientie secundum eundem Spiritum, alii fides* || *in eodem Spiritu, alii gratia curationum* M: *in eodem Spiritu, alii operatio uirtutum, alii prophetia, alii discretio spirituum, alii genera linguarum, alii interpretatio sermonum.* Puto nunquam ullum fuisse hominum has gratias omnes semper habuisse in usu, preter solum Christum, et ideo de eis distributiue loquitur ita concludens: *Hec autem omnia operatur unus atque idem Spiritus diuidens singulis prout uult.* Vnde secundum horum donorum usum, ut est spiritus prophetie, ad sanctos uenit et cum uult recedit. Quod de Christo dicere fas non est. Idcirco solus Christus baptizat *in Spiritu sancto et igne.*

Maxima differentia est inter baptismum predicatoris et baptismum Saluatoris. Potest predicator, licet sit malus, uerbis commotiuis malos ad lacrimas mouere, sed non gratiam infundere. Forte dicet quis: Vbi lacrime, ibi gratia. Non. Sunt lacrime que fluunt ex quadam naturali quam anima erga creatorem habet pietate, retenta tamen peccandi uoluntate. Baptismus talis licet || sit a T1 Spiritu sancto, non tamen est in Spiritu sancto. Lacrime quas producit caritas salutares sunt, utiles sunt, luminose sunt, eisque Ihesus baptizat. Vnde ei per Psalmistam dicitur: *Apud te est fons uite, et in lumine tuo uidebimus lumen.* Baptizat ergo Ihesus *in Spiritu et igni.* Spiritus uiuificat, ignis consumit et illumi-

9–11 Joan. 1, 33 **13–17** I Cor. 12, 7-10 **19–20** I Cor. 12, 11 **22–23** Matth. 3, 11 **31** Ps. 35, 10 **32** Matth. 3, 11

3 prouecte] perfecte *c* **4** demone] deminio *M* **12** prima] *om. c* **17** fuisse] *om. c* **20** vnde] nam *c*, non *T1* **26** mouere] commouere *c* **30** utiles] uitales *M* **32** spiritu] sancto *add. M* uiuificat] iustificat *T1 c*

nat. Baptismus contritionis uiuificat mortificata, consumit peccata, illuminat obtenebrata.

Et ego uidi et testimonium perhibui quia ipse est Filius Dei. Et nos cum Iohanne oculis fidei uidemus et testificamur quod is qui sic potenter, sic efficaciter, salubriter atque inuisibiliter baptizat, uere sit Filius Dei.

Moraliter.

Vidit Iohannes Ihesum ad se uenientem et ait: *Ecce agnus Dei, ecce qui tollit peccata mundi.* Secundum sensum tropologicum Iohannes est gratia illuminans, Ihesus gratia iustificans.[151] Hec est gratia pro gratia. *Lex per Moysen data est, gratia et ueritas per Ihesum Christum facta est.* Gratia in peccatoris illuminatione, ueritas in iustificatione. Ihesus interpretatur Saluator, Christus unctus. Saluat et ungit: saluat remissione peccatorum, ungit pinguedine celestium donorum. Hec gratia uirtutibus uirtutumque operibus et quotidiano fletu quasi baptizando meretur. Sentiens igitur Iohannes, id est gratia Dei illuminans, actibus suis uipereis a se baptizatis, id est per lacrimas deletis, Ihesum, scilicet anime salutem, in perfectione caritatis ad se uenientem, merito exclamat et dicit: *Ecce agnus Dei.* Quia in agno multas uirtutes plurimasque utilitates Iohannes agnouit, Saluatorem agno comparauit.

Agnus ceteris animalibus mundior est, delectabilior est, mansuetior est et prorsus sine dolo. Neminem ledit, cadauera non comedit, iugulantibus non resistit. Virtutes iste in caritate perfecta inueniuntur. Dicit de ea Apostolus sic: *Caritas patiens est, benigna est. Caritas non emulatur, non agit perperam, non inflatur, non est ambitiosa, non querit que sua sunt, non irritatur, non cogitat malum, non gaudet super iniquitate, congaudet autem ueritati.* Ecce tales sunt uirtutes caritatis perfecte que lupos conuertit in agnos, de seuis et immisericordibus faciens pios ac mansuetos. Sunt et in agno uarie utilitates. Carne sua reficit esurientes, lacte potat sitientes, uellere uestit nudos et algentes. Caritas,

3 Joan. 1, 34 7–8 Joan. 1, 29 9–10 Joan. 1, 17 17 Joan. 1, 29 22–24 I Cor. 1, 13

11 Thiel, 328-29. 11–12 Isidorus, *Etymologiae*, vol. 1 (lib. VII, ii, 2).

6 moraliter] omelia moralis *M*, *om. c* **7** ad se uenientem] uenientem ad se *M* **14** baptizando] usu baptizandi *M* **14–15** illuminans] illuminatus *M c* **16** anime] sue *add. M* **19** est] et *c*

[151] On these two types of grace see note 19, p. 90.

maxime consummata,[152] cibus est, potus est, uestis est. Quia cibus est, *per ipsam gustatur* || *et uidetur quam suauis est Dominus.* Si potus non esset, sancta anima Christo non diceret: *Introduxit me rex in cellam uinariam, ordinauit in me caritatem.* Quia caritate intellexit se inebriatam, celle uinarie mox ipsam subiunxit caritatem. Ordinata caritas[153] dulcis est ad potandum et multum efficax ad inebriandum. Dum enim ordo caritatis confunditur, minus eius uirtus sentitur. Quod caritas uestis sit, testis est Saluator qui ait: *Amice, quomodo huc intrasti non habens uestem nuptialem?* Et in Ecclesiastico: *Deus de terra creauit hominem et secundum se uestiuit illum uirtute,* id est caritate. Ecce ista sunt que caritatem perfectam agno comparant. M:

In eo autem quod subditur: *Ecce qui tollit peccata mundi,* plenius caritatis uirtus expri||mitur. Mundus dicitur quasi undique motus, significatque cor humanum quod semper in motu est et nunquam quiescit. Christus cum per caritatem perfectam ad cor uenit, mundi, id est cordis, peccatum totaliter tollit. Tollit peccatum, dum caritatem infundit etiam minimam quantum ad culpam, cum perficit quantum ad penam. Perfectio caritatis est perfectio conscientie, quando non est homo sibi conscius uenialis uel mortalis, immo quasi certum et T1:

1–2 Ps. 33, 9 **3–4** Cant. 2, 4 **7–8** Matth. 22, 12 **8–9** Eccli. 17, 1-2 **11** Joan. 1, 29

12 Mundus … motus. Isidorus, *Etymologiae,* vol. 1 (III, xxix): "Qui ideo mundus est appellatus, quia semper in motu est." The wording used by Caesarius is closer to: Honorius Augustodunensis, *Imago mundi,* I, 1, ed. Valerie I. J. Flint, *Archives d'histoire doctrinale et littéraire du Moyen Âge* 49 (1982), 7-153, here 49. **322.16–323.2** Perfectio … separari. Quote almost verbatim from: Petrus Pictaviensis, *Sententiarum libri quinque,* III, 25, PL 211, col. 1116B.

4 intellexit se] se intellexit *M c* **6** enim] *om. c* ordo caritatis] caritatis ordo *M* **14** tollit] tollitur *T1 c* **15** dum] cum *M*

[152] That is to say the perfect charity, cf.: Augustinus Hipponensis, *Enarrationes in Psalmos CI-CL,* CXVIII, xii, 3, ed. Eligius Dekkers and Johannes Fraipon, CCSL 40 (Turnhout: Brepols, 1956), 1702: … hunc enim consummata charitas foras mittit timorem." Cf. I Ioan 4, 18: "perfecta caritas foras mittit timorem."

[153] Augustinian concept (Cf. *De doctrina christiana,* 32 ed. Joseph Martin, CCSL 32 (Turnhout: Brepols, 1962), 21-22)) taken up and developed by Richard of St. Victor, for more details, see: Fernand Guimet, "Notes en marge d'un texte de Richard de Saint-Victor," *Archives d'histoire littéraire et doctrinale du Moyen-Âge* 14 (1945), 371-94, sp. p. 380-386. Id., "'Caritas ordinata' et 'Amor Discretus' dans la théologie trinitaire de Richard de Saint-Victor," *Revue du Moyen-Âge latin* 4 (1948), 225-36.

constans est ei quod sit sine omni peccato, non timens puniri, sed tamen separari. De hac sola dicitur: *Perfecta caritas foras mittit timorem*, scilicet initialem.

Sequitur autem: *Hic est uir de quo dixi uobis. Post me uenit uir qui ante me factus est.* Perfectus amor uir est qui perfecte nititur contra uitium. Qui licet posterior sit quantum ad tempus initialitate, precedit tamen dignitate. Post tempore, ante maioritate. Maius bonum est perfectio, quam imperfectio.

Et ego nesciebam eum. Crescente caritate, simul et crescit uirtus scientie. Quanto sancta anima plus Christum agnoscit, tanto illum ardentius diligit. Signa eiusdem cognitionis ostendit, cum protinus, paucis interpositis, subiunxit: *Et testimonium perhibuit Iohannes dicens: Quia uidi Spiritum sanctum descendentem quasi columbam de celo et manentem super eum.* Columba septem principales habet uirtutes. Felle caret, grana eligit meliora, rostro et unguibus non ledit, uermibus non pascitur, in foraminibus petre nidificat, pullos fouet alienos, pro cantu gemit.

Columba significat Spiritum sanctum, uirtutes columbe dona Spiritus sancti. In cuius mente Spiritus sanctus manet per gratiam, per spiritum sapientie omnem amaritudinem et iram et indignationem et clamorem et blasphemiam de eius corde tollit et ore. Sapientia dicta est a sapore, fel amarum uel insipidum est ualde. Per spiritum intellectus grana meliora, id est sententias utiliores quas de sacris Scripturis audit uel legit in uentre sue memorie reponit. Per spiritum consilii nemini detrahit, neminem ledit, scriptum sciens: *Quod tibi non uis fieri, alteri ne feceris.* Per spiritum fortitudinis uermibus carnalis concupiscentie non pascitur, malens temptationibus cruciari, quam immundis delectationibus per consensum cibari. Per spiritum scientie nidificat in foraminibus petre, id est uulneribus Christi, sciens se ibi securum contra insidias Herodii, id est dyaboli. Per spiritum pietatis pullos nutrit alienos, necessitates alienas faciens proprias. Per spiritum timoris Domini pro cantu gemit tum propter incolatus sui prolongationem, tum pro celestis premii dilatione. Gemit etiam timore separationis, gemit spe diuine uisionis.

2 I Joan. 4, 18 3–4 Joan. 1, 30 7 Joan. 1, 31 10–11 Joan. 1, 32 21–22 Tob. 4, 16

12–14 Columba … gemit. Hugo de Folieto, *Aviarium*, XI (De diuersis proprietatibus columbae), in *The Medieval book of birds*, 134, 136.

4 qui] quia *M* 7 et crescit] crescit et *c* 8 agnoscit] cognoscit *M* 9 cognitionis] agnitionis *M* 9–10 subiunxit] subiungit *M* 18 uel] et *M* 19 quas] que *T1* 21 scriptum sciens] sciens scriptum *M* 26 alienas] proximorum *M* 27 propter] pro *M* 27–28 prolongationem] prolongatione *M c*

Ecce ista || sunt signa gratie descendentis et manentis. Propter quod bene subditur: *Qui misit me in aqua baptizare, ille michi dixit: Super quem uideris Spiritum sanctum descendentem et manentem super eum, ipse est qui baptizat in Spiritu sancto.* In alio loco baptizandis idem Iohannes dicit de Christo: *Ille uos baptizabit in Spiritu sancto et igni.* Hoc baptismo usi sunt quinquaginta rethores in passione sancte Catherine. || Spiritus sanctus oleum est, caritas ignis est. Oleum fomentum est ignis, et Spiritus sanctus auctor est caritatis. Vnde Apostolus: *Caritas Dei diffusa est in cordibus nostris per Spiritum sanctum qui datus est nobis.* Quia ignis illuminat et oleum exhilarat, de iusto per Psalmistam dicitur: *Lux orta est iusto et rectis corde letitia.* M: T1:

Spiritus sanctus sanat et ungit, caritas accendit et consumit. Ait de Spiritu sancto Ysaias: *Spiritus Domini super me, eo quod unxerit me.* De caritate uero in epistola ad Hebreos Apostolus: *Deus noster ignis consumens est.* Quod ignis iste caritas eius sit, ostendit cum protinus subiunxit: *Caritas fraternitatis maneat in uobis.* Ecce hic habemus quod perfecta caritas feruore suo consumat peccata etiam uenialia. Ait itaque beatus Augustinus: Sicut gutta aque in camino, ita ueniale peccatum in perfecta caritate. Huic auctoritati contradicit quod Gregorius scribit de Paschasio, et nonnullos uiros eque sanctissimos fuisse legimus in purgatorio. Vnde quidam dicunt duo genera esse uenialium. Quedam uero nimis sunt leuia a quibus nemo etiam perfectus potest abstinere, que mox consumuntur in perfecta caritate. Alia magis grauia que dicuntur lignum, fenum, stipula que cremari oportet in pena purgatoria, si non fuerit hic per penitentiam deleta.

2–4 Joan. 1, 33 **4–5** Matth. 3, 11 **8–9** Rom. 5, 5 **9** Cf. Ps. 103, 15 **10** Ps. 96, 11 **12** Is. 61, 1 **13** Hebr. 12, 29 **14–15** Hebr. 13, 1

5–6 Exemplum 95. **16–17** Sicut ... caritate. Quote not found in the work of Augustine. Caesarius's direct source seems to be, as usual, Peter of Poitiers: Petrus Pictaviensis, *Sententiarum libri quinque*, III, 25, PL 211, col. 1119 B-C: "Item, a perfecta charitate potest aliquis descendere ad imperfectam per mortale peccatum, vel per veniale. Per mortale non, ut probatum est, nec per veniale. Dicit enim Augustinus: 'Sicut gutta aquae est in camino, ita veniale peccatum in perfecta charitate'. Sed in igne prae ardore consumitur gutta aquae, ergo et in perfecta charitate veniale peccatum; ergo nunquam veniale peccatum facit tepescere charitatem." **18** scribit ... Paschasio. Gregorius Magnus, *Dialogi*, IV, 42, vol. 3, ed. Adalbert de Vogüé, Sources chrétiennes 265 (Paris: Editions du Cerf, 1980), 150-54. **19–23** Vnde ... deleta. A very similar passage is found in: Petrus Pictaviensis, *Sententiarum libri quinque*, III, 15, PL 211, col. 1120B

2 in aqua baptizare] baptizare in aqua *M* **7** est] *om. M c* **15** consumat] consumit *M* **16** aque] est *add. T1 c* **19** genera esse] esse genera *M* uenialium] uenialia *M* **20** nemo etiam] etiam nemo *M*

Sed quid est quod beatus Gregorius in libris Dyalogorum dicit quasdam animas sine pena lucidissimis quibusdam mansionibus differri ab illa superna iucunditate? Si decesserunt sine ligno, feno, stipula, cur eis negata est gloria eterna? Quod si secum traxerunt cremabilia, quare eis subtracta est pena purgatoria? Requisitus a me super hiis magister quidam literatissimus respondit: Scio tria loca post exitum animabus esse deputata: celum, purgatorium, infernum. Sed sunt quidam ita perfecti, ita Deo deuoti, ut post mortem non mereantur pena aliqua corporali purgari. Et quia secum trahunt aliquid pulueris, ipsa dilatio glorie eis efficitur purgatorium. *Spes que differtur affligit animam.* Huic sententie concordat uisio quedam que ante paucos annos facta est.

Apud nos adolescens quidam Wilhelmus nomine sancte uite et nobilis genere defunctus est. *Consummatus in breui, expleuit tempora multa. Raptus est ne malitia mutaret intellectum illius.* Post paucos dies apparens cuidam dyacono confratri suo, cum ab eo suscitaretur in quali statu esset uel quomodo haberet, respondit: Male, quia in penis sum. Quo audito, fleuit uberrime sciens eum puerum fuisse bonum, mansuetum, feruentem in ordine et adhuc uirginem corpore, dixitque: Si tu es in penis, quid fiet de me peccatore meique similibus? Cui ille in hec uerba respondit: Noli flere, quia nullas alias penas sustineo, nisi quod nondum uidi Deum, carentiam diuine uisionis penas reputans. Et adiecit: O quam clarum erit quod statim Deum uidebit! Monete, inquit, dominum
79r abbatem, ut orationes in capitulo pro me in||stituat, et ego liberabor. Addiditque: Dicite etiam ei ex parte mea, ut collectam pro me per seipsum dicat. Et
38v cum ille interrogaret de quo sancto collecta eadem esset dicenda, || respondit: De sancto Mychaele. Mane frater per ordinem abbati exposuit uisionem, et abbas multum deuote fratribus omnibus per dies septem pro eo iniunxit orationem, uidelicet psalmum: *Quemadmodum desiderat ceruus ad fontes aquarum,* insuper missam de sancto Mychaele electarum animarum ductore ipso die pro eo decantans. Mira Dei clementia! Finitis orationibus, dominus Conradus,

9 Prov. 13, 12 **12** Sap. 4, 13 **12–13** Sap. 4, 11 **26–27** Ps. 41, 2

1–3 Gregorius Magnus, *Dialogi*, 3: 84 (lib. IV, cap. 26, 1): "Nam sunt quorundam iustorum animae, quae a caelesti regno quibusdam adhuc mansionibus differuntur." **325.11–326.6** Exemplum 96.

1 libris] libro *c* **5** super] de *M c* literatissimus] in hec uerba *add. M* **8** trahunt aliquid] aliquid trahunt *c* **11** wilhelmus] willelmus *M* **11–12** genere] sanguine *M* **18** penas sustineo] sustineo penas *M c* **21** in capitulo pro me] pro me in capitulo *M* **23** collecta eadem] eadem collecta *M* **24** per ordinem abbati] abbati per ordinem *M c* **27** ipso] ipsa *M*

nunc prior Loci sancte Marie dum staret in choro nostro in laudibus et psalmus cantaretur: *Deus, Deus meus, ad te de luce uigilo,* infra spatium unius uersiculi, oculis eius grauatis sompno, contemplatus est Dominam nostram Dei genitricem ante gradum presbiterii stare et predictum iuuenem sub pallio quo circumdata erat tenere. Qui cum magna iucunditate in hanc uocem erupit: Hodie liberatus sum.

Vnde, fratres carissimi, sic studeamus uiuere, sic excessus, licet leuissimi uideantur, assiduis lacrimis baptizare, ut et ignis Spiritus sancti in nobis maneat et ignis purgatorii quod incendat in nobis non inueniat. Quod nobis prestare dignetur Ihesus Christus Dominus noster meritis sue gloriose genitricis beatique Baptiste Iohannis, cui cum Patre et Spiritu sancto honor et imperium per infinita secula seculorum. Amen. Explicit omelia octaua decima de sacramento Dominice incarnationis Cesarii monachi.

Subscriptio domini Henrici abbatis

Hic lege tu qui uis quibus influat unctio riuis.
En uia monstratur uite qua concipiatur,
Nascatur, crescat celorum Rex, adolescat,
Regibus oretur, cultro depreputietur,
Intret ad exemplum Patri se sistere templum.
Currant annosi duo, collaudent studiosi.
Vadat in Egyptum, Baptista tremens aquet ipsum.
Si legis, inuenies hec nec nocuus tibi fies.

Explicit subscriptio.

2 Ps. 62, 2

7 carissimi] dilectissimi *M* 12–13 explicit omelia octaua decima de sacramento dominice incarnationis cesarii monachi] explicit omelia octauadecima. *M*, finis homiliarum de sacramento dominicae incarnationis. *c* 14 subscriptio domini henrici abbatis] subscriptio r. dom. henrici abbatis heisterbacensis, scilicet sub quo, et cuius iussu ista scripserat f. cesarius. *c*, *om. M* 23 explicit subscriptio] *om. c* 14–23 subscriptio domini henrici ... fies explicit subscriptio] *om. M*

Fontes exemplorum

Exemplum 1 (p. 93)

The Virgin Mary appeared in a vision to a monk. He asked her name, and she answered: "Elisabeth." The monk replied that her name was, without doubt, Mary. She said yes. The monk, having understood the virtue of the holy name, said that in that case she should pray for the whole Church and for him too. The Virgin replied that she does always that.

Hilka, 63 (n° 1).

Exemplum 2 (p. 98)

The presentation of Mary in the Temple. At the age of three, the Virgin Mary ran up the fifteen steps of the temple without ever looking back at her parents. The number fifteen is the product of multiplying three (age of the Virgin) by five (number of letters in the name Maria).

"Legitur etiam in quodam libello de natiuitate ipsius" = Liber de infantia sive Historia de nativitate Mariae et de infantia Salvatoris *Pseudo-Matthaei Evangelium*, IV, *Evangelia Apocrypha*, ed. Konstantin von Tischendorf (Leipzig, 1876, Hildesheim: Olms 1966), 61. — Pseudo-Hieronymi Epistola L. *De Nativitate sanctae Mariae*, 7, PL. 30, col. 301B-C. — Hilka, 63 (n° 2).

Exemplum 3 (p. 109-110)

A nun who particularly adored the Virgin Mary injured her knee by genuflecting. The Virgin appeared to the nun in a vision and healed her by applying ointment to the injured area. The other nuns, feeling the miraculous smell of the ointment woke her up. The healed nun said nothing, went back to sleep and had a second vision of the Virgin Mary instructing her how to genuflect and advising in addition to say each day the sequence "Ave, Dei genitrix."

Caesarius Heisterbacensis, *Dialogus miraculorum*, VII, 48. — Tubach 3009 — Hilka, 64 (n° 3).

Exemplum 4 (p. 110)

A Cistercian priest leading a hermit's life learned from some nuns that the words of Ave Maria felt sweet as honey in the mouth. Following the example of these women, the priest began to say Ave Maria fifty times a day and, after six weeks, fully felt the sweetness of the sacred name to the point of believing that all his saliva had been transformed into honey.

Oral source: "Retulit michi quidam sacerdos heremita." — Caesarius Heisterbacensis, *Dialogus miraculorum*, VII, 49. — Tubach 435 — Hilka, 64 (n° 4).

Exemplum 5 (p. 110-111)

A priest from Bonn committed suicide and his mistress became a nun. One night, as she looked out the window, she saw a young man walking on the air. She rightly thought it was a demon. The demon then entered her cell and tried to seduce her. The young woman made a sign of the cross, but the demon does not run away. He annoyed her every night, and nothing could help her. One day a nun from the same convent advised young woman to kneel before the demon and say: "Ave Maria." She did so and the demon disappeared crying: "May the devil enter into the jaw of whoever taught you this prayer!"

Caesarius Heisterbacensis, *Dialogus miraculorum*, III, 13. — Tubach 1573 — Herbert, 353 (n° 34); Hilka, 65 (n° 5).

Exemplum 6 (p. 111)

Astrologers claim that many demons cannot stand music. This is how a philosopher cast out a demon from the body of a possessed by playing the harp. The effect of the name of the Virgin Mary is much stronger. Music brought the Hand of the Lord upon Prophet Elisha, and the evil spirit withdrew from Saul when David played his harp.

"Unde Boetius refert" = Source not identified. — Hilka, 65 (n° 6).

Exemplum 7 (p. 111)

Adam sent his son Seth to Paradise. On his return, Adam asked what he had seen. "A very beautiful Virgin," replied Seth. So Adam said almost singing: "Mary."

"Legitur in Candela Gerlandi" = Gerlandus Bisuntinus, *Candela evangelica studii salutaris*. Ed. Cologne: E. Cervicornus, 1527. — Hilka, 65-66 (n° 7).

Exemplum 8 (p. 127)

In Heisterbach, a monk saw Christ in Majesty in a night vision. When the Savior looked him in the eyes and blessed him with his right hand, the monk felt great joy.

Hilka, 66 (n° 8).

Exemplum 9 (p. 146)

A woman, who denied being liable to render wax tribute to a church, was terribly tormented by a demon. If the transgressors of this tax are so harshly punished, how much more will those who pay it be rewarded?

Hilka, 67 (n° 10).

Exemplum 10 (p. 152)

Saint Paul was so simple that he asked Saint Anthony who had lived first: Christ or the Prophets?

Rufinus, *Historia monachorum sive de vita sanctorum patrum*, ed. Eva Schulz-Flügel (Berlin-New York: Walter de Gruyter), 380 (De Paulo Simplice).

Exemplum 11 (p. 153)

While in prayer, abba John Colobus always plunged into an ecstatic state, unless he put his hands down quickly.

Pelagius, *Verba seniorum*, XII, 11, PL. 73, col. 942. — In the *Vitae Patrum* it is Saint Sisoes.

Exemplum 12 (p. 156-157)

Saint Arsenius was so ardent in his faith that his disciple Daniel saw him on fire.

Pelagius, *Verba Seniorum*, XVIII, 1, 2, PL 73, col. 978. — Hilka, 67 (n°11).

Exemplum 13 (p. 157)

The face of dying Saint Sisoes became radiant, which frightened those who watched him.

Iohannes subdiaconus, *Verba Seniorum*, III, 6, PL 73, col. 1007.

Exemplum 14 (p. 162)

A nun accustomed to receive divine consolations during the fervent prayers, often said to one of the sisters not to mix the thoughts of God with the thoughts of any other thing.

Hilka, 67-68 (n° 12).

Exemplum 15 (p. 168-169)

At the time of the Nativity, a very simple priest from Heisterbach named Gottschalk saw the host take the appearance of a very beautiful child. Gottschalk kissed the child and put him on the altar, where the child turned again into bread. This same priest reported to Caesarius that the Virgin had also appeared to him, and described her in detail.

Caesarius Heisterbacensis, *Dialogus miraculorum*, IX, 2. — Tubach 2689c — Thompson, *Motif-index* n° V39.4.; Hilka, 68 (n° 13).

Exemplum 16 (p. 181)

Being ill, a monk from Himmerod named Christian saw the Virgin Mary and Christ dressed as Cistercian monks who came to help him sing the canonical hours.

Caesarius Heisterbacensis, *Dialogus miraculorum*, VII, 16. — Tubach 986 — Hilka, 68-69 (n° 14).

Exemplum 17 (p. 181-182)

A Cistercian nun named Christine saw the Virgin Mary, saint Joseph and Christ as a little child wrapped in a white cloth with a gray ribbon (the color of the nun's habit).

Caesarius Heisterbacensis, *Dialogus miraculorum*, VIII, 3. — Tubach 1012 — Hilka, 69 (n° 15).

Exemplum 18 (p. 182)

In his sleep, a monk-priest saw himself in the stable of the Nativity. A voice announced to him that a virgin was going to give birth to a son. "This is impossible, replied the monk, the Nativity week has already passed. It is possible that she would give birth to a great prophet, but not to Christ." In the meantime, the virgin gave birth to a child and handed it to the monk to kiss; filled with joy, he woke up.

Caesarius Heisterbacensis, *Dialogus miraculorum*, VIII, 2. — Tubach 1036 — Hilka, 69-70 (n° 16).

Exemplum 19 (p. 206)

Saint Boniface, once a sinner, achieved the glory of martyrdom thanks to his hospitality and generosity to the poor.

Passio sancti Bonifacii martyris Tarsi in Cilicia, AASS, Maii III, dies 14, col. 280F-283D.

Exemplum 20 (p. 209-210)

A sick young monk saw next to his bed two demons saying that very quickly they would get his soul. The frightened monk turned his head and saw a beautiful lady responding to demons: "No, because I will give him a good advice, thanks to which he will escape your hands." The monk understood that it was the Virgin Mary and that she was talking about confession. He confessed and the next day died in peace.

Caesarius Heisterbacensis, *Dialogus miraculorum*, VII, 9. — Tubach 1174 — Hilka, 74 (n° 18).

Exemplum 21 (p. 213)

A monk from Clairvaux named Bernard had incessant sexual temptations, despite all the prayers and confessions. One day he decided to leave the monastery. The prior persuaded him to stay another night. Barely asleep, the monk saw a vision of a terrible man – looking like a butcher with a knife – followed by a large black dog. With his knife, the man cut the monk's genitals off and threw them to the dog. The monk woke up promptly, fearing to be castrated. He understood then that this had not happened physically, but spiritually: the temptation ceased immediately.

Caesarius Heisterbacensis, *Dialogus miraculorum*, IV, 97. — Tubach 1918 — Herbert, 615 (n° 128); Hilka, 75 (n° 19).

Exemplum 22 (p. 214)

After his death, a man appeared to a friend, announcing that he was in Purgatory. To the question of what he wanted from his living friend (prayers or alms), the deceased replied that he preferred alms, because the prayers were lukewarm.

Caesarius Heisterbacensis, *Dialogus miraculorum*, XII, 32. — Tubach 172 — Hilka, 75 (n° 20).

Exemplum 23 (p. 215-216)

One night, Saint John the Merciful saw near his bed a girl of extraordinary beauty, crowned with a crown of olive leaves. Surprised, he asked her who she was and how she had dared to enter his bedroom. She replied that she was the first of the King's daughters and that no one had greater authority at his court than she. It was her who persuaded the King to become a human being, in order to save humanity. Saint John understood then, that she was the personification of Compassion and Alms.

Leontius Neapoleos, *Vita S. Ioannis Eleemosynarii*, 7, PL. 73, col. 345. — Tubach 936 — Herbert, 172 (n°58); Hilka, 75-76 (n° 21).

Exemplum 24 (p. 218)

The devil prompted a monk to leave his monastery and settle in a hermitage, against the will of the abbot. Some time later the devil persuaded him to return to his father's house in order to distribute his inheritance to the poor. The monk, soon corrupted by fornication, fell into despair.

"Legitur in Vitaspatrum" = Pelagius, *Verba Seniorum*, VII, 24, PL 73, col. 897-900. — Tubach 3272 — Herbert, 328 (n° 3), 334 (n° 9), 566 (n° 98), 716 (n° 13); Hilka, 76 (n° 22).

Exemplum 25 (p. 219)

Saint Bernard converted a nobleman named Geoffrey from Flanders. On their way to the abbey, Geoffrey was seized with such doubt that he declared that he would never be happy again. Worried, Saint Bernard made a stop in a church to pray. After his prayer, Geoffrey, beaming with joy, announced that he would never be sad again.

Gaufridus Autissiodorensis, *Vita prima S. Bernardi*, IV, 16, eds. Paul Verdeyen and Christine Vande Veire, CCCM 89B (Turnhout: Brepols, 2011), 170. — Blessed Geoffrey of Peronne, prior of Clairvaux; died in 1146. — Hilka, 76 (n° 23).

Exemplum 26 (p. 221)

Near the castle of Theobald, Count of Champagne, lived a leper. Every time when Theobald passed near the leper's hovel, he dismounted, entered the hovel, washed the leper's feet, kissed his hands and gave him money. Unaware of the leper's death, the count entered one day the hovel and found Christ (in the guise of the leper), and took care of him, as usual. Soon after he learned that the leper had been dead a long time.

Caesarius Heisterbacensis, *Dialogus miraculorum*, VIII, 31. — Tubach 985b — Marie Formarier, "Visual Imagination in Religious Persuasion: Mental Imagery in Caesarius of Heisterbach's Dialogus miraculorum (VIII, 31)," in *The Art of Cistercian Persuasion in the Middle Ages and Beyond*, eds. Victoria Smirnova, Marie Anne Polo de Beaulieu and Jacques Berlioz (Leiden, Brill, 2015) 97-117 — Herbert, 7 (n° 21); Thompson, *Motif-index*, n° V412; Hilka, 76-77 (n° 24).

Exemplum 27 (p. 225)

A Desert Father, at the instigation of the devil, went to a town to sell some of his work; there he met a woman and sinned with her. Full of sadness, he returned to his cell, and after a year of penance, regained his former perfection.

"Legitur in Verbis seniorum" = Rufinus (Ps.), *Verba Seniorum*, 12, PL 73, col. 744; Pelagius, *Verba seniorum* XVII, 14, PL 73, col. 975. — Hilka, 77 (n° 25).

Exemplum 28 (p. 229)

Having caught his wife in adultery, Saint Paul the Simple went to the desert to join Saint Anthony.

Rufinus, *Historia monachorum sive de vita sanctorum patrum*, 378.

Exemplum 29 (p. 232)

After a beating received from the demons, Saint Anthony asked Christ: "Where were you?!"; Christ answered him that he was there and would always be there for him.

Athanasius Alexandrinus, *Vita beati Antonii abbatis*, 9, PL 73, col. 132. — Tubach 285 — Hilka, 77-78 (n° 27).

Exemplum 30 (p. 236)

The demon, in the guise of an angel, persuaded a monk from Himmerod to eat only half a bread a day. The monk, exhausted by hunger, left the monastery.

Oral source: "Solent referre hii quibus presentibus gestum est." — Caesarius Heisterbacensis, *Dialogus miraculorum*, IV, 81. — Tubach 764 — Hilka, 78 (n° 28).

Exemplum 31 (p. 240-241)

Lionius of Eller, a Canon from Cologne, well known to Caesarius, decided to become a novice at the Cistercian abbey of Himmerod. His brothers, however, persuaded him not to do it until he had paid off his debts. Lionius agreed. The abbot of Himmerod, hearing the news, said to them: "Today you deprive your brother of the glory of heaven and put him in hell." His prediction came true soon after: the Canon fell ill, lost his mind and died a pitiful death, without penance or confession.

Caesarius Heisterbacensis, *Dialogus miraculorum*, I, 14. — Tubach 3319 — Hilka, 78 (n° 29)

Exemplum 32 (p. 241)

A young man from a good family became a novice at Heisterbach, but his parents persuaded him to return to the world in order to settle his debts. The young man consented and plunged into vice and sin.

Cf. Caesarius Heisterbacensis, *Dialogus miraculorum*, I, 12. — Tubach 3319 — Hilka, 78 (n° 30).

Exemplum 33 (p. 241)

When Henri, the abbot of Heisterbach, was still a Canon in Bonn, he decided to embrace the monastic life. His two brother, discontented, lured him out of the abbey by trickery. But Henri only remained in the world for a few months, then fled and became a novice, then a monk and finally an abbot.

Caesarius Heisterbacensis, *Dialogus miraculorum*, I, 13. — Tubach 3335 — Hilka, 79 (n° 31).

Exemplum 34 (p. 246)

A hermit living near a city feigned holiness to such an extent, that the inhabitants believed to be supported and protected only by his merits. But when the hermit died, it was angels of Satan who carried his soul away.

Iohannes Subdiaconus, *Verba seniorum*, III, 13, PL 73, col. 1011. — Hilka, 79 (n° 32).

Exemplum 35 (p. 246)

Every night, the holy Abbot Vital entered a brothel in Alexandria. He paid the women to make them refrain from the sin, and stayed there, praying for them. Everybody blamed him, but the innocence of Vital was revealed after his death by numerous miracles and testimonies of these women.

Leontius Neapoleos, *Vita S. Ioannis Eleemosynarii*, 35, PL 73, col. 369. — Tubach 4149 — Thompson, *Motif-index*,, n° N347.2; Hilka, 79 (n° 33).

Exemplum 36 (p. 253)

A hermit living near Constantinople was once visited by Emperor Theodosius. The next day, the hermit left his habitat, frightened that now everyone would follow the emperor's example and come to disturb him, and that the people's praise would make him lose all the fruits of his labors.

Rufinus (Ps.), *Verba Seniorum*, 18, PL 73, col. 749-50. — Tubach 3939 — Hilka, 80 (n° 34).

Exemplum 37 (p. 253)

Despite being very famous and renowned, a saint completely drove from his heart all vain glory. However, fearing the fall, he asked God to allow the devil to reside in his body for five months; his wish was granted. Everyone began to despise him, and after these five months the saint was freed not only from the devil, but also from any vain glory.

Sulpicius Severus, *Dialogi*, I, 20, ed. Carolus Halm, CSEL 1 (Vienna: F. Tempsky, 1866), 172-173; *Vitae Patrum*, IV, 13, PL 73, col. 824. — Tubach 2490 — Hilka, 80 (n° 35).

Exemplum 38 (p. 253)

A hermit had such virtue that he could command the wild asses to transport people who came to visit him. However, he was corrupted by vanity and succumbed to the sin of fornication.

Pelagius, *Verba Seniorum*, VIII, 1, PL 73, col. 905. — Hilka, 80 (n° 36).

Exemplum 39 (p. 254)

While praying, a Cistercian monk always cried very piously. Defeated by the vain glory, he thought, "Oh, if anyone could see what a grace God granted me!" He lifted his head and saw the devil in the Cluniac habit staring at him. The frightened Cistercian made the sign of the cross, and the devil disappeared.

Oral source: "Recitauit michi quidam monachus." — Caesarius Heisterbacensis, *Dialogus miraculorum*, II, 22. — Tubach 4717 — Hilka, 80-81 (n° 37).

Exemplum 40 (p. 255-256)

A devil, in the form of a monk, invited Saint Macarius to see the brothers sing psalms. Recognizing the enemy, Macarius asked him why. The devil replied: "To show you the fruits of our labors." During prayer, Macarius saw little Ethiopians walk among the brothers and prevent them from singing correctly: some fell asleep, others yawned... After the chanting, the brothers began to pray, and the Ethiopians showed them visions of women, in accordance with their idle thoughts.

Rufinus, *Historia monachorum sive de vita sanctorum patrum*, 371-73 (De alio sancto Macario, XXIX, 4, 1-13). — Tubach 3108 — Hilka, 81 (n° 38).

Exemplum 41 (p. 256)

Saint Bernard excommunicated flies, that were disturbing the dedication of the Church of Foigny with their noisy flight. They fell; since that day, no fly could enter this monastery.

Guillelmus a Sancto Theodorico, *Vita prima S. Bernardi*, I, 52, ed. Paul Verdeyen and Christine Vande Veire, CCCM 89B (Turnhout: Brepols, 2011), 71. — Conradus Eberbacensis, *Magnum exordium cisterciense*, V, 11, ed. Bruno Griesser, CCCM 138 (Turnhout: Brepols, 1994), 336. — Tubach 4556 — Hilka, 81 (n° 39)

Exemplum 42 (p. 257)

A sick Cistercian abbot asked for a host. A priest brought it, but the abbot, disturbed by the spirit of blasphemy, began to doubt the sacrament and dismissed the priest. Soon after, divine grace freed the abbot from temptation and he was able to take Holy Communion.

Oral source: "Retulit michi abbas quidam ordinis nostri." — Hilka, 81-82 (n° 40).

Exemplum 43 (p. 257)

A young and noble girl from France experienced sexual temptation. The angel freed her by making her recite Ps. 118, verse 120; but shortly afterwards, the girl was tempted by the spirit of blasphemy, which disappeared after she recited Ps. 118, verse 121. The angel offered her to choose between the two temptations: the young girl chose the carnal one.

Caesarius Heisterbacensis, *Dialogus miraculorum,* VIII, 42. — Tubach 685 — Herbert, 362 (n° 130), 616 (n° 137); Hilka, 82 (n° 41).

Exemplum 44 (p. 260)

A saint, whose task was to chase birds from trees, repeated every day: "Go away, the birds from the trees, and bad thoughts from the heart."

Exemplum 45 (p. 261)

Holy fathers discuss what is most difficult in the monastic life. For some it is the vigils, for others it is abstinence; one of them concludes: it is perpetual prayer.

Exemplum 46 (p. 264)

Saint Apollonius led a solitary life. One day a divine voice prompted him to go to a crowded place to save souls in danger. The Saint, fearing the spirit of pride, raised a hand to touch his neck and grabbed a little man in the shape of an Ethiopian. Apollonius buried him in the sand, while the Ethiopian was shouting "I am the spirit of pride!" So the Saint could go to the people without fear.

"Sicut in eius gestis legitur" = *Historia Lausiaca,* 52 (Vita abbatis Apollo), PL 73, col. 1155; Rufinus, *Historia monachorum sive de vita sanctorum patrum,* 287 (De Apollonio, VII, 2, 1-3). — Hilka, 82 (n° 42).

Exemplum 47 (p. 264-265)

A monk from the Cistercian abbey of Himmerod suffered a very strong temptation, but resisted it. That same night, a lay brother had a miraculous vision: he saw a massive column, in which an iron hook had been driven. On the hook, a royal crown was hung. Then a very handsome man took the crown and held it out to the lay brother, saying: "Give it to such-and-such monk who well deserves it!" The column signifies the courageous monk, the hook – the temptation, and the crown – the reward.

Oral source: Dominus Hermannus abbas Loci sancte Marie retulit michi. — Caesarius Heisterbacensis, *Dialogus miraculorum,* IV, 96. — Tubach 3809 — Hilka, 83 (n° 44).

Exemplum 48 (p. 266)

Saint Anthony saw the ascension of Saint Paul, the first hermit, among the choir of Apostles and Prophets.

Hieronymus Stridonensis, *Vita Pauli primi eremitae*, 14, PL 23, col. 27. — Hilka, 83 (n° 45).

Exemplum 49 (p. 266-267)

Saint Anthony, wishing to become a martyr, went to the Emperor wearing splendid clothes, in order to provoke his anger.

Athanasius Alexandrinus, *Vita beati Antonii abbatis*, 23, PL 73, col. 147. — Hilka, 83 (n° 46).

Exemplum 50 (p. 268-269)

As he listened to clerics singing very beautifully, a holy man saw a devil who was catching the voices of the clerics and putting them in a sack. After the mass, the clerics began to boast of the beauty of their voices. The holy man told them about his vision and said that although they had sung, indeed, in a very beautiful way, the demon's bag was full.

Caesarius Heisterbacensis, *Dialogus miraculorum*, IV, 9. — Tubach 5181 — Herbert, 354 (n° 46); Thompson, *Motif-index*, n° G303. 24.1.5; Hilka, 84 (n° 47).

Exemplum 51 (p. 269)

A monk from Monte Cassino who had a very beautiful voice, disappeared on the Easter day, just after the blessing of the paschal candle. Nobody ever knew, whether he was taken by an angel or by a demon.

Oral source: "Sicut cognoui non ex lectione, sed ex relatione." — Caesarius Heisterbacensis, *Dialogus miraculorum*, IV, 8. — Hilka, 84 (n° 48).

Exemplum 52 (p. 269-270)

Out of pride, a young monk from the lower choir began to sing five tones above the rest of the choir. The sub-prior kept the initial tone, although the young monk continued to sing in his own way. This resulted in such dissonance, that all the monks fell silent. At the same time, another brother saw a demon carrying a red-hot iron in the middle of the choir.

Oral source: "Dixit michi uir quidam ualde uenerabilis, sacerdos et prelatus in ordine nostro (Hermann, abbot of Heisterbach from 1189 to 1195/96)".

— Caesarius Heisterbacensis, *Dialogus miraculorum,* V, 5. — Tubach 1649 — Hilka, 84-85 (n° 49).

Exemplum 53 (p. 270)

On the night of the Nativity, when a monk was singing "Intuemini quantum sit iste qui ingreditur ad salvandas gentes," another monk saw above the choir a luminous circle, inside of which there was a shining star.

Oral source: "Eiusdem sancti uiri (Hermann, abbot of Heisterbach from 1189 to 1195/96) … testimonio." — Caesarius Heisterbacensis, *Dialogus miraculorum,* VIII, 6. — Tubach 4608 — Hilka, 85 (n° 50).

Exemplum 54 (p. 270)

An old Cistercian lay brother saw several times the Virgin Mary enter, the Child in her arms, in the choir. She walked among the novices and monks: if someone sang devoutly, she would stop near him and showed her Child; if someone sang listlessly, she passed quickly, without stopping.

Oral source: "Hoc usus est (Hermann, abbot of Heisterbach from 1189 to 1195/96) exemplo." — Caesarius Heisterbacensis, *Dialogus miraculorum,* I, 35. — Tubach 5102 — Hilka, 85 (n° 51).

Exemplum 55 (p. 271)

On the night of Saint Cunibert, a Cistercian monk (Hermann, abbot of Heisterbach) saw two demons enter the choir. When they reached a corner of the church, a third demon appeared and joined them, and all three came out. The feet of the demons did not touch the floor, they had no back, and one of the two demons who entered first, had a feminine face and was dressed in a black cape, with a black veil over the head. A lazy and drunkard monk kept near him the third demon.

Oral source: Hermann, abbot of Heisterbach from 1189 to 1195/96. — Caesarius Heisterbacensis, *Dialogus miraculorum,* V, 5. — McGuire, *Friends and Tales in the Cloister*: 171-82 — Tubach 1649 — Hilka, 85-86 (n° 52).

Exemplum 56 (p. 271)

During the Mass, a Cistercian monk (Hermann, who became later abbot of Heisterbach) left his stall to address the brothers. At the same time, he saw a horrible demon enter the choir between his stall and that of the abbot. Having realized, that the passage to the prior's choir was blocked, the demon entered the choir of novices. There he joined an elderly novice who was always very talkative and lazy to sing the psalms.

Oral source: Hermann, abbot of Heisterbach from 1189 to 1195/96. — Caesarius Heisterbacensis, *Dialogus miraculorum*, V, 5. — Tubach 1649 — McGuire, *Friends and Tales in the Cloister*: 171-82 — Hilka, 86 (n° 53).

Exemplum 57 (p. 271-272)

On Saint Martin's night, a Cistercian monk (Hermann, abbot of Heisterbach) saw a demon enter the church in the guise of a very ugly peasant. The demon approached a novice and stopped beside him. The monk looked at the demon long enough, then turned away; when he looked up, the demon was gone. Right after that, the demon took the form of a calf's tail hanging in the air. When it touched the novice's back, the novice made mistakes in the chanting. But as soon as the novice knelt down, the demon flew away and disappeared..

Oral source: "Retulit michi idem qui supra (Hermann, abbot of Heisterbach from 1189 to 1195/96)." — Caesarius Heisterbacensis, *Dialogus miraculorum*, V, 5. — Tubach 1649 — McGuire, *Friends and Tales in the Cloister*: 171-82 — Hilka, 86-87 (n° 54 and 55).

Exemplum 58 (p. 272)

During the vigil of St. Columbanus, demons wandering among the monks and novices disturbed the psalmody so much, that the abbot and the prior managed to restore peace with great difficulty. One of the demons had dragon-like appearance, the rest were small and shadowy; their faces were like red-hot iron.

Oral source: Hermann, abbot of Heisterbach from 1189 to 1195/96. — Caesarius Heisterbacensis, *Dialogus miraculorum*, V, 5. — Tubach 1649 — McGuire, *Friends and Tales in the Cloister*: 171-82 — Hilka, 87 (n° 56).

Exemplum 59 (p. 272-273)

A Cistercian monk (Hermann, abbot of Heisterbach) saw, during the Nocturns, a strange light and right after a demon in the guise of a great and horrible Ethiopian entering and leaving the choir.

Oral source: Hermann, abbot of Heisterbach from 1189 to 1195/96.

Exemplum 60 (p. 273)

A Cistercian monk (Hermann, abbot of Heisterbach) prayed God to take away his ability of seeing the demons. Suddenly he saw the Enemy in the form of a big eye, as if he were saying: "Take a good look at me, because soon you will never see me again." This is how God satisfied the monk's request.

Oral sorce: Hermann, abbot of Heisterbach from 1189 to 1195/96. — Caesarius Heisterbacensis, *Dialogus miraculorum*, V, 5. — Tubach 1649 — McGuire, *Friends and Tales in the Cloister*: 171-82 — Hilka, 87-88 (n° 57 [2]).

Exemplum 61 (p. 273)

A Cistercian brother often confessed to his abbot (Hermann, abbot of Heisterbach) to have seen demons in various forms. The latter, wishing to have similar visions, prayed God to grant him this grace; and obtained it.

Oral source: "Michi ... sub typo confessionis recitauit (Hermann, abbot of Heisterbach from 1189 to 1195/96)." — Caesarius Heisterbacensis, *Dialogus miraculorum*, V, 5. — Tubach 1649 — McGuire, *Friends and Tales in the Cloister*: 171-82 — Hilka, 88 (n° 58).

Exemplum 62 (p. 273-274)

The bishop of Regensburg saw through the window of his palace a black and hideous giant carrying a big sack. The bishop asked him who he was and what he was carrying, and the giant replied that it was all the words and syllables of the psalms negligently omitted under his episcopate. The bishop, frightened, doubled the prescribed canonical hours for that year.

Tubach 5181 — Hilka, 88 (n° 59). Cf. Herbert, 555 (n° 198), 584 (n° 37), 628 (n° 38), 701 (n° 11).

Exemplum 63 (p. 274)

Sometimes demons take appearance of ravens that swallow greedily syllables or words omitted or neglected by monks. There was also a demon who, in the form of a handsome young man, tried to seduce a young girl from Nivelles (Brabant). The girl, understanding with whom she was dealing, refused him. The devil continued to pursue her, and she asked her female acquaintances to keep her company. Although everyone could hear the demon, only the girl could see him. Being asked to say the Pater noster, he did so, but made a lot of mistakes and skipped a lot of words. "I do as you usually say your prayers", he said. He could not say "I believe in God," but said "I believe God." As for the the "Ave Maria," he could not even begin the prayer.

Caesarius Heisterbacensis, *Dialogus miraculorum*, III, 6. — Tubach 1541 — Hilka, 88-89 (n° 60).

Exemplum 64 (p. 280)

Before entering the contemplative state, Saint Elisabeth of Schönau always endured heartache. Tired by the sufferings, she found relief in ecstasy.
Hilka, 89 (n° 62).

Exemplum 65 (p. 281)

A holy father was visiting a hermit. Being totally detached from earthly things, they recited the entire Psalter and read two Prophetic books just in two days.
Rufinus (Ps.), *Verba Seniorum* III, 6, PL 73, col. 742; Pelagius, *Verba Seniorum* IV, 57, 73, col. 871. — Hilka, 89 (n° 63).

Exemplum 66 (p. 283)

A sub-prior of a monastery in Lombardy, worshiper of the Virgin Mary, was taken by an angel (in the form of a monk) from the convent to paradise. He saw there Enoch and Elijah, as well as a book, in which the names of all predestined were written in letters of gold. A heavenly voice told him that nothing could remove his name from this book. He died a few years later.
Caesarius Heisterbacensis, *Dialogus miraculorum*, VII, 37. — Tubach 735 — Hilka, 90 (n° 64).

Exemplum 67 (p. 285)

While in prayer, a holy father always plunged into an ecstatic state, unless he put his hands down as soon as possible.
Pelagius, *Verba Seniorum* XII, 11, PL 73, col. 942. — Hilka, 90 (n° 65).

Exemplum 68 (p. 287-288)

While composing a work, Saint Bernard wanted to save an effective argument for later. He heard a voice telling him, "If you reserve it, you won't be provided with another one."
Hilka, 90 (n° 66).

Exemplum 69 (p. 288-289)

A recluse complained to Master John of Xanten of having lost God (her devotion). John replied that God had apparently fallen into a hole, and that she had to do go every day around her cell, shouting: "God, where are you?" When John visited her again, the woman thanked him for his advice because she had indeed found God.

Caesarius Heisterbacensis, *Dialogus miraculorum*, VI, 31. — Tubach 2592 — Hilka, 90-91 (n° 67).

Exemplum 70 (p. 289)

A Cistercian nun lost an image of the Savior (a crucifix), which grieved her greatly. One night, the voice of Christ said to her: "I am in the bag, under the mattress of your bed"; she got up and found the lost image.

Oral source: "Sicut a priore eiusdem loci (Kumbd, a Cistercian women's monastery) audiui." — Caesarius Heisterbacensis, *Dialogus miraculorum*, VI, 32. — Tubach 3237 — Hilka, 91 (n° 68).

Exemplum 71 (p. 290)

After having kissed a crucifix and confessed, Christian, a young monk of the Abbey of Heisterbach, obtained again the gift of tears which had been subtracted from him.

Caesarius Heisterbacensis, *Dialogus miraculorum*, IV, 30. — Tubach 4717 — Hilka, 91 (n° 69).

Exemplum 72 (p. 292)

In Germany, although Saint Bernard preached the Crusade in French, his audience was moved to tears. German translation of his sermons failed to achieve such success.

Gaufridus Autissiodorensis, *Vita prima S. Bernardi*, 137-38 (III, 7). — Tubach 617 — Hilka, 91-92 (n° 70).

Exemplum 73 (p. 292)

The night before the day when the abbot of the monastery of Villiers was to make a sermon at the chapter, a monk saw the abbot touching the mouths of his listeners with a burning coal.

Cf. Conradus Eberbacensis, *Magnum exordium cisterciense*, 375-76 (V, 18: an angel sends a burning coal into the mouth of a monk). — Hilka, 92 (n° 71).

Exemplum 74 (p. 293)

A Roman interrupted a sermon from Pope Innocent saying: "Your mouth speaks of God, but your actions are those of the Devil."

Caesarius Heisterbacensis, *Dialogus miraculorum*, II, 30. — Hilka, 92 (n° 72).

Exemplum 75 (p. 294-295)

While preaching, Bertram, bishop of Mainz, saw two men whom he knew to be expelled from Montpellier for heresy and then shouted: "I see among you messengers of the devil!" The two men first tried to interrupt the sermon and then, after mass, began to preach themselves in front of the church. The bishop could not drive them out, because some people opposed to it. When clerics asked them who had given them the right to preach, they replied that it was the spirit (not the Holy Spirit, but the evil spirit). They spread the Waldensian heresy in this region.

Caesarius Heisterbacensis, *Dialogus miraculorum*, V, 20. — Tubach 2556 — Hilka, 92-93 (n° 73).

Exemplum 76 (p. 296)

A possessed man was taken to a Cistercian monastery in the hope of cure. The prior of the monastery came to meet him, accompanied by a young monk of chaste life. "How could you not leave this body if this monk ordered it?", the prior asked the demon. "I am not afraid of him, replied the devil, because he is full of pride".

Caesarius Heisterbacensis, *Dialogus miraculorum*, IV, 5. — Tubach 1597 — Hilka, 93 (n° 74).

Exemplum 77 (p. 296-297)

A daughter of a Babylonian nobleman was possessed by a demon. Her father, desperate to cure her, summoned to his home the disciple of a holy hermit, under pretext to buy some baskets from him. The girl slapped the young man, who turned to her the other cheek. The devil, unable to tolerate such humility, run away.

"Legitur etiam in Verbis seniorum" = Pelagius, *Verba seniorum*, XV, 14, PL 73, col. 956. — Tubach 958 — Herbert, 66 (n° 74); Hilka, 93 (n° 75).

Exemplum 78 (p. 298-299)

Henry, a knight of Mosel, persuaded his widowed mother to cede her possessions; then drove her out of the house. One evening, when Henry's family was at the table eating chicken, the desperate mother knocked on the door. Henry ordered a servant to hide a bowl with food, until "the Devil is gone." Once the mother is gone, the servant found in the bowl a snake instead of the chicken. Henri, who wanted to see the snake himself, leaned over the bowl, and the snake threw itself around his neck. No one could get rid of the snake: if touched, it would squeeze its victim's neck. This is how Henry was obliged to live with the serpent and to feed it because, starving, it threatened to strangle him. In the hope of securing his deliverance, Henri accompanied by his mother, walked sanctuary to sanctuary, becoming a spectacle ("prebens spectaculum") to people.

Caesarius Heisterbacensis, *Dialogus miraculorum*, VI, 22 — Tubach 4883 — Hilka, 94 (n° 77). — Jacques Berlioz, "L'homme au crapaud. Genèse d'un exemplum médiéval," in *Tradition et histoire dans la culture populaire. Rencontres autour de l'œuvre de Jean-Michel Guilcher* (Grenoble: Centre Alpin et Rhodanien d'Ethnologie, 1990), 169-203.

Exemplum 79 (p. 299)

Theobald, a repentant Parisian usurer, spoke to Maurice de Sully, bishop of the city, in order to obtain advice on avoiding divine retribution. The bishop advised him to donate money to build the Cathedral of Notre-Dame. The usurer, not being satisfied with this advice, went to Peter the Chanter who advised him to return any loaned money first; the usurer did so and returned to Peter who then allowed him to give alms.

Caesarius Heisterbacensis, *Dialogus miraculorum*, II, 33. — Tubach 5048 — Hilka, 94-95 (n° 78).

Exemplum 80 (p. 304-305)

Albert of Brühl, once a Canon of Cologne Cathedral, became a novice at Heisterbach Abbey. One day he complained to the master of novices about not being able to remember all his sins; the master advised him to write them down. The novice replied that even a book of eight quires would be insufficient. When he was young, his mother inquired about his fate from Saint Hildegard of Bingen, who prophesied his salvation. Albert entered the Cistercian Order in his old days and died showing repentance.

Hilka, 95-96 (n° 79).

Exemplum 81 (p. 309)

Saint Scholastica entered heaven in the form of a dove.

Gregorius Magnus, *Dialogi*, II, 34, ed. Adalbert de Vogüé, Sources chrétiennes 260 (Paris: Cerf, 1979), 234. — Hilka, 96 (n° 80 [1]).

Exemplum 82 (p. 309)

It was under the appearance of a globe of fire that the soul of Germanus of Capua reached the heaven.

Gregorius Magnus, *Dialogi*, 238 (II, 35). — Hilka, 96 (n° 80 [2]).

Exemplum 83 (p. 309)

A Cistercian monk appeared after death to one of his friends, saying that his soul had gone to heaven faster than any arrow.

Caesarius Heisterbacensis, *Dialogus miraculorum*, XII, 45. — Tubach 347 — Hilka, 96 (n° 80 [3]).

Exemplum 84 (p. 309)

On the day of Saint Benedict's death, a path strewn with carpets and shining with countless fires, appeared from his cell, leading straight east, to the sky.

"Testis est Gregorius" = Gregorius Magnus, *Dialogi*, 244 (II, 37). — Hilka, 96 (n° 80 [4]).

Exemplum 85 (p. 310-311)

A Cistercian priest was in the grip of carnal temptation, which he confessed, but nevertheless forgot to say a psalm which the confessor had imposed on him. This very night he felt an unbearable heat in his genitals. Horrified, he woke up and said the psalm; the temptation ceased at once.

Oral source: "Sicut ex eius ore audiui." — Caesarius Heisterbacensis, *Dialogus miraculorum*, III, 4. — Tubach 3677 — Hilka, 96 (n° 81).

Exemplum 86 (p. 316)

Victory of the Christians over the Saracens near Alcácer do Sal. The defeated Saracens ensured that an army of radiant warriors bearing red crosses had put many of them to flight.

Historia expeditionum in Terram sanctam, cap. 3, MGH: Scriptores rer. germ. 341-42; *Chronica Regia Colonensis*, MGH, Scriptores rer. germ., 240 — Caesarius Heisterbacensis, *Dialogus miraculorum*, VIII, 66. — Tubach 88 — Joseph Greven, "Kleinere Studien zu Cäsarius von Heisterbach," in *Annalen des Historischen Vereins für den Niederrhein* 99 (1916): 11-32. — Hilka, 96-97 (n° 82).

Exemplum 87 (p. 317)

While Oliver, *scholasticus* of Cologne, despaired of the conversion of inhabitants of Friesland, two crosses appeared in the sky, which led to many conversions and vows to take part in the Crusade.

Oliverus Scholasticus, *Historia Damiatina*, in *Die Schriften des Kölner Domscholasters, späteren Bischofs von Paderborn und Kardinalbischofs von S. Sabina Oliverus*, ed. Hermann Hoogeweg, (Tübingen: Litterar. Verein in Stuttgart, 1894), 174-75. — Caesarius Heisterbacensis, *Dialogus miraculorum* , X, 37. — Tubach 1334 — Jaap van Moolenbroek, "Signs in the heavens in Groningen and Friesland in 1214: Oliver of Cologne and crusading propaganda," *Journal of Medieval History* 13 (1987): 251-72. — Hilka, 97 (n° 83).

Exemplum 88 (p. 317)

While Maxim, bishop of Jerusalem, baptized Saint Basil of Caesarea, people saw a ray of light appear above them; and from the ray a dove descended on the water of the Jordan before soaring to the sky.

Amphilochius Iconiensis (Ps.), *Vita S. Basilii*, PL. 73, col. 299. — Hilka, 97-98 (n° 84).

Exemplum 89 (p. 317)

One day, when Saint Cunibert, bishop of Cologne, was celebrating mass in the church of the Eleven Thousand Virgins [St. Ursula], a splendid dove descended on his head. It then flew to the tomb of one of the virgins and disappeared.

Vita Cuniberti, in *De probatis Sanctorum historiis*, VI, ed. Laurentius Surius (Cologne: Calenius & Quente, 1575), 275. — Tubach 1763 — Hilka, 98 (n° 85).

Exemplum 90 (p. 317)

A dove descended on the head from Saint Herbert, Archbishop of Cologne, during the procession to implore the rain, going from St. Severin to St. Pantaleon.

Lambertus abbas Leodiensis, *Vita Heriberti archiepiscopi Coloniensis*, in MGH: SS, IV, 746. — Tubach 1763 — Hilka, 98 (n° 86).

Exemplum 91 (p. 317)

While Saint Remigius was baptizing Clovis, a dove descended from the sky, bearing the Holy Ampulla with Saint Chrism.

Hincmar, *Vita Remigii episcopi remensis*, 15, MGH, script. rer. merov. 3, 296-297. — Tubach 1756 — Hilka, 98 (n° 87).

Exemplum 92 (p. 318)

While the lay brothers were singing the hymn "Te Deum laudamus", one of them saw a dove descend from the cross and rest on the abbot's head as he watched over the lay brothers; this vision returned during the reading of the Gospel and when the abbot humbly lowered his head in front of the altar of Saint John the Baptist.

Oral source: "Que dicturus sum ab ipso (Hermann, abbot of Heisterbach from 1189 to 1195/96) accepi, immo cum magnis precibus extorsi." — Caesarius Heisterbacensis, *Dialogus miraculorum*, VIII, 37. — Tubach 1763 — Hilka, 98-99 (n° 88).

Exemplum 93 (p. 319)

A Canon from Bonn often visited nuns in Dietkirchen but never bowed his head before the altar of Saint John the Baptist and Saint Peter, to whom the monastery church was dedicated. One night, Saint John the Baptist appeared to him and kicked in the stomach. The Canon, who awoke from terror and pain, developed an illness and died a few days later.

Caesarius Heisterbacensis, *Dialogus miraculorum*, VIII, 52. — Tubach 2831 — Herbert, 362 (n° 133), 367 (n° 38); Hilka, 99-100 (n° 89).

Exemplum 94 (p. 319-320)

The knight Henry of Ulm, who had brought back from Constantinople a tooth of Saint John the Baptist, very much adored this precious relic which he bequeathed to the abbey of Heisterbach. After having been caught by his adversary, Werner of Bolanden, Henry was freed from prison as soon as the relic was in the possession of the monastery. Shortly after, Henry, Count of Sayn, brought to the abbey a knight possessed by the devil; the sign of the cross and contact with the relic freed the possessed at once.

Caesarius Heisterbacensis, *Dialogus miraculorum*, VIII, 54. — Tubach 4055 — Hilka, 100-101 (n° 90).

Exemplum 95 (p. 324)

The philosophers converted by Saint Catherine are condemned to the stake.

Athanasius (Ps.), *Passio sanctae Catharinae virginis martyris Alexandriae*, *Bibliotheca Hagiographica Latina*, vol. 1 (Brussels: Société des Bollandistes, 1898-99), nr. 1657-1700.

Exemplum 96 (p. 325-326)

A young monk of holy life named Wilhelm appeared after his death to one of the brothers, telling him that he was in great pain, not being able to see God. Wilhelm asked to say the Collect of St. Michael for him; what was done on next day and for seven consecutive days. During the prayer, Dom Conrad (the prior of Marienstatt) had a vision of the Virgin Mary holding the young monk under her mantle.

Caesarius Heisterbacensis, *Dialogus miraculorum*, XII, 37. — Tubach 3213 — Hilka, 101 (n° 91).

Index Nominum

Index Locorum

Index Interpretationum

Index locorum Scripturae

II Chronicles

I Esdras

Tobias

Job

Psalms

Proverbs

Ecclesiastes

Canticles

Wisdom

Ecclesiasticus

Isaiah

Jeremiah

Lamentations

Baruch

Ezekiel

Daniel

Hosea

Joel

Amos

Micah

Habakkuk

Gospel According to John

Acts of the Apostles

Epistle to the Romans

First Epistle to the Corinthians

Second Epistle to the Corinthians

Epistle to the Galatians

Epistle to the Ephesians

Epistle to the Philippians

Epistle to the Colossians

First Epistle to the Thessalonians

First Epistle to Timothy